Das große Motorrad-Tourenbuch Italien

Tiziana Crimella

DAS GROSSE MOTORRAD-TOURENBUCH

ITALIEN

Die 100 schönsten Routen zwischen Südtirol und Sizilien

BRUCKMANN

Inhalt

Vorwort

Italien, das sind großartig gewundene Straßen mit scharfen Kurven sowie steile Abfahrten, aber auch mittelalterliche Dörfer und auf felsigen Gebirgsausläufern oder Bergspitzen prangende historische Ruinen: ein Paradies für Motorradfahrer.
In diesem Band präsentieren wir Ihnen einhundert Reiserouten, die Sie mühelos an einem Tag bewältigen können. Wir haben uns bemüht, neben den für Motorradfahrer wichtigen Straßenverhältnissen auch die landschaftlichen Besonderheiten hervorzuheben, für die man sich überhaupt erst auf den Weg gemacht hat.
Abgesehen von den klassischen Zielorten, die auf der Liste keines Motorradreisenden fehlen dürfen, bietet die hier gebotene Auswahl Reiseziele jenseits der typischen Touristenzentren. Die Entscheidung fiel dabei oft zugunsten von angenehm zu fahrenden Landstraßen. Motorradreisende wissen, dass die abgelegenen und verborgenen Straßen am tiefsten in die jeweiligen Gegenden vordringen – bis dorthin, wo ihre verborgenen Schätze locken. Hier haben wir uns niedergelassen und gehorcht, beobachtet, getrunken, gegessen und gefeiert, angetrieben von Neugier, Überraschung und Lebensfreude.

Straßen und Kurven in Italien

Auf dem Motorrad durch Mittelitalien

Einige Reiserouten Mittelitaliens wurden bei den Erdbeben im August und Oktober 2016 schwer in Mitleidenschaft gezogen (das gilt für die Touren 49, 50 und 51 sowie – am schlimmsten – für die Touren 52 und 55). Diese Erdbeben haben nicht nur ganze Städte dem Erdboden gleichgemacht, sondern auch die Infrastruktur schwer beschädigt, zahlreiche Kulturgüter unbenutzbar oder unzugänglich zurückgelassen und viele historische Einrichtungen zum Erliegen gebracht. Zur Unterstützung der betroffenen Menschen und um eine zügige Erholung der Region zu fördern, haben wir beschlossen, diese Routen in der ursprünglichen Fassung der ersten Ausgabe zu belassen (wenn auch mit einigen notwendigen Änderungen) und keine Reiseziele aus der Liste zu entfernen. Der Leser sei damit ausdrücklich ermutigt, die hier in Bezug auf die touristisch interessanten Gebiete und Städte zur Verfügung gestellten Informationen selbst zu bestätigen.

Die Kurven: Wann immer ein Motorradfahrer eine Landkarte aufschlägt, um eine Route für eine Sprizutour oder eine ganze Urlaubsreise auszuwählen, gilt sein Augenmerk als Erstes den Kurven. Je mehr Kurven eine Straße hat, je gewundener sie ist, je steiler sie auf- und absteigt, je mehr sie sich von den bequemen Hauptverkehrsadern entfernt, desto besser! Kurven garantieren **Freude am Fahren**: Sie verändern unsere Perspektive, wenn wir uns mit dem Motorrad zur Seite neigen, und sie erfüllen uns mit Stolz darüber, wie perfekt ausbalanciert, wendig und genau richtig das Motorrad – unser Motorrad – für uns und die Straße ist, auf der wir fahren.
Die Kurven Italiens sind jedoch anders als die Kurven anderer Länder; sie sind anders als die der transalpinen Länder, die

weniger steil und auch an unwegsamen und schwierigen Stellen breitspuriger sind als in Italien. Viele italienische **Alpenpässe** sind extrem selektiv; die Straßen des sich über spektakuläre Szenarien windenden **Apennins** sind oft sehr steil, eng und gewunden, erfordern viel Fahrgeschick, zwingen zu niedrigen Gängen und muten dem Fahrer beim Rückweg zuweilen abenteuerliche Abfahrten zu.
Die Straßen: Italien ist ein Land, das im Begriff ist, „gerader" zu werden – und schneller! Viele alte Strecken sind zu neuen, modernen und mehrspurigen geraden Straßen umgebaut worden, die leider zu oft in **langen Tunneln** verschwinden, in denen man keine Aussicht genießen kann. In diesem Reiseführer stellen wir Ihnen insgesamt **19 204 km** Kurven und alte Bundesstraßen vor. Einige der vorgestellten Strecken verlaufen auf Straßen, die so wenig befahren sind, dass sie nicht mal mehr instand gehalten werden. Wir haben es trotz der nötigen erhöhten Vorsicht als Privileg empfunden, diese Straßen befahren zu dürfen. Bei der Planung muss man aber unbedingt berücksichtigen, dass sie die Reisezeiten verlängern. Diese Strecken überspringen keine Orte, sondern führen behutsam in sie hinein bis zur Hauptpiazza, enden an einer Parkbank oder reichen bis zu einer Trattoria, in der das Essen noch schmeckt wie damals.

Alleine oder in Begleitung?

Das fragen sich viele vor einem Wochenendausflug, noch mehr aber vor einem richtigen Urlaub. Manche reisen lieber alleine, andere würden niemals ohne die Freundin oder den Freund im Schlepptau losfahren, wiederum andere lieben größere Gruppen im Stile von *Motorradclubs*. Unabhängig von dieser Entscheidung gibt es einige – scheinbar banale – Aspekte, die unbedingt berücksichtigt werden müssen.

Verhaltensregeln, um die Freude am Fahren zu bewahren:

• Die Reiseziele realistisch auswählen und vor allem den Möglichkeiten des Motorrads anpassen, d. h. man sollte es unbedingt vermeiden, den Urlaub zu einem Wettrennen zu unrealistischen Zielen zu machen (z. B. 6000 km in 4 Tagen; Nordkap in einer Woche, etc.).

• Am besten mit Menschen verreisen (egal, ob auf dem Rücksitz oder auf einer eigenen Maschine), die man bereits kennt und mit denen man mindestens eine Eingewöhnungsrunde gedreht hat: Nichts ist schlimmer als eine schlecht zusammengestellte Gruppe.

• Wenn das Ziel unkompliziert zu erreichen ist, spricht nichts dagegen, unterschiedliche Motorradtypen in der Gruppe zu haben. Falls die Strecke jedoch besondere Anforderungen stellt (Schotterstraßen, Wüste, unwegsames Gelände, ungünstige Wetterbedingungen, etc.), sollten alle Fahrer Motorräder mit entsprechenden Eigenschaften fahren.

• Niemals, aber wirklich niemals, mit einem Mitfahrer auf Reisen gehen, der noch nie auf einem (eigenen) Motorrad gesessen hat.

• Niemals losfahren, ohne das neue Motorrad ausreichend kennengelernt zu haben. Unzureichend eingefahrene Motorräder, die noch nie komplett durchgecheckt worden sind, lieber meiden, vor allem dann, wenn es sich um einen neuen Motorradtyp handelt.
• Vor der Abfahrt mit den Reisegefährten die Erwartungen besprechen und, zumindest grob, die Etappen festlegen – das verhindert Missverständnisse und beugt Spannungen vor.
• Vor der Abfahrt das Fahrzeug auf Fahrtüchtigkeit prüfen und die Mitreisenden darum bitten, das ebenfalls zu tun.
• Mit den Reisegefähren Meinungen und Ratschläge über die Vorbereitung des Motorrads und des Gepäcks austauschen: Ein schlecht ausgerüsteter Motorradfahrer verdirbt allen den Urlaub.
• Alleine zu reisen ist keine Schande, sondern ein wahres Vergnügen: Man kann die Route alleine wählen, anhalten und losfahren, wann man will. Oft trifft man unterwegs andere Motorradfahrer, denen man sich spontan für ein paar Kilometer oder ein paar Stunden anschließen kann: Oft lernt man so neue Reisegefährten kennen.
• Und schließlich: weder sich selbst noch dem Motorrad oder den Mitfahrern Unmögliches abverlangen.

Aostatal

01 Aostatal
Kleiner St. Bernhard und südliche Täler

Streckenlänge
255 km
Start- und Zielort
Aosta, Courmayeur (AO)
Streckenverlauf
Aosta – Cogne (26,5 km), Pont (76 km), Rhêmes-Notre-Dame (112,5 km), Surier, Valgrisenche (155 km), Morgex (188,5 km), Pré St. Didier (195,5 km), La Thuile (205 km), Kleiner St. Bernhard (218 km), Morgex über den San-Carlo-Pass (246 km) – Courmayeur.
Schwierigkeiten
Können entstehen, wenn Schnee schmilzt, auf die Fahrbahn gerät und wieder gefriert. Ansonsten ist der Asphalt tadellos. Die Serpentinen sind eng und steil, aber dennoch mit jedem Motorradtyp befahrbar.
Wissenswertes
Der Kleine St. Bernhard ist vom 1. Mai bis zum 31. Oktober geöffnet. Informationen über den Zustand der Straßen sind beim Fremdenverkehrsamt in Courmayeur erhältlich, Tel. 0165/84 20 60. Auf der Website www.lovevda.it findet man zudem Informationen über Schlösser und Besuchszeiten. Im Reiter „Routen" gibt es einen Menüpunkt „Motorradrouten" mit näheren Beschreibungen und Roadbook. Wertvolle Informationen stehen unter „Praktische Infos".

Sehenswürdigkeiten

In **Cogne** kann man das **Museo dei Pizzi** und das **Museo Minerario Alpino** besuchen. Die Fußgängerzone **Aostas** ist mit ihren Holzhandwerksgeschäften und der im Jahr 25 v. Chr. erbauten Porta Pretoria einen Spaziergang wert. Auch die überall verstreuten **Schlösser** können besichtigt werden. Besonders erwähnenswert ist das Schloss von Sarre mit seinem Themenpark, der an die drei Monarchinnen Margarethe, Elena und Maria José erinnert. Beeindruckend sind die Schlösser von Avise und La Salle, deren Gärten man auch besuchen kann. Viele **Kellereien** sind für Besucher geöffnet. Sie bieten Verkostungen mit Käse- und Wurstspezialitäten und verkaufen die Produkte auch. In Morgex befindet sich die Kelterei, die den am höchsten angebauten Weißwein DOC Europas herstellt (www.cavemontblanc.com). Im Sommer zeigt die Ortschaft mit ihren gepflasterten Straßen und Steinhäusern ihre weniger bekannte warme Seite.

Parallel verlaufende Täler und jäh zu den Bergkämmen aufsteigende Straßen, auf denen es später auch wieder zurückgeht – ein Ausflug vom Cognetal aus mit großem Finale an der Grenze zu Savoyen.

Wenn man im Aostatal irgendwohin reist, kehrt man fast immer auf derselben Straße wieder zurück. Genau das ist das Schöne: die Kurven und Serpentinen auf über 1000 m erst in die eine und dann in die Gegenrichtung zu befahren. Der **Kleine St. Bernhard mit seinen 2188 m** ist ein unverzichtbares Ziel, wenn auch kein leichtes: Der Schnee liegt fast bis in den Sommer hinein an den Straßenrändern, und noch ehe er vergangen ist, hüllen dicke Wolken den Pass wieder ein.
Von Aosta ausgehend, erkennt man zuerst das **Cognetal**. Die anfangs steile 20 km lange Straße verläuft an der Ostgrenze des *Nationalparks Gran Paradiso* entlang. Die vom Schnee befreiten Felder des Heiligen Ursus, in deren Mitte **Cogne** liegt, zeigen eine unglaublich dichte Bewaldung. Da fällt es schwer, der Versuchung zu widerstehen, das Motorrad abzustellen und auf den Pfaden den Park auszukundschaften. Nach weiteren 20 km enger, steiler und gewunderer Strecke, die Vorsicht erfordert und keine Zeit lässt, die Umgebung zu begutachten, erreicht man **Valsavarenche**, das sich im Herz des Parks befindet. Der letzte Abschnitt führt auf knapp unter 2000 m und bietet eine atemberaubende Aussicht. Kürzer ist die Landstraße durch das **Rhêmestal**, die dem Verlauf der Dora bergauf folgt und auf der man wenigen kleinen Dörfern begegnet. Die Dora von Rhêmes schließt den Nationalpark Gran Paradiso im

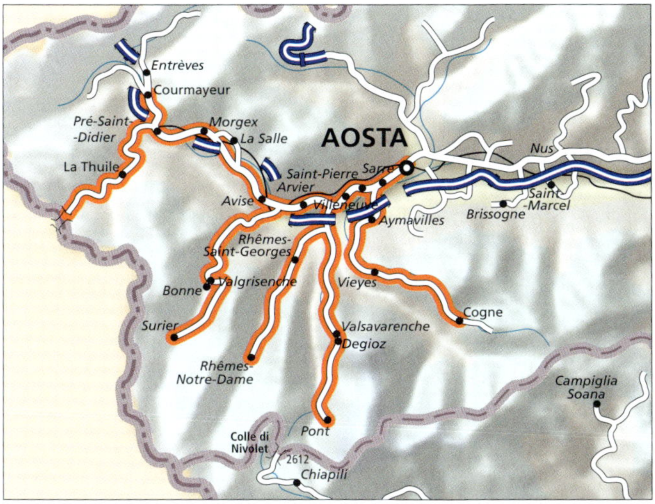

Linke Seite: Ein kleiner Gletschersee in der Nähe des Passes lädt zu einer kurzen Pause ein, um den Helm abzunehmen und die kristallklare frische Luft einzuatmen.

Westen ab. Alles schon gesehen? Noch lange nicht! Von **Valgrisenche** erreicht man nach einem steilen Stück auf engspuriger Bahn zwischen grünen Wiesen und Nadelwäldern das Ufer des **Beauregard-Stausees**, der 1770 m über dem Meeresspiegel liegt und zu den größten Seen des Aostatals gehört.
Unten im Tal verläuft der letzte Abschnitt der Staatsstraße 26 mit seiner noch nicht ausgebauten Fahrbahn entlang der Dora Baltea erst nach Morgex und dann nach **Prè St. Didier**, von wo es bergauf zum **Kleinen St. Bernhard** geht. Auf die erste große Serpentine, die einige Häuser passiert, folgen auf einer episch anmutenden Strecke acht weitere. Mit zunehmender Höhe wird die Luft immer reiner, die Vegetation lichtet sich und die Straße offenbart auf dem Weg nach **La Thuile** in ein sich immer weiter öffnendes Panorama, das bei jeder Kurve eine neue Perspektive bietet. Die Straße bleibt an der Kante und man hat gute Aussicht auf die Serpentinen des Val d'Isère. Die Talsohle erreicht man auf einer Strecke mit viel Auf und Ab und weichen Kurven, die den Hang des Monte Colmet entlangführt und La Thuile über den San-Carlo-Pass mit Morgex verbindet.

Uralte Route

Die Passage über den Kleinen St. Bernhard zu Handels-, Pilger- und militärischen Zwecken lässt sich Tausende von Jahre zurückverfolgen. Die Landschaftsbeschreibung liest sich wie ein archäologischer Ausflug. Er beginnt an der ehemaligen italienischen Zollstelle: Auf den Wiesen rechterhand sind die Reste der römischen *mansio romana* zu sehen, die Ende der 1920er-Jahre entdeckt und restauriert wurde. Die lange Außenwand der als Lager und Wohnraum genutzten *mansio* verlief entlang der **Strada Romana delle Gallie,** parallel zur heutigen Verkehrsachse. Auf dem Weg zur ehemaligen französischen Zollstelle begegnet man noch deutlich älteren Zeugnissen. Die kreisförmig in den Boden geschlagenen Steine bilden den riesigen *cromlech*, der als Wegmarke, Sonnenkalender oder sogar Stätte primitiver Riten gedient haben könnte.
Der lediglich hundert Jahre alte **Giardino Alpino di Chanousia** wurde in den 1970er-Jahren restauriert und überrascht mit seiner Vielfalt an Flora und Fauna in einer derartigen Höhe (www.chanousia.org).

Profil und Höhenverhältnisse – Übersicht

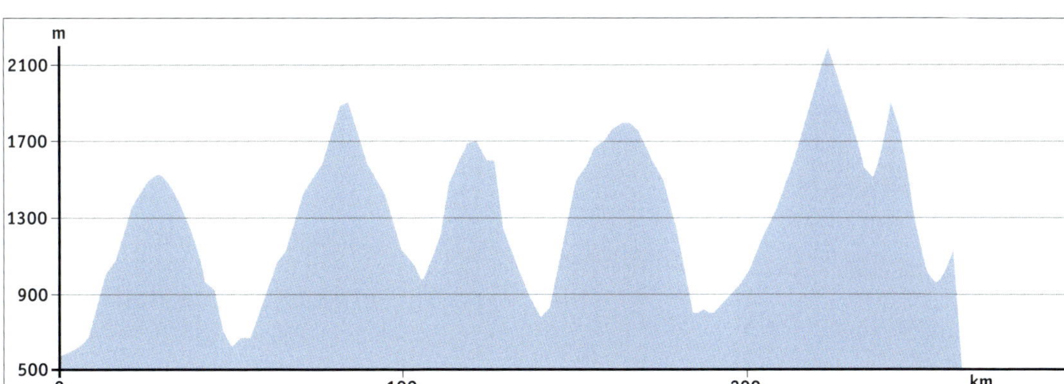

02 Aostatal
Valtournenche und Col de Joux

Streckenlänge
155 km
Start- und Zielort
Aosta, Verrès (AO)
Streckenverlauf
Aosta – Châtillon (26 km), Breuil-Cervinia (54 km), Châtillon (82 km), St. Vincent (85,5 km), Brusson (107,5 km), St. Jacques (122,5 km), Champoluc (126,5 km), Lignod (132 km), Brusson (140,5 km) – Verrès.
Schwierigkeiten
Aufgrund des tadellosen Straßenbelags und der breiten Fahrspuren ist dieser Abschnitt für alle Motorradtypen geeignet. Achtung: Bei größeren Höhen gibt es eventuell Schnee.
Wissenswertes
Fremdenverkehrsämter: *Breuil-Cervinia*, Tel. 0166/94 91 36; *Valtournenche*, Tel. 0166/920 29; *Ayas-Champoluc*, Tel. 0125/30 71 13; Öffnungszeiten täglich von 9 bis 18.30 Uhr.

Sehenswürdigkeiten

Die **Schlösser**: Das unweit von Verrès gelegene Schloss von Issogne stammt aus der Renaissance und ist eine Schatztruhe für Fresken und dekorative Malerei. Das majestätische Schloss von Verrès gehört zu den größten und beherbergt den jährlichen *historischen Karneval*, der die Legenden um die Gräfin Katharina von Challant wieder aufleben lässt. Das Schloss von Ussel im Vorgebirge oberhalb von Châtillon am Ufer der Dora bietet Aussicht auf das Tal. 12 km von Aosta entfernt befindet sich in Valpelline das **Museo della Fontina.** Die Besichtigungstour führt auch durch die Überreste einer alten Kupfermine und muss im Voraus reserviert werden, Tel. 0165/733 09. Die entrückte auto(und motorrad!)freie Stadt **Chamois** ist nur von Buisson aus mit der Seilbahn erreichbar. Das in 1815 m Höhe gelegene Dorf gehört zur Kooperation *„Perle delle Alpi"* (Perlen der Alpen) und ist auch bei Schwalben sehr beliebt, die sich in der Nähe der Seilbahn die höchste Brutstätte des Aostatals eingerichtet haben.

Oben: Die Straße, die sich den Col de Joux heraufwindet, bereitet in beide Richtungen großen Fahrspaß.

Diese Tour beginnt im Angesicht „Seiner Majestät" des Matterhorns, das sich bereits aus der Ferne ankündigt und Vorfreude weckt, sich jedoch vornehm Zeit lässt, aus dem Schutz der anderen Berge hervorzutreten.

Der Straßenabschnitt von Aosta zum Taleingang ist entspannend und dennoch kurzweilig. Auf der Autobahn am gegenüberliegenden Ufer der Dora Baltea strömt der Verkehr. Sobald man in Châtillon nach Cervinia abbiegt, verändern sich Luft, Landschaft und Fahrstil. Die enge und steile Straße wird von

Bergen eingeschlossen und verläuft ohne Unterbrechung durch Serpentinen und gerade Abschnitte bis zur Ortschaft. Nicht verpassen: Bei wolkenlosem Himmel bietet sich von Antey-St.-Andrè ein erster Blick auf das **Matterhorn**. Und falls die auf der Strecke liegenden Dörfer nicht zum Rasten einladen, ist der **Lac Bleu** einen Halt wert, auf den ein Schild hinter dem Matterhorntunnel hinweist. Dieser See ist ein von Bergen, Wiesen und Tannen eingefasstes Juwel, dessen Wasserspiegelungen zum Träumen verführen. Die Straße endet in **Cervinia**, das im ungewohnten Sommer-Look mit seinen Terrassen und der Einkaufspassage fasziniert. Von hier aus beginnt ein kurvenreicher Abstieg mit viel Panorama.
Von der Talsohle aus führen die ersten Serpentinen in Richtung **St. Vincent** hinauf zum **Col de Joux**. Diese Straße passiert weitläufige Wiesen und bietet mit zunehmender Nähe zum 1640 m hohen Gipfel eine immer großartigere Aussicht. Der Abstieg nach Brusson auf guter und verkehrsarmer Straße lässt

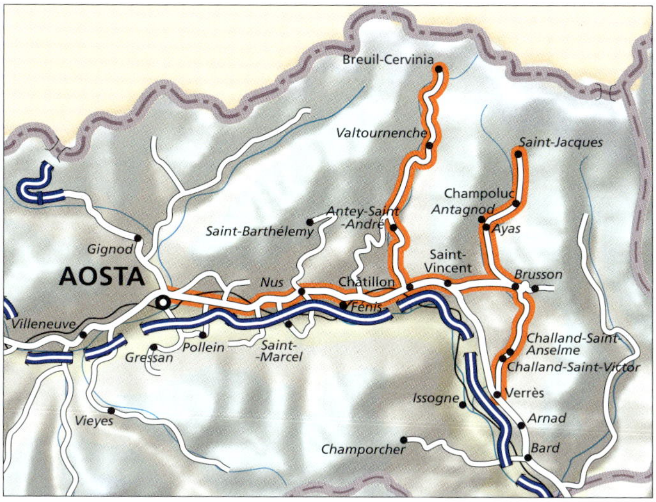

Fontina!

Der seit 1995 mit der italienischen Ursprungsbezeichnung DOP geschützte Käse Fontina ist ein Aushängeschild für das Aostatal. Es wird aus Milch autochthoner Kuhrassen – der Pezzata Nera, der Pezzata Rossa und der Castana – hergestellt, die sich von Almgras ernähren. Der Fontina ist einfach in der Herstellung, erfordert während der mindestens 3 Monate dauernden Alterung jedoch tägliche Kontrolle. Nach der zwölf Stunden dauernden Pressung, bei der die Molke beseitigt wird, geht es mit der ersten Salzung und Lagerung in der Höhle weiter. Dort werden die Formen im ersten Monat täglich gewendet und die Oberfläche jeden zweiten Tag mit Salz eingerieben. Danach werden diese Prozeduren allmählich reduziert, bis man die Formen schließlich zum Reifen auf Fichtenholzbrettern auslegt. Die Höhle ist in den Felsen eingegraben und muss einen Luftfeuchtigkeitsgehalt von über 85% sowie eine konstante Temperatur zwischen 10 und 12°C aufweisen.

sich noch angenehmer fahren und beginnt etwa auf halber Strecke zum Ayastal, das nach unendlich scheinenden Serpentinen erreicht wird.

In Brusson geht es wieder bergauf in Richtung Champoluc. Die Straße verläuft gleichmäßig in Richtung des **Monte Rosa,** passiert **Champoluc** und führt weitere 3 km weit in eine scheinbar vollkommen flache Ebene bis zum niedlichen Dorf **St. Jacques**. Hier geht es nur auf Trampelpfaden weiter – also kehrtum und wieder bergab zurück! An einer Nebenstraße bei Champoluc lockt ein Straßenschild rechter Hand nach **Lignod.** Dort tauchen Häuser aus Stein und Holz mit rauchenden Kaminen auf, und bunte Bienenkörbe und läutende Glocken versetzen Besucher in eine mittelalterliche Stimmung. Der Abschnitt zwischen Brusson und Verrès ist steil und rasant, doch regelmäßige Blickfänge bremsen die schnelle Abfahrt: Straßenschilder laden zu *„merende a ogni ora"* (dt. „Mahlzeiten zu jeder Uhrzeit") sowie zu Wein-, Honig- und Käseverkostungen ein. Das Ende der Route markiert das **Schloss von Verrès**, die majästitsche Festung, die von einer felsigen Bergspitze aus das Tal beherrscht.

Profil und Höhenverhältnisse – Übersicht

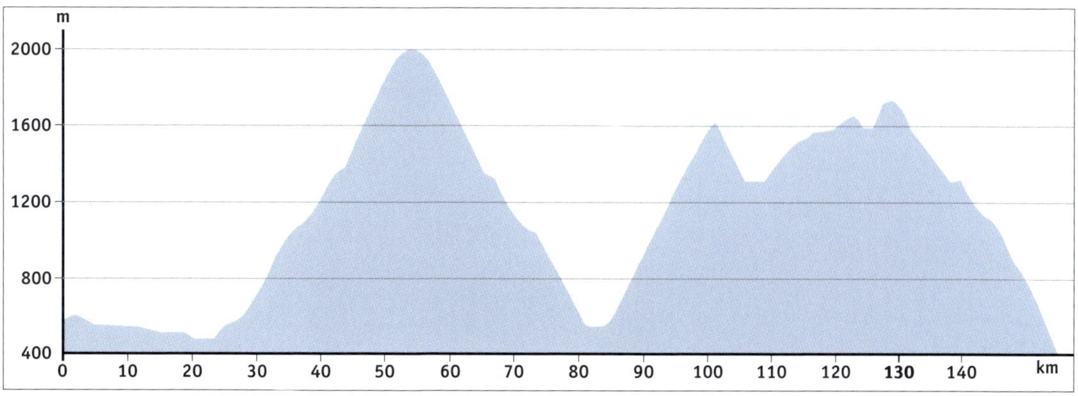

03 Aostatal
Lystal und Champorchertal

Streckenlänge
120 km
Start- und Zielort
Pont St. Martin (AO), Verrès (AO)
Streckenverlauf
Pont St. Martin – Gressoney-La-Trinité (33 km), Bard (79 km), Chardonnay (96 km) – Verrès.
Schwierigkeiten
Mit allen Motorradtypen zu bewältigen, perfekter Asphalt. Die Straße nach Champorcher hat eine enge Streckenführung, es herrscht jedoch wenig Verkehr.
Wissenswertes
Touristische Informationen, aber auch Infos über Wetter und Verkehr, sind im offiziellen Tourismus-Portal des Aostatals erhältlich (www.lovevda.it/de).

Sehenswürdigkeiten

Ein Besuch der **Festung** von Bard, die in ihren Räumen das **Museo delle Alpi** beherbergt, besteht aus einem aufregenden Parkours, der die Bergatmosphäre aufleben lässt und Einblicke in das Leben in den Alpen erlaubt (www.fortedibard.it). Eine etwas andere Ausstellung (und eine wahre Schatztruhe) ist das **Museo della vite e del vino** in Donnas: Zahlreiche Fotos, Exponate und Schaubilder erzählen die Geschichte des traditionellen Weinbaus im Aostatal. Es sind einfache Werkzeuge unbekannten Ursprungs zu bestaunen, deren aus dem *Patois* stammende Namen noch nicht übersetzt wurden und daher bis heute Verwendung finden. In Arnad bietet das **Salumificio Bertolin** dem Besucher nicht nur Wurstwaren und andere regionale Köstlichkeiten an, sondern auch die Möglichkeit, durch eine Glasscheibe, welche den Produktions- vom Verkaufsbereich trennt, die fachmännische Produktion der Waren zu beobachten.

Zahlreiche Kurven auf wenigen Kilometern, die von den Schlössern und Weinkellern am Talboden hinauf in die klare Gletscherluft führen. Zum Abschluss gibt es eines der verborgensten Täler der Region mit einem kurzen, aber spektakulären Fluss.

Der **Pont St. Martin** wird auch als Tor zum Aostatal bezeichnet, denn hier beginnt man die Erkundung der Gegend, die sich um den *Ponte Romano* entwickelt hat und in welcher der heutige Karneval an die alten Legenden erinnert. Das Lystal, auch als **Gressoneytal bekannt,** ist das erste Tal, auf das man trifft. 35 km lang fließt der Lys vom Monte Rosa aus parallel zur piemontesischen Grenze. Hier ist man mitten im Land der Walser, deren Spuren und Zeugnisse bis heute überdauert haben.
Die Straße ist gut befahrbar und steigt sanft, aber beständig auf Kurven und kurzen Geraden an. Sie verläuft durch einige Ortschaften hindurch, und nach der Gemeinde Fontainemore öffnet sich der Blick auf die waldbewachsenen Hänge. Ab dem auf halber Talhöhe gelegenen Gaby wird die Straße aufregender. Man passiert die Ortsteile von **Gressoney-Saint-Jean**, auf den Wiesen stechen die *Stadel*, die traditionellen Walserhäuser, heraus. Ein kurzer Umweg linkerhand führt zum Schloss Savoyen mit seinem botanischen Garten, das Königin Margarethe erbauen ließ. Nach Gressoney-Saint-Jean wird die Straße enger und steiler. Inzwischen befinden wir uns hoch über dem Tal und steigen auf den nächsten 9 km weiter von 1385 m zum 1823 m hoch gelegenen Staffal. In **Staffal**, einem Ortsteil von Gressoney-la-Trinité, endet die Straße SR43. Sie passiert

Das steinerne Dorf Pontboset am Fluss Ayasse, der in der Nähe des Ortes eine seiner tiefsten und eindrucksvollsten Schluchten geformt hat.

Profil und Höhenverhältnisse – Übersicht

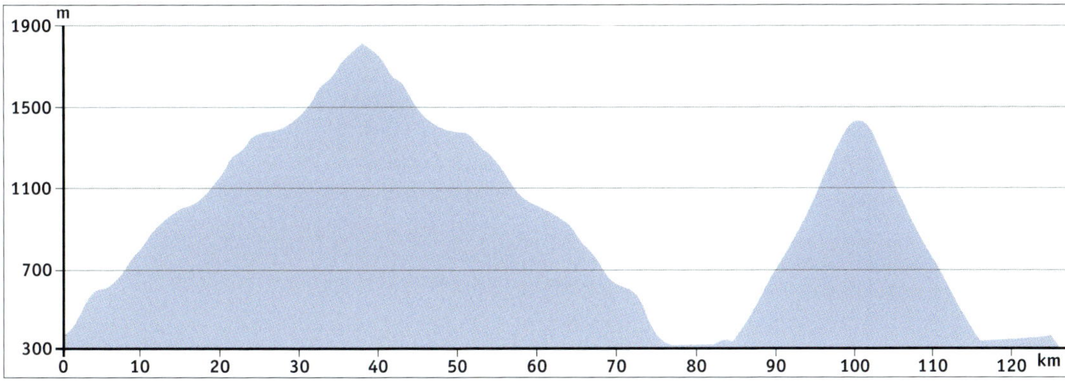

die *Skischule Monte Rosa* und führt auf der anderen Seite des Flusses zurück nach **Orsia**, einem kleinen Walserdorf, das am 25. Juli das bekannte *San Giacomo-Fest begeht.* Kurz die kristallklare Luft einatmen und gleich wieder zurück bergab. Beim Abstieg kann man sich einige schöne Pausen gönnen, um etwa das Museum *Haus Pòtzschhus* in **Gressoney-la-Trinité** zur Walser-Kultur zu besuchen oder an der Villa Margherita in in Gressoney-Saint-Jean vorbeizuspazieren.

Unten im Tal markiert das kleine ordentliche Zentrum von **Hone** den Eingang in das Champorchertal. Die Fahrt bergauf in dieser majästetischen, fast düsteren Naturlandschaft ist spannend. Die Straße folgt dem Flussufer der Ayasse. Straßenschilder weisen auf die zu Fuß erreichbaren Schluchten hin, die der Fluss ins Gebirge geschliffen hat. Das aus grauen Steinhäusern bestehende Dorf **Pontboset** stellt seine vollständig erhaltene römische Brücke prahlend zur Schau. Nach einer Reihe enger Kurven und Serpentinen endet die Straße in **Chardonnay**, einem kleinen Ortsteil Champorchers, in dem die Tradition der Handweberei auf Hanfstoff gehütet wird.

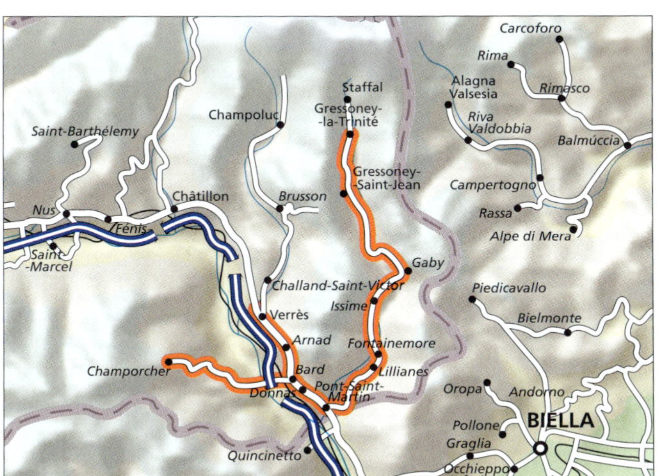

Walser: Kultur und Sprache

Das germanische Volk der Walser ist in der Gegend um den Monte Rosa angesiedelt und besitzt eine eigene Sprache, die alten deutschen Dialekten ähnelt. Das Hochtal Gressoney ist ein einzigartiges kulturelles Gebiet, das sogar eine eigene Variante der Walser-Sprache hervorgebracht hat: das *Titsch*. Der daraus hervorgegangene Dialekt, das *Walsertitsch*, wird von Issime bis Gressoney-La-Trinité gesprochen. Das gesamte Gebiet ist von der walserischen Kultur durchdrungen: von den auf Italienisch und Titsch beschriebenen Straßen- und Aushängeschildern über die aus Lärchenholz und Stein erbauten Häuser, die zum Wohnen, als Stall oder als Speicher benutzt werden, bis hin zur schmuckvollen Kleidung und der gastronomischen Tradition. Das **Walser Kulturzentrum** in Gressoney-St. Jean fördert mit Sprachkursen und Events die kulturelle Identität der Walser. Darüber hinaus findet alle 3 Jahre an verschiedenen Orten das *Internationale Walsertreffen* statt. Das letzte wurde 2016 in Arosa in der Schweiz abgehalten.

TRIUMPH

Piemont

04 Piemont
Sestriere und die Strada dell'Assietta

Streckenlänge
134 km
Start- und Zielort
Pinerolo (TO), Susa (TO)
Streckenverlauf
Pinerolo – Sestriere (54 km), Pourrieres über Strada dell'Assietta (95 km), Fenestrelle (100 km) – Susa.
Schwierigkeiten
Aufgrund der Bodenverhältnisse und der Wolken, die den Colle di Finestre häufig umgeben, ist das Gebiet der Assietta schwierig. Am besten ist eine Enduro und man sollte auf Gepäck und Mitfahrer aufpassen. Asphalt gibt's nur auf den Abschnitten Val Chisone, Balboutet, Colle di Finestre.
Wissenswertes
Die Strada dell'Assietta ist vom 1. Juni bis zum 31. Oktober geöffnet, im Juli und August jedoch mittwochs und samstags für motorisierte Fahrzeuge gesperrt. Die Höchstgeschwindigkeit liegt bei 30 km/h. Verbote und Vorschriften können unter www.stradadellassietta.it eingesehen werden.

Sehenswürdigkeiten

Die Sonnenuhren in den Gassen von Balboutet, 20 an der Zahl, verleihen der Siedlung den Spitznamen „Städtchen der Sonne und Sonnenuhren". Usseaux ist die Stadt der *murales*, die entlang der einzigen Hauptstraße an den ländlichen Häusern aus dem 18. Jh. zu entdecken sind. Wunderschöne *murales* findet man auch an den verstreut liegenden Häusern von Roure, das man auf dem Weg hinunter nach Pinerolo durchquert. Die **Festung von Fenestrelle** ist einen längeren Aufenthalt wert und bietet drei verschiedene Wege rund um den Gebäudekomplex, der drei Festungen umfasst und einen ausführlichen Spaziergang bis auf 1800 m Höhe bietet. Das oberhalb von Oulx liegende **Jovenceaux** ist eine Siedlung aus altertümlichen, eng beieinanderliegenden Häusern, die von einer unglaublichen Stille und dem Duft der Edelraute erfüllt sind. Deren Blätter werden zum Trocknen auf den Dachböden gelagert, um sie später zur Herstellung des Likörs *genepì* (ital. für Edelraute) zu verwenden.

Eine fantastische Straße inmitten einer Landschaft von seltener Schönheit, die unzählige Motorradfahrer aus ganz Europa anlockt. Die Natur ist hier der Protagonist, doch auch die Dörfer in der Gegend haben viel zu bieten.

Da bleibt kaum Zeit, um die Sehenswürdigkeiten des **Val Chisone** zu begutachten: Wer es erst einmal so weit geschafft hat, wird die Staatsstraße 23, die zwischen Fenestrelle und Sestriere besonders viel Spaß macht, in einem Rutsch durchfahren. Die *Strada dell'Assietta* ist das legendäre Reiseziel aller Biker und gleicht dem Podium bei der Olympiade. Was ist so besonders an ihr? Die Strada dell'Assietta – in Wahrheit handelt es sich um zwei Straßen, die SP173 von Sestriere zum Colle delle Finestre und die SP172 von Depot nach Meana di Susa – ist sagenhaft und durch ihre Lage mitten in einem Naturschutzgebiet, wo die weidenden Kühe die einzige Gesellschaft sind, vom Geiste der Wildnis durchdrungen. Die Natur verlangt Aufmerksamkeit, Achtsamkeit und Schutz, die Reifen eines abgelenkten Fahrers sollten die Fahrbahn keinesfalls verlassen. Der kurze Asphaltabschnitt, der Zugang zu diesem Paradies gewährt und bei Pourrières beginnt, stört beinahe, denn er steht nicht im Einklang mit der übrigen Umgebung, wenn er auch ein entspannteres Fahren ermöglichst. Tatsächlich ist die Fahrt auf dem Großteil der Strecke anstrengend, da sie steiler ist und in den engen Serpentinen der Abschnitte hinter Susa – dem schwierigsten – und Sestriere heimtückische Steine lauern.
Um den Weg voll auszukosten, startet man am besten im Wohngebiet von **Sestriere** und stellt sich auf eine Fahrt stets oberhalb

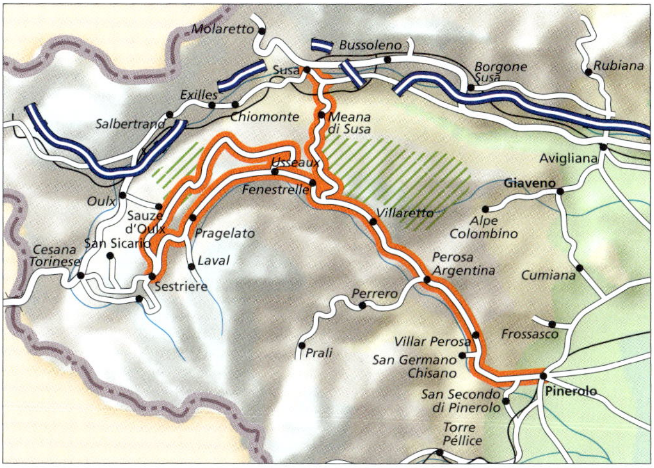

von 2000 m ein. Die Strecke ist paradiesisch und zugleich eine Bewährungsprobe (am Ende des Tages spürt man seine Handgelenke), die viel Ausdauer erfordert (auf 2000 m Höhe können tiefliegende Wolken auch im Juli unangenehm sein). Die Straße erstreckt sich entlang der Grenze zum *Parco Regionale del Gran Bosco di Salbertrand* und dann in eine weitläufige Ebene, ehe man kurz vor dem Colle delle Finestre wieder auf Asphalt gelangt. Dort bietet sich ein Abstecher bergab zum Val Chisone an, um auf einer Sennhütte eine gute Mahlzeit einzunehmen. Und da, auf Höhe der **Festung von Fenestrelle**, sind sie endlich: die unglaublich steilen Serpentinen! Sie führen – anfangs noch auf Asphalt – im zweiten Abschnitt der Assietta den gleichnamigen Pass wieder hinauf. Der Gipfel liegt im *Parco Orsiera di Rocciavrè*, einem Naturschutzgebiet, in dem man versucht ist, den Motor auszuschalten und Ausschau nach wilden Tieren zu halten. Die Straße steigt erst hinauf und stürzt dann mit einer unendlichen Folge von Serpentinen nach Susa hinab, das zwischen den Kiefern erkennbar ist. Doch bis dahin ist es noch ein Stück und der Weg erlaubt keine Ablenkung. Müde, durchgefroren und zufrieden unten angekommen, kann man sich einen warmen *Genepì* gönnen.

Feierlichkeiten in Val Chisone

Erbeinfiera ist ein Kräutermarkt, der jährlich am dritten Sonntag im März in Perosa Argentina stattfindet, aber es werden dort auch Weine, Liköre und Handwerkskunst angeboten. Im selben Ort zelebriert die *Fiera del Plaisentif* am vorletzten Sonntag im September den lokalen Almkäse. Bei der *Festa del Vecchio Borgo* in Pomaretto jedes Jahr im Juli begeistern gutes Essen, Traditionen, antikes Handwerk und die Musiker auf den Piazzas die Besucher. An den Ständen kann man bei Fackellicht Schustern, Bäckern und Holzschnitzern bis in die Nacht bei der Arbeit zusehen. In Dubbione wird seit 144 Jahren am dritten Montag im November die *Fiera Autunnale* veranstaltet, auch bekannt als *Fiera dl'Aij*, bei der Natur- und Kunstprodukte zur Schau gestellt werden. Die *Festa della Ghironda* ist ein internationales Event für das gleichnamige mittelalterliche Saiteninstrument und findet gewöhnlich im August in Pragelato statt.
Für weitere Informationen zu den Festen in Fenestrelle, die überwiegend in der Festung stattfinden, siehe den Kalender auf der Website der Gemeinde (www.comune.fenestrelle.to.it).

Linke Seite: Ab und an ermöglichen Asphaltstraßen ein ganz entspanntes Fahren.

Profil und Höhenverhältnisse – Übersicht

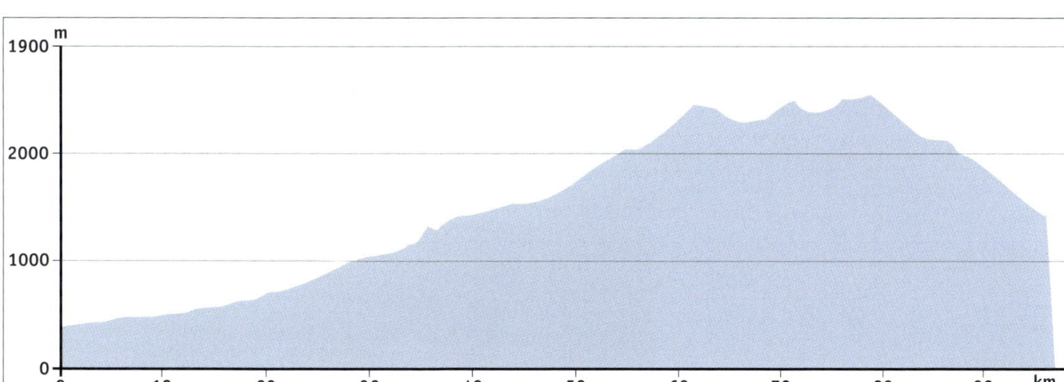

05 Piemont
Canavese: von den Seen bis zur Serra

Streckenlänge
126 km
Start- und Zielort
Chivasso (TO), Ivrea (TO)
Streckenverlauf
Chivasso – Candia (18 km), Barengo (20,5 km), Moncrivello (32 km), Borgomasino (37,5 km), Caravino (45,5 km), Azeglio (50,5 km), Comuna (58 km), Viverone (61 km), Piverone (66 km), Bollengo (72 km), Zubiena (85 km), Occhieppo Inferiore (94,5 km), Graglia (100 km), Andrate (114 km) – Ivrea.
Schwierigkeiten
Keine, für jeden Scooter und Motorradtyp zu bewältigen.
Wissenswertes
Um das Castello di Masino zu besuchen: www.fondoambiente.it; um auf dem See ein Boot zu mieten: www.navigazioneviverone.it

Sehenswürdigkeiten

Der **Sacro Monte di Oropa** (13 km von Occhieppo Inferiore entfernt) ist ein in 1200 m Höhe gelegenes Weltkulturerbe mit einer Kapelle, die der Schwarzen Madonna gewidmet ist. In grandioser Umgebung warten entlang eines aufsteigenden Feldwegs 19 Kapellen mit Statuen, Gemälden und Friesen von großem künstlerischem Wert. Die ungewöhnliche Bedachung der Kapellen mit Steinplatten im alpinen Stil unterscheiden sie von Kapellen auf allen anderen Heiligen Bergen in Piemont und in der Lombardei.
Das **Gesiun di Piverone**, eine romanische Pfarrei – oder was davon übrig ist –, liegt unweit vom Städtchen in Richtung Zimone. Es ist von Weinbergen und Kiwiplantagen umgeben, wie überhaupt das gesamte Gebiet rund um die Seen. Die mittelalterliche Siedlung **Piazzo** in Biella liegt höher als das Städtchen und ist über den Stadtteil Vandorno erreichbar, oder aber ganz gemütlich mit einer malerischen Seilbahn. **Piazza Cucco** ist einer der schönsten Aussichtspunkte.

Vom entspannten Vorbeirollen an Candia- und Viveronesee bis zu lebhaften Fahrten durch die kurvenreiche Serra, dem Moränenwall, der das Canavese vom Biellese trennt.

Eine flache, dünn besiedelte Gegend umgibt den **Candiasee**. Er ist von Chivasso aus auf einer geraden, wenig befahrenen Strecke zu erreichen, welche die magische Atmosphäre des Beckens erahnen lässt. An dem kleinen, fast unbekannten Gewässer ist nur ein Drittel der Uferfläche zugänglich. Die umgebenden Naturschutzgebiete beherbergen zahlreiche Vogelarten sowie einen einzigartigen „Krötenweg", um den Tieren geschützten Zugang zu Laichplätzen zu ermöglichen.
Der Weg zum Viveronesee beginnt mit einem sanften Auf und Ab über Hügel, die auf den Landkarten kaum zu sehen sind. Gelegentlich tauchen Siedlungen auf, die oft Überraschungen bereithalten. Über **Moncrivello** prangt das mittelalterliche Schloss, das in Privatbesitz ist, jedoch besucht werden kann. **Maglione** beherbergt ein außergewöhnliches *Freilichtmuseum für zeitgenössische Kunst*, das zum Spazieren in den Gassen einlädt, um Fresken und Skulpturen verschiedener Kunstströmungen zu entdecken. In **Borgomasino** vor der Serra Morenica erhebt sich ein Schloss aus dem 11. Jh., dessen Garten sich zum Schifffahrtskanal von Ivrea hin öffnet.
In Caravino lockt das beeindruckende **Castello di Masino** mit seinen Fresken, kunstvollen Möbeln und einer außerordentlichen Kutschensammlung sowie einem englischen Garten. Und dann ist da noch **Azeglio**, heute ein stilles Dörfchen, dessen Geschichte aber von Herrschaften wie den Herzögen von Ponzone geprägt ist, von denen Massimo d'Azeglio abstammt.

Aussicht vom Castello di Roppolo.

Rechte Seite: oben der Viveronesee, unten die Aussicht vom unberührten Ufer des Candiasees.

Den **Viveronesee** erreicht man in gemächlichem Tempo über verlassene kleine Straßen. Das Ufer wird entlang des Sees lebhafter, mit kleinen Bootsstegen und Bootsverleih, sowie vereinzelten Häusern, bis man Viverone erreicht. Hier ist man auf der Serra! Das nahegelegene **Roppolo** stellt einen verführerischen Zwischenstopp dar, denn das dortige Schloss beherbergt die *Enoteca Regionale della Serra,* wo man in faszinierendem Ambiente zwischen verschiedenen Verkostungsangeboten wählen kann. Zum Abschluss noch ein Spaziergang durch die Straßen von **Piverone**, einem lebhaften Städtchen mit vielen Events und einem hübschen *Ethnographischen Museum*. Dann geht es in Richtung **Zubiena** durch eine Reihe schöner Serpentinen die Serra hinauf. Auf dem Gipfel lohnt sich ein Halt in der Bar bei den *Bikern*, die sich sonntags hier treffen, um gemeinsam durch die Kurven zu rauschen, und dann geht es bergab nach Biella. Vor der Stadt nach Graglia abbiegen, dann gelangt man durch enge Kurven auf aussichtsreicher Straße zum *Santuario di Rubiola*, dem verschlungensten Abschnitt, der kaum befahren wird und an Netro vorbeiführt. In **Ivrea** unterhalb der Serra endet die Reise.

Ivrea: das Olivetti-Erbe

Man kann nicht von Ivrea sprechen, ohne Olivetti zu nennen. Als eines der drei größten Unternehmen der ersten Hälfte des 20. Jhs. hat Olivetti der Stadt seinen Fingerabdruck hinterlassen. Die Architektur und die Plätze verweben sich auf eine unverwechselbare funktionale und futuristische Weise miteinander und stellen heute ein Freilichtmuseum für Spaziergänger dar. Das Olivetti-Werk mit seinen roten Backsteinhäusern ist modifiziert und erweitert worden – ein sehenswerter Glaspalast erhebt sich in der Via Jervis, während das rationalistische Design der Häuser der Angestellten unübersehbar ist. Sie wurden nach der nordischen Philosophie entworfen, die flache Gebäude inmitten weiter grüner Flächen anstrebt. Von der Via Jervis ausgehend begegnet man zuerst modernen Häusern, die von gepflegten Wiesen gesäumt werden, und gelangt dann zum Wohngebiet La Serra, einem außergewöhnlichen Beispiel für *technologischen Expressionismus* im Herzen der Stadt. Das architektonische Erbe von Olivetti ist dank der Beschreibungen und Informationen an den Gebäuden nachvollziehbar. Die Informationstafeln sind auch auf der Website des **Museo Virtuale dell'Architettura Moderna** (www.mamivrea.it) einsehbar.

06 Piemont
Auf dem Monviso, an der Quelle des Po

Streckenlänge
125 km
Start- und Zielort
Cuneo, Saluzzo (CN)
Streckenverlauf
Cuneo – Saluzzo (33 km), Crissolo (65 km), Pian del Re (74 km), Paesana (94,5 km), Barge (103 km), Revello (116 km) – Saluzzo.
Schwierigkeiten
Unkompliziert, bis auf die letzten 7–8 km, wo eingeschränkt befahrbare Straßen und enge Serpentinen hohe Aufmerksamkeit erfordern. Vor der Abfahrt die Wetterlage prüfen.
Wissenswertes
An den Wochenenden von Juni bis Ende September ist der Zugang zu den Piani del Re und della Regina auf die gebührenpflichtigen Parkplätze beschränkt. Außerhalb des Sommers ist der Zugang nur bis zur Pian della Regina gestattet. Die Fährdienste werden sowohl vom Parco Po Cuneese (Tel. 0175/465 05) als auch von der Stadtverwaltung Crissolo (Tel. 0175/949 02) organisiert.

Sehenswürdigkeiten

Crissolo und **Revello** sind einen Halt wert. In Crissolo kann man regionale Produkte kaufen, in Revello setzt man sich am besten in der ruhigen Altstadt in eine Bar. Ende Mai findet in Revello das *Revello Maggio Castello* statt, eine historische Veranstaltung, die das Städtchen drei Tage lang originalgetreu in alte Zeiten zurückversetzt. In **Cuneo** muss man das Motorrad abstellen und kann dann der mittelalterlichen Via Roma sowie dem Städtchen Mondovì einen Besuch abstatten: Ihre Arkaden sind das Herz der Stadt. Das entlegene **Santuario della Madonna degli Angeli** ist über den Viale degli Angeli, eine lange, schattige Allee, erreichbar. Man kann auch auf dem parallel verlaufenden Gehweg spazieren. In **Saluzzo** stehen die Castiglia Cavassa und die Casa Cavassa. Letztere beherbergt ein Museum, das sich mit dem Schriftsteller Silvio Pellico befasst. Die Einrichtungen sind in der Kulturinitiative *Castelli Aperti* organisiert.

Bei einer Fahrt in großer Höhe den Geburtsort des Flusses entdecken und anschließend seinem Verlauf mit Wasserfällen, kleinen Biegungen und einladenden Becken folgen.

Als Schulkinder erfahren wir, der **Po** ist der längste Fluss Italiens. Als Erwachsene erfahren wir, dass er mit seinem gewundenen Verlauf und dem fast durchgängig grünen Ufer zugleich einer der bezauberndsten ist. In seinem Delta hat er ein spektakuläres Naturgebiet hervorgebracht, das an manchen Stellen auch vom Boot aus erkundet werden kann. Was gibt es Aufregenderes, als sich auf die Suche nach dem Ursprung zu machen?
Man muss bis Spätsommer oder Frühling warten, um sicherzugehen, dass die Straße frei von Schnee ist, und frühmorgens aufzubrechen – allerdings geht es nur am Wochenende. Dann gilt es, bis nach **Pian del Re** vorzudringen, das für den Verkehr gesperrt wird, wenn die Auto- und Motorradparkplätze erschöpft sind. Den großen Fluss entdeckt man kurz nach der Ausfahrt von Saluzzo nach Crissolo. Hier ist er noch sehr jung und fließt weitläufig durch ein Gebiet, von dem aus der unverwechselbare Umriss von **Monviso** zu erkennen ist. Paesana ist bereits Gebirge – die Luft ist klar, der Po eher ein Bach als ein Fluss und die Ortsnamen und die Architektur der Häuser haben alpine Züge angenommen. Die Straße, die sich im Taleingang zu biegen begonnen hat, verengt sich nun und beginnt ihren Aufstieg mit einer spektakulären Aussicht. Auch die Erwartungen steigen. Der große Fluss ist noch jung, und während er sich von der Straße entfernt, geht er in kleine Kaskaden über, die das einzig wahrnehmbare Geräusch bilden.

Die schönen Serpentinen zwischen Pian della Regina und Pian del Re bewältigt man besser außerhalb der Ferienzeit.

Profil und Höhenverhältnisse – Übersicht

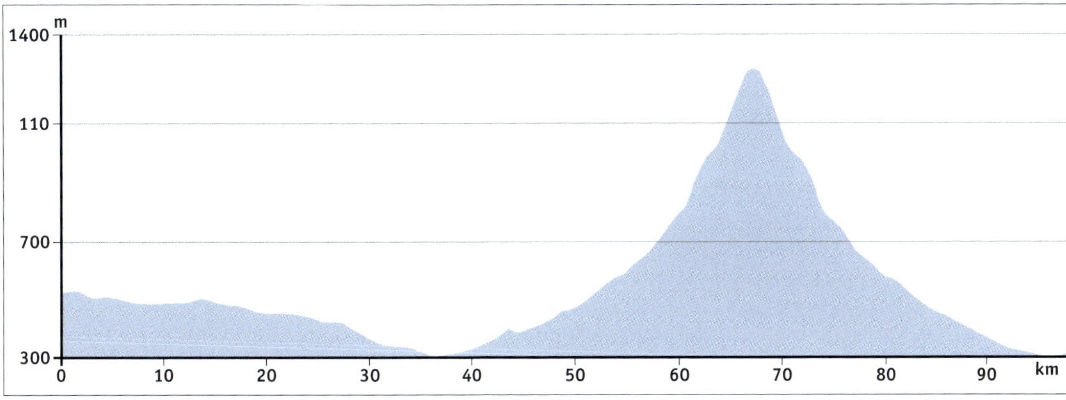

Ein paar steile Serpentinen bringen uns nach **Crissolo.** Nach dem Ort wird die Straße richtig eng, sogar die Begegnung zwischen zwei Fahrzeugen kann problematisch werden. Aber nicht für Motorräder, im Gegenteil: Die Fahrbahn scheint fast für Zweiräder gemacht zu sein und führt beinahe schnurgerade wie auf einer Terrasse am Flusstal entlang. **Pian della Regina** öffnet sich einer Reihe von Serpentinen. Nun sind es nur noch 4 km bis zum Ziel. Die Autos halten hier und nehmen die Fähre, die Motorräder aber kämpfen sich weiter bergauf. Falls bei der Ankunft kein Platz mehr frei ist: Helm abziehen, Foto schießen, die klare Luft einatmen – und Abfahrt. Ein kurzer Halt in Pian della Regina duftet nach Polenta und Wild, der Abstieg nach Crissolo bringt den Körper wieder auf Normaltemperatur. In Paesana gibt es dann einen Richtungswechsel. Auf dem Weg nach Barge fährt man durch aussichtsreiche Serpentinen über La Colletta und umkurvt den **Monte Bracco**, die beeindruckende Erhebung, welche den Po zu einer ersten Biegung zwingt.

Wanderwege zur Quelle

Wanderwege beginnen in **Pian del Re**, einem 465 ha weiten Naturschutzgebiet. Das Moor in der Hochebene wird von seltenen Amphibien wie dem einheimischen Lanzas Alpensalamander bewohnt. In den Beobachtungspunkten des Naturgebiets wird er häufig gesichtet. Die 2020 m über dem Meeresspiegel liegende Quelle des Po am Fuße des Monviso ist dank eines Steins mit der Inschrift *„Qui nasce il Po"* (dt. „Hier entsteht der Po") leicht auszumachen. Kaum zu glauben, dass hieraus ein 652 km langer Strom entstehen soll! Ein Parkplatz für das Motorrad kostet 2 € für einen halben und 3 € für einen ganzen Tag. Mit dem Shuttle geht es von Pian della Regina ab 10.20 Uhr hinauf. Die letzte Fahrt zurück startet um 18 Uhr. Weitere Informationen über den Nationalpark, Besucherzentren und die Anfahrt auf: www.parcodelpocn.it

07 Piemont
Auf den Straßen des Hohen Monferrato

Streckenlänge
164 km
Start- und Zielort
Ovada (AL), Acqui Terme (AL)
Streckenverlauf
Ovada – Molare (5 km), Bagni (30,5 km), Ponzone (42 km), Sassello (65,5 km), Acqui Terme (97 km), Bistagno (106 km), Montechiaro Alto (119 km), Pareto (130 km), Spigno Monferrato (140 km) – Acqui Terme.
Schwierigkeiten
Keine, für alle Scooter und Motorradtypen geeignet.
Wissenswertes
Auf der Staatsstraße 30 der Val Bormida gibt es an Sommerwochenenden Geschwindigkeitsbegrenzungen. Abgleichen auf www.provincia.alessandria.gov.it unter *Ordinanze viabilità*.

Sehenswürdigkeiten

Dank der Initiative *Castelli Aperti* kann man sowohl das Castello di Grillano in Ovada (Mai bis Oktober), in dem eine seit 80 Jahren aktive Weinkellerei ihren Sitz hat, als auch den Palazzo Tornielli in Molare (Juli bis September) besuchen. In Sassello beginnt der spaßigste Abschnitt der Statale 334 Acqui-Albissola Marina. Der Badeort Albissola Marina widmet der Keramikverarbeitung ein buntes *„Lungomare degli artisti"* (einen Künstlermarkt entlang des Strands) sowie ein Museum und ist nach kurvenreichen 22 km zu erreichen. Von Spigno Monferrato aus über die Alta Val Bormida erreicht man Altare. Diese Ortschaft ist das Verbindungsstück zwischen dem Anfang der Alpenkette und dem Apennin und blickt auf eine Tradition des Glashandwerks zurück, das die lokale Wirtschaft seit dem 12. Jh. angekurbelt hat. Heute befindet sich in den Jugendstil-Räumlichkeiten von Villa Rosa das **Glasmuseum**, eine einzigartige und faszinierende Sammlung von Alltagsgegenständen und Werken großer Designer des 20. Jhs.

Die Rundfahrt beginnt in der Heimat des *Dolcetto,* führt bis an die Grenze zu Ligurien und an der Alta Val Bormida entlang wieder zurück nach Bollente. Eine gemächliche Fahrt, die nach Wein und den regionalen Charakteristika duftet.

Wer bei **Ovada** nur an die Autobahn denkt, die von den Bergen des Piemonts ans Meer verläuft, sollte anhalten und einen zweiten Blick riskieren. Hier gibt es die typisch genuesische Altstadt zu entdecken, deren dekorierte Häuser sich in den ligurischen *Caruggi* eng aneinanderschmiegen. Auf dem Weg zu den altertümlichen Häusern der Piazza muss man gut auf die Verkehrsführung achtgeben, die bisweilen unübersichtlich ist. Außerhalb der Stadt wartet auf der abgelegenen SP205 die pure Fahrfreude – sie ist der stärker befahrenen Statale 456 nach Acqui vorzuziehen. Anfangs führt sie weitläufig von Molare aus auf das Visontal zu. Nach dem **Monte Laione** verengt das Tal sich zwischen spektakulären Gräben. Serpentinen bringen uns zum Stadtteil Bagni hinab, wo sich die Thermalquellen von **Acqui** befinden. Hier beginnt eine der beliebtesten Kurvenstrecken für Motorradfahrer. Sie peilt Ponzone an und verläuft fast vollständig auf den Bergkämmen. In südlicher Richtung bietet diese Strecke eine großartige Aussicht und erreicht auf dem Gipfel des Bric Berton in 800 m ihren Höhepunkt.
In **Sassello** kann man zu jeder Jahreszeit im Freien zu Mittag essen oder eine Zwischenmahlzeit einnehmen. Sonntags beleben zahlreiche Motorräder die Piazza und färben sie bunt. Nach einer Runde durch die Pilz- und Amarettistände geht es weiter. Die Statale 334 nach Acqui ist eine einzige Abfolge von

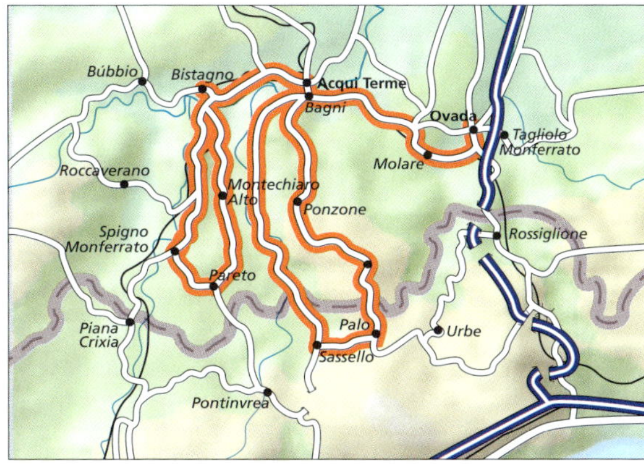

weitläufigen Kurven, Gegenkurven und Serpentinen. Es sind Motorradfahrer aller Art unterwegs: Einige fahren langsam, um Luft und Landschaft zu genießen, andere schneller, um die Strecke voll auszureizen. Sie alle kommen in der Bar von Acqui bei einem frisch gebrauten Bier wieder zusammen, um Erfahrungen auszutauschen. Die *Bollente* ist der Brunnen auf der gleichnamigen Piazza, aus der 74,5 °C warmes Heilwasser entspringt. Hier kann man etwas verweilen, bevor es weiter in den westlichen Teil des Hohen Monferrato geht.

Auch hier winden sich Kurven und Serpentinen durch eine unberührte Landschaft und dann über das Kopfsteinpflaster der malerischen Siedlung **Montechiaro Alto**. Es geht auf und ab, links und rechts bis Spigno Monferrato. Die Straße passiert schattige Abschnitte, grüne Täler und die felsigen Gräben der Bormida di Spigno. Der kurvenreiche, kraftvolle Fluss begleitet die Fahrt bis nach **Acqui Terme.** Auf der einen Uferseite liegen die Thermalanlagen, auf der anderen – in der pittorseken Altstadt – verführt das *Quartiere del vino* zum Anhalten. Im Freien locken die Dämpfe der Bollente, in den Vinotheken der Duft von *Brachetto* e *Dolcetto.* Plakate kündigen zahlreiche kulturelle Veranstaltungen an, die den Aufenthalt noch angenehmer gestalten.

Die Bollente, Amaretti und das Filetto baciato

Neben den Weinen gibt es drei weitere Dinge, die nach einem Aufenthalt im Hohen Monferrato in Erinnerung bleiben. Die **Bollente** ist eine Thermalquelle, die jede Minute 560 Liter 74,5°C warmes schwefelhaltiges Wasser ausstößt. Sie wird von einer 1879 in der berühmtesten Piazza von Acqui Terme errichteten Marmorkapelle geschmückt. Die Bollente ist bei einem angenehmen Spaziergang durch die Fußgängerzone, vorbei an Läden und Vinotheken, zu erreichen. Auf der Straße nach Sassello liegt Ponzone. Dort ist das *filetto baciato* entstanden, eine Wurstspezialität mit gewürztem Unterfilet vom Schwein, das in Salamipaste eingewickelt und in Naturdarm gefüllt wird. Die Reifung dauert bis zu 4 Monate und der Verkauf ist auf das Produktionsgebiet beschränkt. In Sassello und Umgebung erwartet Besucher eine süße Überraschung: die weichen *amaretti*. Diese werden schon immer nach derselben Herstellungsweise zubereitet und in verschiedenen Geschmacksrichtungen in den örtlichen Konditoreien angeboten.

Oben das charakteristische Straßenschild des Quartiere del Vino, der älteste Teil der Stadt; unten die Piazza della Bollente in Acqui Terme.

Linke Seite: Das Jugendstilgebäude des Glasmuseums in Altare.

08 Piemont
Capanne di Marcarolo: mit dem Motorrad in den Naturpark

Streckenlänge
99,5 km
Start- und Zielort
Novi Ligure (AL), Gavi (AL)
Streckenverlauf
Novi Ligure – Gavi (10,5 km), Bosio (16,5 km), Praglia (44 km), Campomorone (56,5 km), Passo della Bocchetta (65 km), Voltaggio (77,5 km), Bosio (93,5 km) – Gavi.
Schwierigkeiten
Keine. Im Frühling oder nach starken Regengüssen müssen manchmal Furten überquert werden, die aber kurz, seicht und ungefährlich sind.
Wissenswertes
Informationen zu den Straßenbedingungen der SP166 ab Voltaggio, die im Falle von Hochwasser gesperrt sein kann: Stadtgemeinde Voltaggio, Tel. 010/960 12 14.

Sehenswürdigkeiten

In Novi Ligure ist das **Museo dei Campionissimi** (www.comunenoviligure.gov.it, Abt. Musei) auf 3000 m² Fläche eine Hommage an die Brüder Coppi, an Girardengo und an die Geschichte des Radfahrens. Alle Siedlungen zwischen Ovada und Serravalle stellen ihr eigenes *maniero* (Herrenhaus) zur Schau. Viele können mit oder auch ohne Führung besucht werden, einige beherbergen Weinlokale, wieder andere sind in Privatbesitz und öffnen nur zu besonderen Anlässen (weitere Informationen: www.castelliaperti.it).
In Rocca Grimalda befindet sich ein außergewöhnliches **Maskenmuseum** (www.museodellamaschera.it) mit italienischen und internationalen Masken sowie einer der *Lachera* gewidmeten Abteilung, dem traditionellen Karneval der Stadt. In Rocca lohnt sich auch ein Spaziergang zum **Belvedere** mit Ausblick auf die altertümliche Via del Sale. Die beeindruckende mehr als tausend Jahre alte **Festung** in Gavi ist für Publikum geöffnet und Austragungsort zahlreicher kultureller Veranstaltungen und Wein-Events.

Oben: Übergang am Gorzente.

Rechte Seite: oben Eintritt in das Museo dei Campionissimi; unten ein Waldstück in der Nähe der *Benedicta*.

Ein stiller Ausflug auf das Grenzgebirge zwischen Piemont und Ligurien mit einem unberührten Ökosystem. In der Talsohle rauscht der reißende Gorzente und darüber kreisen majästetische Greifvögel.

Tank, Vorratstasche, Thermoskanne: Hier muss alles voll sein! Dazu sollte man voller Lust sein, allen Lärm, Verkehr und Häuser hinter sich zu lassen. Die Fahrt durch den Naturpark ist ein völliges Abtauchen in die Stille und den Moment.

Wenn man von Novi aus auf die SP158 nach **Gavi** abbiegt, hat man die Welt zum Teil schon hinter sich gelassen. Ein Auge ist auf die Schlösser in der Ferne gerichtet, das andere auf den Naturpark direkt vor einem. Auf halbem Weg zwischen Bosio und Mornese verändert sich mit der Landstraße 165 alles: Die Strecke verengt sich, wird kurvenreich und dringt in ein verschlafenes Gebiet ein, das auch im Frühling ungestört bleibt und nach dem Sommer bald im Winterschlaf versinkt. Es geht bergauf, die Aussicht weitet sich und jede Kurve bietet einen anderen Blickwinkel auf dieses Naturschutzgebiet. Aufgrund des Frostes wächst hier nur wenig, doch zwischen den Brombeersträuchern und unter den Steinen gibt es dennoch Leben – eines, das ungewohnte Laute von sich gibt und das man am liebsten festhalten möchte. Also Motor aus und den Blick in die Ferne schweifen lassen, um den Lauf des rauschenden Bachs zu erahnen, der verborgen eine Schlucht passiert. Mit ein bisschen Glück kann man eine Weile dem Flug eines Schlangenadlers folgen. Bevor **Capanne di Marcarolo** erreicht wird, führt die Strecke bergab, über den Gorzente und anschließend wieder aufwärts. Dort stöß man auf das Gebiet der *Benedicta*, eine der bedeutendsten Stätten des alessandrinischen Wider-

stands gegen den Faschismus. Von dem Kloster ist bloß noch eine Reihe von Tafeln mit Fotos und Zeugnissen übrig, die das grausame Blutbad vom April 1944 schildern. Danach erreicht man den spektakulärsten Ort der Route, die **Piani di Praglia**. Das Meer ist hier weniger als 10 km Luftlinie entfernt und die Luft vermengt seinen Salzgeruch mit dem Duft des Waldes. Die Hänge des Monte Bra und der Bach Stura unterhalb davon markieren die Grenze nach Ligurien. Jenseits davon locken einige kleinere Vororte, bevor es tiefer hinab in das lebendige Zentrum von Campomorone geht. Hier ist der Eingang zum **Bocchetta-Pass**, der auf der einzigen Straße, die den Naturpark in der Mitte teilt, unverzichtbar ist. Die im Wald verborgene Straße eignet sich perfekt, um mit der Gangschaltung zu experimentieren und die schnellste Spur zu finden. Auf dem Rückweg überquert man den Pass erneut, danach bleibt ein letzter Blick auf das Meer, bevor es auf der Straße nach Gavi gemächlich den Lemme entlang wieder zurück geht.

Der Naturpark in Zahlen

Die 9551 ha werden von sieben Gemeinden geschützt, die allesamt zur **Provinz Alessandria** zählen. Die höchste Stelle befindet sich auf 1172 m am Monte delle Figne, die niedrigste ist der Lavagninasee, der 332 m über dem Meeresspiegel liegt. Es gibt vier Zugangsstraßen: in der Provinz Alessandria die SP165, die zwischen Bosio und Mornese einsetzt sowie die SP166 ab Voltaggio; in der Provinz Genua die SP4 von Campomorone nach Praglia und die SP69 ab Campo Ligure. 20 Personen leben aktuell in Marcarolo. Es gibt 18 präparierte und ausgeschilderte Wege mit 93 km Gesamtlänge, die zu Fuß oder auf dem Rücken eines Pferdes begangen werden können, um dabei Flora und Fauna aus der Nähe zu begutachten. Im Nationalpark gibt es nur vier Unterkünfte und Restaurants, deren Verfügbarkeit man vorab bei den Gemeinden erfragen sollte (sämtliche Infos über Aktivitäten, Empfang, Dokumentationszentren, Flora und Fauna gibt es unter www.parcocapanne.it).

09 Piemont
Die Täler Curone, Grue, Borbera

Streckenlänge
115 km
Start- und Zielort
Tortona (AL)
Streckenverlauf
Tortona – San Sebastiano Curone (24,5 km), Montacuto (30,5 km), Borgo Adorno (35,5 km), Cantalupo Ligure (43,5 km), Dernice (51,5 km), Borghetto Borbera (69 km), Vignole Borbera (74,5 km), San Martino (89 km), Garbagna (94 km) – Tortona.
Schwierigkeiten
Keine. Für alle Scooter und Motorradtypen geeignet.
Wissenswertes
Nähere Informationen zum Leben des Künstlers Giuseppe Pellizza da Valpedo: www.pellizza.it. Um Libarna zu besuchen: Tel. 0143/63 36 27; Samstag und Sonntag von 10 bis 16 Uhr, werktags von 9 bis 12 Uhr. Für das Fausto Coppi-Haus: www.faustocoppi.it

Sehenswürdigkeiten

In Volpedo, der Geburtstadt **Giuseppe Pellizzas**, kann man sein Atelier samt Inneneinrichtung und Privatgegenständen besuchen. Man entdeckt Ölfarben, Bücher und Gemälde – darunter Porträts seiner Eltern, seiner Schwester und ein Selbstporträt, das noch im Originalzustand erhalten ist. Den Kulturausflug ergänzt ein Besuch des **Didaktischen Museums** im Palazzo del Torraglio in Piazza Quarto Stato sowie des **Museo Multimediale**, das die Geschichte der Kinoleinwand erzählt. In der archäologischen Ausgrabungsstätte der **römischen Stadt Libarna** bei Serravalle sind Ruinen der Wohnhäuser, des Museums und des Amphitheaters erhalten. Angrenzend werden geborgene Funde ausgestellt. In Castellania (13,5 km von Tortona entfernt) ist Fausto und Serse Coppis **Geburtshaus** zu einem Museum umfunktioniert worden, um Besucher mithilfe von Fotos, Aufnahmen, Zeitungsausschnitten und sonstigen Erinnerungsstücken über die *campionissimi* zu informieren.

Eine hochkonzentrierte Mischung im Giarolo, der das Borberatal vom Curonetal trennt. An der Grenze zu Ligurien, Emilia-Romagna und der Lombardei gelegen, wird hier eine Küche geboten, die aus den besten Traditionen schöpft.

Sobald man auf die SP100 nach Caldirola abbiegt, nimmt die Landschaft alpine Formen an. Die Straße verläuft zunächst recht flach entlang des Bachs **Curone.** Die Aufmerksamkeit wird jedoch durch Straßenschilder abgelenkt, die ferne Ortschaften ankündigen und uns auf gewundene, von Pfirsichplantagen und Weinbergen gesäumte Straßen bringen. Andere Schilder verführen zu köstlichen Zwischenstopps: Hinter den Toren der landwirtschaftlichen Betriebe, Weinkeller und Verkaufsstände am Straßenrand erwarten die Besucher Weine, Früchte, Honig und Salami. Die Seitenstraßen laden zum Abbiegen ein: Nach links winden sie sich durch die Schluchten, um die Grenze zur Lombardei zu passieren und das parallel liegende **Stafforatal** zu erreichen. Nach rechts führen kleine Straßen zum Gebirgskamm und ermöglichen inspirierende Aussichten auf das Gruetal. Danach kehren sie wieder zum Curone zurück und folgen seinem Lauf.
San Sebastiano mit seinem ligurischen Grundriss im Stadtkern bringt uns in die eigentliche Berglandschaft. Nach Überfahren der Brücke über den Bach Museglia verengt sich die Straße und steigt sanft zu den grünen Hängen des **Monte Giarolo** auf. Spärlich gesäte Meiereien unterbrechen die Farbpalette einer unberührten Landschaft. Mit zunehmender Höhe erstreckt sich die Aussicht auf fernere Gipfel, ehe es wieder in enge bewaldete Täler geht. Plötzlich durchquert man das herrliche **Borgo Adorno**. Die Straße teilt dieses altertümliche Lehnsgut: Auf einer Seite steht das Schloss, auf der anderen der Herrensitz. Es

Viele Straßen verlaufen die Bergkämme entlang und bieten ein 360°-Panorama auf die umliegenden Gipfel; auch die abgelegenen, sich jedoch in gutem Zustand befindlichen Seitenstraßen können bedenkenlos befahren werden.

folgen enge und steile Serpentinen, denn es geht auf und ab in Richtung **Borberatal**, das in Cantalupo Ligure erreicht wird. Eine kurvenreiche Straße zwischen den Kämmen steiler Hügel streift **Dernice**, eine kleine Siedlung an einer alten Salzstraße. Sie verläuft weiter nach **Garbagna**, das kulturelle Zentrum des **Gruetals**, in dem man an Antiquitätenhändlern und Schaufenstern mit Kirschkonserven vorbeiflanieren kann. Der Abstieg nach Serravalle führt wieder durch das abgelegene Borberatal. Man touchiert **Borghetto** mit seinem Castello di Torre Ratti, in dem im Sommer ein bedeutendes *Rockfestival* stattfindet.

Das lebhafte Chaos der Stadt **Serravalle Scrivia** hinter sich lassend, geht es nach **Vargo**, ein mittelalterliches Lehnsgut. Reihenförmig angeordnete Kirschbäume kündigen nun die Rückkehr nach Garbagna an. Die breite Straße verläuft im Gruetal weitläufig nach Tortona. Und die Kurven? Linker Hand warten Abbiegungen zu kleinen Orten wie Castellania, Costa Vescovato und Cerreto Grue. Dies sind die *Straßen der Campionissimi*, auf denen die Radrennfahrer Coppi und Girardengo trainierten.

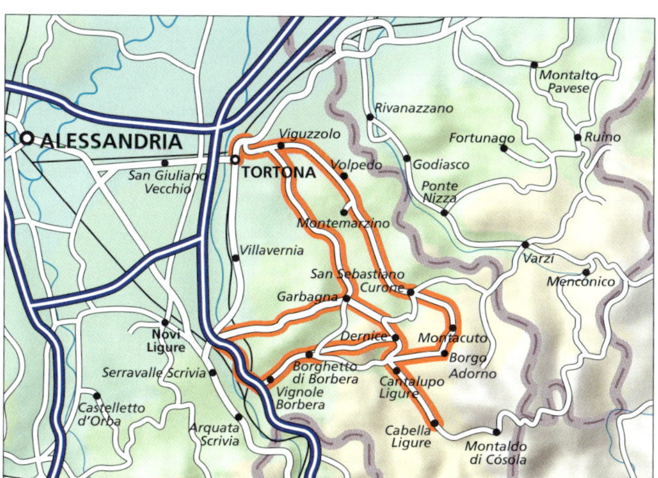

Die Strada del gusto

Die Festa del Salame Nobile del Giarolo, die Nationale Trüffelmesse in San Sebastiano Curone, das Fest der Kirsche Bella di Garbagna; dann das der Pfirsiche aus Volpedo, der Erdbeeren aus Tortona, der Carla-Äpfel, der Quarantina-Kartoffel, des Monteborekäse, des Weißweins Timorasso ... es gibt viele Namen und viele Feierlichkeiten für die **landestypischen Erzeugnisse,** welche nach alter lokaler Handwerkskunst hergestellt werden. Die vielen Käsesorten, Weine und Früchte tragen Herkunftsbezeichnungen und Qualitätssiegel, und die stolzen Hersteller haben *Slow Food*-Organisationen gegründet, um die Qualität ihrer Produkte zu pflegen und zu erhalten. Eine Einkaufstour durch die Täler der *Comunità Montana Terre del Giarolo* ist ein absolutes Muss und mehr als ein Vergnügen für den Gaumen und die Sinne. In den Produktionsstätten kann man verkosten und einkaufen, aber auch lernen, wie man eine handwerklich hergestellte Salami von einer industriell gefertigten unterscheidet oder wie man Weine mit Gerichten abstimmt (für Events und Workshops: www.terredelgiarolo.it).

10 Piemont
Colle della Maddalena und Colle della Lombarda

Streckenlänge
179 km
Start- und Zielort
Cuneo
Streckenverlauf
Cuneo – Colle della Maddalena (68 km), Vinadio (99,5 km), Colle della Lombarda (121 km) – Cuneo.
Schwierigkeiten
Mittel: Die Straße ist eng, steil und führt hoch hinauf. Nur von Mai bis September befahrbar.
Wissenswertes
Informationen zu den Straßenbedingungen: Stadtgemeinde Vinadio, Tel. 0171/95 91 43; Stadtgemeinde Argentera, Tel. 0171/967 10. Infos zu den Thermen in Vinadio: www.termedivinadio2015.it; Infos zu den Thermen in Valdieri: www.termedivaldieri.it

Sehenswürdigkeiten

Wer sich an den Kurven noch immer nicht müde gefahren hat, kann sich bei günstigem Wetter ab Borgo San Dalmazzo an der schönen 24,5 km langen Bergfahrt bei den **Terme di Valdieri** versuchen, die am Fluss Gesso entlangführt. Alternativ gibt es auch eine Strecke bei den **Argenteraseen** (15,5 km). Beide befinden sich im Herzen des Parco Regionale delle Alpi Marittime. Danach gelangt man über dieselbe Straße zurück, da es keine Nebenstraßen zu den angrenzenden Tälern gibt. Anfang August findet in Valdieri ein kurioses *Lavendelfest* statt, das einen alten Ritus nachspielt: damals wurden für den wild wachsenden Lavendel Erntebereiche zugeteilt. Der Ortsteil **Bagni di Vinadio** (10 km von Vinadio entfernt) besteht im Grunde aus einem schnuckeligen Thermalbereich mitten im Pinienwald auf 1300 m. Hier erinnert nichts an die üblichen überfüllten Thermalbäder. Ein Tagesaufenthalt in dieser schlichten und familiären Therme befreit den Kopf und erholt von den Strapazen der Fahrt.

Zwei legendäre Bergtouren, für die man warten muss, bis der Schnee weg ist. Dann kann man diese beiden Pässe an der Grenze nach Frankreich in Angriff nehmen. Höchster Punkt ist der 2351 m hohe Colle della Lombarda.

In **Cuneo** geht es los. Zuvor jedoch sollte man zu Fuß die weitläufige Piazza und die Arkaden bewundern. Die Vorfreude auf das nächste Ziel treibt uns aber auf die Staatsstraße, die bei Demonte dem Stura folgt. An den Ufern werden zahlreiche Aktivitäten angeboten, riesige Plakate laden zum Rafting ein. Das wenige Kilometer hinter Damonte liegende **Aisone** markiert den Übergang in das strenge Klima des Hochgebirges. Die Häuser bestehen aus grauen Steinen und Schieferdächern, die Wälder aus Fichten und Lärchen. Die Temperatur sinkt, die Erwartung steigt. Der **Colle della Maddalena** ist kein leichtes Ziel. Die meiste Zeit ist er eingeschneit, oft ist er erst ab Ende Mai zugänglich. Der Wetterbericht muss sorgfältig gelesen werden, damit der Ausflug nicht den Wolken zum Opfer fällt. Bei sonnigem Wetter ist die Landschaft jedoch fantastisch. Das Tal ist zwar geschlossen, aber oben auf dem Gipfel entschädigt uns eine unglaubliche Aussicht. **Vinadio** ist der letzte Ort, und die letzte Gelegenheit für einen Kaffee oder um Nachschub zu besorgen. Dort lässt man die Zivilisation zurück, um sich

Die Bergfahrt zum Colle della Lombarda.

Profil und Höhenverhältnisse – Übersicht

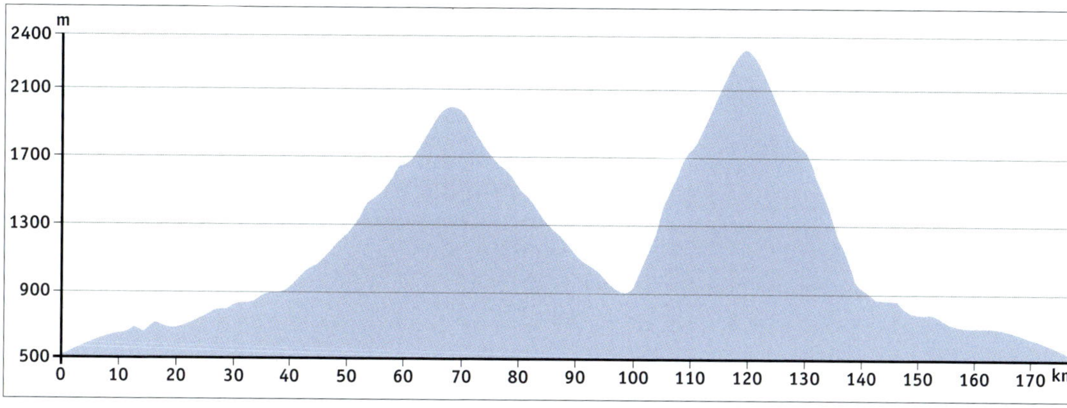

auf den Weg in die Natur zu machen. Man begegnet nur noch Murmeltieren. Im Frühling sind sie bereits in den ersten steilen Serpentinen nach Argentera zu sehen. Noch ein paar Kurven und Geraden, dann endlich kündigt ein Schild die Ankunft am Colle an: 1996 m, Schnee am Straßenrand und ein Stück weiter hinter einer Hochebene ein sagenhaft blauer See. Kurzer Halt für ein Foto – gleich neben den Fahrradfahrern, die neben den Motorrädern hämisch lachen – und um einen Blick auf das französische Ubayetal und den Colle della Maddalena zu werfen. Gesättigt von der Aussicht und den Erzählungen anderer *Biker* geht es zurück nach Vinadio. Dort, an der Grenze zu dieser großartigen Berglandschaft, beginnt ein anderer Weg, der höher hinaufführt: die Straße zum **Colle della Lombarda**. Die Strecke ist kürzer und gewundener. Man fährt durch weitläufige Grünflächen und auf enger Spur durch einen dichten Kiefernwald. Eine Abzweigung führt zum *Santuario di Sant'Anna*, auf 2010 m das höchste Heiligtum Europas. Die Ankunft am Colle della Lombarda auf 2351 m fühlt sich an wie eine Eroberung. Das bloße Faktum, hier angekommen zu sein, fühlt sich magisch an – mögen die Fahrradfahrer noch so viel schmunzeln!

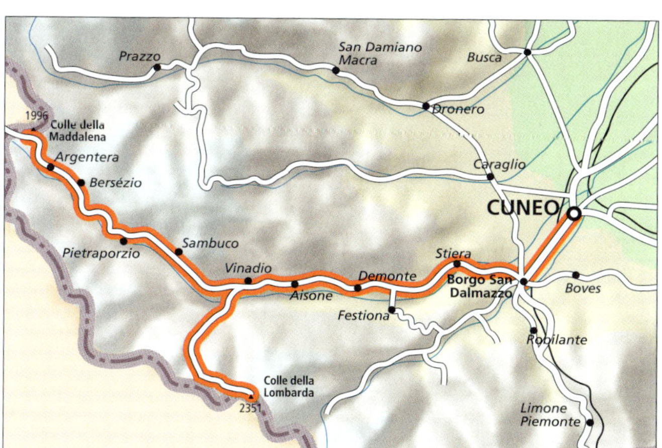

Jenseits der Grenze

Über den Colle della Maddalena gelangt man nach Frankreich. Auf diesem Wege ist es möglich, die Route zu vervollkommnen und über eine ringförmige Strecke einen deutlich höheren Gipfel zu erreichen: den **Col de la Bonette** mit 2802 m. Von der Maddalena aus ist das Ubayetal zu erreichen, das linkerhand bis nach Jausiers führt. Dort biegt man in Richtung Col de La Bonette ab, das im Parc National du Mercantour liegt. Die Straße ist bis zum Gipfel eng und äußerst steil, danach geht es bergab ins **Tinéetal**, das hier in Richtung Nizza nach Isola führt. Dieser charakteristischste Streckenabschnitt wird nur von einigen kleinen französisch anmutenden Dörfern unterbrochen: bunte Häuser, Tische im Freien und große Tafeln, die zu einem schnellen Mittagessen bei jeder Tageszeit locken. Die Bergfahrt nach **Isola 2000** ist beschwerlich, aber faszinierend. Nur 5 km trennen diese im Sommer eher enttäuschende Ortschaft vom Colle della Lombarda.

Ligurien

11 Ligurien
Das Hinterland zwischen Sanremo und Imperia

Streckenlänge
160 km
Start- und Zielort
Sanremo (IM), Oneglia (IM)
Streckenverlauf
Sanremo – Baiardo (25,5 km), Triora (59,5 km), Passo di Teglia (81,5 km), Colle San Bartolomeo (94,5 km), Cesio (99 km), Borgomaro (116 km), Dolcedo (139 km), Bellissimi (141 km), Civezza (149 km) – Oneglia.
Schwierigkeitsgrad
Mittel. Die Straßen im Inland weisen zahl-reiche enge Serpentinen mit Gegenneigung auf, die große Vorsicht erfordern.
Wissenswertes
Auf der Website des Fremdenverkehrsamtes der Provinz Imperia (www.visitrivieradeifiori.it) gibt es viele Informationen über Sanremo und Imperia, die ohne Zweifel einen ausführlichen Besuch wert sind.

Sehenswürdigkeiten

Gartenliebhaber sollten sich einen Abstecher in das 12 km von San Remo entfernt gelegene **Bordighera** nicht entgehen lassen. Der dortige **Giardino Esotico Pallanca** (www.pallanca.it) beeindruckt mit seiner Sammlung von 30 000 Kakteen und Sukkulenten auf 10 000 km² Fläche. Der Terrassengarten der **Villa Garnier** (Anmeldung, Tel. 0183/29 02 13) ist auch als Palmenhain bekannt und zählt 10 Palmenarten sowie zahlreiche jahrhundertealte Bäume. Auf dem höherliegenden Teil Bordigheras hat der Garten der **Villa Mariani** jahrelang italienische und internationale Künstler wie Monet angezogen. Heute befinden sich hier 80 Olivenbäume, die 200 bis 400 Jahre alt sind, aber auch Palmen und Zitruspflanzen(www.fondazionepompeomariani.com). **Dolceacqua** (www.dolceacqua.it) ist von der **Monetbrücke** aus zu erreichen, die aus Gemälden des impressionistischen Malers bekannt ist. Von dort geht es durch schmale Gassen zum **Schloss** aus dem 13. Jh.

Los geht's in der Stadt der Blumen! Man erkundet das Hinterland, das Geschichten von Hexen, Zirkus- und Straßenkünstlern hütet, befährt lange, enge Straßen in großer Höhe, die nach Zitronen duften, und erreicht schließlich im wunderschönen Hafen San Maurizio das Meer.

Mit Sanremo im Rücken geht es bergauf zum **Monte Bignone.** Die Strecke ist steil, eng und gewunden. Vereinzelt treten Küstenstreifen hinter den Olivenhainen hervor, bis eine Kurve die Aussicht wieder verändert. Nach der Kehre Richtung Baiardo verschwindet die mediterrane Vegetation. Ohne einen Abstecher in die Stadt verspricht diese Tour viel Einsamkeit. Am **Passo di Ghimbegna** treffen sich die Straßen aus Apricale (von links) und aus Ceriana (von rechts). Die Fahrt in Richtung Badalucco führt zuerst auf eine kurvenreiche kleine Ebene auf dem Bergkamm, von dem aus das Meer wieder sichtbar ist. Dann geht es bergab in Richtung **Monte Ceppo** und über dessen Gipfel auf über 1500 m. In dieser entschieden alpinen Landschaft lohnt es sich, den Motor auszuschalten: Berge, so weit das Auge reicht! Dann geht es wieder in einem unendlichen Auf und Ab aus Kurven und engen Serpentinen nach **Triora**. Ein hübsches Willkommensschild lädt zum Verweilen und zum Spaziergang über kopfsteingepflasterte Straßen vorbei an alten Steinhäusern ein. Das *Museo Etnografico* mit seinen ausführlichen Informationen über dieses entlegene Städtchen, das zu den schönsten Italiens gezählt wird, ist ein Muss. Wieder im Sattel geht es hinauf zu einem der lohnenswertesten Ziele in Imperias Hinterland: dem **Passo di Teglia**. Der erste Abschnitt

Das Meer bei Imperia.

Rechte Seite: Fantasievoll bemalte Platten auf den Wänden in Civezza erinnern an die Festa del Circopaese.

verläuft am Waldrand entlang, bietet aber dennoch eine großartige Aussicht. Aber Vorsicht: Der Boden ist oft verschmutzt, also trotzdem auf die Fahrbahn schauen. Eine weitläufige Serpentine kündigt den nahen Pass an – dann wechselt die Straße auf die andere Bergseite. Eine Seitenstraße führt nach San Bernardo di Conio: Dies ist der „umständlichere" Weg nach Imperia. Er passiert frei von jeglichem Verkehr Olivenhaine, die nach und nach sichtbar werden. Nur auf diesem Wege sind die anderen hübschen Siedlungen zu erreichen: In **Valloria** haben Künstler die Stadttore bemalt und damit ein vielbesuchtes Freilichtmuseum geschaffen. Nach all der einsamen Fahrerei kommt einem **Dolcedo** vor wie eine kleine Metropole. Von dort aus führt eine Straße nach **Bellissimi**, einem kleinen Ortsteil, in dem bei einem Fest im September die Tradition der *Balui* genannten Himmelslaternen zelebriert wird. Dann geht es hinab nach **Civezza.** Dieses auf einem Gebirgskamm zwischen Olivenbäumen gelegene Örtchen ist einen Entdeckungsspaziergang wert. Im Mai findet hier die *Festa del Circopaese* mit zahlreichen Ständen und Straßenkünstlern statt. Im August versammelt sich der gesamte Ort zur *Festa del Plenilunio.*

Hexen und Zirkusspiele

Fantasie oder Legende? In Triora jedenfalls gibt es Hexen wirklich. Sie kommen in den Büchern vor, die die Geschichte der Stadt und des Prozesses von 1587 erzählen. Man findet sie aber auch auf den Schildern von Lokalen und im **Museo Etnografico e della Stregoneria.** Sechs Säle illustrieren einen Zkylus des ländlichen Lebens. Doch ein Besuch im Kellergewölbe ist richtig gruselig (Öffnungszeiten unter: Tel. 0184/944 77). Die Angst verfliegt zwischen den mittelalterlichen *carruggi* von Civezza. Am 1. Mai findet hier die *Festa del Circopaese* mit Straßenkünstlern, Seiltänzern, Schlangenbeschwörern und Wahrsagern statt. Den Rahmen bilden zahlreiche Essensstände, an denen man zwischen Tanz und Gesang bis tief in die Nacht lokale Spezialitäten verkosten kann (www.circopaese.it).

Profil und Höhenverhältnisse – Übersicht

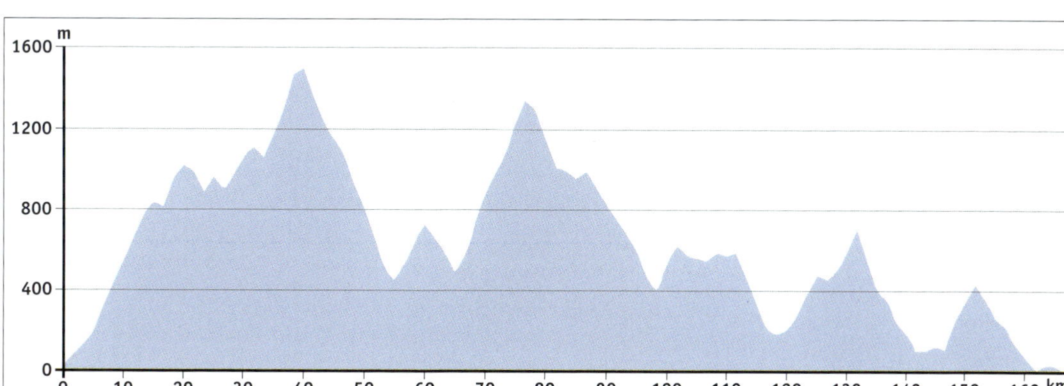

12 Ligurien
Die Kurven im Savonese

Streckenlänge
179 km
Start- und Zielort
Albenga (SV), Albissola Marina (SV)
Streckenverlauf
Albenga – Colle San Bernardo (29 km), Garessio (37,5 km), Calizzano (54,5 km), Toirano (80,5 km), Boissano (84,5 km), Loano (88,5 km), Tovo San Giacomo (96,5 km), Magliolo (101 km), Colle del Melogno (112 km), Mallare (131 km), Altare (140 km), Pontinvrea (159 km) – Albissola Marina.
Schwierigkeitsgrad
Leicht auf den Hauptstraßen. Die Nebenstraßen, wenngleich wenig befahren, sind wie so oft im Hinterland kurvenreich und eng.
Wissenswertes
Infos zum Museo Napoleonico: www.itinerarionapoleonico.com

Sehenswürdigkeiten

Auf einer 5 km langen Strecke bergauf erreicht man die altertümliche, infolge von Erdrutschen in den Fünfzigerjahren verlassene Gemeinde **Balestrino.** In jüngster Zeit gab es Studien zu einer möglichen Wiederbelebung des Ortes, 2008 diente er als Kulisse für den Film *Tintenherz*. **Castelvecchio di Rocca Barbena** (5,5 km entfernt von Zuccarello) besitzt einen mittelalterlichen Stadtkern und ist von **Zuccarello** aus über das Ilariatal erreichbar. Die Schlösser von Zuccarello und Castelvecchio gehörten den Del Carrettos – wie auch das eindrucksvolle Schloss von Balestrino, das heute in Privatbesitz ist und noch von Nachkommen bewohnt wird. Das **Museo Napoleonico** in Millesimo (14 km von Altare entfernt) befindet sich in der **Villa Scarzella.** Dort sind alte Drucke, Landkarten, Gemälde und Manifeste aus der Zeit der napoleonischen Feldzüge ausgestellt. Die Villa gehört zusammen mit dem **Castello di Millesimo** zum monumentalen Gebäudekomplex des **Castello del Carretto.** Im 18 km westlich von Albissola Marina gelegenen Noli beginnt die außerordentlich schöne und enge Straße über die Hochebene der Mànie, ehe sie in Final Pia, bei vollem Ausblick über die Küste, wieder bergab führt.

Viele Kurven, viele Geschichten und Legenden, edle Herzogtümer, Düfte und Aromen – all das wartet in einer einzigen Tour durch das Hinterland. Nach schnellem Start folgen Aufenthalte in den Siedlungen, ehe es auf nebelige Bergpässe und schließlich bei Albissola wieder ans Meer geht.

Die Tour beginnt bei den hundert Türmen von **Albenga** und führt zur SP582 del San Bernardo, einer kurvigen Straße mit gutem Belag, die sich in das Nevatal windet. Am Ortseingang von **Zuccarello** begrüßt eine Bronzestatue Ilaria del Carrettos den Besucher. Unter den Stadttoren vermischen sich die Geschichten der Herzöge Del Carretto mit Legenden. Eine schöne Strecke verbindet die Ortschaft mit Castelvecchio di Roccabarbena sowie Balestrino. Von Garessio aus geht es nach Calizzano, um auf einer weiten Hochebene mit einem Hauch von Berglandschaft die Bormida di Millesimo bis nach Bardineto entlangzufahren. Beide Orte sind für **Pilze** bekannt und man sollte hier die genuine Küche der Trattorie probieren. Ein weiterer großartiger Streckenabschnitt überwindet den Giogo di Toirano, um sich in engen Serpentinen und mit großartigem Ausblick in Richtung Meer zu stürzen.
Der hiesige Küstenabschnitt ist vielleicht der am wenigsten interessante Teil der Tour, wobei Pietra, Borgio und Finale großartige Altstädte vorzuweisen haben und Spaziergänge durch die nach Pesto und Focaccia duftenden Carruggi immer ein Vergnügen sind. Dann geht es wieder bergauf zum **Colle del Melogno**. Unterwegs weist das beschlagene Visier darauf hin, dass die Temperatur hier deutlich niedriger ist als sonst. Der Bergpass ist oft in dichten Nebel getaucht, der sich aber von einem Moment zum anderen auflösen kann, wenn Seeluft aufzieht – der Melogno ist

Die großartigen Kurven der SP582.

Die überdachte zentrale Straße im mittelalterlichen Zuccarello.

auch deshalb ein so faszinierendes Reiseziel, weil man ihn bei immer anderen Wetterbedingungen erleben kann. Der Bormida di Mallare folgend, geht es mit sanfter Neigung ins Landesinnere, vorbei an vereinzelten Häusern und durch eine Vegetation, die nichts Mediterranes mehr an sich hat. Rechter Hand dienen erst der Monte Alto und dann der Monte Baraccone als Orientierungspunkte. An der Kreuzung mit der Staatsstraße 29 weist ein Schild nach Bocchetta di Altare auf dem Colle di Cadibona, wo die Alpen auf den Apennin treffen. Ab hier geht es auf einer wenig befahrenen Route an sanfteren Erhebungen vorbei in Richtung **Pontinvrea**. Die Strecke endet auf einer stark frequentierten Straße, der SS 334 del Sassello. Die ersten 5 km in ununterbrochenen Serpentinen den Colle di Giovo bergab sind fantastisch! Der etwas langweiligere Abschnitt nach Stella verläuft oberhalb von **Albissola**, wo die Tour ihr Ende findet.

Le Grotte di Toirano

„Hexenwohnzimmer", „Turm von Pisa", „Schinkenscheibe", „Orgelpfeife" und „Kybele-Höhle" sind nur einige der Namen für die Alabasterkalkformationen und die spektakulären Kalksteinhöhlen in den Grotten von Toirano. Jahrtausendealte menschliche Spuren, deutlich erkennbare Pfotenabdrücke des Höhlenbären und Skelettreste machen den Besuch in der erst 1960 entdeckten **Grotta della Bàsura** (der „Hexe") unvergesslich. Die Führung dauert 70 Minuten und umfasst bei einer konstanten Temperatur von etwa 16 °C und einem Luftfeuchtigkeitsanteil von 98% eine Strecke von 1300 m. Die Grotten sind täglich bis 16 Uhr zugänglich. Im Sommer wird außerdem donnerstags um 21 Uhr ein nächtlicher Rundgang angeboten. Das Ticket beinhaltet auch den Eintritt in das **Museo Etnografico** in der Stadt (weitere Informationen und Reservierung auf: www.toiranogrotte.it).

Profil und Höhenverhältnisse – Übersicht

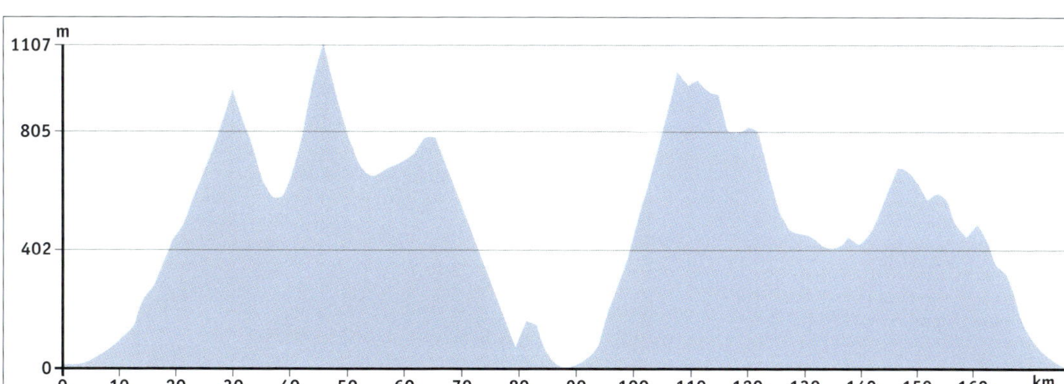

13 Ligurien
Blick auf den Golf von Genua

Streckenlänge
160 km
Start- und Zielort
Genua, Recco (GE)
Streckenverlauf
Genua – Passo del Turchino (28,5 km), Urbe (52 km), Piampaludo (57 km), Prato Rotondo (62,5 km), Alpicella (75 km), Arma (88 km), Cogoleto (92 km), Sturla (126 km), Monte Fasce (137 km), Uscio (150 km) – Recco.
Schwierigkeitsgrad
Einige Nebenstraßen des Parco del Beigua sind eng, verschlungen und müssen auch bei wenig Verkehr sehr aufmerksam gefahren werden. Die Fahrten durch die Ortschaften können chaotisch sein und erfordern Vorsicht.
Wissenswertes
In Genua gibt es äußerst viele Motorradparkplätze. Beim Besuch des Aquariums gibt es vor dem Eingang extra einen Platz, auf dem Motorräder geparkt werden können.

Sehenswürdigkeiten

Die Schmalspurbahn von Genua nach Casella bietet eine außergewöhnliche Fahrt in den Bergen über Genua in einem altertümlichen Zug, der zu besonderen Zeiten fährt (www.ferroviagenovacasella.it). Ein Spaziergang durch Uscio führt an den riesigen Glocken des **Museo dell'Orologio da Torre** vorbei. Das Museum in den Werkstätten des Uhrenherstellers Trebino zeigt sehr alte Uhren und Zeiger (www.trebino.it). Etwas mehr als 10 km von Recco entfernt lohnen **Santa Margherita** und **Portofino** im geschützten Naturpark Portofino einen Besuch (Achtung: nur in den für Motorräder vorgesehenen Bereichen parken!). Im Frühling finden hier Regatten statt und es werden Bootstouren angeboten, die schöne Ausblicke auf die beiden Ortschaften erlauben (www.traghettiportofino.it). Aber nicht nur die Augen kommen auf ihre Kosten, sondern auch der Gaumen: Die *focaccia di recco* ist in allen Bäckereien erhältlich und schmeckt am Strand des pittoresken Stadtteils Boccadasse am besten.

Eine Spazierfahrt durch den Parco Regionale del Beigua, dann geht's weiter nach Osten in die Wildnis des Monte Fasce. Und dazwischen: Genua, „la Superba", mit ihrem bezaubernden Hafen und den Carruggi – unvergleichlich!

Die Küstenstraße Via Aurelia westlich von Genua führt zur Staatsstraße des **Passo del Turchino**. Sie beginnt langweilig, überrascht aber in der Nähe des Passes mit einem äußerst kurvigen Streckenabschnitt. Ab dort zieht sie sich durch den **Parco del Beigua** und überquert den **Passo del Faiallo**. Einige Kurven später gleicht die fast ebene Fahrspur, welche an den beiden Spitzen des Bric del Dente entlangführt, einer zum Meer hin geöffneten Terrasse. Die sich aus dem Tal erhebenden Wolken lassen die Temperatur sinken und erzeugen eine surreale Landschaft. Dahinter taucht das Meer so schnell auf, wie es auch wieder verschwindet. Der große Reiz des Faiallo besteht darin, dass man anfangs fast wie blind fährt – aber sobald die Wolken sich verziehen, offenbaren sie ein atemberaubendes Panorama. Der letzte Abschnitt vor dem Pass überrascht mit einigen spektakulären Kurven und Serpentinen.
Die Abfahrt nach **Urbe** verengt den Blick zum Meer hin – eine gute Gelegenheit, sich ganz auf die angenehme Fahrt auf dem verkehrsfreien tadellosen Asphalt zu konzentrieren. Eine Reihe schöner Kurven vereint die beiden Ortschaften Vara Superiore und Vara Inferiore. Dann schlängelt sich die SP40 kurvenreich das weitläufige Tal des Orba entlang. Hinter Urbe führt die enge Straße durch die Schlucht steil bergauf. Ein Auge für die Umwelt hat man bei der Fahrt durch die Serpentinen aufgrund der 14% Neigung aber kaum. In völliger Einsamkeit geht es weiter

Profil und Höhenverhältnisse – Übersicht

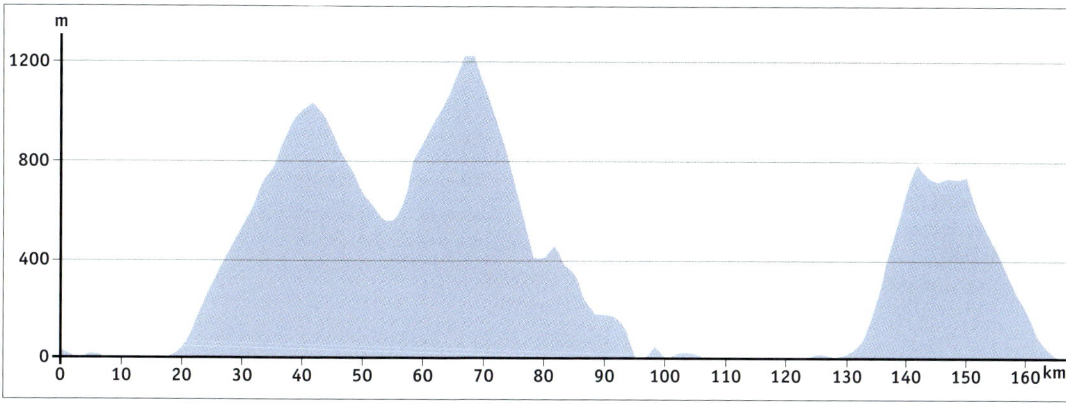

nach Piampaludo, einem winzigen Dorf mit einer Kirche aus dem 17. Jh. Eine Hochebene erstreckt sich bis zu den ersten Hängen des Monte Beigua. Im Naturpark gibt es auch Gebiete mit interessanter Tierwelt, etwa die *Torbiera del Laione*. Danach fährt man durch einen Wald, der so dicht ist, dass er kein Licht durchlässt, bis nach **Prato Rotondo** in 1108 m Höhe.
Zum Meer hin werden die Straßenverhältnisse besser. Von Alpicella aus führt die extrem enge SP57 zum *Eremo del Deserto*, einem zwischen Buchen- und Kastanienwäldern verborgenen Kloster. Schließlich erreicht man die Innenstadt von **Cogoleto**.
Zurück in Genua gestaltet sich der Aufstieg zum **Monte Fasce** flüssiger. Die Straße ist schwer zu finden – am besten den Quarto dei Mille all'Apparizione hinauf –, eignet sich jedoch perfekt, um endlich ein bisschen Gas zu geben. Bei dem überschaubaren Verkehr und den wenigen Häusern ist es schwer zu glauben, dass der Berg so nahe an der Stadt liegt. Vom Gipfel aus ist **Genua** ein toller Anblick – „la Superba" eben. Dann ein Abstecher ins Hinterland nach **Uscio** mit einem ungewöhnlichen Museum für antike Uhren. Bei **Recco** hält man sich am Meer und erwartet den Sonnenuntergang entweder von oben oder hautnah direkt am Meer.

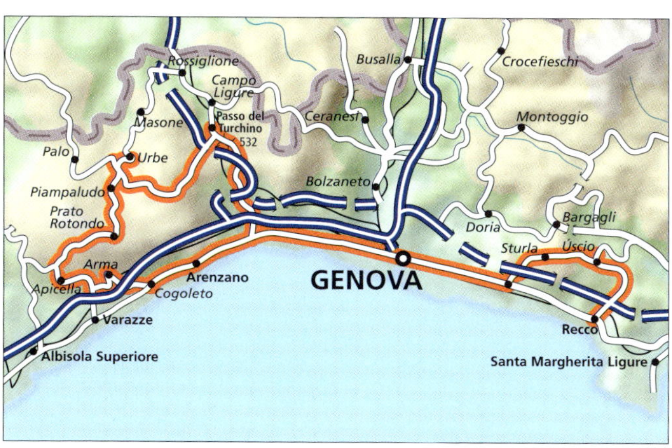

Linke Seite: Zwischenstop beim Passo del Faiallo im Parco del Beigua. Der Pass hat seinen höchsten Punkt auf 1044 m. Dort gibt es eine Hütte, die immer geöffnet ist.

„Unser Genua"

De André, Renzo Piano, die Rolli: Sie sind ebenso sehr Ikonen Genuas wie der Leuchtturm, der Hafen und das Aquarium der Stadt. In der Via del Campo steht der Schallplattenladen, der mit **De Andrés** im Schaufenster ausgestellter Gitarre fast schon ein ihm gewidmetes Museum ist. Von hier aus überblickt man das Genua des Stararchitekten **Renzo Piano** mit dem Alten Hafen und dem kulturellen und touristischen Zentrum, das in den Neunzigerjahren entstand. Auf den Strade Nuove beeindrucken die **Rolli**, die prächtigen Paläste der adeligen Familien alter Zeiten. Das heutige Weltkulturerbe beherbergt zahlreiche Stiftungen und Museen. In den monumentalen Sälen des **Palazzo Tursi** ist unter anderem die Geige Paganinis ausgestellt. Der **Palazzo Rosso** zeigt Fresken der größten ligurischen Maler des 16. Jh. und der **Palazzo Bianco** Meisterwerke italienischer, flämischer, niederländischer und spanischer Künstler vom 16. bis zum 18. Jh. (www.rolliestradenuove.it).

14 Ligurien
Drei Bergpässe in der Riviera di Levante

Streckenlänge
115 km
Start- und Zielort
Chiavari (GE), Levanto (SP)
Streckenverlauf
Chiavari – Passo del Bocco (28,5 km), Passo del Biscia (45 km), Sestri Levante (81 km) – Levanto.
Schwierigkeitsgrad
Leicht bis mittelschwer. Der Streckenabschnitt zwischen dem Passo del Bocco und dem Passo del Biscia ist steil und eng.
Wissenswertes
Der Küstenabschnitt zwischen Deiva, Moneglia und Riva Trigoso verläuft durch enge Tunnel (insgesamt 11 km), deren abwechselnder Einbahnverkehr per Ampel reguliert wird (Phasenwechsel alle 20 Minuten). Weitere Details unter: www.comune.moneglia.ge.it

Sehenswürdigkeiten

In der Nähe von Maissana (16,5 km von Toceto vor dem Passo del Biscia) befindet sich die **prähistorische Jaspishöhle** des Lagoraratals. Diese Freiluftmine bietet Besuchern einen faszinierenden Rundgang durch die Naturlandschaft (www.comune.maissana.sp.it). Bonassola, Framura, Moneglia und Deiva fehlt jeweils eine gute Verkehrsanbindung, weswegen sich die Orte ihren angenehmen Kleinstadtcharakter bewahrt haben: Optimale Ziele für eine *focaccia* und einen Ausflug zum **Strand.** Die **Steinbrüche**, in denen *rosso levanto* abgebaut wird, befinden sich in der Nähe der Punta delle Colonne, gegenüber den roten Klippen im Golfo dello Scà. Sie sind von Bonassola (9 km von Levanto) aus zu Fuß zu erreichen. Kurz vor der Abbiegung zum Passo del Biscia ist der hervorragende Kaffee in **Varese Ligure** einen Umweg wert. Die kreisförmig ausgerichteten Häuser im dortigen Borgo Rotondo, der von den Fieschi erbauten Altstadt, umschließen die Piazza Fieschi und die Piazza Castello.

Zuerst die scharfen Kurven des Passo del Bocco, dann die abgelegene Wildnis des Passo del Biscia und schließlich der Passo del Bracco mit Blick auf den Golf von Tigullien – ein Spaziergang an der Bucht der Stille in Sestri Levante darf nicht fehlen.

Bevor man Chiavari hinter sich lässt, geht es erst nach **Borgo Fieschi** mit seiner gotisch-romanischen *Basilika* und dem *Palazzo Comitale*, in dessen Reitstall das *Centro Culturale Museo dei Fieschi* seinen Platz hat. Dann Abfahrt!

Erst nach Mezzanego beginnt der Spaß. Die SP26 verwandelt sich in eine riesige breitspurige Serpentine mit einer langen Abfolge von Kurven. 15 km nach Borgonovo Ligure endet dieser Abschnitt auf dem **Passo del Bocco**. Die Straße erlaubt keine Ablenkung und führt teilweise durch den Wald, der die beiden Ortsteile San Siro Foce und Montemoggio verschluckt, sodass sie bei der Durchfahrt kaum zu sehen sind. Auch die Ankunft am Bergpass führt durch dichten Nadelwald.

Um den **Passo del Biscia** zu überqueren, geht es nochmals kurz und steil bergauf zum **Monte Pollano** und dann wieder auf einer gewundenen und anspruchsvollen Strecke bergab nach Varese Ligure. Unten im **Val di Vara** folgt die Straße dem Fluss und taucht streckenweise in die Kastanienwälder ein. Es geht sanft bergauf, die Aussicht wird weiter – bis die Straße plötzlich in einen weitläufigen grünen Kessel mit vereinzelten Pfaden

Aussicht vom Passo del Biscia, bevor es in das enge Gravegliatal hinabgeht.

Profil und Höhenverhältnisse – Übersicht

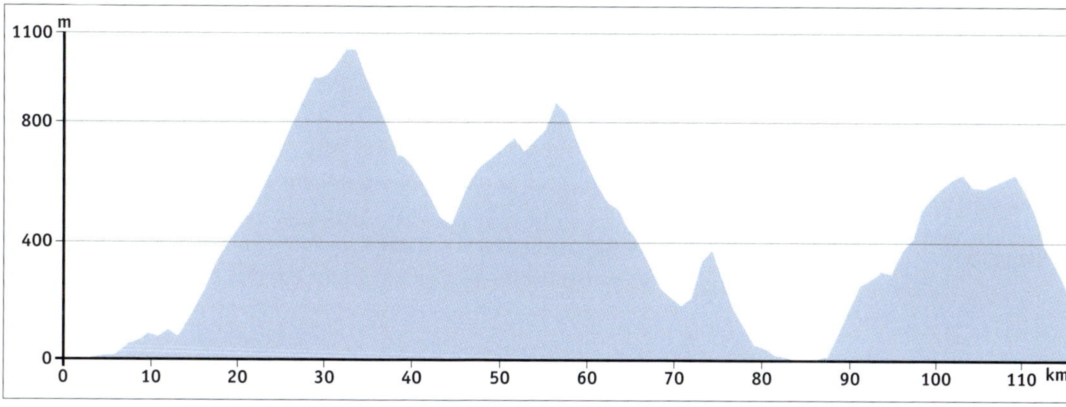

mündet, in dem Kühe und Pferde weiden. In diesem höchsten Abschnitt des **Gravegliatals** überrascht die Schönheit der Wildnis. Die sich den Fluss entlangwindende Straße führt durch Kurven, welche in die Steinbrüche geschlagen wurden. Es herrscht wenig Verkehr und der Straßenbelag ist hervorragend. In Frisolino trennt sich die Straße vom Fluss und erreicht die Ortschaft **Sestri Levante**. Nun nimmt man die Statale Aurelia bergauf zum **Passo del Bracco**. Hier sind die Fahrbahnen breiter und gut präpariert. Obwohl diese Strecke die einzige Verbindung nach Moneglia oder Deiva ist, lässt der Verkehr hinter den Tunneln nach, sobald die ersten steilen Serpentinen sich in eine Höhe von rund 500 m hinaufschrauben. Es geht weiter in einen Wald mit spärlicher mediterraner Vegetation, ursächlich dafür war ein Waldbrand vor einigen Jahren. Nur selten verbirgt sich das Meer hinter dem Rücken der Berge. Der Pass ist mit 615 m der höchste Punkt dieses Abschnitts der Aurelia – und einer der schönsten noch dazu –, die Sestri mit dem Val di Vara und La Spezia verbindet. Kurz hinter dem Pass führt die spektakuläre SP332 an den Hängen des **Monte Guaitarola** entlang und stürzt hinab nach Levanto.

Sestri Levante

Sestri: eine merkwürdige, chaotische Stadt. Doch um den Verkehr hinter sich zu lassen, genügt es, in den pittoresken Carrugio der Via XXV Aprile abzubiegen. Dort erwarten einen Trompe-l'œil-dekorierte Häuser, mit Schiefer verarbeitete Portale und elegante Botiquen. Mit seiner Lage am Golf von Tigullien ist er gleichsam das Herz der „Stadt der zwei Meere“: auf der einen Seite liegt die **Bucht der Stille** mit ihrem Sandstrand und den bunten Häusern, eingeschlossen von den Bauten des ehemaligen Dominikanerklosters dell'Annunziata; auf der anderen Seite wartet die Bucht der Märchen, welche die Stadt mit Hans Christian Andersen verbindet und wo zwischen den bunten Fischerbooten vereinzelt *leudos* zu sehen sind – Segelboote, die in früheren Zeiten zum Handel mit Öl, Wein, Schiefer und Sand genutzt wurden. Von der Bucht der Stille aus geht es über die Via Cappuccini hinauf zum Kloster, einem Ort absoluter Ruhe in privilegierter Lage, der eine unglaubliche Aussicht über die Bucht bietet (www.sestri-levante.net).

15 Ligurien
Die spektakulären Cinque Terre

Streckenlänge
122 km
Start- und Zielort
La Spezia
Streckenverlauf
La Spezia – Riomaggiore (13 km), Manarola (18,5 km), Corniglia (30,5 km), Vernazza (36,5 km), Monterosso al Mare (55 km), Carrodano Inferiore (77,5 km), San Benedetto (101 km), Biassa (115 km) – La Spezia.
Schwierigkeitsgrad
Die Straßen, abgesehen vom Abschnitt SS1 Aurelia, sind eng, steil und erfordern große Vorsicht.
Wissenswertes
Die Schräglage der ganzen Gegend erschwert es oft, Motorräder abzustellen, weshalb kostenpflichtige Parkmöglichkeiten zu empfehlen sind. Von den zuführenden Landstraßen aus fahren Busse in die Dörfer.

Sehenswürdigkeiten

Von La Spezia aus sind es wenig mehr als 10 km für einen Ausflug nach Le Grazie, Portovenere oder Lerici, um die Schönheit des Golfs von La Spezia, des **Golfo dei Poeti**, zu erleben. Die dortigen Ortschaften waren zwischen dem 18. und 19. Jh. oft der Aufenthaltsort von Schriftstellern und Dichtern, die dort lebten, sich inspirieren ließen oder ihren Lebensabend verbrachten. **Lerici** ist, Virginia Woolf zufolge, „warm und blau". Für D. H. Lawrence war **Fiascherino** „ein Traum. Hier ist es wunderschön. Ich sitze den ganzen Tag auf den Felsen am Meer und schreibe", während er über **San Terenzo** sagt, dass es „so schön [ist], dass es fast wehtut". In der Casa Magni, ebenfalls in San Terenzo, lebten Mary und Percy Shelley, während der Dramatiker Sem Benelli in der Villa Marigola *La cena delle beffe* verfasste. Mario Soldati bezeichnete **Tellaro**, das vom Meer aus nur zu Fuß zu erreichen ist, als „ein Nirvana zwischen Meer und Himmel, zwischen Felsen und dem grünen Berg".

Fünf Fischerdörfer, die sich einerseits ähnlich, aber doch grundverschieden sind – die Anreise auf dem Motorrad ist ein Vergnügen, denn es ist fast, als säße man auf einer Couch mit spektakulärer Aussicht. Einen lebhafteren Streckenabschnitt gibt es am Ende auf der Aurelia del Bracco.

Fünf (ital. *cinque*) anmutige kleine Perlen, die man am schönsten vom Meer aus bewundern kann. Sie sind schwer zu erreichen und es gibt nur wenige Parkplätze, die den Einwohnern vorbehalten sind. Dennoch waren die Cinque Terre stets ein beliebtes Reiseziel für Motorradreisende, die den Vorteil genießen, jederzeit (ohne den Verkehr zu behindern) in einer schönen Kurve anhalten und die Aussicht genießen zu können. **Riomaggiore** ist von La Spezia kommend das erste Dorf. Die dicht aneinandergebauten Häuser in lebhaften Farben, die steilen Straßen, die Treppen, die engen Gassen, der Duft von Basilikum, die Boote, der Kies am kleinen Strand, der Lärm der an den Felsen aufschlagenden Wellen – das sind die Cinque Terre! **Manarola** bietet dasselbe, sitzt jedoch hoch oben auf einem Felsvorsprung. Zum nächsten Dorf geht es dieselbe steile Straße wieder bergauf. In gemächlichem Zickzack kurvt man an äußerst steil gelegenen Traubenreihen mit Ausblick auf das Meer vorbei nach **Corniglia.** Die Ortschaft ist, ganz anders als ihre „Schwestern", fest in ein Hunderte Meter hohes Vorgebirge eingefasst. **Vernazza** ist von einer weitläufigen Bucht umgeben, die den Hafen schützt. Länger dauert die Fahrt nach

Der Hafen von Tellaro ist von La Spezia aus mit einem kleinen Umweg gut zu erreichen.

Monterosso, das größte und belebteste Dorf der Cinque Terre. Der Colle dei Cappuccini trennt Monterosso mit seinen langen Stränden aus feinem Kieselstein am Punta Mesco von Fegina. Um die Cinque Terre zu verlassen, ohne wieder dieselbe Straße nach Riomaggiore zurückfahren zu müssen, empfiehlt es sich, die kurvenreiche Strecke nach Levanto über den **Colle di Gritta** zu nehmen. Auch hier erwarten einen wieder schöne Kurven, diesmal auf breiterer Fahrbahn bergauf nach Carrodano. Dort geht es auf die Staatsstraße, den langen „del Bracco" genannten Streckenabschnitt. Ein paar weitere schöne Serpentinen bergauf, dann rollt man sanft und gleichmäßig bergab Richtung Val di Vara, das Meer zur Linken. Nach Riccò del Golfo geht es kurvenreich weiter bis nach Sant'Anna. Einige steile Serpentinen stürzen direkt nach **La Spezia** hinab, aber es gibt eine abgelegene und gewundene Alternative, um die Fahrfreude zu verlängern: Bei Biassa führen auf dem letzten Abschnitt unzählige Kurven und Serpentinen bergab, wobei sich eine spektakuläre Aussicht auf den Golf und auf Portovenere bietet.

Oben: Die Ausflugsstrecke, welche die Cinque Terre miteinander verbindet, beginnt in Riomaggiore auf der Via dell'Amore. Bei einer schweren Überflutung im Oktober 2011 haben die Straßen, Wohnhäuser, Wege und Häfen der Cinque Terre teils große Schäden davongetragen. Dank des beherzten Einsatzes der Bevölkerung und Hilfe von außen konnten die Infrastruktur aber wiederhergestellt und die wirtschaftlichen und touristischen Aktivitäten wieder aufgenommen werden.

Unten: Blick auf Lerici vom Park der Villa Marigola im Golfo dei Poeti.

Der Nationalpark Cinque Terre

Klein und schön – so schön, dass er Weltkulturerbe ist! Der Parco delle Cinque Terre ist mit 4300 ha Fläche der kleinste Nationalpark Italiens. Er reicht von Portovenere bis über das westlich von Fegina gelegene Punta Mesco hinaus. Um den Erhalt und die regelmäßige Pflege des Parks zu garantieren, gelten strenge Verhaltensregeln. Für Besucher, die das gesamte Gebiet durchwandern möchten, ist die *5 Terre Card* eingeführt worden, die Zugang zu Wanderwegen, Museen und Beobachtungsplätzen sowie günstige Transporttickets beinhaltet. Das Meeresgebiet des Parks gehört zum **„Santuario dei Cetacei"**, einem 10 000 km² großen Gewässer zwischen Italien, der Côte d'Azur und Korsika, in dem zahlreiche Delfine, Finnwale und andere Arten zu Hause sind (www.parconazionale5terre.it).

Lombardei

16 Lombardei
Comer See

Streckenlänge
183 km
Start- und Zielort
Como
Streckenverlauf
Como – Argegno (21 km), Porlezza (43 km), Menaggio (54,5 km), Colico (87,5 km), Dervio (98 km), Mandello del Lario (119 km), Bellagio (152 km) – Como.
Schwierigkeitsgrad
Mit allen Motorradtypen leicht zu bewältigen.
Wissenswertes
Von Varenna nach Menaggio gibt es einen Fährendienst für Fahrzeuge. Der Preis (für Motorrad und Fahrer) beträgt 8,60 €. Weitere Verbindungen auch ohne Motorradtransport: www.navlaghi.it unter *Lago di Como*.

Sehenswürdigkeiten

Der **Circuito del Lario** im Larianischen Dreieck ist eine Motorradrennstrecke, auf der zwischen 1921 und 1939 berühmte Bergrennen stattfanden. Heute unternehmen zahlreiche Motorradclubs gemeinsame Ausfahrten am Circuito, und auch andere Motorradfahrer auf der Durchreise lassen sich eine Runde nicht entgehen. Eine solche ist 36 km lang und wurde in Wettbewerben sechsmal gefahren. Die Etappen heißen Asso, Valbrona, Onno, Bellagio, Madonna del Ghisallo (mit 754 m der höchste Punkt; dort gibt es eine heilige Stätte und ein Radsportmuseum) und wieder Asso – auf der Strecke warten mehr als 300 Kurven!
Tremezzo ist bekannt für seine **Villa Carlotta** mit dem interessanten Kunstmuseum und einem pittoresken botanischen Garten (www.villacarlotta.it). Einen Ausblick über den gesamten See hat man vom 12 km entfernten Esino Lario (das **Museo delle Grigne**, www.museodellegrigne.it, dokumentiert die tausendjährige Geschichte und Kultur des Ortes), das sich in die engen Kurven zwischen Varenna und Valsassina schmiegt (Gesamtstrecke 29 km).

Die Rundfahrt entlang des Larioufers beginnt in Voltiana. Von dort ist es über das Valle d'Intelvi nur ein Katzensprung zum Luganersee, der zur Hälfte in der Schweiz liegt. Mandello ist vor allem für das historische Haus der „Adler" im Motorradmuseum Guzzi einen Stopp wert.

Die Fahrt am Ufer des Comer Sees ist ausgedehnt, gezwungenermaßen langsam und sehr beliebt, weswegen die zu den Wohngebieten führende Statale oft verstopft ist. Trotzdem hat man so nah am See eine tolle Aussicht, deshalb sollte man eventuelle Umgehungsstraßen vermeiden, das Motorrad hier und da direkt im Stadtzentrum abstellen und sich einen Spaziergang gönnen. In **Cernobbio** ist die 15 km lange den Monte Bisbino hinaufführende Straße kaum zu übersehen, deren enge Kurven an klaren Tagen großartige Ausblicke bis nach Monviso bieten. Um diese Kurven und Serpentinen voll auszukosten, verlässt man das Ufer in Argegno in Richtung Val d'Intelvi, wodurch man auf einem 15 km langen wenig bebauten Streckenabschnitt den **Luganersee** erreicht. Von Porlezza aus bringt uns der Weg durch das Naturschutzgebiet des Lago di Piano zurück zum Comersee. **Menaggio** ist das Tor zum Comer See. Hier beginnt eine Panoramafahrt vorbei an Villen aus dem 18. Jh., Gärten am Wasser, Landungsstegen, Häusern in lebhaften Farben, die sich um Piazzen drängen, sowie Arkaden mit Geschäften und Lokalen. In den kleinen Häfen sind neben Fischerbooten auch historische Boote, sogenannte *lucie*, zu finden. In Sorico geht es ans gegenüberliegende Ufer. Hier unbedingt auf der alten Statale 36 bleiben, die am See entlang durch alle Ortschaften führt, denn nur so passiert man die **Abtei Piona**, die Straße zum **Schloss von Dervio** und die zur **Naturschlucht von Bellano.** Auch die

Ravenna: Hier kann man durch die Gässchen mit ihren Läden flanieren, in den Restaurants den Hafen überblicken und lokale Fischgerichte probieren.

schäumenden Wassermassen in der Nähe des **Fiumelatte**, die zwischen den Häusern der gleichnamigen Ortschaft bei **Varenna** hindurchfließen, darf man nicht versäumen. Dieser malerische Ort bietet einen Abstecher in das Haus und die Gärten der *Villa Monastero*, einer aus den Ruinen eines alten Zisterzienserklosters errichteten Residenz. Bevor es nach Lecco weitergeht, lohnt sich in **Mandello** der Besuch des *Moto Guzzi Museums*. Danach erst, im Dreieck zwischen Lecco und Como, wird die Straße ruhiger. Die Fahrt auf der engen Strecke zwischen dem See und dem sich darüber erhebenden Berg wird bis **Bellagio** immer einsamer. Die Gemeinde liegt auf dem Sporn, an dem die beiden Arme des Sees ineinanderlaufen, und besitzt einige wunderschöne Villen. Am Ufer zwischen Bellagio und Como wird das Gelände ebener. Die dunkle Silhouette des Monte Boletto kündigt die baldige Ankunft in Como an. **Brunate** zählt zu den Balkonen Italiens und ist entweder per Motorrad über eine Strecke mit zwölf Serpentinen oder über die beliebte Seilbahn zu erreichen.

Oben: Vor dem historischen Gebäude der Moto Guzzi in Mandello.

Unten: Der Lungolago verläuft über weite Strecken unmittelbar am See entlang.

Moto Guzzi

Dieser italienische Mythos wurde offiziell am 15. März 1921 geboren. Das Wappentier ist seit jeher der Adler. Er ist das Symbol der Luftfahrt und der Königlichen Armee sowie eine Hommage an den dritten Mitbegründer der Guzzi – den Motorradfahrer und im Krieg abgestürzten Piloten Giovanni Ravelli. Die 95 Jahre lange Geschichte von Automobilsport und Innovation kann in den Räumen des **Museo Moto Guzzi** nacherlebt werden. Unter den über 150 Ausstellungsstücken befinden sich Rennmotorräder, Prototypen und alle Serienmodelle. In einem kleinen Kinoraum wird die Kurzfilmreihe *„Suono della passione"* (dt. „Klang der Leidenschaft") zur Geschichte der Moto Guzzi gezeigt. Das Museum ist montags bis freitags zwischen 15 und 16 Uhr geöffnet, Eintritt und Führungen sind gratis. Bei besonderen Veranstaltungen wie der *Giornate Mondiali Guzzi* sind auch die Produktionsstätten des Gebäudes sowie die legendäre Galleria del vento zugänglich. Moto Guzzi befindet sich in Mandello del Lario, Via Parodi 57 (www.motoguzzi.com).

17 Lombardei
San-Marco-Pass und Bergamasker Alpen

Streckenlänge
287 km
Start- und Zielort
Sondrio, Boario Terme (BS)
Streckenverlauf
Sondrio – Ardenno (25 km), Foppolo (117 km), San Pellegrino Terme (151 km), Lizzola (221 km), Clusone (248 km), Bratto (259 km) – Boario Terme.
Schwierigkeitsgrad
Die Straßen sind alle leicht befahrbar. Ausnahmen bilden die herausfordernde Strecke über den San-Marco-Pass und die enge, gewundene Via Mala, auf der es zudem meist sehr kalt ist.
Wissenswertes
Bei Schnee wird der San-Marco-Pass geschlossen. Informationen zur Befahrbarkeit sind bei der Gemeindeverwaltung Morbegno, Tel. 0342/60 62 22, oder beim Rifugio Cà San Marco, Tel. 0345/860 20, erhältlich.

Sehenswürdigkeiten

Die Via Mala kann man umfahren, indem man die längere Route über die SS294 und den **Passo del Vivione** nach Schilpario wählt und in Breno an der SS42 wieder abfährt (von Dezzo di Scalve nach Boario Terme sind es 74,5 km).
Der Pass ist aufgrund seiner engen Fahrbahn und Schräglage mühsam, aber bei klarem Wetter die Mühe wert. In Capo di Ponte (23 km von Boario entfernt) befindet sich der **Parco Nazionale delle Incisioni Rupestri** mit seinen berühmten Felsgravuren. Von den über 300 000 Zeugnissen menschlicher Kultur sind einige bis zu 14 000 Jahre alt. Sie stammen überwiegend aus der Eisenzeit und gehen auf die Bevölkerungsgruppe der Camunni (www.archeocamuni.it) zurück. Adrenalinjunkies können sich in Albaredo zum sogenannten **Engelsflug** nach Bema „aufschwingen". Der 1500 m lange Flug an einem Stahlseil mit einer Maximalhöhe von 362 m dauert eine Minute und 20 Sekunden und kann auch zu zweit angetreten werden (www.flyemotion.com).

Eine Bergrundfahrt über die verzweigten Straßen des Regionalparks der Veltliner und Bergamasker Alpen – eine grüne mit Seen gesprenkelte Welt, durchzogen von unzähligen Wanderpfaden.

Der San-Marco-Pass ist eine der größten Herausforderungen, die früher oder später jeder Motorradfahrer im eigenen Fotoalbum festhalten möchte. Um sich davor ein bisschen aufzulockern, wählt man von Sondrio aus am Ende der Statale die Straße, welche die Ortschaften zwischen Valmalenco und Val Masino miteinander verbindet. In **Morbegno** gibt es eine Kaffeepause und einen Spaziergang durch die Altstadt. Oberhalb der Siedlungen beginnen dann die Serpentinen. Nach ein paar Kurven kommt man sich vor, als hätte man die Welt hinter sich gelassen. Kaum zwei Gänge hochgeschaltet, schon ist Arzo verschwunden, nur Albaredo unterbricht auf der Fahrt die Einsamkeit. Danach führen 16 km atemberaubende Kurven zur knapp unter 2000 m liegenden Passhöhe. Hier herrscht eine mystische Atmosphäre. Vereinzelte Wolken trüben den Blick auf die Straße und verziehen sich wieder, oft begegnet man höchstens vereinzelten Hirten. Die atemberaubende Landschaft wird von Wanderwegen durchzogen, aber das ist noch lange nicht alles: Die Abfahrt nach **Mezzoldo** bietet enge und noch steilere Serpentinen mit Neigungen von bis zu 16%. Dann verengt sich das Tal und die Straße erstreckt sich weit in die Ferne. Bei Olmo al Brembo weist ein Straßenschlid nach links in Richtung **Foppolo**. Diese bei Wintersportlern beliebte Gemeinde ist über das Brembotal zu erreichen, das mitten ins Herz der Bergamasker Alpen führt. Weiter östlich, nach Abfahrt in Carona, sind Dutzende Teiche zu sehen. Um sie zu erreichen, muss man das Motorrad stehen lassen und für einen Tag zum Wanderer werden!

Aussicht vom San-Marco-Pass auf die Bergamasker Alpen.

Zurück im Tal zieht sich eine schöne Fahrbahn durch Hunderte Kurven in das **Serianatal**. Dieses Flusstal ist durch den namengebenden Serio entstanden, der in der Nähe von Pizzo del Diavolo entspringt. Als Nächstes kommt Valbondione, wo im Sommer der Damm des Barbellino geöffnet wird. Der höchste Punkt Lizzola ist von Valbondione aus über sechs Serpentinen erreichbar, danach geht es wieder bergab in Richtung Clusone. Von Bratto aus geht es anschließend auf einfacher Strecke den **Passo della Presolana** bergauf, die Abfahrt in das Scalvetal ist dann vor allem in den Serpentinen direkt hinter dem Pass eng, steil und gewunden. Die beinahe ebene, auch *Via Mala* genannte SS294 ist entlang des Flusses Dezzo in die Felsen trassiert. Trotz Modernisierungsmaßnahmen mit dem Ziel, den Straßenverlauf gerader zu gestalten, ist die Via Mala eine ununterbrochene Folge von Kurven: die Kirsche auf der Sahnetorte vor der Ankunft in Boario Terme.

Straßenschilder vermitteln dem Fahrer eine klare Vorstellung davon, was ihn erwartet.

Der Bitto

Dieser köstliche *Slow Food*-Käse ist nach einem Fluss benannt. Er wird auf den Weiden in den Tälern von **Albaredo** und **Gerola** hergestellt, die entsprechend Bittotäler genannt werden. Zwei Dinge machen ihn besonders: Erstens weiden die Kühe in unterschiedlichen Höhenlagen und die Verarbeitung erfolgt in den sich ebenfalls dort befindlichen jahrhundertealten *calécc*, damit die Milch ohne lange Wege verarbeitet werden kann, bevor die Wärme entflieht. Der zweite Faktor ist, dass die Herden mit Orobica-Ziegen vermischt werden. Deren Milch macht bei der Herstellung des Bitto 10-20 % aus und verleiht ihm sein besonderes Aroma. Die Tiere werden nur von Hand gemolken, Zusatzstoffe im Futter sowie Konservierungsstoffe bei der Herstellung sind verboten. Die Laibe werden trocken gesalzen, denn die dünnere Rinde ermöglicht eine bessere Reifung.

Profil und Höhenverhältnisse – Übersicht

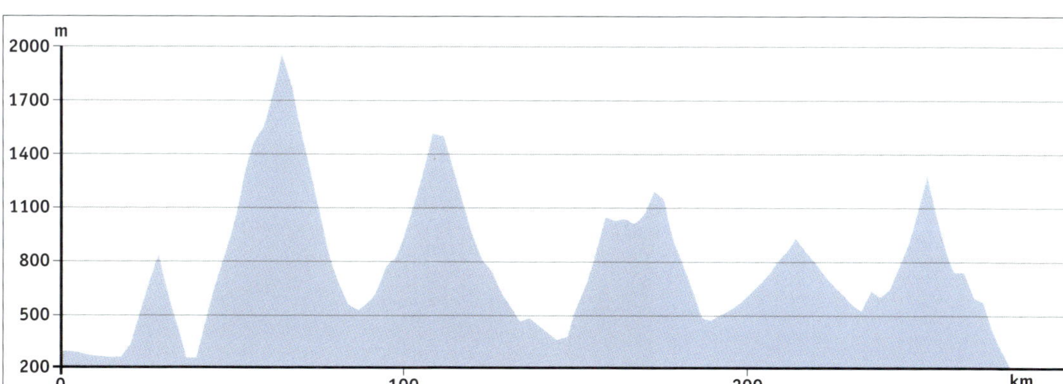

18 Lombardei
Vom Maniva-Pass zum Gardasee

Streckenlänge
178 km
Start- und Zielort
Brescia, Salò (BS)
Streckenverlauf
Brescia – Maniva-Pass (49 km), Passo Crocedomini (69 km), Bagolino (90 km), Idro (110 km), Magasa (136 km), Bogliaco (164 km) – Salò.
Schwierigkeitsgrad
Der Maniva-Pass ist anspruchsvoll, vor allem die letzten unasphaltierten Kilometer am Passo Crocedomini. Dahinter wird die Straße bis zum Idrosee sehr eng und teils riskant.
Wissenswertes
Der Passo Crocedomini ist im Winter gesperrt. Bei Unklarheiten über die Befahrbarkeit des Maniva-Passes: Gemeindeverwaltung Bagolino, örtliche Polizei, Tel. 0365/90 40 11.

Sehenswürdigkeiten

Das am Wasser liegenden **Sirmione** (33 km von Salò entfernt), das dem römischen Dichter Catull zufolge „der Augenstern unter allen Halbinseln" ist, ist nur zu Fuß über das aus dem 13. Jh. stammende Stadttor zugänglich. Man gelangt zur **Rocca Scaligera**, deren Räumlichkeiten besichtigt werden können. Mit einer Touristenbahn erreicht man die archäologische Ausgrabungsstätte der **Grotten Catulls** in großartiger Lage (Touristeninformationen Tel. 030/91 61 14, 030/91 62 45). Unter den zahlreichen Sehenswürdigkeiten am Brescianer Ufer des Gardasees ist vor allem Limone (20,5 km von Bogliaco entfernt) eine Erwähnung wert. Das anmutige Städtchen hat ein Projekt ins Leben gerufen, um die *limonaie* wiederherzustellen und in Betrieb zu nehmen – die Bauten aus einer Steinwand, Säulen, Treppen und Balken wurden in den Wintermonaten mit Glasplatten und Brettern befestigt, um die Zitronenpflanzen zu schützen. Die Anfang des 17. Jh. errichtete **Limonaia del Castèl** befindet sich im Ortskern und steht Besuchern offen (Tel. 0365/95 40 08).

Zwei legendäre Pässe fernab der Zivilisation und ein grandioser unasphaltierter Streckenabschnitt. Der Idrosee markiert die Mitte der Gesamtstrecke, dann geht es ab in die Kurven des Vestinotals und schließlich zum Gardaufer.

Das **Trompiatal** verläuft eng und ohne interessante Details den Fluss Mella entlang. Ab Bovegno wird die Landschaft alpiner und weitet sich mit zunehmender Höhe. Die 11 km von Còllio zum **Maniva-Pass** sind spektakulär und machen am meisten Spaß. Die Strecke führt stressfrei bergauf, sodass man das Panorama genießen kann. Der Pass liegt auf 1664 m, doch bei dieser Aussicht über das Caffarotal und den Dosso Alto wähnt man sich deutlich höher. Der große Parkplatz ist ein Treffpunkt für Motorradfahrer, an dem man über den weiteren Streckenverlauf sprechen kann. Der **Passo Crocedomini** ist ein beliebtes Ziel – zwar muss zuerst eine unasphaltierte Strecke von 8 km überwunden werden, doch mit der nötigen Aufmerksamkeit ist diese für jeden Motorradtyp machbar. Ab dem Crocedomini ist die Straße wieder asphaltiert. Hinter dem Pass ist erhöhte Aufmerksamkeit gefragt. Die Straße ist für einige Kilometer extrem eng und nicht gesichert, während die Aussicht zum Anhalten einlädt, um Talmulden, Seen, Gipfel, unermessliche Weideflächen und lichte Wälder zu betrachten. Sachte geht es durch endlose Kurven bergab. Nur ein duftender Kiefernwald und die kleine Ortschaft Gaver unterbrechen die Weite der Almen. Menschlichem Leben begegnet man erst wieder in **Bagolino**. Dort treffen sich zahlreiche *Biker* zum Essen an den Tischen im Freien. Große Werbetafeln bieten Bagoss an, einen lange gereiften lokalen Käse.

Serpentinen kurz vor dem Maniva-Pass – der hervorragende Asphalt gestattet eine gewisse Unbekümmertheit bei der Fahrt.

Profil und Höhenverhältnisse – Übersicht

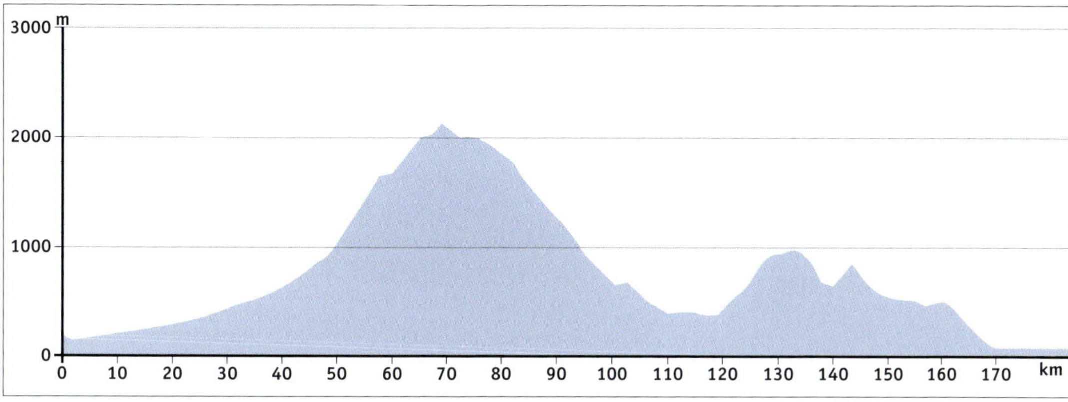

Der **Idrosee** erscheint hinter der letzten weitläufigen Serpentine. Er liegt ausgedehnt inmitten der Berge, und sein Ufer ist bis nach Idro befahrbar. Von dort aus geht es bergauf nach **Valvestino**. Dieses Tal ist eigentlich eine Tour für sich wert und gehört zum *Parco dell'Alto Garda Bresciano*. Die übergeordnete Gemeindestadt **Magasa** liegt sehr nahe am Trentino und die Wurzeln und Traditionen der Einwohner sind dementsprechend. Es gab in der Vergangenheit sogar schon Bemühungen, sich der Südtiroler Provinz anzuschließen. Die Straße zum Gardasee streift einen langen Küstenabschnitt des **Valvestinosees** und führt danach über eine Reihe großartiger Serpentinen wieder bergab nach Gargnano.

Ab hier ist alles Garda – über **Toscolano-Maderno,** eine am Wasser liegende und durch den Wildbach abgetrennte Gemeinde, geht es weiter nach Salò und schließlich nach **Gardone Riviera**, das als die Stadt von D'Annunzios *Vittoriale* bekannt ist.

Die Gardainsel

Die knapp einen Kilometer lange und 600 m breite Insel ist auch als **Isola Borghese** bekannt. Franz von Assisi wählte sie als idealen Ort für eine kleine Einsiedelei. Heute befindet sich hier die luxuriöse Villa in venezianisch-neugotischem Stil, die 1900 auf dem Grundstück der älteren **Villa Lechi** errichtet wurde. Neben der sehenswerten Architektur des Gebäudes ist auch der umliegende vom See aus gut sichtbare Naturpark von großem Interesse. Er wurde 1880 entworfen und enthält Pflanzenarten aus der ganzen Welt, darunter nordamerikanische, orientalische und nordafrikanische Nadelbäume. Man findet eine große Vielfalt mediterraner Arten sowie zahlreiche Obstbäume auf den Terrassen entlang des Seeufers. Die Insel befindet sich in Privatbesitz der Grafen Cavazza, die vor einigen Jahren entschieden, die Insel für Führungen zu öffnen (Abfahrtszeiten der Boote unter www.isoladelgarda.com).

19 Lombardei
Franciacorta und Iseosee

Streckenlänge
134 km
Start- und Zielort
Sarnico (BS), Rovato (BS)
Streckenverlauf
Sarnico – Adro (8 km), Cortefranca (13 km), Erbusco (17,5 km), Cazzago San Martino (26,5 km), Provaglio (32 km), Sarnico (43,5 km), Lovere (69,5 km), Còvelo (95,5 km), Polaveno (107 km), Ome (114 km), Monticelli Brusati (118 km), Passirano (125 km) – Rovato.
Schwierigkeitsgrad
Leicht, kann mit jedem Motorradtyp und sogar mit einem Motorroller befahren werden.
Wissenswertes
Bootsfahrten nach Montisola:
www.navigazionelagoiseo.it
Sämtliche Weinkeller in Franciacorta:
www.franciacorta.net

Sehenswürdigkeiten

Montisola ist die größte italienische Seeinsel. Den Besucher erwartet eine Atmosphäre aus vergangen geglaubter Zeit. Es gibt keine Autos – stattdessen örtliche Busse und Fahrräder, die Einwohner dürfen Motorrad fahren –, wenige Siedlungen, ein schönes Heiligtum aus dem 14. Jh. und an der Südküste Olivenbäume, in deren Schatten Holzboote und Fischernetze treiben.
Montisola ist mit dem Boot von Sulzano oder Sale Marasino aus erreichbar. Die spektakulären **camini delle fate** (dt. Erdpyramiden) sind durch Wassererosion entstanden – man sieht sie auf dem Weg von Marone nach Zone (7,5 km). Sie gehören zum **Naturschutzgebiet der Pyramiden von Zone**, das kostenlos besucht werden darf (Infos: Gemeindeverwaltung Zone, Tel. 030/987 09 13).
Der 10 km von Lovere entfernte **Lago di Endine** ist ein entspannendes Ziel im nahegelegenen Val Cavallina. Er ist über das Valle del Freddo erreichbar, in dem man eine Flora vorfindet, die sonst in Ökosystemen in 1500 m Höhe vorkommt.

Eine Rundfahrt durch die Heimat des Spumante – in Franciacorta gibt es wenig Fahrstrecke, dafür aber ‚viele Weinkeller, die hier in eleganten Landgütern sowie alten Anwesen und Schlössern zu entdecken sind. Für Fahrspaß sorgen der See und der Passo dei Tre Termini.

Bevor es in das Sebinogebiet geht, kann man sich einen Abstecher nach **Franciacorta** gönnen. Die Region ist für ihre Sektproduktion bekannt und erstreckt sich zwischen Oglio, dem See und den Verkehrsadern im Süden sowie der Umgehungsstraße nach Brescia im Osten. Das Gebiet ist klein und geprägt von sanften Erhebungen, der *Weinstraße* und prächtigen Anwesen und Landgütern, unter denen das *Kloster von San Pietro in Lamosa* wie ein Juwel hervorsticht. An den Dörfern entlang der Straße gibt es immer Grund zum Halten: **Capriolo** rühmt sich eines mittelalterlichen Ortskerns, über **Adro** prangen der ghibellinische Turm und das Schloss, während der *Palazzo Torri* im verschlafenen Nigoline einst ein kulturelles Zentrum für Schriftsteller und Dichter war. Die Silhouette von **Erbusco** wird von der charakteristischen *Villa Lechi* im palladianischen Stil dominiert. Die *Villa Orlando* in Bornato wird von einer Schutzmauer mit Türmen, Strebepfeilern sowie einem Graben mit Zugbrücke umgeben. In **Provaglio** schließlich befindet sich das beeindruckende Kloster, das nach den *lame* benannt ist – diese Sumpfgebiete wurden von den Mönchen erschlossen, die das Naturschutzgebiet **Torbiere del Sebino** ins Leben gerufen haben.
Die Fahrt um den See beginnt in Sarnico, von wo man zunächst das Bergamasker Ufer anpeilt. Im Abschnitt bis Predore sind ein

Unterwegs nach Passo Tre Termini hat man guten Blick auf Iseo und den See. Nach der langsamen Fahrt in Franciacorta ist dieser Abschnitt mit seinen zahlreichen Kurven und Serpentinen eine wilkommene Abwechslung.

Die Markenzeichen der Franciacorta sind neben den preisgekrönten Sektsorten und den weitläufigen Weinbergen (unten) die historischen Villen und Paläste, die oft zu schönen Gasthäusern umgebaut wurden.

paar Strände zu sehen, dann steigt das Terrain wieder und geht in felsige Ausläufer über. In Tavernola erlaubt die Fahrt hinauf zum Berg eine tolle Aussicht auf den See, während der Abschnitt in Richtung Lovere von spektakulären *orridi* (Schluchten) geprägt ist, von denen jene in Castro und Zorzino am berühmtesten sind. Nach einem Spaziergang durch die *Villa Tadini* und das *Castelliere* in **Lovere** geht es teilweise durch Tunnel durch die Flussebene des Oglio. In Marone beginnt die Fahrt bergauf zum Monte Guglielmo, die nach **Zone** führt. Ab hier geht es nicht auf der Statale weiter, sondern den Küstenabschnitt entlang, erst nach Sale Marasino und danach ins Fischerdorf Sulzano. **Iseo** ist nicht fern und verdient einen Spaziergang am Seeufer und an den Palästen in der Fußgängerzone entlang. Die Straße hinauf zum Passo dei Tre Termini befriedigt das Bedürfnis nach Kurven. Von Ome geht es bergab zurück auf die *Weinstraße*, die direkt am Festungswall des *Schlosses von Passirano* vorbeiführt. **Rovato** liegt am Fuße des Monte Orfano. Im Ortskern beginnt bei den halbkreisförmigen Portalen der Piazza Cavour ein angenehmer Spaziergang durch die hübschen Gassen.

Das Autodrom von Franciacorta

Es befindet sich in **Castrezzato** und verfügt über zwei Strecken, eine längere (2519 m) und eine kürzere (1683 m) mit insgesamt 13 bzw. elf Kurven. Für Tempoliebhaber gibt es Kurse an der *Riding School*: Sicheres Fahren, Grundlagen, Fahren auf der Straße, Fahren auf der Piste und Rennkurse. Selbstverständlich kann man auf der Rennstrecke auch mit dem eigenen Motorrad seine Runden drehen, die 20-minütigen Fahrten können aber nur online reserviert werden. Dafür ist eine Registrierung auf der Website www.autodromodifranciacorta.it notwendig: einfach den gewünschten Tag auswählen, Verfügbarkeit des ausgewählten Zeitraums bestätigen und zahlen. Auf der Seite ist auch die Verzichtserklärung per Download erhältlich, die unterschrieben am Tag der Probefahrt mitzubringen ist. Entsprechende Motorradausrüstung (Schutzanzug, Handschuhe, Stiefel, Rückenschutz, vorschriftsmäßiger Helm) sowie ein Fahrzeug in perfektem Zustand (inkl. Reifen) sind Pflicht.

20 Lombardei
Wasserwege zwischen Cremona und Mantua

Streckenlänge
271 km
Start- und Zielort
Crema (CR), Castiglione delle Stiviere (MN)
Streckenverlauf
Crema – Soncino (19 km), Robecco d'Oglio (51 km), Torre de' Picenardi (78 km), Rivarolo Mantovano (105 km), Sabbioneta (118 km), Pomponesco (136 km), San Matteo delle Chiaviche (150 km), Cesole (157 km), San Benedetto Po (185 km), Governolo (193 km), Mantua (210 km), Goito (227 km), Volta Mantovana (239,5 km), Monzambano (248,5 km), Castellaro Lagusello (255,5 km), Solferino (263 km) – Castiglione delle Stiviere.
Schwierigkeitsgrad
Leicht für alle Motorradtypen und Motorroller.
Wissenswertes
Für Infos über Museen in Mantua und deren Öffnungszeiten siehe die Website der Stadtgemeinde www.cittadimantova.it, Abteilung *Turismo*.

Sehenswürdigkeiten

In Rivalta sul Mincio bietet eine **Bootstour** eine angenehme Abwechslung von der Fahrt auf zwei Rädern. In nur zwei Stunden erfährt man alles über den Fluss, Flora, Fauna und das Leben der Menschen vor Ort (www.insolitomincio.it). Um mehr über den Po zu erfahren, gibt es von Cremona aus (43 km von Crema entfernt) verschiedene Möglichkeiten (www.visitporiver.it). Im Gebiet von Mantua werden von Frühling bis Spätherbst zahlreiche agrotouristische Verkostungen regionaler Produkte angeboten, aber auch Kurse im Brotbacken, Kochen und Kombinieren von Weinen und Gerichten. Weitere Aktivitäten umfassen **Kutschenrundfahrten** am Ufer, Streichelzoos und mehr (www.agriturismomantova.it). Typische Produkte der Region Cremona sind auf der *Strada del Gusto Cremonese* (www.stradadelgustocremonese.it) erhältlich – in den zahlreichen Geschäften kann man einen abwechslungsreichen Tag oder auch nur ein paar Stunden mit Shopping, Verkostungen und weiteren kulinarischen Angeboten verbringen.

Weder Gefälle noch Serpentinen, sondern eine gemächliche Fahrt auf den Dämmen am Ufer des großen Flusses und seiner Nebenflüsse Oglio und Mincio. Es gibt zahlreiche Haltegelegenheiten in historischen Ortschaften, um die Köstlichkeiten der Gutshöfe zu genießen.

Diese Tour in der Ebene zwischen den Flüssen ist nicht für eine schnelle Fahrt gedacht, sondern um Fresken und Monumente zu entdecken und vielleicht sogar eine Bootsfahrt zu unternehmen. Die Strecke folgt den Flüssen und Kanälen. Auf den oft unasphaltierten, aber trotzdem befahrbaren Straßen an den Ufern geht es gemächlich an Booten und Hütten vorbei. Frühling und Herbst sind die besten Jahreszeiten, da das Gelände auch außerhalb der üblichen Ferienzeiten gut befahrbar ist.
In **Soncino** begegnen wir dem Fluss. Die Stadt mit der gewaltigen Feste der Sforza führt in den *Regionalpark dell'Oglio*. Hier beginnt eine langsame Spritztour, es geht über Nebenstraßen vorbei an Pappelreihen und historischen Villen und Bauernhäusern. In **Isola Dovarese** beginnt der *Sentiero dei castelli*, ein Wanderpfad, der an Schlossvillen aus dem 18. Jh. wie dem großartigen Turm de' Picenardi vorbeiführt. Ein ausgetrockneter Flussarm des Oglio hat zwischen Calvatone und Acquanegra sul Chiese die *Le Bine-Oase* hervorgebracht, deren vielfältig bewachsenen Gebiete im starken Kontrast zu den Sümpfen des *Moors von Marcaria* stehen, die näher am Po liegen.
Zwischen den Wachtürmen der gonzaghischen Renaissancestadt Rivarolo Mantovano geht es vorbei nach **Sabbioneta**, das von seiner historischen Stadtmauer geschützt wird. Zeugnisse spätrenaissancistischen Städtebaus gibt es auch in Pomponesco mit seiner am Fluss liegenden spektakulären Piazza mit dem Stadttor. Hier fließt der Po und beherbergt, einige Dutzend Kilometer vor dem Oglio, eine Reiherkolonie. Um diese faszinie-

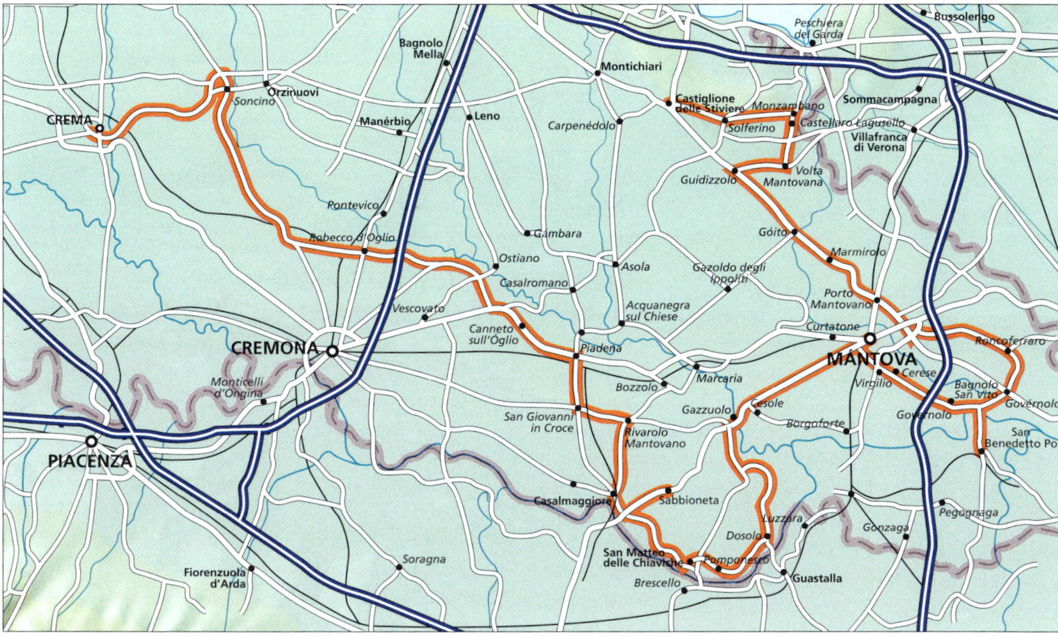

rende Wasserwelt zu überqueren, geht es über den *Ponte di barche* nach San Matteo delle Chiaviche. In der Nähe sticht aus dem Nebel die Pumpanlage hervor, ein spektakuläres Beispiel industrieller Baukunst vom Anfang des 19. Jhs., das den Wasserfluss der Region mit ihren über 1300 km Flusslänge reguliert. In **San Benedetto Po** entführt die Abtei *Abbazia del Polirone* zurück in die Zeit des Investiturstreits und der Kirchenreformen des 11. Jhs. **Goito** war in der gesamten gonzaghischen Zeit eine wichtige Festung und im ersten italienischen Unabhängigkeitskrieg Schauplatz berühmter Schlachten. Hübscher ist das befestigte **Castellaro Lagusello** aus dem 11. Jh., das an einem unter Naturschutz stehenden Moränensee liegt.

In **Solferino** hat die berühmte Schlacht von 1859 Spuren hinterlassen: Das *Beinhaus* und der Turm *Spia d'Italia*, der als Hauptspähpunkt über das damals österreichische Venetien diente. Ein Palast verbindet Castiglione delle Stiviere mit der Schlacht von Solferino: der Palast Triulzi Longhi, wo das Rote Kreuz entstand und sich heute das *Internationale Museum des Roten Kreuzes* befindet.

Linke Seite: Wasser ist das Leitmotiv dieser Rundfahrt. Vor faszinierender Kulisse überqueren die Straßen zahlreiche Flüsse und Kanäle.

Unten: Auf den Feldern an den Ufern erstrahlt der Mohn in lebhaftem Rot.

Sabbioneta

Die auch als „Kleines Athen" bezeichnete Traumstadt aus dem 15. Jh. wurde vom Mäzenenfürsten Vespasiano Gonzaga nach dem Vorbild antiker römischer Städte aus dem Boden gestampft. Auf dem ursprünglichen Grundriss sind zahlreiche Gebäude und Paläste aus der Renaissance fast vollständig und perfekt erhalten. Die Stadt, dessen letztes errichtetes Gebäude das ein Jahr vor Vespasianos Tod fertiggestellte **Theater** war, hatte jedoch keine Zukunft. Es folgte ein schneller Niedergang, bis sie im 17. Jh. erst in das Herzogtum Guastalla und dann nach Mantua eingegliedert wurde. Spektakulär ist der **Herzogliche Palast** mit dem Adlersaal und der großartigen Galerie der Vorfahren mit Porträts der Gonzaga. Führungen durch die Paläste müssen im Fremdenverkehrsamt reserviert werden (Tel. 0375/22 10 44).

21 Lombardei
In den Weinbergen des Oltrepò Pavese

Streckenlänge
107 km
Start- und Zielort
Casteggio (PV), Stradella (PV)
Streckenverlauf
Casteggio – Montebello della Battaglia (2,5 km), Borgoratto Mormorolo (22 km), Borgo Priolo (29,5 km), Calvignano (33 km), Montalto Pavese (37 km), Carmine (48,5 km), Casa Marchese (53,5 km), Pometo Ruino (63 km), Canevino (74 km), Volpara (78 km), Santa Maria della Versa (83,5 km), Montù Beccaria (91,5 km), Castana (98 km), Canneto Pavese (102 km) – Stradella.
Schwierigkeitsgrad
Die Straßen sind leicht befahrbar, wenn auch eng und oft schmutzig. Achtung: Es können jederzeit unerwartet Traktoren aus den Feldwegen auftauchen.
Wissenswertes
Nach langen Regengüssen können einige Straßen aufgrund der Gefahr von Steinlawinen geschlossen sein. Dennoch sind alle Etappen zu jeder Jahreszeit notfalls über (ausgeschilderte) kurze Umleitungen machbar.

Sehenswürdigkeiten

Die Ankunft in **Pavia** (21 km von Stradella) ist über den **Ponte della Becca**, an dem der Ticino in den Po fließt, besonders schön. Die lebendige Universitätsstadt strotzt vor kulturellen und musikalischen Angeboten. Berühmt ist der **Ponte Coperto**, der die Stadt mit dem eigentümlichen **Borgo Ticino** verbindet. Das Leben der Stadt pulsiert auf der Piazza Vittoria, an deren Portalen zu jeder Tages- und Nachtzeit Menschen anzutreffen sind. Sie ist zu Fuß über die beiden Hauptstraßen Corso Cavour und Strada Nuova erreichbar, wie auch der **Dom** und das **Broletto**. Das **Castello Visconteo** im Norden der Stadt beherbergt die **Stadtmuseen** mit der Bildergalerie und den Reitställen mit faszinierenden Ausstellungen. Im Schloss finden zur Sommerzeit Events und Konzerte im Freien statt. Den Kanal wieder gen Norden folgend geht es zur **Certosa di Pavia** mit ihrer bramantesken Front und dem herzoglichen Palast (www.certosadipavia.gov.it).

Bei dieser Tour geht es hundert Kilometer auf und ab durch die entlegenen Hügel und Weinberge. Die Weinkellereien verführen zum Probieren, Kombinieren und Einkaufen … und dabei ist nicht nur die Rede vom Wein.

Casteggio ist das Tor zu einer Landschaft aus sanften Hügeln, schroffen Bergkämmen und kleinen Tälern. Weitläufige Weinberge und vereinzelte Winzerbetriebe bilden das Hauptmotiv. Aufgrund der faszinierenden Aussicht fährt man langsam, mit zunehmender Höhe erstreckt sich das Panorama über die Ebene des Po und bis in den Alpenraum. Es gibt keine „beste" Jahreszeit, um das Oltrepò zu besuchen: Der milde Frühling erweckt das frische Grün zu neuem Leben, im Sommer locken das Bedürfnis nach Abkühlung und die Stadtfeste in die Berge, der Herbst bringt Wein, Kastanien und eine bezaubernde Farbpalette mit sich. Und es gibt auch keinen „besten" Weg hierhin: Man folgt einfach dem eigenen Instinkt und sucht sich einen Berg aus, den man hinauffahren möchte.
Von Casteggio aus geht es in das **Valle Schizzola**, dessen schönster Abschnitt mit malerischen Kurven und toller Aussicht zwischen Arpesina und Fortunago liegt. Die kleinen und weit voneinander entfernt liegenden Siedlungen haben kuriose, oft überladene Namen. Große Landgüter und kleine Weinkellereien stellen stolz ihre Werbeschilder zur Schau und laden zu Verkostungen ein. Aber nicht nur von Wein: Im Oltrepò werden Honig, Trauben, Äpfel und Konfitüren, aber auch Käse, im Holzofen gebackene Brote und Wurstwaren angeboten. Jenseits des Valle Coppa auf der Straße bergauf nach Calvignano offenbart sich endlich, warum diese Gegend als Weinparadies gilt.

Weinberge, so weit das Auge reicht, folgen aufeinander bis zu den Mauern des Schlosses von **Montalto Pavese**. Montalto ist aufgrund der hervorragenden Weinqualität sowie seiner Lage zur „Königin des Oltrepò" erklärt worden. Die Burg aus dem 15. Jh. ist aus großer Ferne sichtbar und ein fester Bezugspunkt, wenn man ohne Landkarte in den Bergen umherreist. Von Montalto aus führt das Valle del Ghiaie zum **Passo del Carmine**. Kurz danach in Richtung Val Tidone schließt der Molato-Damm den Trebeccosee ein. Zurück in den Weinbergen geht es das Scuropasso-Tal hinab. **Pometo** ist der ideale Startpunkt für die Rundfahrt durch das von malerischen Weinbergen geprägte Gebiet von Canevino und Rocca de' Giorgi. Erst in der Nähe von **Santa Maria della Versa** verengt sich das Panorama. Bei langsamer Fahrt begegnet man vielen Traktoren, die zwischen Weinbergen und Keltereien verkehren. Auf der Vallata delle Fonti di Rocaro passiert man Broni. In **Stradella** endet die Rundfahrt, vielleicht sogar mit einem Besuch im *Akkordeonmuseum* (www.museistradella.info); das Akkordeon wird hier noch immer nach traditioneller Handwerkskunst hergestellt.

Oben: Der Trebeccosee fließt unmittelbar hinter dem Passo del Carmine hinab in das Tidonetal.

Unten: Historische Architektur in Oltrepò, hier in der Altstadt von Montebello della Battaglia.

Linke Seite: Die Rundfahrt führt an Traubenreben vorbei.

Weine des Oltrepò

Oltrepò Pavese ist eine geschützte Ursprungsbezeichnung für aus den Trauben der gleichnamigen Region stammende Weine. Letztere erstreckt sich südlich des Po über die gesamte Provinz von Pavia. Hierzu zählen 8 Rotweine (Bonarda, Barbera, Pinot Nero, Buttafuoco, Sangue di Giuda, Cabernet Sauvignon, Oltrepò Pavese Rosso und Rosso Riserva), 3 Rosés (Oltrepò Pavese Rosato, Pinot Nero und Pinot Nero Spumante) und 12 Weißweine (Riesling Italico und Renano, Chardonnay, Pinot Grigio, Nero und Nero spumante, Cortese, Sauvignon, Malvasia, Moscato, den es auch als Likör lieblich oder trocken gibt). Erst 2007 hinzugekommen ist der Sekt *Oltrepò Pavese Metodo Classico* (DOCG). Die Hersteller haben sich zum *Consorzio Tutela Vini dell'Oltrepò* zusammengeschlossen (weiterführende Informationen: www.vinoltrepo.it).

22 Lombardei
Die Pässe del Penice und del Brallo

Streckenlänge
166 km
Start- und Zielort
Voghera (PV)
Streckenverlauf
Voghera – Salice Terme (10 km), Biagasco (17 km), San Ponzo (22 km), Varzi (32 km), Castellaro (40,5 km), Casanova (46 km), Pian dell'Armà (61,5 km), Passo del Giovà (64 km), Brallo (76,5 km), Passo del Penice (89,5 km), Casa Matti (100 km), Varzi (117 km), Valverde (130 km), Rocca Susella (151 km) – Voghera.
Schwierigkeitsgrad
Die Straßen sind gut befahrbar, jedoch schmutzig und die Nebenstraßen sind oft nicht in allerbestem Zustand.
Wissenswertes
Die Statale 461 del Penice zieht an Wochenenden zahlreiche Motorradfahrer an, die sie oft mit einer Rennpiste verwechseln.

Sehenswürdigkeiten

Die abgelegene **Einsiedelei Sant'Alberto** in Butrio ist faszinierend und über das Val di Nizza erreichbar (7,5 km entfernt von Sant'Albano). Die romanische Kirche Santa Maria stammt aus dem Jahr 1030, vom ursprünglichen Kloster sind der Innenhof und der Brunnen erhalten. Das **Schloss Oramala** ist 5 km von Varzi entfernt und taucht am Ende der engen Kurven im Wald plötzlich am Hang des Monte Cucco auf. Es beherbergt das **Museo dell'Arte Contadina e degli attrezzi in ferro.** Die von den Eigentümern geführte Tour (nur nach Terminvereinbarung) ist eine außergewöhnliche Erfahrung und erstreckt sich durch sämtliche Räume. Hier werden Anekdoten, historisch belegte Ereignisse und auch Legenden offenbart, deren Bann sich niemand entziehen kann (Tel. 0383/54 15 77, 0383/54 50 61).
14,5 km vom Passo del Penice entfernt befindet sich der **Alpengarten Pietra Corva** mit 1300 verschiedenen Pflanzenarten. Besonders spektakulär ist er während der Blütezeit zwischen April und Juni (in Romagnese, Tel. 0382/59 78 65). In Zavattarello (14 km von Varzi) ist das beeindruckende **Schloss** für Besucher geöffnet. (www.zavattarello.org).

Zwei klassische Reiseziele, an denen Motorradfahrer aus vier Provinzen aufeinandertreffen. Wer ruhigere Strecken bevorzugt, begibt sich auf abgelegene Nebenstraßen.

Manche machen kurzen Prozess: Hinauf auf den Gipfel, ein Kaffee, zwei Worte mit anderen Fahrern wechseln und weiter. Man kann den Passo del Penice und den Passo del Brallo aber auch auf abgelegenen Straßen befahren, wo es mehr zu sehen gibt. Bereits in Salice, im vielbefahrenen **Valle Staffora**, führt eine unauffällige Abzweigung am Fluss entlang, vorbei an kleinen Siedlungen an der Grenze zum Piemont. Auch in **Varzi** mit seinem malerischen mittelalterlichen Stadtbild ist es noch zu früh, um sich auf den Pass zu stürzen. Also ab auf die Panoramastraße nach Castellaro, die weiter zum **Passo del Giovà** führt. Während das Valle Staffora vor Verkehr überschäumt, ist es hier einsam wie in der Wüste! Wir befinden uns in der sogenannten Zone „der vier Provinzen". Die Aussicht vom Pass erstreckt sich über die Lombardei, Emilia Romagna, Ligurien und das Piemont. Die reichhaltige kulturelle Vielfalt wird von den wenigen Bewohnern der umliegenden Täler gehütet. Die enge Fahrspur veranlasst zum langsamen Fahren, wodurch man sich guten Gewissens der Aussicht widmen kann. Der **Passo del Brallo** ist nicht sehr weit, doch die 13 km über die Cima della Colletta fühlen sich sehr viel länger an. Die Landschaft ist gewiss der erfreulichste Aspekt dieser Strecke, vor allem, da man sie die meiste Zeit in ungestörter Einsamkeit genießen kann.
Am Pass tauchen wie aus dem Nichts Motorradfahrer auf. Sie sind überall: in Bars, Trattorien, auf Piazzas und Rastplätzen.

Profil und Höhenverhältnisse – Übersicht

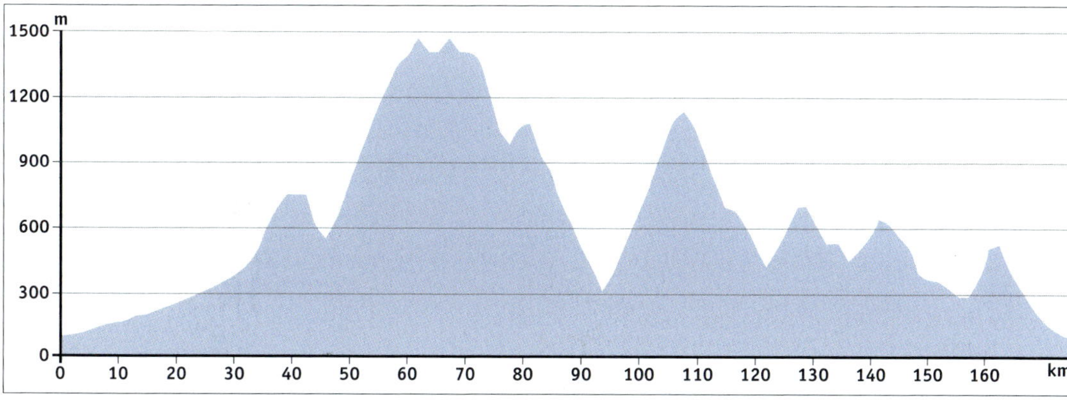

Man kennt sich, man kommt in Gruppen zusammen und fährt anschließend gemeinsam zum nächsten Ziel. Doch der Brallo ist nicht nur ein Treffpunkt für Raser, sondern auch für Genießer. An den dicht aufeinanderfolgenden Straßenständen, die man vor allem im Sommer und an Festtagen vorfindet, werden verschiedene Salamiarten, Pilze, Käse und Wein angeboten. Die beliebteste Kurvenabfolge verbindet den Brallo mit dem **Passo del Penice**. Von dort aus führt eine weitere Abfahrt nach Zavattarello und Valverde. In gemächlicher Fahrt geht es weiter mit zusätzlichen sehenswerten Aussichtspunkten. Dann verrät ein Blick auf die Landkarte, dass es auf einem kurvenreichen Weg über Hügel und Täler erst nach Rocca Susella hinab und dann den Godiasco hinaufgeht, ehe die Tour schließlich auf den Gebirgskämmen entlang über Retorbido nach Voghera führt.

Linke Seite: die schönen Serpentinen in der unberührten Landschaft des Passo del Giovà. Er ist abgelegener als der Penice und der Brallo, und bietet eine hervorragenden Zuflucht vor der sonntäglichen Masse von Motorradfahrern.

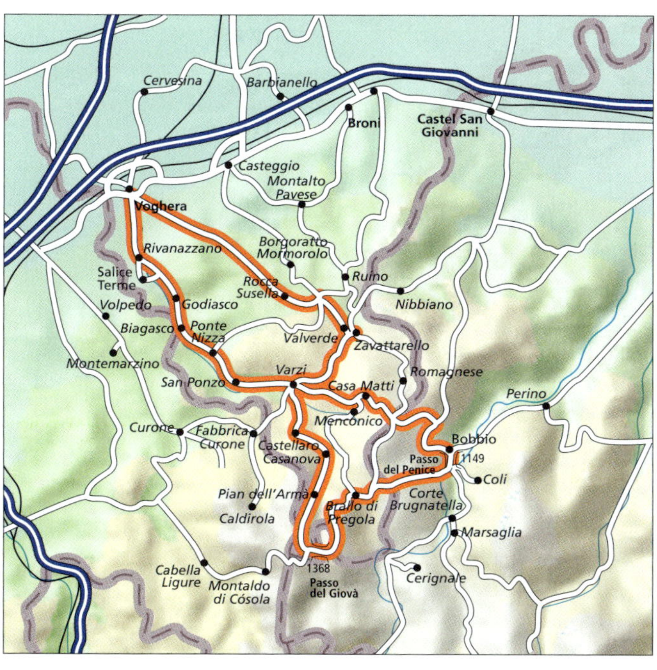

Salame di Varzi

Diese seit 1996 DOP-geschützte Salami wird ausschließlich in etwa 15 Ortschaften in der Umgebung von Varzi im Oltrepò Pavese hergestellt, und zwar nur mit Schweinefleisch aus den Provinzen von Alessandria, Pavia und Piacenza. Das Gewicht (von 0,5 bis 2 kg) und die unterschiedlichen Alterungsprozesse (mit den drei Phasen des Dämpfens, Trocknens und der Alterung) bestimmen die Sorten dieser Salami – sie werden *Filzetta*, *Filzettone*, *Sotto Coppone* und *Crespone* genannt. Das eigentümliche Aroma dieser Salamiart entsteht durch die Zugabe von schwarzem Pfeffer, gepresstem Knoblauch und Rotwein. Sie wird zum *Fest des gastronomischen Herbstes* im September gefeiert. Das Schutzkonsortium hat seinen Sitz in Varzi in der Comunità Montana dell' Oltrepò. Auf der Website www.varziviva.net sind sämtliche Hersteller verzeichnet.

Trentino-Südtirol

23 Trentino-Südtirol
Penser Joch und Jaufenpass

Streckenlänge
255 km
Start- und Zielort
Bozen, Sterzing (BZ)
Streckenverlauf
Bozen – Klobenstein (16 km), Klausen (38,5 km), Brixen (53,5 km), Sterzing (87 km), Penser Joch (105 km), Jenesien (157 km), Mölten (169 km), Hafling (185 km), Meran (196 km), St. Leonhard in Passeier (217 km), Jaufenpass (236 km) - Sterzing.
Schwierigkeitsgrad
Mittel bis schwer. Der Asphalt ist jedoch in hervorragendem Zustand.
Wissenswertes
Das Penser Joch ist von Mitte Mai bis Mitte November geöffnet, der Jaufenpass im Winter nur tagsüber. Auf der offiziellen Website des Eisacktals www.valleisarco.info ist der Menüpunkt *Eisackmotobike* den Motorradfahrern gewidmet.

Sehenswürdigkeiten

Das **Timmelsjoch** auf 2491 m ist ein unverzichtbarer Abstecher und nur 30 km von St. Leonhard im Passeiertal entfernt. Es führt nach serpentinenreichen 10 km entlang der steilen Felswand nach Österreich. 7 km vom Pass entfernt auf österreichischem Boden ist Maut zu zahlen; der italienische Teil ist kostenfrei. Die **Brauerei Forst** in Algund (5 km von Meran) erkennt man an ihrer weißen Wandfarbe und der harmonischen Architektur. Dort können im berühmten Biergarten Biere verkostet und zum Mitnehmen gekauft werden (www.forst.it).
Im Schnalstal (28 km von Meran) gehört zum Naturpark Texelgruppe auch der **ArcheoParc Schnals**, ein interaktives Museum, das sich Ötzi widmet (www.archeoparc.it). Die historische *Rittner Bahn* ist eine Schmalspurbahn und bietet eine andere Perspektive auf die Rittner Hochebene mit ihren berühmten **Erdpyramiden** (www.renon.com).

Die Strecke führt entlang von Eisack-, Sarentina- und Passeiertal zu zwei Südtiroler Pässen auf 2000 m Höhe. Wem die Kurven nicht genügen, kann die Tour bis zum Timmelsjoch verlängern, das noch höher liegt.

An der Biegung des Eisacktals verlassen wir **Bozen** und nehmen die Statale von . Der erste Abschnitt verläuft westlich des Tals am Fuße der **Rittner Hochebene**, vorbei an den Ortschaften Aunia di Sotto und Collalbo. Im Tal gibt es sowohl weitläufige Abschnitte als auch Strecken zwischen den Felswänden der Schlucht, die der Fluss in die Landschaft gegraben hat. In **Sterzing** beginnt ein 15 km langer Abschnitt mit zahlreichen Kurven, die einen Höhenunterschied von 1150 m überwinden. Die Straße verläuft sehr steil, unterwegs gibt es nur ein paar Häuser in Dosso. Der Berg legt bald sein üppiges Vegetationskleid ab, um Platz für die hochgelegenen Weidenfelder zu schaffen. Auf dem letzten Streckenteil führt eine Reihe enger, äußerst steiler Kurven über den Pass. Oben tauchen kleine Grüppchen von Motorradfahrern auf, welche die Aussicht auf die verschneiten Berggipfel aufsaugen.
Auf der anderen Seite des Passes erstreckt sich das enge und lange **Sarntal** über fast 50 km bis nach Bozen – eine wunderschöne nach Pinien duftende Wildnis, die von Wanderern, Mountainbikern, Reitern und Motorradfahrern beherrscht wird. Nach dem ersten langen Abschnitt mit vielen teils extrem engen Kurven führt die Straße geradeaus. Inmitten der berühmten 140 Gipfel des Val Sarentina ist hier und da ein Bauernhof zu sehen.

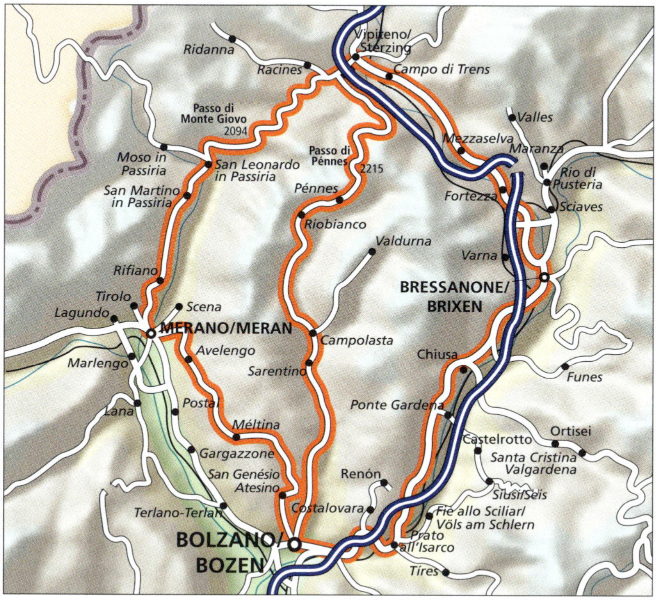

Die Straßen zu den Pässen führen durch dichte Tannenwälder und kleine Lichtungen.

Linke Seite: Blick vom Ridnauntal auf den Jaufenpass.

Von Bozen geht es nach Jenesien, ein malerischer Ort auf dem Hochplateau des Salten, um von dort über Nebenstraßen Meran zu erreichen. Man passiert das auf einer Hochebene gelegene Meltina und Hafling (ital. Avelengo). Das Wappen dieser Gemeinde erinnert an die Haflinger Pferde, bei deren Namensgebung der Ort Pate stand. Sie und die abgelegene Kirche von Santa Caterina aus dem 13. Jh. sind die Wahrzeichen der Gemeinde. Nördlich von Meran erstreckt sich das **Passeiertal** entlang des gleichnamigen Flusses. In San Leonardo beginnt der schwierigste Abschnitt, in dem auf 18 km ganze 1400 m Höhenunterschied überwunden werden. Gleich hinter dem Ort geht es auf steilen, engen Serpentinen in die Höhe. Danach wartet eine lange Gerade vorbei an Valtina, ehe man auf Serpentinen wieder in die Talebene fährt. Vom **Jaufenpass** auf 2099 m geht es durch 15 km Kurven, Gegenkurven und Serpentinen hinab bis nach **Vipiteno**.

Der Mann aus dem Eis

Am Fuße des eisüberzogenen **Similaun** fanden ihn zwei deutsche Bergwanderer an einem Septembertag 1991. Zum Zeitpunkt seiner Freilegung war er 5300 Jahre alt, aber die Datierungsstudien waren langwierig und komplex. **Ötzi** oder auch der Mann vom Similaun wird im **Südtiroler Archäologiemuseum** Bozen in einer Kühlzelle ausgestellt, in der er durch ein kleines Fenster für Besucher sichtbar ist. Dies ist einerseits eine Frage der Pietät und dient andererseits dazu, die Mumie möglichst gut zu erhalten. Ötzi ist Protagonist einer umfangreichen Dauerausstellung sowie einer vom Museum veranstalteten *Wanderausstellung*, die durch die ganze Welt tourt. Daneben enthält das Museum die bedeutendsten archäologischen Funde Südtirols (www.iceman.it).

Profil und Höhenverhältnisse – Übersicht

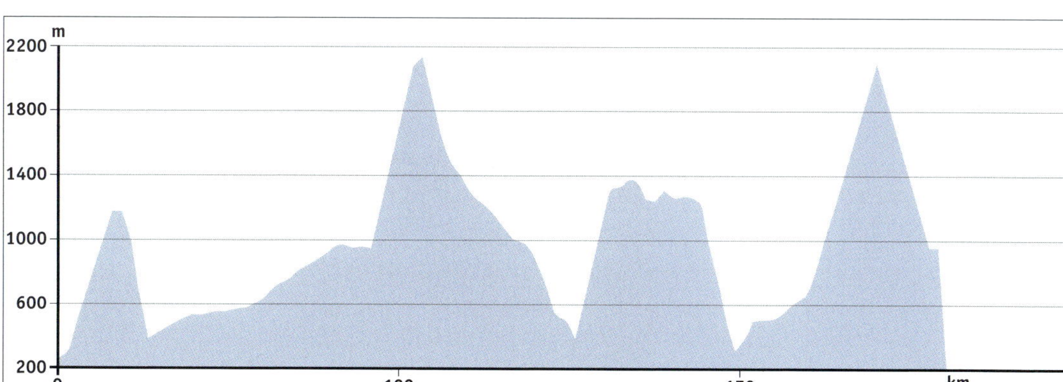

24 Trentino-Südtirol
Enneberger und Lüsner Tal

Streckenlänge
142 km
Start- und Zielort
Bruneck (BZ), Brixen (BZ)
Streckenverlauf
Bruneck – Olang (11,5 km), Enneberg (30,5 km), Piccolino (39,5 km), Würzjoch (55 km), Albeins (85,5 km), Cleran (94 km), Afers (105 km), Kofeljoch, Lüsen (129 km) – Brixen.
Schwierigkeitsgrad
Die Straßen hinauf zum Würz- und Kofeljoch sind eng und fordernd. Der Asphalt kann an einigen Stellen beschädigt sein.
Wissenswertes
Das Würzjoch (SP29) ist von Oktober bis April geschlossen, wie auch der Abschnitt von dort nach Lüsen. Diese Tour empfiehlt sich von Frühling bis maximal Mitte Oktober. Am Würzjoch dürfen Motorräder im Gegensatz zu Autos kostenlos in den markierten Bereichen parken.

Sehenswürdigkeiten

Das **Pragser Tal** und der gleichnamige See sind von Olang aus über eine Nebenstraße (18,5 km) zu erreichen. Der angenehme Spaziergang um den See dauert eine Stunde. Es gibt auch Ruderboote zu mieten. Der **Staller Sattel** (28 km von Bruneck) führt über das Antholzer Tal zur Grenze nach Österreich. Auf italienischer Seite regelt eine Ampel den abwechselnden Einbahnstraßenverkehr (Grünphase alle 30 Minuten) und der Abschnitt ist nicht mautpflichtig. Das knapp 3 km von Brixen entfernte **Kloster Neustift** ist ein faszinierendes Gebäude mit einer spätbarocken bayerischen Kirche und einer großartigen Bibliothek. Hier werden landwirtschaftliche Produkte erzeugt und verkauft. Zum Besuch gehören der Garten, die Weinkeller, die Vinothek und eine Weinverkostung.
Ein außergewöhnlicher Ort für eine Jause mit Tiroler Spezialitäten ist die Mensa (www.abbazianovacella.it).

Hier weichen Schleichwege von den traditionellen Straßen ab und verlieren sich im Schatten der schönsten Dolomitelgipfel. Unbedingt nur von Frühling bis Herbstanfang zu empfehlen.

Es gibt einen Weg fernab der klassischen Strecken, auf denen Motorradfahrer ihren Hunger nach Serpentinen stillen können: Die verborgene Straße kann man ganz im eigenen Rhythmus befahren, ohne Angst vor Unebenheiten oder Geschwindigkeitsvorgaben. Die *Strada Furcia* (SP43) in **Olang** umkreist den Kronplatz und führt am Rand des *Regionalparks Fanes-Sennes-Prags* über unzählige Serpentinen ins **Enneberger Tal**. Hier befinden wir uns in *Ladinien* unweit vom Gadertal. In Piccolino folgen wir den Ausschilderungen zum *Museo Ladino di San Martino*, einem kleinen aus hellen Steinen bestehenden Schloss, um von dort aus das höher gelegene **Würzjoch** anzusteuern. Der Pass auf 1987 m verbindet das im Eisacktal liegende Brixen mit St. Martin in Thurn. Die abgelegene Straße verläuft teils durch Tannenwald, teils vollkommen offen, jedoch überwiegend schattig. Der Boden kann feucht und rutschig sein, vor allem in der Zwischensaison. Am Pass ist ein großes Hotel der einzige Orientierungspunkt. Jenseits des Passes zeigen die Gipfel der Plose, der Peitlerkofel und die Geislergruppe sich in ihrer vollen Schönheit. Die Straße wird sehr eng und der Verkehr ist so gut wie ausgestorben. Bei der Fahrt bergab in das **Villnößtal** schweift der Blick entspannt über das fast senkrecht darunter liegende Tal. Der kurze Abschnitt im **Eisacktal** verläuft im stetigen Wechsel zwischen Autobahn und Statale in Richtung Albeins und dann nach Sankt Andrä. Wir erreichen

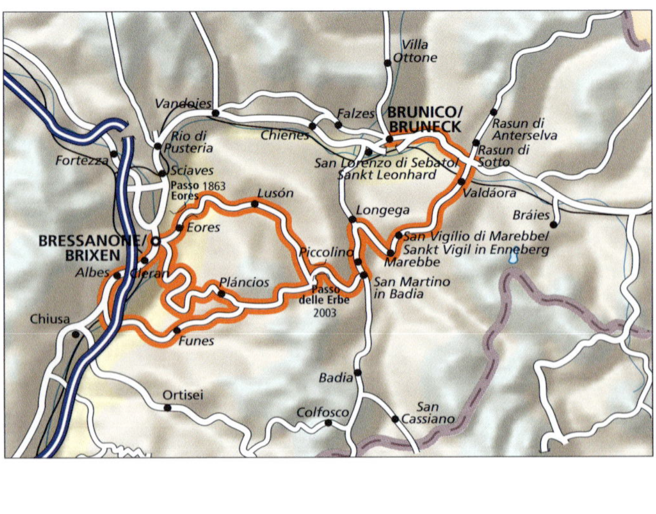

Profil und Höhenverhältnisse – Übersicht

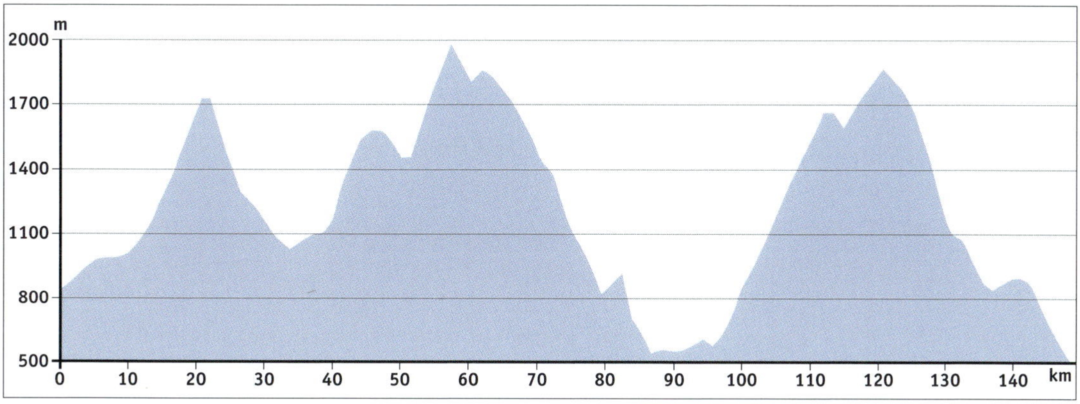

schließlich auf einer gewundenen, engen, steilen, anstrengenden, aber auch eindrucksvollen und begeisternden Straße, wie sie für die beliebten Dolomiten typisch sind, das Aferstal. Der Straßenverlauf folgt in einem vollkommen unbeschilderten Trakt dem südöstlichen Hang der Plosen bis zum Kofeljoch. Bis zum Würzjoch ist es nicht weit und schon treffen wir auf die Abzweigung ins **Lüsner Tal**. Ein weiterer verwegener Abschnitt führt um das Plose-Massiv herum von Osten nach Norden und endet in Brixen. Ein Abschnitt in vollkommener Einsamkeit, zumindest bis Lüsen. Kurz vorher kündigt das kleine *Santuario di San Nicolò* die Ankunft im Ort an. Die Straße folgt dem Verlauf des Lanzasca, das Tal ist jetzt offener und die Wiesen sind grün. Auf dem Weg nach **Brixen** sind die letzten steilen Serpentinen zugleich die anstrengendsten.

Im Villnößtal, das sich unterhalb der steilen Straße erstreckt, entdeckt man nur selten ländliche Wohnhäuser.

Testfahrt im Enneberger Tal

Das **Hotel Almhof Call** im Enneberger St. Vigil bietet in Zusammenarbeit mit BMW Gästen die Möglichkeit, jeden Tag ein anderes Motorrad auf den Straßen und Kurven zu fahren, von der F800R über die R1200GS, die R1200RT, die S1000R, die K1600GT bis zur R NineT (die verfügbaren Modelle variieren von Jahr zu Jahr). Doch damit nicht genug: Im Sommer (außer August) veranstaltet das Hotel sogenannte *Dolomites Tour Rides*, d.h. geführte Rundfahrten, mal länger, mal kürzer, für die das deutsche Unternehmen eine größere Auswahl an Motorrädern zur Verfügung stellt. Alle Informationen auf www.almhof-call.com, unter *Moto-Urlaub*.

25 Trentino-Südtirol
Gampen- und Mendelpass

Streckenlänge
181 km
Start- und Zielort
Bozen, Cles (TN)
Streckenverlauf
Bozen – Nalles, Lana (27,5 km), Gampenpass (46,5 km), Romallo (70,5 km), Cles (78 km), Sanzeno (88 km), Mendelpass (105 km), Kaltern (123 km), Termeno (134 km), Roverè della Luna (148 km), Mezzocorona (154 km), Tuenno (177 km) – Cles.
Schwierigkeitsgrad
Die Straßen sind in gutem Zustand und mit jedem Motorradtyp befahrbar, allerdings erfordert die Tour – wie jede Bergstrecke – eine gewisse Aufmerksamkeit.
Wissenswertes
Die Pässe werden im Winter nicht gesperrt, sind jedoch oft stark verschneit.

Sehenswürdigkeiten

Das **Heiligtum von San Romedio:** Eine 3 km lange Nebenstraße führt von Sanzeno aus zu dieser auf einem Kalkfelsen errichteten Einsiedelei. 131 Stufen geht es zu dieser Anlage hinauf, die aus fünf übereinander gebauten kleinen Kirchen besteht. Das Heiligtum ist ganzjährig bei freiem Eintritt geöffnet. Der einst als „roter See" bekannte **Tovelsee** – Ursache war seine durch eine Alge verursachte sommerliche Färbung – ist ein wunderschöner Bergsee mitten im **Naturpark Adamello-Brenta.** Vom 11 km entfernten Tuenno aus ist er über das gleichnamige Tal erreichbar. **Castel Thun** in Vigo di Ton ist 13 km von Mezzocorona entfernt. Der Besuch der prunkvollen Räume mit ursprünglicher Inneneinrichtung umfasst auch die vollständig mit Holz verkleidete *Stanza del Vescovo* aus dem 15. Jh. (Besuchszeiten auf www.buonconsiglio.it).

Zwei großartige Pässe zwischen dem Etschtal und dem Oberen Nonstal sowie eine lange Gerade zum Santa-Giustina-See. Am besten kommt man zur Apfelsaison, die zum Sommerende die Märkte bunt färbt.

Um von Bozen aus nach **Lana** zu gelangen, führt eine Variante per Statale 38 über Nals nach Tisens – ein willkommener Umweg, um den starken Verkehr zu umgehen. Bei Lana geht es in einem engen Tal durch einen Kiefernwald in zahlreichen Kurven bergauf. Wenn der Wald sich endlich lichtet, bietet sich eine wunderschöne Aussicht auf das Etschtal. Die 1200 m Höhenunterschied von Lana zum Gampenpass überwindet die Statale 238 mit einer Reihe weitläufiger Serpentinen auf weniger als 18 km. Auf den wenigen Geraden schweift der Blick in die Ferne, um die verschneiten Gipfel zu betrachten. Am Pass ist kurz vor dem Straßenwärterhaus die *Gampen Gallery* (www.gampengallery.it) ausgeschildert, eine mehrstöckige unterirdische Bunkeranlage, die 1940 erbaut wurde und heute als Ausstellungsgebäude dient.
Auf dem Weg bergab von den Gampen nach Fondo verläuft die Straße erst an Nadelbäumen und dann an Hunderten von Apfelgärten vorbei. In **Fondo** lohnt es sich, nicht gleich die Straße zum Mendelpass einzuschlagen, sondern nach Romallo und dann nach Cles zu fahren. Bergauf kann man so den Blick auf den immergrünen Santa-Giustina-See genießen. Auf der Fahrt über das hohe **Nonstal** begleiten uns wieder die Apfelgärten, bis wir abbiegen, um zum **Mendelpass** hinaufzufahren. Man erreicht ihn auf einer breiten und gepflegten Fahrbahn. Er un-

Das alte Straßenwärterhaus am Gampenpass.

Rechte Seite: Die Äpfel des Nonstals sind direkt bei den landwirtschaftlichen Betrieben erhältlich.

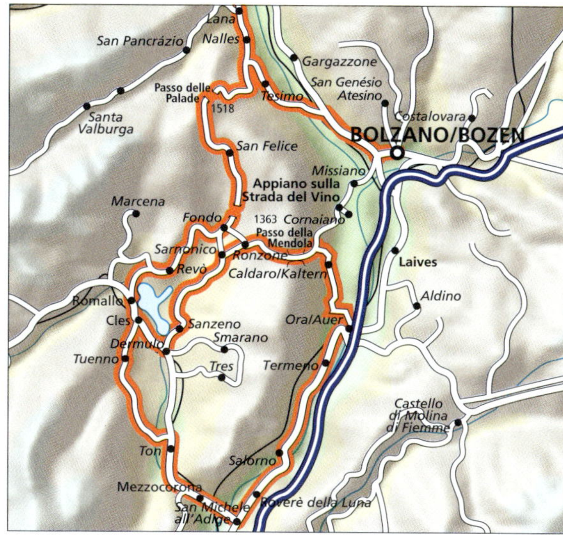

terscheidet sich deutlich vom Gampenpass durch seine touristische Infrastruktur. Hier kann man auf den Terrassen der Cafés zu Mittag essen, eine kleine Kaffeepause einlegen oder auch in den Botiquen herumstöbern, die ihre Waren auf dem Vorplatz ausstellen. Das Schönste am Mendelpass ist die Abfahrt hinab nach Bozen: Wer keine der 15 engen Serpentinen verpassen möchte, muss über Kaltern fahren. Auf 12 km werden hier 900 m Höhenunterschied überwunden.

Dann geht es lange geradeaus. Auf der *Südtiroler Weinstraße* (alle Ortschaften hier tragen den Zusatz „… an der Weinstraße") öffnen große Schlösser und kleine Weinkeller Besuchern ihre Türen. Die Heimat des *Gewürztraminers* verdient einen Abstecher für eine Verkostung! In **Mezzocorona**, das abseits der stark befahrenen Statale liegt, geht es wieder in Richtung Nonstal. Um noch ein bisschen Einsamkeit zu genießen, gibt es hier die panoramareichen Kurven zum Non hin, die über Denno und Tuenno nach Cles mit seinem Schloss am **Santa-Giustina-See** führen.

Äpfel und Wein

Fast ein Leitmotiv auf dieser Strecke – die **Apfelstraße im Nonstal und dem Val di Sole** (www.stradadellamela.it) ist eine der sieben Weinstraßen des Trentino. 180 Hersteller züchten, verarbeiten und verkaufen nicht nur die berühmten Äpfel, sondern auch viele andere Produkte unter strengen Auflagen, um die Qualität zu garantieren. Entlang der gesamten Strecke kann man in den Betrieben oder in von ihnen zur Erntezeit veranstalteten Märkten zwischen Ende August und September einkaufen. Die für diese Tour interessante Weinstraße ist die **Südtiroler Weinstraße** (weitere Informationen zu Weinen, Weinkellern und den Ortschaften auf www.suedtiroler-weinstrasse.it).

Profil und Höhenverhältnisse – Übersicht

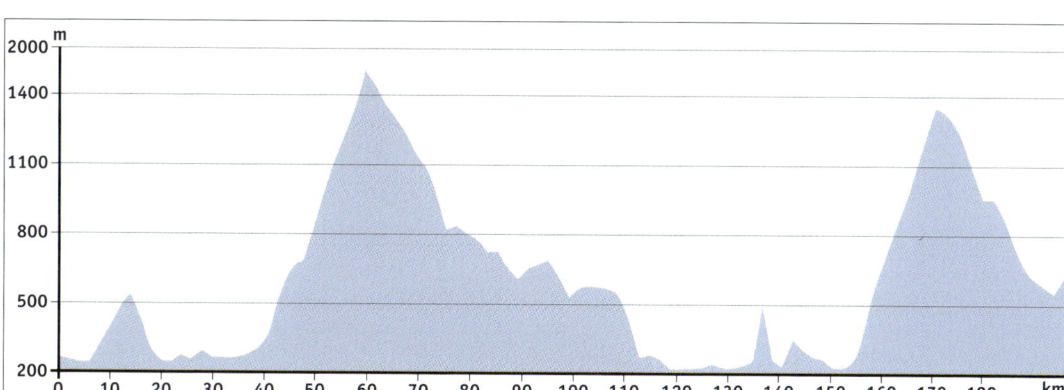

26 Trentino-Südtirol
Sellaronda und Marmolata

Streckenlänge
182 km
Start- und Zielort
Canazei (BZ)
Streckenverlauf
Canazei – Sellajoch (12 km), Grödner Joch (22 km), Corvara (31 km), Falzaregopass (51,5 km), Pordoijoch (81,5 km), Canazei (93,5 km), Passo Fedaia (107 km), Alleghe (126 km), Passo San Pellegrino (153 km), Moena (166 km) – Canazei.
Schwierigkeitsgrad
Schwer – Serpentinen und Kurven ohne Unterlass. Im August sind die Straßen überdies mit Verkehr vollgestopft. Der Asphalt ist jedoch überall perfekt und die Fahrspuren sind breit.
Wissenswertes
Die Marmolata-Seilbahn führt von Malga Ciapela zur Punta Rocca in 3265 m Höhe: www.funiviemarmolada.com
Die Seilbahn vom Falzaregopass zum Lagazuoi in 2792 m Höhe: www.dolomiti.org/lagazuoi

Sehenswürdigkeiten

Diese Strecke lädt dazu ein, auf die Serpentinen anderer nahegelegener Pässe vorzustoßen. Der **Passo Campolongo** verbindet vor hinreißender Kulisse Corvara auf 11 km über die Statale 48 mit dem Pordoi-Joch. Der **Passo Rolle** ist von Falcade kommend über den Vallespass zugänglich, danach geht es durch zahlreiche Serpentinen hinab nach San Martino. Der 2233 m hohe **Passo Giau** bietet auf 33 km eine beeindruckende Anzahl von Serpentinen – eine echte Herausforderung für Motorradfahrer, um von Caprile aus über den Colle Santa Lucia nach Cortina d'Ampezzo zu gelangen und dann wieder auf den Falzaregopass zurückzukehren. Der **Karerpass** verbindet entlang des Karersees auf 22 km das Fassatal mit dem Eggental. Sehr schön ist der Ausflug zur Seiser Alm (von Canazei aus 52 km) vorbei am Schlern über St. Ulrich in Gröden und Kastelruth. In Bellavista geht es ohne Motorrad weiter zur Hochebene, entweder zu Fuß oder mit der Kutsche.

Ein Pass nach dem anderen und endlos Serpentinen, die schon in der Stadt beginnen. Der Ring um die Sella ist eines der faszinierendsten und spaßigsten Ziele. Zum Ende geht es noch einmal um die Marmolata und über Nebenstraßen zu den anderen Pässen.

Die hiesigen Pässe sind legendär und die Standardroute fährt sie der Reihe nach ab: Sella, Gardena, Falzarego, Pordoi und mittendrin der Campolongo, der die **Sellaronda** abschließt. Aber Skier sind eine Sache, Motorräder eine ganz andere! Diese Runde ist eine echte Herausforderung und das Schwerste, was einem Motorradfahrer begegnen kann. Kurze Pause auf den Pässen, Selfie unter dem Straßenschild und gleich weiter. Die Serpentinen scheinen nicht enden zu wollen, aber sie sind von Anfang bis Ende nummeriert. Einige Dinge sind jedoch zu berücksichtigen. Wenn man etwa morgens den Passo Gardena da Plan de Gralba angeht, ist die lange Strecke unter den Wänden des Sella beschattet – das kann je nach Jahreszeit gut oder schlecht sein. Im August herrscht am Sella reger Verkehr. Nicht nur Autos, sondern auch Wohnmobile und Busse sind in diesem beliebtesten Teil der Dolomiten zuhauf unterwegs.
Es geht also los: Von Canazei bis zum **Sellajoch** führen zehn große Serpentinen nach 12 km zum Pass auf 2244 m. Rund um das 2121 m hoch gelegene **Grödner Joch** schrauben sich 30 Serpentinen bergauf und bergab bis nach Corvara. Nach der sehr schönen Fahrt durch das Tal von Sankt Kassian ist der **Falzarego** an der Reihe: 2109 m Höhe und 20 Serpentinen bis nach Andraz! In **Arabba** kann man kurz Luft holen, bevor man die 33 sehr zähen Serpentinen des 2239 m hoch gelegenen

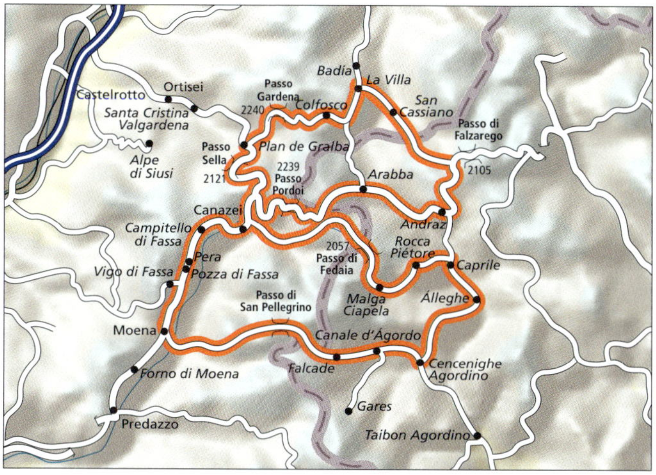

Pordoijochs angeht. Aber es ist noch nicht zu Ende. Bergab nach Canazei warten weitere 27 Serpentinen auf nur 12 km, und das inmitten einer spektakulären Landschaft, in der bei jeder Kurve die berühmtesten Gipfel grüßen.

Von Canazei aus lockt die **Marmolata**. Die Straße zum **Passo Fedaia** hinauf ist eng und gewunden. Hinter dem mehr als 2000 m hoch gelegenen Pass ist der Streckenverlauf extrem steil mit hart aufeinander folgenden engen Serpentinen. Unten ist der Alleghesee zu sehen, wo die Fahrt endlich sanfter wird. In **Cencenighe** beginnt das letzte kleine Stück bergauf. Den **Passo San Pellegrino** erreicht man durch das Valle del Bois. Hinter **Falcade** kündigen drei große Serpentinen den kommenden Aufstieg an. Die Straße verengt sich und die Neigung beansprucht den Fahrer. Nach den ersten 5-6 km wird die Strecke wieder entspannter und führt über schöne, abwechslungsreiche Kurven und lange Geraden. Die Serpentinen sind geschafft, von einigen wenigen über den Häusern von **Moena** abgesehen. Das Val di Fassa ist weitläufig und breit, jedoch auch sehr belebt – ein guter Vorwand, um ein paar seitliche Nebenstraßen auszuprobieren und neue Höhen zu erkunden.

Die Klänge der Dolomiten

„Unterwegs zur Musik" ist der Slogan dieser ungewöhnlichen und faszinierenden Reihe sommerlicher Begegnungen mit der Musik und den Bergen. Sie findet mitterweile seit vielen Jahren auf immer wechselnden Bergen der Dolomiten statt. Meist wird das Grundstück einer Schutzhütte ausgewählt, das alle gemeinsam zu Fuß erreichen: Zuschauer, Musiker und ihre Instrumente. Das Event ist ideal, um verschiedene Orte und Klänge kennenzulernen. Hinzu kommen Veranstaltungen wie ein- oder zweitägige Trekkingtouren mit den Künstlern, nachmittägliche Konzerte an besonderen Orten oder auch die Begrüßung der aufgehenden Sonne durch Chöre und klassische Musik – sofern die Wetterbedingungen es zulassen (für das Event werden außerhalb der Saison die Skilifts geöffnet).
www.isuonidelledolomiti.it

Linke Seite: Straße zum Grödner Joch – ein bisschen Schnee ist auch außerhalb der Saison nicht selten. Die Straßen werden jedoch rasch geräumt, sodass die Fahrt kein Problem darstellt.

Profil und Höhenverhältnisse – Übersicht

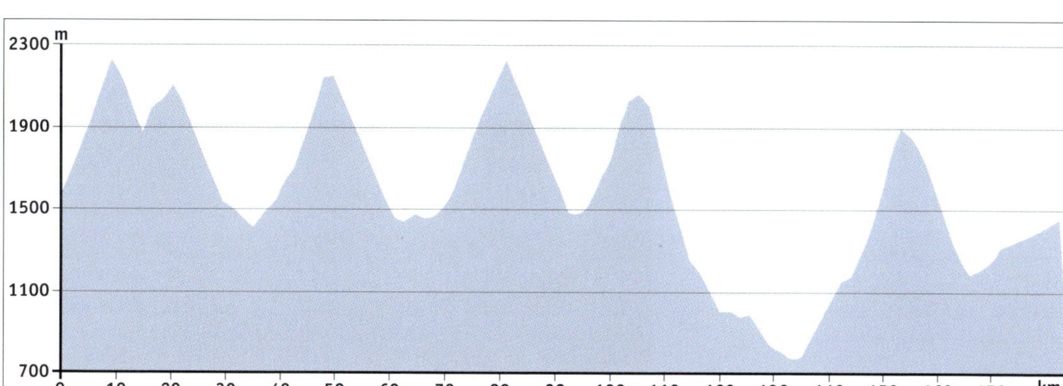

27 Trentino-Südtirol
Trient und seine Seen

Streckenlänge
253 km
Start- und Zielort
Trient
Streckenverlauf
Trient – Madrano, Baselga (19 km), Pergine (30,5 km), Vetriolo Terme (44 km), Levico, Caldonazzo, Vattaro, Folgaria (84,5 km), Aldeno (106 km), Sardagna, Monte Bondone (139 km), Lasino (159 km), Drena (168 km), Sarche (183 km), Molveno (210 km), Mezzolombardo (234 km) – Trient.
Schwierigkeitsgrad
Gut befahrbar, doch einige Bergabschnitte (Monte Bondone und Vetriolo Terme) sind eng, steil und erfordern Aufmerksamkeit.
Wissenswertes
Das Fremdenverkehrsamt von Trient, Monte Bondone und Valle dei Laghi besitzt Filialen in den Städten, in Vaneze, in Garniga Terme und in Vezzano. Die Seite www.apt.trento.it bietet eine Fülle von Informationen.

Sehenswürdigkeiten

In Lochere bei Caldonazzo steht das **Museo della Moto** mit über 200 ausgestellten Motorrädern aus den vergangenen 40 Jahren. Es ist sonntagnachmittags geöffnet (www.garagebikemuseum.org). In Segonzano im Cembratal (22,5 km von Baselga di Pinè) können **Erdpyramiden** aus Porphyrstein, die wie Orgelpfeifen geformt sind, besichtigt werden. Sie sind im Rahmen eines angenehmen Spaziergangs auf einem gut ausgebauten Wanderweg zu erreichen (www.visitpinecembra.it). Von Drena aus gelangt man über eine 16,5 km lange Nebenstraße nach **Riva del Garda**, wo sich ein Halt auf der eindrucksvollen Piazza Tre Novembre lohnt. Hier beginnt die Straße zum **Tennosee** (weitere 10 km), eine Oase der Stille mit kristallklarem Wasser, die nur über eine lange mittelalterliche Treppe zugänglich ist. Eine großartige Aussicht auf die Brentagruppe bietet die von Andalo aus mit einer Seilbahn erschlossene Paganella (www.andalovacanze.com). Vom Monte Bondone aus kann man ins **Cei-Tal** und weiter nach Garniga Terme fahren, wo man Heubäder ausprobieren kann (www.termedigarniga.it).

Das Schloss Buonconsiglio und eine prominente Bergrennstrecke voller Serpentinen, kleine Kurorte und Bergseen mit kristallklarem Wasser, Heubäder und der Botanische Alpengarten Viote – all dies wartet unter der wunderbaren Silhouette der Brenta-Dolomiten.

Nach einem Besuch in Trient verlassen wir die Stadt in Richtung Pinètal, um dem ersten der Myriaden von Seen in der Provinz zu begegnen: dem **Lago di Serraia** in Baselga. Weiter oben liegt der kleine von Wäldern und Bergen umgebene **Lago delle Piazze**. Im Trentino ist jeder See eine Überraschung. Es gibt kleine Haltebereiche mit touristischer Infrastruktur, die sich gut in die Natur einfügt, und hübsche Grasstrände laden zum Entspannen ein. In fast allen Seen kann man baden – eine gute Gelegenheit, um sich von den Strapazen der Fahrt zu erholen. **Pergine** ist das Tor zur schönen Route hinauf nach Vetriolo Terme mit Blick auf den Levico- und den Caldonazzosee. Gemeinsam mit Levico bildet es seit dem 18. Jh. eine Kurgegend mit eisenhaltigen Quellen. Am Westufer des **Lago di Caldonazzo** beginnt eine vergnügliche Strecke rund um die *Riserva Naturale Scanuppia*. Sie führt bei toller Aussicht und mit schönen Kurven zum Passo del Sommo, vorbei an Folgaria und überwindet auf 12 km mit großartigen Serpentinen etwas weniger als 1000 m Höhenunterschied.
Noch mehr Serpentinen durchfährt man von Trient hinauf zum **Monte Bondone**. Auf halber Strecke verengt sich die Straße, die Wälder weichen Wiesen und die Aussicht weitet sich jeder Kurve. Der Berggipfel ist eine echte Überraschung: Das grüne Viotebecken zeigt seine faszinierende Wildnis und eine Reihe

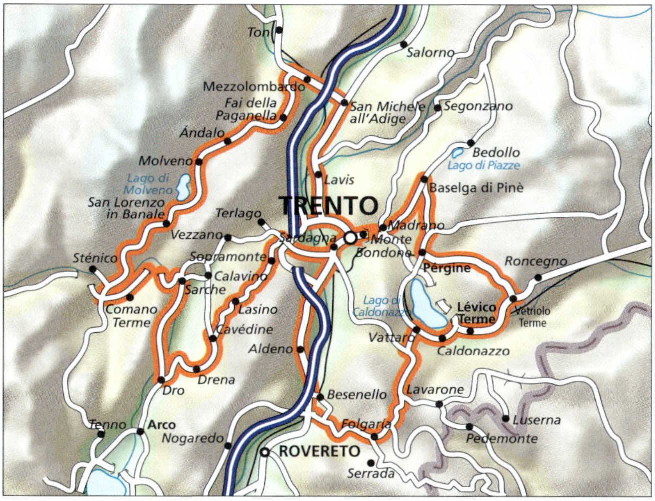

gut erkennbarer Wanderpfade verliert sich in scheinbar unendlicher Ferne. Eine enge gerade Straße teilt sich und führt entweder zum Valle di Cei oder nach Drena. In dieser vollkommen unberührten verzaubernden Gegend fällt es schwer, sich wieder auf den Sattel zu schwingen und weiterzufahren.

In der Nähe von **Drena** wartet ein weiteres faszinierendes Gebiet: die *Marocche di Dro*. Hierbei handelt sich um ein Bergsturzgebiet, in dessen Steinspalten die dafür typische Vegetation und zugleich ein ungewöhnlicher Lebensraum entstanden ist. Auch hier ist die Natur unberührt und lädt ein, den Motor auszuschalten und ein paar Schritte zu gehen, vielleicht um 190 Mio. Jahre alte Dinosaurierspuren zu suchen.

Weiter geht es entlang des **Lago di Cavedine** und des kleinen **Lago di Toblino**. Das auf einer Halbinsel stehende *Castel Toblino* spiegelt sich auf dem Wasser. Ein Kanal verbindet den See mit dem winzigen **Lago di Santa Massenza.**

Den Abschluss bildet die panoramareiche Straße unter den östlichen Hängen des Brenta entlang dem **Lago di Molveno** mit seinem kristallklaren Wasser.

Das Castello del Buonconsiglio

Die monumentale Festung von **Trient** ist zugleich die größte der Region. Sie vereint unterschiedliche Epochen, die alle ihre Spuren an dem ursprünglichen romanischen **Castelvecchio** aus dem 13. Jh. hinterlassen haben. Aus dieser Zeit stammt noch der **Adlerturm** an der Ostmauer. Er ist berühmt für seinen *„Zyklus der Monate"*, eine Gruppe von Freskenmalereien aus der Gotik. Die **Loggia del Romanino** belegt den mittleren Teil und verbindet verschiedene Teile des Gebäudes miteinander. Die großartigen Fresken des Romanino variieren von biblischen, historischen, profanen bis hin zu allegorischen Motiven. Berühmt sind die acht männlichen Akte, die kürzlich bei einer Restaurierung von den im 18. Jh. nachträglich über die Originalfresken gemalten Kleidungsstücke (vermutlich aus Prüderie) freigelegt wurden. Infos zu Wander-Ausstellungen und weiteren Modalitäten unter www.buonconsiglio.it.

Die historische Gemeinde Cavedine.

Linke Seite: Am Ufer des Lago di Cavedine laden zahlreiche Sitzbänke mit Seeblick zu einer Pause ein.

Venetien

28 Venetien
Monte Baldo und das östliche Gardaufer

Streckenlänge
177 km
Start- und Zielort
Peschiera del Garda (VR), Verona
Streckenverlauf
Peschiera del Garda – Torri del Benaco (25 km), San Zeno (33,5 km), Malcesine (56 km), Mori (80,5 km), Brentonico (89,5 km), Bocca di Navene, Cavallo di Novezza, Ferrara di Monte Baldo (125 km), Caprino Veronese (141 km), Affi (148 km), Sant'Ambrogio di Valpolicella (158 km), Pedemonte (166 km) – Verona.
Schwierigkeitsgrad
Leicht. Bloß auf dem Montebaldo gestaltet sich die Fahrt etwas schwieriger.
Wissenswertes
Opern- und Ballettliebhaber, die einen Theaterbesuch anschließen möchten, können online unter www.arena.it die Spielpläne einsehen und Tickets reservieren.

Sehenswürdigkeiten

Von San Zeno aus kann man, anstatt zur Küste hinabzufahren, auch nach **Prada** abbiegen, wo es eine Gondelbahn und einen Sessellift zum **Rifugio Fiori del Baldo** gibt. Von dort aus gelangt man zu Fuß in 30 Minuten zum **Rifugio Chierego** auf 1911 m, das eine spektakuläre Aussicht bietet. In **Valeggio sul Mincio**, das 12 km von Peschiera entfernt liegt, ist der **Parco Giardino Sigurtà** von Interesse: Die üppige Vegetation bewundert man vorzugsweise zur Blütezeit, hin gelangt man per Zug oder Golfcart. Alternativ kommt man zu Fuß, entweder selbständig oder mithilfe der App (siehe www.sigurta.it). In Valeggio verdient auch die kleine Fraktion **Borghetto** aus dem 15. Jh. einen Besuch. Eine Handvoll Häuser, historische Mühlen und ein befestigter Damm über dem Fluss – das Dorf wird zu Recht zu den schönsten Italiens gezählt (www.borghitalia.it). **Mantua** (38 km von Verona): Der historische Ortskern der ganzaghischen Stadt ist eine Schatztruhe voller freskenbemalter Paläste. Ein Besuch hier lässt sich bestens mit der Tour um das Gebiet von Mantua verbinden.

Eng und langgezogen liegt der Monte Baldo zwischen dem Ostufer des Benaco und dem Etschtal. Wie ein Belvedere überblickt er ein spektakuläres Panorama vom Seeufer bis zu Julias Balkon in Verona. Der Soundtrack dazu kommt von der Arena di Verona.

Die Fahrt entlang des Veroneser Ufers des Banoco ist ein wahres Vergnügen. Hier, zwischen Peschiera und Garda, ist der See so breit, dass er an das Meer erinnert. Das von Olivenbäumen umgebene **Lazise** ist der erste Ort auf dieser Strecke. Die ummauerte Gemeinde und der *Scaliger Hafen* sind bezaubernd, wenn nicht zu viel los ist. In **Bardolino** werden die Olivenbäume von Weinreben abgelöst. **Garda** ist das Tor zu einem der beliebtesten Abschnitte der Riviera: der **Punta San Vigilio**. Die historische Kirche sowie die aus dem 15. Jh. stammende *Villa Guarienti* liegen inmitten der Zypressen und *limonaien* des *Parco Baia delle Sirene*. Jenseits der Halbinsel verengt sich der See. In **Torri del Benaco** thront das *Scaliger Schloss* aus dem 14. Jh. Die Fahrt am Ufer entlang führt durch die Dörfer von Brenzone und an **Malcesine**, Gegenstand eines berühmten Gemäldes von Gustav Klimt, vorbei. An der nördlichsten Stelle, in **Torbole**, lässt man den See schließlich zurück, um auf die Berge zuzueilen. In Mori fordern auf dem Weg bergauf nach **Brentonico** die ersten Serpentinen den Fahrer heraus. Die Strecke windet sich einsam und steil und offenbart eine immer bessere Aussicht. Die Straße wechselt von einer Bergseite auf die andere, bis sie auf 1425 m in der **Bocca di Navene** herauskommt. Kurz hinter der Bocca wartet ein Welcome Bike mit warmer Küche von 11 bis 21 Uhr. Anschließend fährt man in eine Art Gebirgsparadies mit auf den Wiesen weidenden Schafen und

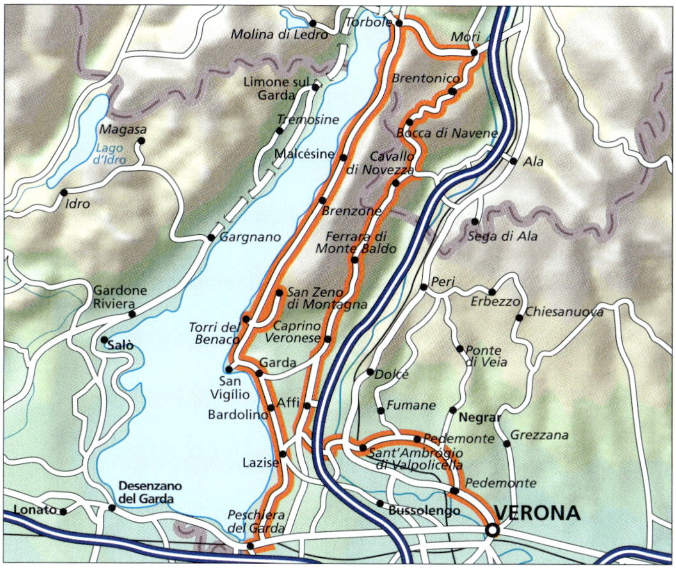

gelegentlichen Sennereien, die zur Käseverkostung einladen. Dies sind die Naturschutzgebiete *Gardesana Orientale* und *Lastoni Selva Pezzi*, die sich in Richtung Malcesine zum See hin absenken. Ersteres liegt niedriger und hat eine mediterrane Vegetation mit Eichenwäldern, letzteres trägt eher alpine Züge mit Buchen-, Kiefern- und Tannenwäldern. Es geht weiter über Cavallo di Novezza, wo jedes Jahr im September das *Motoraduno dell'Orso* stattfindet, ein Event in großer Höhe, das Hunderte von Bikern anzieht. Bergab ist die Straße breit und in gutem Zustand, sie bietet tolle Aussicht und viele Kurven. Hier macht das Fahren richtig Spaß, doch man muss aufpassen: Zwischen Spiazzi und Caprino Veronese, wo Bergrennen stattfinden, halten Blitzer das Tempo unter Kontrolle. **Spiazzi**, ein hübsches Bergsteigerzentrum, ist ideal, um einen kleinen Happen einzunehmen und zum *Heiligtum der Madonna della Corona* zu wandern, die teils in den Fels hineingebaut ist. Der Abend und die Nacht gehören schließlich nur **Verona**.

Das Museo Nicolis für Autos, Technik und Mechanik

Hunderte Autos, Motor- und Fahrräder erzählen die Geschichte der Evolution der privaten Fortbewegungsmittel in den vergangenen 200 Jahren. In der Motorradabteilung sind Hunderte einzigartige Modelle ausgestellt, von den ersten Velozipeden und Mofas bis hin zu den neuesten Rennmaschinen und faszinierenden Sidecars. In diesem Museum gibt es thematische Ausstellungen, etwa über historische Werkstätten oder militärische Fahrzeuge. Bei Letzterer sind auch Feldküchen, Generatoren, Spähpanzer, Amphibienfahrzeuge und vieles mehr ausgestellt. Auch eine szenische Rekonstruktion des Straßenlebens gegen Ende des 19. Jhs. ist zu sehen. Außerdem gibt es auf der großen Museumsanlage Fotoapparate, Schreibmaschinen, Musikinstrumente, Flugzeuge, Motoren und weitere Kuriositäten zu entdecken. In **Villafranca di Verona**, immer geöffnet außer montags (www.museonicolis.com).

Linke Seite: Abschnitt der SP8, auch bekannt als Strada Graziani, die Brentonico mit Caprino Veronese verbindet. Dies ist eine der höchstgelegenen und spektakulärsten Stellen.

Profil und Höhenverhältnisse – Übersicht

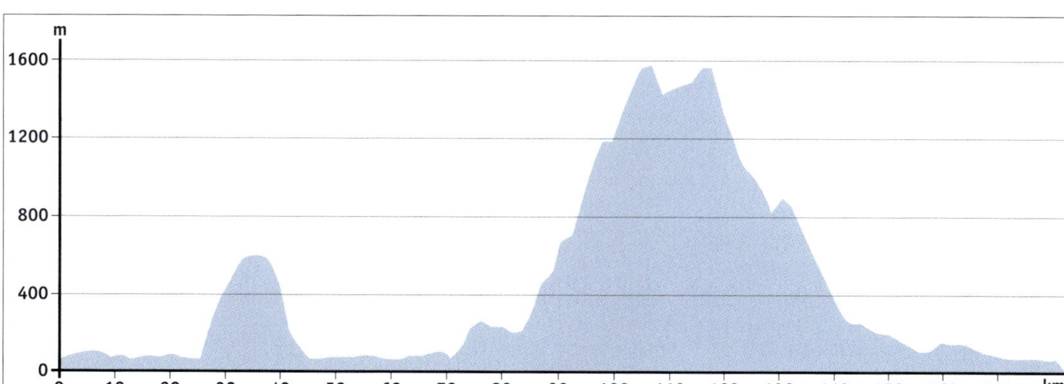

29 Venetien
Im Regionalen Naturpark der Lessinia

Streckenlänge
211 km
Start- und Zielort
Verona
Streckenverlauf
Verona – Grezzana (12 km), Montecchio, Villa, Fane (33 km), Sant'Anna d'Alfaedo (41 km), Fosse, La Sega, Passo delle Fittanze (55,5 km), Erbezzo (62,5 km), Bellori (76 km), Bosco Chiesanuova (96 km), Branchetto (105 km), Velo (119 km), Giazza (129 km), Tebaldi, Vestenanova (150 km), Castelvero, Badia Calavena (164 km), Bettola, Roverè Veronese (182 km), Montorio (202 km) – Verona.
Schwierigkeitsgrad
Die Bergstraßen sind herausfordernd. Der Asphalt befindet sich jedoch immer in gutem Zustand und es herrscht wenig Verkehr.
Wissenswertes
Von San Giorgio aus führt eine 17,5 km lange Straße zum Passo Fittanze. Der Asphalt ist solide, aber die Straße verfügt über keine Schutzvorrichtungen und erfordert Vorsicht.

Sehenswürdigkeiten

Von Fane aus sind es 13 km bis **Pedemonte** mit seiner wunderschönen palladischen **Villa Santa Sofia**, die heute Sitz einer Weinkellerei ist. Die **Villa Serego**, wie sie in Wirklichkeit heißt, zählt mit vielen anderen palladischen Villen zum Weltkulturerbe der UNESCO (www.santasofia.com). In **Soave**, (23 km von Verona) kann man das beeindruckende prunkvolle **Scaligerschloss** besuchen, ein gut erhaltenes Beispiel mittelalterlicher Baukunst. Der Innenhof, das Kapitänshaus und das Belvedere, ein kleiner von einer gezinnten Mauer umgebener Garten am Hang, können besichtigt werden (www.castellodisoave.it). In **Cerea** (34 km von Verona) befindet sich das **Museo Motom**, das man nicht versäumen sollte. Hier werden nicht nur Motoren und Motorräder des Herstellers ausgestellt, sondern auch Dokumente wie Führerscheine, Handbücher und dergleichen mehr. Am letzten Sonntag des Monats kann jeder kommen, der Eintritt ist frei. Die anderen Tage sind Gruppen von mindestens zehn Personen vorbehalten, die per Mail reservieren müssen (www.museomotom.it).

Ein Regionalpark, unzählige Gipfel und vier Täler, die von den Bergen zur Etsch hinabführen. Und über alledem die wundervolle Landschaft des Passo Fittanze.

Vaj, progni, covoli e buse – Täler, Flüsse, Karsthöhlen und Grotten prägen das Bild der **Lessinia**. Der Weg von der Ebene in die Berge führt durch verschiedene Landschaften: Hügel mit geordneten Reihen von Weinstöcken, enge Täler, Abhänge, an denen Buchen, Kastanienbäume und später auch Tannen wachsen und schließlich die Hochebene, eine ausgedehnte Weidefläche. Die Erkundungsfahrt durch den *Regionalpark Monti Lessini* ist ein beständiges Hin und Her zwischen den fünf Tälern der Progni-Weine: Valpolicella, Val Pantena, Val di Squaranto, Val d'Illasi und Val d'Alpone.
Sant'Anna d'Alfaedo kurz hinter dem berühmten Ponte di Veja, der von Andrea Mantegna gemalt wurde, ist das Tor in diese Landschaft. Ein kleines Museum enthält eine Sammlung von Fossilien, für die Lessinia bekannt ist. Den Park erreicht man über den 1400 m hoch gelegenen **Passo Fittanze**, wobei man in gemächlicher Fahrt und mit guter Aussicht an Weiden, kleinen Seen und Almhütten vorbeifährt. Das **Val Pantena** hinab werden die Kurven und Serpentinen nur selten durch Dörfer unterbrochen, in denen es zwischen den Steinhäusern historische Mühlen zu entdecken gibt.
Bosco Chiesanuova ist der größte Ort in Lessinia und bietet Häuser in lebhaften Farben, ein *Ethnographisches Museum* und eine starke Zimberntradition. Den Hintergrund bildet eine auf-

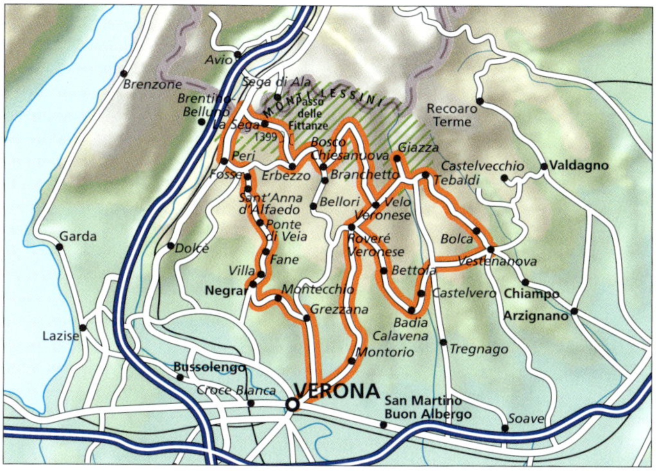

Linke Seite: Almweiden entlang der Straße von Valdiporro nach San Giorgio. Außerhalb der Stoßzeiten begegnet man auf diesen Straßen oft bloß Viehherden und Hirten.

regende Landschaft mit dem Monte Baldo und dem Gardasee. Es geht hinaus nach **San Giorgio** in fast 1500 m Höhe, um dort wieder in die außergewöhnliche Natur des Parks einzudringen. Die Fahrt ist einsam, die Stille auf den Weiden vollkommen. Weiter unten in **Camposilvano** lockt eine Wanderung in das **Sphinxtal** mit seinen erodierten Felsen. Hier befindet sich auch der *Covolon*, die größte Karsthöhle der Venetischen Voralpen, der zusammen mit dem *Fossilmuseum* besucht werden kann. Die Ankunft in **Giazza** an der Spitze des **Valle d'Illasi** ist eine Zeitreise in die Vergangenheit und die Kultur der *Zimbern*. **Bolca** im hohen Alponetal genießt den Ruf als *Welthauptstadt der Fossilien aus der Tertiärzeit*. **Badia Calavena** ist berühmt für seine *tromboni*, die im Mittelpunkt der *Festa dei Pistonieri* am ersten Sonntag im Juni stehen. Doch auch bergab bleibt die Tour interessant. Jedes einzelne Tal hütet jahrtausendealte Traditionen oder historische Schätze, die auf einer kurzen Pause zu entdecken sind. In **Verona** schließlich ist es Zeit, die Stadt in vollen Zügen zu genießen. Am besten quartiert man sich in einem Hotel im Stadtzentrum ein, bei dem man bei der Reservierung gleich die City-Maut für die ZTL (verkehrsberuhigte Zone) erstehen kann.

Die Zimbern von Lessinia

Noch vor dem Jahr 1300 ließen sich die ersten Zimbern in der Gemeinde Roverè Veronese in den **Monti Lessini** nieder. Seitdem sind in 150 Jahren 13 weitere Gemeinschaften hervorgegangen. Heute sind sie über acht Gemeinden verteilt, die alle mit dieser Tour abgedeckt werden. Der beste Ort, um in die lebendige Kultur der Zimbern einzutauchen, ist **Giazza** oder besser **Ljetzan**, wo auch heute noch die zimbrische Sprache, ein germanischer Dialekt, fließend gesprochen wird. Doch nicht nur das: Auch die Architektur des schnuckeligen Dörfchens ist der zimbrischen Tradition treu geblieben. Ein kleines **Zimbernmuseum** wird vom Zentrum für Zimbrische Kultur betrieben. Die faszinierende Führung bringt Besuchern die verschiedenen Lebensaspekte dieses historischen Volkes nahe, etwa die Themen Arbeit und Auswanderung, aber auch linguistische und religiöse Elemente. Das Zentrum ist Freitag bis Sonntag an Nachmittagen geöffnet; Tel. 045/784 70 50.

Profil und Höhenverhältnisse – Übersicht

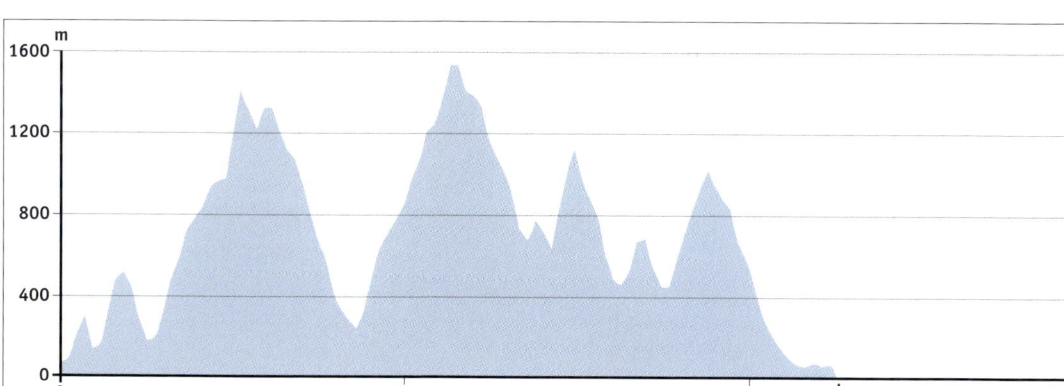

30 Venetien

Die Hochebene der Sieben Gemeinden

Streckenlänge
233 km

Start- und Zielort
Thiene (VI), Bassano del Grappa (VI)

Streckenverlauf
Thiene – Lugo di Vicenza, Roana (40 km), Rotzo (46 km), Pedescala, San Pietro Valdastico (62,5 km), Passo di Vezzena (92 km), Asiago (113 km), Lusiana (133 km), Conco (140 km), Gallio (156 km), Foza (166 km), Rendole (177 km), Enego (193 km), Valstagna (219 km), Campese – Bassano del Grappa.

Schwierigkeitsgrad
Die Straßen auf der Hochebene sind eng. Die hier verlaufende Hauptverkehrsader wird im Sommer stark befahren.

Wissenswertes
Barricata (1350 m) ist von Rendale aus zu erreichen. Von dort führt eine riskante Straße, die nur mit schriftlicher (aber kostenloser) Genehmigung der Stadtverwaltung befahrbar ist, hinab nach Grigno. Die Straße hinauf zum Monte Ortigara da Lazzaretti ist nicht asphaltiert. Die Fahrt auf unasphaltierten Strecken und Nebenstraßen ist streng reguliert.

Sehenswürdigkeiten

Das **Industriearchäologische Museum** in Schio ist über das gesamte vicentinische Territorium verstreut. Ehemalige Filialen der Wollwebereien Lanifici Rossi befinden sich in Thiene, Piovene Rocchette, Marano Vicentino, Torrebelvicino und Santorso. In **Schio** wird bei Ausstellungen und kulturellen Veranstaltungen das ehemalige **Lanificio Conte** für Publikum geöffnet. Unweit ist die **Fabbrica Alta**, deren Räume aber nicht geöffnet sind. In **Marostica**, das 17 km von Thiene entfernt liegt, findet alle zwei Jahre am zweiten Septemberwochenende die berühmte Schachpartie mit lebendigen Figuren statt: Prunkvolle Kostüme, riesige Banner und über 500 Darsteller versprechen ein zweistündiges Spektakel (www.marosticascacchi.it). Von **Rubbio** aus führt ein Spaziergang zur **Cava Dipinta** (Bemalte Höhle) und **zur Cava Abitata** (Bewohnte Höhle). Ein Künstler aus der Region hat den zuvor grauen Höhlen mehr Farbe und Leben verliehen (Tel. 424/70 03 01). Die eingemauerte Stadt **Cittadella** (das Fremdenverkehrsamt ist im Kapitänshaus) liegt 15 km von Bassano del Grappa entfernt.

Bei dieser Tour wartet die Entdeckung einer abgelegenen Welt, die buchstäblich aus den Tälern des Astico und der Brenta emporsteigt.

Das auch als **Hochebene von Asiago** bekannte Gebiet umfasst eigentlich acht Gemeinden: Asiago, Conco, Enego, Foza, Gallio, Lusiana, Ruana, Lotzo. Sie ist neben dem Passo di Vezzena, der sich nach Trient hin öffnet, auch von Thiene, Breganze oder Bassano aus zugänglich. Die Fahrt hinauf nach **Thiene** ist zweifellos die schönste: weitläufige Serpentinen und lange Geraden (die allerdings von festen Blitzern gesäumt sind, also Vorsicht!). Kurve um Kurve geht es unerwartet schnell in die Höhe, die Aussicht erstreckt sich weit über das Brentatal hinaus. Die kleinen Dörfer mit ihren ebenso kleinen verstreuten Teilorten beherbergen Schätze wie das *Museo dei Cuchi* in Roana, das *Villaggio degli Gnomi* nahe Asiago oder das *Valle dei Mulini* in Lusiana – die Hochebene steckt voller Überraschungen. Überraschend ist aber auch die Landschaft: weit, offen und mit nur wenigen Straßen, die das Grün der Wiesen durchziehen. Dahinter ragen im Norden die höchsten Gipfel auf. Die Fahrt auf der Hochebene hat drei immer wiederkehrende Motive: ehemalige Kriegsschauplätze mit den entsprechenden Hinweisschildern an der Strecke, Gedenkstätten und überall verstreute Museen. Die entlang der malerischen Wanderpfade verstreuten Almen laden Reisende zu Mahlzeiten, Verkostungen und zum Einkaufen ein. Die endlosen Weiden sind mit kleinen Seen geprenkelt und werden nur von den jeweiligen Tieren bewohnt. Kleine Wälder unterbrechen die Wiesen, darin verbergen sich (angeblich) Kobolde, Blutorangen und die zimbrische Kultur, die hier seit Generationen weitergegeben wird. Der für Biker zweifellos

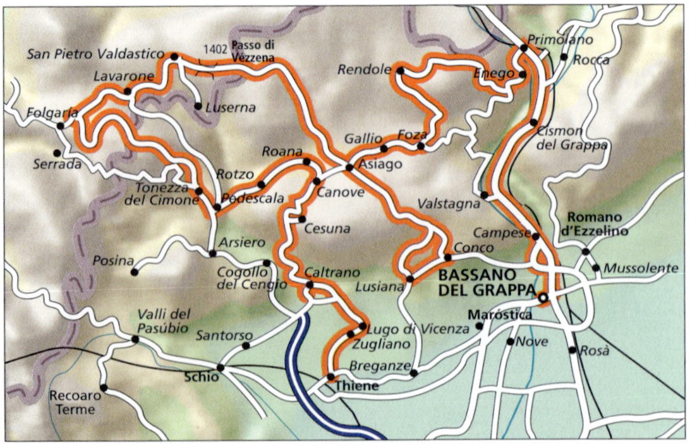

außergewöhnlichste Streckenabschnitt ist der über den **Passo Vezzena** in 1402 m Höhe. Am besten nimmt man die Route von Roana nach Rotzo, um sich die Achterbahnfahrt durch die Serpentinen, die in das **Val d'Astico** hinabstürzen, nicht entgehen zu lassen. Dann fährt man das Tal entlang weiter bis über die Grenze nach Trentino, wo man schließlich in die Auffahrt nach Lavarone abbiegt. Die sich plötzlich öffnende Aussicht auf dem Pass verleiht der Ankunft ein Gefühl von Triumph: noch mehr Wiesen, eine kleine Kirche, eine Alm – ein Szenario, das man am liebsten für den Rest seines Lebens bewundern würde. Außerordentlich ist auch der Abschnitt auf einer engen Waldstraße um den Monte Lisser herum nach **Enego 2000**. Danach windet die Straße sich in ununterbrochenen Kurven hinab nach Enego, weg von der Hochebene in die Valsugana.

Der Große Krieg

Eine lange Rundfahrt zu den Schauplätzen des Großen Krieges nimmt seinen Anfang in der Provinz von Vicenza. Im stark von den Schlachten gezeichneten Altopiano auf dem Colle Leiten befindet sich die **Kriegsgedenkstätte von Asiago**. In Treschè Conca in der Gemeinde Roana steht das Fort Punta Corbin, eine typische Bergfestung. Das **Militärhistorische Museum** kann sonntags und von Juli bis August täglich besucht werden. Das **Kriegshistorische Museum 1915-1918** in Canove, eine Fraktion von Roana, besitzt eine ahnsehnliche Sammlung militärischer und fotografischer Fundstücke (Tel. 0424/69 25 11). Gleiches gilt für die in den ehemaligen Schulen von Treschè Conca in Roana ausgestellte Rovini-Kollektion (www.collezionerovini.com). Im nahegelegenen Val Magnaboschi, einem damals stark umkämpften Gebiet, befinden sich ein englischer und ein ehemaliger italienisch-österreichischer Soldatenfriedhof. Der Passo Xomo (www.posina.info), wo die Strada delle 52 gallerie auf dem Pasubio beginnt, ist von Schio aus erreichbar.

Oben: Gedenkstätte in Asiago mit den Gräbern von 55 000 italienischen und österreich-ungarischen Soldaten.

Unten: Die weitläufige Aussicht zum Rifugio Marcesina.

31

Venetien

Von den Colli Berici zu den Euganeischen Hügeln

Streckenlänge
140 km
Start- und Zielort
Vicenza, Este (PD)
Streckenverlauf
Vicenza – Arcugnano (8,5 km), Zovencedo (19,5), San Germano dei Berici (29 km), Orgiano (37 km), Sossano, Barbarano Vicentino (50 km), Lago di Fimon (62 km), Lumignano (75 km), Cervarese Santa Croce (88 km), Treponti (95,5 km), Teolo, Galzignano Terme (114 km), Monselice (124 km), Arquà Petrarca – Este.
Schwierigkeitsgrad
Leicht; für alle Motorradtypen und auch für Motorroller geeignet.
Wissenswertes
Weinstraße der Colli Berici: www.stradavinicolliberici.it
Weinstraße der Euganeischen Hügel: www.stradadelvinocollieuganei.it
Thermen auf den Euganeischen Hügeln: www.consorziotermeeuganee.it

Sehenswürdigkeiten

In **Piazzola sul Brenta**, 28 km von Vicenza entfernt, überragt die **Villa Contarini** die Ruinen eines Schlosses aus dem 11. Jh. Es gehört mit seinem weiten Park, den Fischzuchtanlagen und dem See zu den größten und malerischsten der Region (www.villacontarini.eu). In **Montecchio Maggiore** (13 km von Vicenza) befinden sich das **Castello della Bellaguardia** und das **Castello della Villa**, die aufgrund ihrer Zuschreibung zu den Häusern Montague und Capulet auch als die Schlösser von Romeo und Julia bekannt sind. Im Frühling greift jedes Jahr die Veranstaltung *Montecchio medievale* die Fehde zwischen den beiden Häusern wieder auf. Ebenfalls in Montecchio befindet sich die Villa Cordellina mit Fresken Tiepolos sowie landeinwärts Richtung Montebello Vicentino die Villa Gualda, die zu den historischen landwirtschaftlichen Villen zählt. Die alljährlich geöffnete **Villa Pisani Bonetti** in **Lonigo** veranstaltet regelmäßig eine Ausstellung für zeitgenössische Kunst (www.villapisani.net; 9 km von Orgiano). Die eingemauerte Stadt **Montagnana** (17 km von Este) beherbergt beachtliche Renaissancegebäude und ist auch für ihren Prosciutto bekannt, für den im Frühling ein Fest stattfindet.

Von Vicenza aus verbinden die Berge wie ein silberner Faden viele kleine Ortschaften. Thermalbäder, eingemauerte Städte und natürlich auch Weinstraßen sind die Hauptattraktionen dieser einfachen Tour.

Endlich eine Tour, die keine Planung erfordert, sondern bloß eine detaillierte Landkarte und einen guten Riecher für die richtige Abbiegung. Von Vicenza abfahrend führt die Rundfahrt an vielen Villen vorbei – und nicht nur an palladischen. In den **Colli Berici** rühmt man sich ihrer in fast jedem Ort, angefangen bei der *Villa Fracanzan Piovene* aus dem 18. Jh. in **Orgiano**, wo die Führung in der berühmten Küche endet.
Schnell wähnt man sich auf einer Art „Ölstraße", denn auf den Berici wird Olivenöl Extra Vergine produziert. Die Hersteller sind in einem Konsortium vereint und öffnen ihre Tore für Verkostungen und Verkauf. Die Weinstraße gibt es hingegen wirklich. Auf ihr entdeckt man einen Wein namens Desmorosso, der vom Hause Borgo Panigale hergestellt wird. Er entsteht in einem modernen Weinkeller in **Brendola**, das von der eigenen Traubensorte und vielen Pferdekoppeln umgeben ist, weswegen hier auch Kutschfahrten möglich sind. Bei der Fahrt auf den Colli gibt es auch Kulinarisches zu entdecken: Wir befinden uns im Reich des *Baccalà* (Stockfisch). Die *Bruderschaft des Baccalà alla Vicentina* vereint eine Reihe von Lokalen, die dieses typische köstliche Gericht nach einem traditionellen (und unveränderlichen!) Rezept zubereiten. Eine ebene Strecke am Bacchiglione entlang führt uns in die Provinz von Padua und an den Fuß der **Euganeischen Hügel**. Sie sind in einem Naturpark geschützt und man erkennt sofort den Unterschied zu den Berici: waldiger,

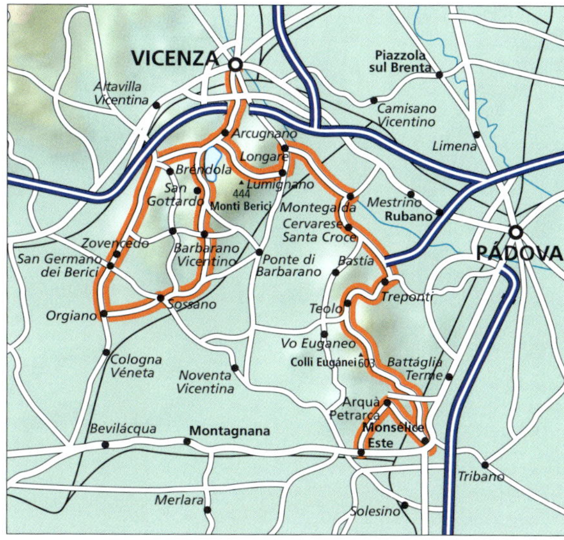

höher und mit einem Labyrinth aus malerischen gewundenen Straßen, die auch ohne festes Ziel Freude beim Fahren versprechen. In **Teolo** erscheint der Monte Pendice, der einzige Felsen der Colli, der den Titel *Rocca* trägt. Neben den prunkvollen Villen locken auch die Schlösser. In **Valsanzibio** befindet sich die *Villa Barbarigo* mir ihrem wundervollen Garten: 150 000 m^2 voller Statuen, Brunnen, Wasserspielen und einem berühmten Labyrinth. Das *Castello Carrarese* in **Este** ist auf der Asche des Schlosses der Este aus der ersten Hälfte des 14. Jh. errichtet worden. Und in **Monselice** befindet sich ebenfalls ein majästetisches *Schloss* mit ganz unterschiedlichen Gebäudetypen.

Auch die Euganeischen Hügel haben ihre eigene *Weinstraße,* die unter anderem an **Arquà Petrarca** vorbeiführt. In dem mittelalterlichen Dörfchen kann man an schönen Gebäuden aus dem 14. und 15. Jh. vorbei bis zum *Petrarcabrunnen* und zur *Kirche von Santa Maria* spazieren. Im Zentrum des Kirchplatzes befindet sich der rote Marmorsarg mit den Gebeinen des Dichters. Danach warten die Dämpfe der *Thermalbäder*.

Oben: Eine Skulpteurin bei der Arbeit am weißen Stein von Vicenza.

Unten: Pause zwischen Sossano und San Germano dei Berici, einer der seltenen ebenen Streckenabschnitte.

Linke Seite: Die Villa Fracanzan Piovene in Orgiano, eine der faszinierendsten Residenzen der Region.

Andrea Palladio

Selbst fünfhundert Jahre nach seiner Geburt zieht das Interesse für Palladio noch immer Tausende Besucher an. Seine Kunst und sein klassischer szenischer Fingerabdruck sind in **Vicenza**, wo er ausgebildet wurde und lebte, genauso präsent wie in den großartigen Villen, die im Vicentinischen Umland und in ganz Venetien verstreut liegen. In Vicenza kann man zu Fuß auf sogenannten *Palladianischen Rundgängen* anhand von Informationstafeln Wohnhäuser und Kirchen erkunden. Von der berühmten Basilica Palladiana an der Piazza dei Signori bis zum posthum fertiggestellten Teatro Olimpico sind hier die Werke zu bestaunen, welche der Stadt den Rang eines Weltkulturerbes einbrachten. Auf den Hügeln gibt es eine kuriose Tour, die *Strada della pietra di Palladio*, auf der man Steinbrüche, Werkzeuge und ein kleines Museum besuchen kann (www.visitpalladio.com).

32 Venetien
In den Marken

Streckenlänge
196 km
Start- und Zielort
Treviso
Streckenverlauf
Treviso – Canizzano, Badoere (15 km), Casacorba (22,5 km), Vedelago, Asolo (44 km), Castelcucco, Crespano del Grappa (54,5 km), Pederobba (67,5 km), Valdobbiadene (76,5 km), Tarzo (102 km), Refrontolo (112 km), Campea (122 km), Vidor (134 km), Crocetta del Montello, Nervesa della Battaglia (156 km), Biadene (174 km) – Treviso.
Schwierigkeitsgrad
Leicht, für alle Motorradtypen geeignet.
Wissenswertes
Für touristische, historische und geografische Informationen: www.marcatreviso.it

Sehenswürdigkeiten

Venedig bedarf wohl keiner Worte! Es liegt nur 36 km von Treviso entfernt, also sollte man mindestens einen Tag hier verbringen. Das kostenlose **Museo della Moto Andreuzza** (www.museodellamototreviso.it) in **Carbonera** hat eine schöne Sammlung historischer Motorräder. Bei Voranmeldung öffnet das Museum eine 6 km von Treviso gelegene Raststätte für Motorradfahrer. 29 km trennen Treviso von **Oderzo** mit seinen Arkaden, der Sonnenuhr an der Piazza, den Palästen, den Museen und den zahlreichen kulturellen Veranstaltungen, welche die wunderschöne Stadt das gesamte Jahr über beleben. 39 km sind es von Treviso nach **Portobuffolè**, dem kunsthistorischen Juwel der Marken. Das von den Mauern des mittelalterlichen Schlosses umgebene prächtige **Castelfranco Veneto** ist 28 km entfernt. In der linken Domkapelle befindet sich Giorgiones berühmte *Pala di Castelfranco*. **Cansiglio**, die kühle, mit Buchen und Rottannen bewaldete Hochebene, liegt auf mehr als 1000 m Höhe und erstreckt sich zwischen den Provinzen Treviso, Belluno und Pordenone. Sie ist von Tarzo aus in 31 km erreichbar.

Eine Reise in die Provinz von Treviso, um an endlosen Reihen erlesener Reben entlangzufahren und Weinkeller und mittelalterliche Dörfer zu passieren, ohne den Lauf des Piave aus den Augen zu verlieren.

Treviso ist eine angenehme Stadt am Wasser, die mit ihrer urbanen Struktur zur Erkundung per pedes einlädt. Sie lockt mit Kanälen und Quellen zwischen historischen Palästen und herrschaftlichen arkadengesäumten Piazzen.
In ihrem Rücken erstreckt sich die **Marca Trevigiana**. Wir verlassen mit dem Fluss Zero die Stadt nach Westen und fahren entlang der Grenze zu Marca nach Asolo. Zwischen Casacorba und Vedelago nähern wir uns den faszinierenden Quellen des **Sile** in einem Naturpark. In **Vedelago** ist die *Villa Emo* Teil der *Isola dei Musei*, zu der außerdem die Gipsoteca Canova in Possagno, die Villa Maser sowie das Stadtmuseum von **Asolo** gehören. Zwei riesige Serpentinen und eine interessante Lage lassen Asolo höher erscheinen, als es ist. An den Hängen des Grappa geht es weiter bis zum weitläufigen Bett des Piave. Jenseits des Flusses stößt man dann endlich auf die geometrisch perfekt angeordneten Weinstöcke. In **Valdobbiadene** füllen die erlesenen *Prosecco-Trauben* jeden freien Fleck, klettern sogar Häuser- und Kirchenwände hinauf und ranken sich am Straßenrand entlang. Erst zu den Bäumen hin lichten sie sich, um den Kastanien zu weichen. Follina, Miane und alle Gemeinden des Soligotals bis nach Tarzo gehören zum Herstellungsgebiet des *Marrone di Combai IGP*. Dann führt ein weiterer Abschnitt über die Moränenhügel von **San Pietro in Feletto** und **Refrontolo** wieder zurück zum Piave. Nur dann und wann unterbricht

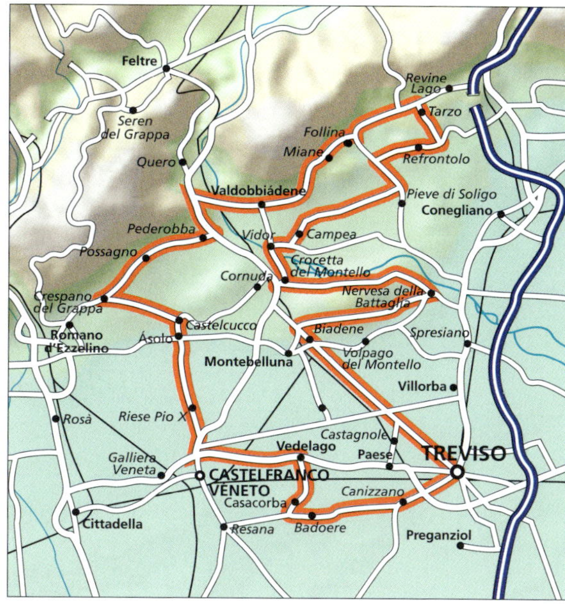

das Profil eleganter Villen aus dem 18. und 19. Jh. die Landschaft. Die Szenerie um **Refrontolo** ist wie aus einer anderen Zeit. Es liegt abgeschieden unter einem 12 m hohen Wassersturz des Flusses Lienza. Das hoch auf den Hügeln gelegene **Vidor** offenbart eine schöne Aussicht über den Piave. Die Stadtgemeinde hat den naturhistorischen Wanderpfad *„Dal sacro al pro... secco"* eingerichtet, ein 8 km langer Trampelpfad, der in drei Stunden durch Weinberge, Pfarrhäuser und Dörfer führt.

Danach kommt nur noch der **Montello**, ein länglicher Buckel inmitten einer Flusschleife mit großer historischer Bedeutung – hier befinden sich die Gräber von 9235 italienischen Soldaten. Die SP144 verläuft weniger als 20 km längs auf dem leicht erhöhten Montello entlang, ständig unterbrochen von kleinen Straßen, die eine Hügelflanke hinaufsteigen, um auf der gegenüberliegenden Seite wieder hinabzuführen. Hier kann man schön auf und ab fahren, bevor es wieder zurück nach Treviso geht.

Oben: Gedenkstätte für Francesco Baracca.

Unten: Herbst auf den Feldern am Piaveufer.

Linke Seite: In den Kanälen von Treviso.

Bollicine

Die Marca Trevigiana ist die Heimat des **Prosecco:** Prosecco di Valdobbiadene Superiore di Cartizze, di Conegliano und Valdobbiadene, di Conegliano, di Conegliano Frizzante und Spumante und di Treviso sind die in der Provinz von Treviso aus Proseccotrauben hergestellten DOC- und DOCG-Weine. Die *Proseccostraße* ist knapp 50 km lang und streift alle an der Produktion beteiligten Ortschaften – von den Colli di Conegliano bis zu den Colli del Feletto, von Valdobbiadene bis zu den Venetischen Voralpen. Der Prosecco wird „in Weiß" gegoren, wobei der Most sofort von den Schalen und Kämmen getrennt wird. Den besten Geschmack gewinnt man im Frühling nach nur wenigen Monaten Reife (ausgenommen der Prosecco di Cartizze). Informationen über den Prosecco und andere Weine sowie Initiativen in der Region sind auf der Website des Vereins *Associazione Strada del Prosecco e Vini dei Colli Conegliano Valdobbiadene* erhätlich (www.conegliano valdobbiadene.it).

Friaul-Julisch Venetien

33 Friaul-Julisch Venetien
Überraschende Panoramen in Carnia

Streckenlänge
141 km
Start- und Zielort
Tolmezzo (UD)
Streckenverlauf
Tolmezzo – Zuglio, Arta Terme, Sutrio (15,5 km), Monte Zoncolan (27 km), Ovaro (35,5 km), Povolaro, Sella Valcalda (46,5 km), Panoramica delle Vette, Mieli (54 km), Forcella Lavardet (80,5 km), Sella di Razzo, Sauris di Sopra (94 km), Passo del Pura – Tolmezzo.
Schwierigkeitsgrad
Die Neigung und der beschädigte Boden machen diese Straßen beschwerlich. Die Panoramica mit Tempolimit 30 km/h bedarf besonderer Vorsicht, vor allem bei tiefen Wolken.
Wissenswertes
Infos zur Befahrbarkeit der Panoramica delle Vette: Stadtgemeinde Ravascletto, Tel. 0433/660 09. Auf der Straße von Forcella Lavardet nach Santo Stefano di Cadore (7 km unasphaltierter Strecke), die für Motocross-Fahrer interessant sein könnte, herrscht ein allgemeines Fahrverbot (Infos über das gesamte Gebiet: www.carnia.it).

Sehenswürdigkeiten

Auf dieser Tour warten einige Museen, welche die lokalen Traditionen beleuchten: in Tolmezzo das **Museum der Künste und populären Traditionen**, in Pesariis das **Museum für Uhrmacherei** und in Cercivento die **Fàrie di Checo**, eine heute noch immer funktionsfähige Werkstatt. Um die **Mozartina** zu besuchen, ein Haus aus dem 18. Jh. mit einer Sammlung von Tasteninstrumenten, muss man nach Paularo (13,5 km von Zuiglio), während sich das **Mulin dal Flec** in Illegio befindet (Infos unter: www.carniamusei.org). Das **Val d'Aupa** ist am besten von Pontebba aus auf 30 km gewundener Fahrbahn über den Passo del Cason in Lanza zu erreichen. Zwischen Paularo und Pontebba verläuft die sehr enge Straße an der österreichischen Grenze durch einen Wald mit Weißtannen. Auffällig ist ein Schild an einem Wanderpfad, der zu einer „Monumentalen Weißtanne" führt. Zum **Passo di Pramollo** mit seinem von Pinien eingefassten See an der österreichischen Grenze gelangt man von Pontebba aus nach 12 km voller Kurven und Serpentinen.

Gipfel, Wälder, Täler und ein Gletschersee. Kleine Dörfer auf grasbewachsenen Lichtungen, Holzhütten und rauchende Kamine selbst im Sommer. Gastronomiezentren und der Prosciutto di Sauris IGP. Willkommen in Carnia!

Wer Carnia besucht, hat als Allererstes einen großen Mythos zu entzaubern. Der **Zoncolan** ist der schwierigste und anstrengendste Gipfel – die Radfahrer haben ihm deshalb den Spitznamen *Kaiser* verliehen – mit einer durchschnittlichen Neigung von über 20%, die zu niedrigen Gängen und konstant langsamem Tempo zwingt. Von **Sutrio** heraufkommend ist die Strecke länger und die Neigung ungleichmäßig mit einem unglaublich steilen Abschnitt direkt vor dem Pass. Vom Pass aus bietet sich eine Rundumsicht über das gesamte Carnia. Die Abfahrt nach **Ovaro** ist ruppig und gehört in entgegengesetzter Fahrtrichtung zu den härtesten Bergfahrten Europas. Kurz die Handgelenke und den Motor ausruhen und ab zum nächsten Mythos: der *Panoramica delle Vette*. Von **Ravascletto** geht es die Straße am Berg entlang. Die Strecke hat einen langen unasphaltierten Abschnitt, der zwar eng und ungeschützt ist, glücklicherweise aber fast flach verläuft. Hier verliert das Auge sich in der großartigen Aussicht. Die Abfahrt nach Tualis führt über Gipfel mit 20% Neigung und asphaltierten Serpentinen, die größtenteils von Wald eingeschlossen sind.
Dann führt die Strecke durch das Valle del Tempo. In den Ortschaften des **Val Pesarina** entdeckt man Uhren und Sonnenuhren – alte und moderne. Einige davon sind regelrechte Monumente. Im Tal gibt es die eine oder andere Überraschung. In **Pieria**, einer Fraktion von Prato Carnico, gibt es das *Kleine An-*

tiquarische Museum für Fotoapparate und Filmkameras, eine Sammlung von Filmkameras, Filmrollen, Regiestühlen, Kinositzen aus Holz und einem Filmschneidepult. In **Orias** kann man an den *Stavoli* vorbeispazieren, die einst als Wohnräume und Ställe dienten. In **Pesariis** gibt es eine kuriose riesige Uhr mit Glockenspiel – erbaut in den 1950er-Jahren von der ansässigen Firma Solari –, die zur vollen Stunde eine Glocke und zu den Vierteln zwei weitere läutet. Das Glockenspiel besteht aus elf Glocken, eine für jede Note der Tonleiter, und spielt mit mechanischen Hämmern eine Melodie.

Nach einer Pause geht es weiter zu den letzten Gipfeln. Der Weg nach **Sauris di Sopra** führt über die knapp 10 km lange **Sella di Razzo** mit Neigungen von bis zu 18%. Die Straße ist eng, jedoch vollkommen verkehrsfrei und sehr aussichtsreich. Nach dem Prosciutto von Sauris und dem großartigen See steht nur noch der Purapass bevor, der in Schönheit den kurvenreichen Ausflug durch Carnia beschließt.

Der Prosciutto di Sauris IGP

Der heute noch historisch hergestellte Prosciutto di Sauris hat einzigartige Vorzüge. Die jahrhundertelange Isolation der kleinen Ortschaft hoch auf den Bergen, in der er hergestellt wird, hat Veränderungen bei der Verarbeitungsprozedur verhindert. Der besondere Geschmack dieses Schinkens stammt aus der **leichten Räucherung**, die nur mit Buchenholz durchgeführt wird. Beim Alterungsprozess, der zwischen 12 und 24 Monate oder gar länger dauert, werden nicht zuletzt auch die Düfte der an die Lagerungsgebäude angrenzenden Buchen- und Pinienwälder aufgenommen. Der „Rohstoff", wie die Reglementierung zur Anerkennung der IGP vorschreibt, ist das hiesige Schwein, das in Italien geboren und aufgezogen und zwischen dem 9. und 15. Monat geschlachtet wird. Verkostungen und Verkauf: in Sauris, direkt bei den herstellenden Betrieben Wolf und Vecchio Sauris.

Der knapp 1000 m über dem Meeresspiegel gelegene Lago di Sauris. Von hier aus kann man über den Passo del Pura die engen, dunklen und holprigen Tunnel nach Ampezzo umgehen.

Profil und Höhenverhältnisse – Übersicht

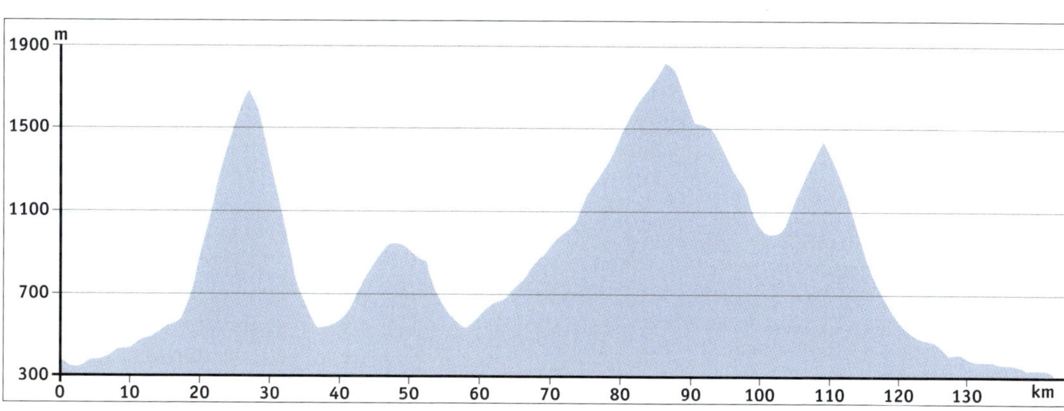

34 Friaul-Julisch Venetien
Friauler Dolomiten

Streckenlänge
240 km
Start- und Zielort
Pordenone, Spilimbergo (PN)
Streckenverlauf
Pordenone – Sacile (14,5 km), Budoia (29 km), Pedemonte, Piancavallo (48 km), Barcis (66 km), Longarone (102 km), Lorenzago (138 km), Passo Mauria (146 km), Priuso (181 km), Forcella Monte Rest (186 km), Sequals (230 km) – Spilimbergo.
Schwierigkeitsgrad
Leicht befahrbar für alle Motorradtypen. Die Forcella di Monte Rest ist jedoch eng und beschwerlich.
Wissenswertes
Touristische, historische und geografische Informationen unter www.turismofvg.it

Sehenswürdigkeiten

Von Sequals aus führt eine sehr schöne gemächliche Strecke (57 km) über die Kurven von Clauzetto, dem Vorhof des Friauls, von Tolmezzo nach Karnien. Weiter geht es auf den Chianzutan-Pass und von dort hinab nach Verzegnis. Auf diesem Abschnitt finden seit 47 Jahren im Juni Bergrennen statt. Der **Lago di Verzegnis** ist ein See mit abwechslungsreichem Ufer und einem hübschen Strand. Die Städte Udine, San Daniele und Gemona del Friuli auf der gegenüberliegenden Uferseite des Tagliamento sind einen Besuch allemal wert. **Udine**, in 30 km von Spilimbergo aus erreichbar, ist am besten von den Logen der eleganten Piazza della Libertà aus zu erkunden, dem wichtigsten Punkt in der Stadt, die am Fuße des Colle del Castello liegt. Am letzten Juniwochenende findet in **San Daniele** das Stadtfest statt, das hier seit dem Mittelalter zu Ehren des Prosciutto stattfindet. Bei dem internationalen Event öffnen die Betriebe ihre Türen für Besichtigungen und Verköstigungen (16 km von Spilimbergo; www.ariadifesta.it). **Gemona**, eine der vom Erdbeben 1976 am stärksten verwüsteten Städte, hat nach sorgfältigen Rekonstruktionsarbeiten einen Großteil seiner alten Identität wiedergewonnen.

Eine Rundfahrt um den Regionalpark der Friauler Dolomiten entlang der Grenze nach Karnien, ein paar Abstecher in 1000 m Höhe und ab durch die entlegene Valcellina.

Nach einem Besuch der hübschen Altstadt von **Sacile** an der Livenza führt der Gebirgsabschnitt die westlichen Hänge der Pala Fontana entlang. Hier wird man bereits auf die bevorstehende Landschaft – Flüsse und Seen, in denen sich die Friaulschen Dolomiten spiegeln, sowie weitläufige Täler – eingestimmt.
Am **Lago di Barcis** sind wir in der Valcellina, die sich länglich, still und grün unter dem Monte Resettum ausdehnt. In einer flachen Talmulde lockt die Zufahrt zum **Val Settimana**. Die nicht vollständig asphaltierte Straße führt nach 14 km zum Taleingang. Eine Alm, eine Schutzhütte und schwefelhaltige Wasserquellen prägen den Ausblick. Hinter der Siedlung **Cimolais** öffnet sich das **Valle Cimoliana**. Dieses und das Val Settimana sind die einzigen möglichen Routen durch den Park.
Jenseits des Passo di Osvaldo ändert sich die Landschaft. Das zuvor enge Tal weitet sich zu einer Fläche. Unten erzählt eine grüne von brüchigen Felswänden umgebene Wassermulde eine traurige Geschichte. Es sind die Überreste des **Lago del Vajont** nach dem Einsturz des Monte Toc im Jahre 1963. Rechter Hand sind die beiden von der Katastrophe gezeichneten Gemeinden **Erto** und **Casso** zu sehen. In den engen Straßen und verlassenen Häusern gehen aber nach und nach wieder die Lichter an. Offene Arkaden geben den Blick frei zum Damm. Dann führen vier weitläufige Serpentinen rasch bergab nach Longarone. In **Codissago**, oberhalb der Stadt, kann man das interessante *Museo Etnografico degli Zattieri del Piave* besuchen, ein internationales Studienzentrum zur Geschichte des Floßes (Tel. 0437/77 23 73).
Auf der breiten Statale geht es den Flussverlauf des Piave entlang, vorbei am *Naturschutzgebiet Val Tovanella* und den Friauler Dolomiten bis zum **Cadore**. Der Mauriapass mit seinem Serpentinenkarussell führt wieder zurück zum Naturpark. Hier beginnt am Tagliamento entlang – der am Pass entspringt – einer der schönsten Abschnitte, der an den Ortschaften Forni di Sopra, Forni di Sotto und Ampezzo vorbeiführt. In Priuso verlassen wir den Fluss. Eine enge Straße leitet uns in Richtung des von einer kleinen Kirche bewachten Caprizisees. Dann wird sie steil, fädelt sich in einen Wald hinein und steigt durch enge Serpentinen bis zur Forcella di Rest. Um sich irgendwo zu stärken, muss man beinahe bis zum Tramontisee fahren. Die Abfahrt zählt fast 30 Serpentinen. Es ist das letzte Auf und Ab, bevor es

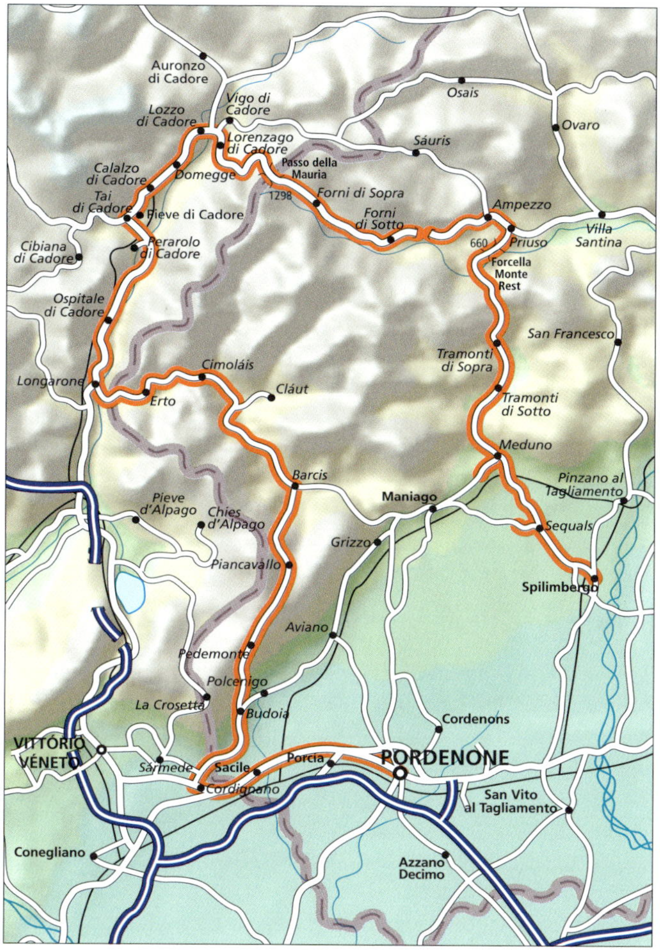

in **Sequals** wieder eben wird. Im Ort stößt man auf die Spuren des Schwergewichtschampions Primo Carnera, der hier geboren wurde und begraben ist. In **Spilimbergo** kann man das Motorrad parken, die charakteristische Via Roma entlangspazieren und den *Dom* sowie das *Schloss* besuchen.

Die Brücke über den Fluss Cellina kurz vor Barcis, wo das Wasser in den See fließt.

Vajont: 9. Oktober 1963

Dieser Ort ist fast surreal. Die tiefe Wunde fällt in der fantastischen Natur anfangs gar nicht auf, aber Tatsache ist: Diese Straße gegenüber der Statale 251 verläuft durch eine Landschaft, die es vor 50 Jahre noch nicht gab. Damals stand der **Monte Toc** noch an seinem Platz und hinter dem Damm war ein See. Beim Aufstauen kam es jedoch zu einem Bergrutsch, der eine Flutwelle verursachte, die das Tal überflutete, wobei rund 2000 Menschen starben. Die Natur überdeckt den Großteil dieser Tragödie, doch vergessen wird sie nicht. Die Statale 251 führt nach **Erto** und **Casso**. Ein neuer Impuls (Finanzierungshilfen, vor allem aber viel Entschlossenheit) erweckt die beiden Gemeinden wieder zum Leben, doch auch die Restrukturierungsmaßnahmen können das Geschehene nicht auslöschen. Alte Beschilderungen tauchen auf und werden an ihren Platz gestellt, etwa die des Tabakwarenhändlers – ein Ort, um in andächtiger Stille zu verharren.

Profil und Höhenverhältnisse – Übersicht

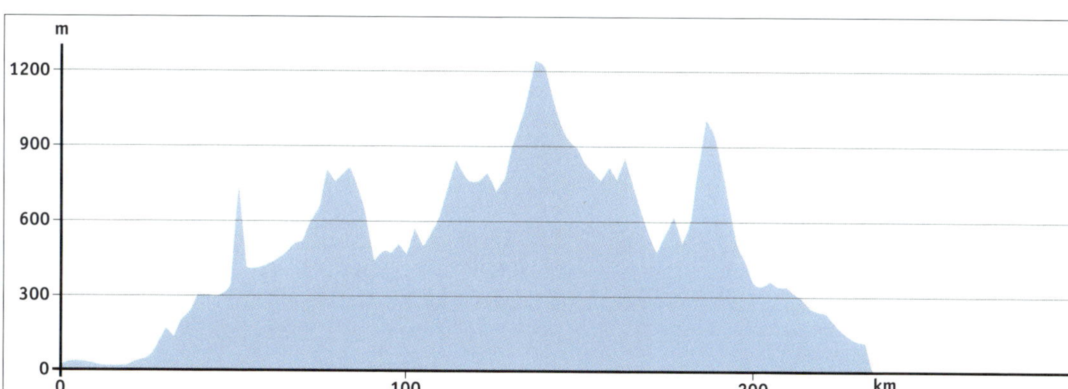

35 Friaul-Julisch Venetien
Das Tor nach Slowenien

Streckenlänge
199 km
Start- und Zielort
Trieste, Aquileia (UD)
Streckenverlauf
Trieste – Muggia (16 km), San Dorligo (35,5 km), Villa Opicina (50 km), Prosecco (55,5 km), Barcola (61,5 km), Duino (78,5 km), Gorizia (102 km), Oslavia (106 km), San Floriano, Mossa (121 km), Gradisca (129 km), Castel Rubbia, San Martino del Carso, Doberdò (148 km), Redipuglia (154 km), San Pier, Papariano, Isola Morosini (169 km), Terranova, Grado (187 km) – Aquileia.
Schwierigkeitsgrad
Leicht, für alle Scooter und Motorradtypen geeignet.
Wissenswertes
Um die slowenische Grenze zu überschreiten, muss man trotz Schengener Abkommen einen gültigen Personalausweis mitführen.

Sehenswürdigkeiten

17 km trennen Aquileia von der Festungsstadt **Palmanova.** Ein Besuch des **Historischen Museums** und ein Spaziergang zwischen den Häusern und auf den Außenbefestigungen lohnen sich. **Cividale del Friuli**, 30 km von Gorizia, bewahrt wertvolle Zeugnisse aus allen Epochen von der Römerzeit bis zum Mittelalter, von der venezianischen Herrschaft bis zur Zeit der Langobarden.
In Slowenien sind außerdem die **Grotten von Postojna** 50 km von Triest zu empfehlen: 21 km durch Karsthöhlen, entweder zu Fuß oder mit der unterirdischen Bimmelbahn inkl. Führung, die 1,5 Stunden dauert. **Kopers**, **Izola** und **Piran** sind schnuckelige Städtchen an der Adria, besonders am Abend bei einem Aperitiv oder Abendessen am Meer. Jenseits der piranischen Halbinsel befinden sich die **Salinen von Secovlje** (38 km von Triest), die nördlichsten im Mittelmeerraum, in einem faszinierenden Naturschutzgebiet an der Grenze nach Kroatien (www.slovenia.info).

Zwischen Gorizia und Triest geht es mitten durch den Karst an der slowenischen Grenze entlang, ehe man dem Isonzo zur wundervollen Lagune hinabfolgt.

Auf der Reise zwischen Gorizia und Triest befahren wir die bizarren Strecken entlang der slowenischen Grenze. Bisweilen überschreiten wir sie auch – vielleicht, um einer Straße zu folgen, die sich in der chaotischen karstigen Vegetation verliert, bis sie auf einem Vorsprung mit unglaublichem Meerblick endet. Nach einem Besuch in **Triest** mit Spaziergang hinauf zur Kathedrale San Giusto geht es auf dem Motorrad weiter zum schnuckeligen Ortskern von **Muggia**, wo bunte Häuser den kleinen touristischen Hafen umgeben. Dahinter liegt schon Slowenien. Es geht den Monte Carso hinauf, um den Zubringer des **Val Rosandra** zu finden, wo man sich lange zwischen Wasserfällen und alten Mühlen aufhalten kann. Dann die schwere Entscheidung: Oben an der Grenze bleiben oder am Meer entlangfahren? Im Binnenland gibt es *osmize* zu entdecken – Bauernhöfe, die nach einem strengen Kalender ihre Höfe öffnen, um Gästen Mahlzeiten anzubieten. Angeboten werden Wein, Wurstwaren, Käse und Eingelegtes, das im Schatten der Bäume verzehrt werden kann. Wer sich für die Küste entscheidet, wird die unglaublichen Farben des Meeres bewundern sowie die wunderschönen steilen Klippen von **Duino**, die unter Naturschutz stehen und die malerische Bucht von Sistiana einschließen. Dann kommt das **Schloss Miramare** mit seinem großen abgestuften Park, der an das Wasserschutzgebiet grenzt. Die kleinen abgelegenen Strände sind über steile Fußwege und Treppen erreichbar. Noch

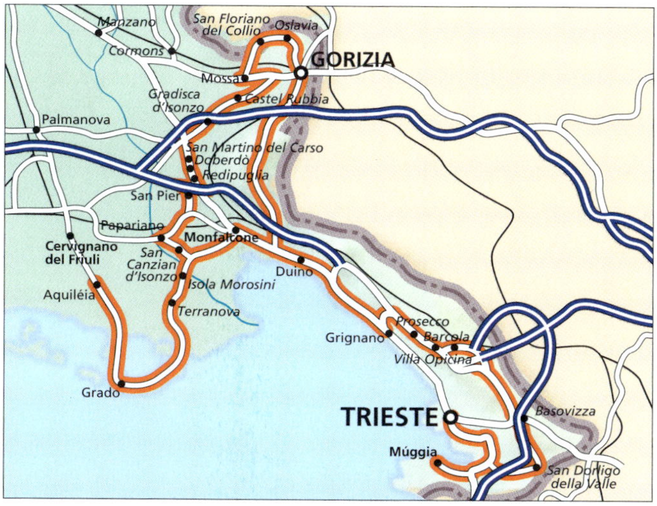

Oben: Denkmal für die Gefallenen im Parco della Rimembranza auf dem Colle San Giusto in Triest.

Unten: Die Basilika in Grado.

Linke Seite: Landschaft im Triester Karst.

vor Monfalcone verlassen wir das Meer und erkunden den vom Ersten Weltkrieg stark betroffenen **Karst von Gorizia**. Eine wundervolle Landschaft, in der man auch ohne genaues Ziel gerne fährt, wenn man auch ständig von bedrückenden Erinnerungen begleitet wird, denn überall sind Schützengräben, Galerien, Pfade und Gedenkstätten des *Freilichtmuseums des Großen Krieges* ausgeschildert.

Dann, endlich, lassen wir uns von den Wasserwegen führen. Wir folgen dem Isonzo, um zwei sehr bedeutende Fischereigründe zu entdecken: die *Riserva della Foce* und die *Riserva della Valle Cavanata*, zwei Feuchtgebiete, in denen über 260 Vogelarten beheimatet sind.

Die Insel **Grado** ist über den Pinienwald zugänglich. Wenn man die spektakuläre Lagune nicht von oben zu sehen bekommt (es genügt ein Balkon in einer Unterkunft), muss man sie ohne jeden Zweifel direkt vom Wasser aus genießen, am besten bei Sonnenuntergang, wenn Reiher und Wildenten zu sehen sind. Der Weg bergab startet in **Aquileia** vor der Patriarchalbasilika.

Grado und seine Lagune

Die Insel von Grado ist einer der faszinierendsten Orte der Adria. Mit seinem anmutigen **Kastell** mit den engen Fußwegen befindet sich die Stadt in einem spektakulären Naturschutzgebiet direkt unter der Isonzomündung auf dem Wasser. Sie ist im Osten über den Lido und den Kiefernwald mit dem Festland verbunden. Im Norden trennt die mit dem langen **Ponte della Figariola** verbundene Drehbrücke die Lagune von Levante von der Lagune von Ponente. Dieser Spiegel aus Wasser enthält Myriaden von üppig bewachsenen kleinen Inseln mit einzelnen *casotti*. Hierbei handelt es sich um alte Fischerbehausungen ohne Licht und Wasser, die heute als Herbergen dienen. Einige sind besser ausgestattet und gehören zu Hotels (www.grado.info). Die Schönheit der Lagune ist am besten vom Wasser aus zu erleben. Von Riva San Vito aus, dem Haupthafen von Grado, gibt es einen Taxi-Boot-Service (www.taxiboat-grado.com).

Emilia-Romagna

36 Emilia-Romagna
Nuretal und Trebbiatal

Streckenlänge
282 km
Start- und Zielort
Piacenza
Streckenverlauf
Piacenza – Bettola (34 km), Farini (44,5 km), Groppallo (53 km), Passo di Linguadà, Bardi (74 km), Pione, Cornolo (99,5 km), Ponteceno (107 km), Passo del Tomarlo, Passo di Zovallo, Ferriere (144 km), Marsaglia (168 km), Rovereto (189 km), Ottone (200 km), Bobbio (229 km), Travo (248 km), Gragnano Trebbiense – Piacenza.
Schwierigkeitsgrad
Die Straßen der Pässe Linguadà, Zovallo und Tomarlo sind in keinem guten Zustand und teilweise mit Rissen. Sie sind dafür aber äußerst verkehrsarm.
Wissenswertes
Auf den Pässen Zovallo und Tomarlo gibt es keine gastronomischen Einrichtungen. Bei Schneefall können sie überdies gesperrt werden. Am besten möglichst oft nachtanken, um eine gewisse Entscheidungsfreiheit zu haben.

Sehenswürdigkeiten

In der mittelalterlichen Gemeinde Castell'Arquato (32 km von Piacenza) beherbergt das große Spital **Santo Spirito** aus dem 13. Jh. eine ungewöhnliche Sammlung von **Fossilien** aus der Gegend und Walskeletten. Die kleine Fraktion Vigolo Marchese ist für ihren romanischen Komplex mit der **Kirche** und dem **Baptisterium San Giovanni** bekannt. Im archäologischen Gebiet Velleia gibt es die **Velleia Romana** mit ihren Ruinen (Forum, Basilika und Thermen) zu sehen. Weitere Fundstücke sind im dazugehören Museum Antiquarium ausgestellt (Tel. 0523/80 71 13; 23 km von Bettola). Achtung: Im Winter wird alles abgedeckt. Vom Passo del Tomarlo aus kommend verdient Santo Stefano d'Aveto einen Halt (8 km), um leckere Käsesorten zu kaufen. Noch ein guter Umweg: Ein Abstecher über den Passo delle Pianazze, der aufgrund des schlechten Asphalts gemächlich befahren werden muss (18 km von Farini), jedoch wegen der Landschaft die Mühe wert ist. Gemütlicher ist ein bei Fahrradfahrern beliebter Abschnitt zwischen Nuretal und Trebbiatal, den man von Bettola aus in 8 km erreicht.

Eine Spritztour entlang der zwei Flüsse zwischen Parma und Piacenza führt über abgelegene Pässe in der Wildnis des Ligurischen Apennins und hinauf auf 1500 m Höhe.

Man startet von Piacenza über die Statale 654 di **Val Nure**, die bald ihren ersten langweiligen Abschnitt wiedergutmachen wird. In **Bettola** lädt ein Kuriosum zum Halten ein: Die Bettoleser behaupten, dass Christoph Kolumbus hier geboren sei, und haben ihm auf der Piazza eine Statue gewidmet. Im Ortsteil Pradello heißt es, der mittelalterliche Turm, die *Torre di Colombo*, sei der Wohnsitz seiner Eltern und sogar sein Geburtsort gewesen. Heute befindet sich darin ein entsprechendes Museum.
In Farini beginnt die SP51 mit einer langen Abfolge enger Serpentinen bis **Groppallo**. Eine Straße führt hinauf zur abgelegenen Kirche *Santa Maria Assunta*, deren Lage eine fantastische Aussicht bietet. Nach den Wäldern und einigen Häusern erreichen wir den **Passo Linguadà** auf einer riesigen Wiese. Auf der SP77 von Boccolo, einer weitläufigen Terrasse mit einer großartigen Aussicht über das gesamte Tal, geht es hinab nach **Bardi**, dem Sitz des *Castello dei Landi*. Wir suchen die Straße am Westhang des **Monte Bello**, die entlang des Flusses Lecca verläuft, der für seine schönen *Wasserfälle* bekannt ist. In Ponteceno geht es, teils vor sagenhafter Kulisse, teils durch Buchenwälder, bergauf zum **Passo del Tomarlo**. Dahinter folgt eine etwa 10 km lang ausgestreckte Ebene, die den Pass mit dem **Passo di Zovallo** verbindet. Dies ist der höchste Abschnitt auf dieser Tour, er verläuft zwischen 1485 m auf dem Tomarlo und 1405 m auf dem Zovallo. Die Szenerie ist eine wundervolle alpine Landschaft, in der die Serpentinen nach **Santo Stefano d'Aveto** hinabführen.
Die unterhaltsame Abfahrt nach **Ferriere** führt teils mit Blick auf das Nuretal an Buchen und Kastanien vorbei. Nach Ferrie-

re verliert sich die SP50 buchstäblich zwischen kleinen Tälern und Berggipfeln. Erst überwindet sie den knapp über 1000 m liegenden **Passo del Mercatello** und dann den **Bric della Forca**, von dem aus enge und steile Serpentinen zur Ortschaft **Marsaglia** führen. Dies ist der Hauptort der verstreuten Gemeinde **Corte Brugnatella**, er liegt am Zusammenfluss der Trebbia und des Aveto. Letzterem folgt die kurvige Straße, sie ist breit und kurzweilig. Nach etwas mehr als 10 km geht rechts eine kleine Straße ab. Sie führt zur *Panoramica di Ottone*, eine Strecke am Berg von außergewöhnlicher Schönheit mit einer tollen Aussicht. Und hier endlich kommt das **Trebbiatal**. Dieses durchfahren wir auf einer gewundenen Straße mit atemberaubenden Kurven. In **Bobbio** halten wir für einen Spaziergang durch die Fugängerzone und zum berühmten *Ponte Gobbo*. In **Travo** geht es linker Hand auf die Straße, die sich von der Statale 45 entfernt, um den Fluss, den wir soeben noch haben entstehen sehen, bis zum Po zu begleiten.

Oben links: Die ersten Serpentinen hiauf zum Passo del Linguadà.

Oben rechts: Überreste des Schlosses von Santo Stefano d'Aveto.

Linke Seite: Blick auf die Trebbia und die Gemeinde Travo.

Trebbia statt Meer

Der Fluss Trebbia fließt durch das gleichnamige Tal und formt natürliche Buchten und Teiche von seltener Schönheit. Mit seinem kristallklaren Wasser gehört er zu den sehr wenigen nicht verschmutzten Flüssen, in denen man schwimmen kann. Es gibt viele gut erreichbare Strände, die teils für Kanufahren, Angeln und andere Wassersportarten geeignet sind. Die große Anzahl von Stränden, Buchten und Becken zieht viele Besucher an, die sich gegen das Meer entscheiden, trotzdem ist es nicht überlaufen. Hinter **Bobbio** nimmt man, anstatt durch den Tunnel Barberino zu fahren, eine Straße linker Hand gen **Ponte.** Hier befindet sich einer der hübschesten „Strände" mitten in der Natur und ist dennoch leicht erreichbar. Zwischen Bobbio und Marsaglia kündigt ein akustisches Frühwarnsystem mögliches Hochwasser an, das auch im Sommer durch die Öffnung des **Dammes** bei Aveto entstehen kann.

37 Emilia-Romagna
Statale della Cisa und Tarotal

Streckenlänge
260 km
Start- und Zielort
Parma
Streckenverlauf
Parma – Passo della Cisa (63 km), Passo del Brattello (97 km), Borgo Val di Taro (109 km), Boschetto (119 km), Tarsogno (133 km), Bedonia (146 km), Borgo Val di Taro (159 km), Berceto (188 km), Calestano (212 km), Langhirano (231 km), Felino (243 km), Gaione – Parma.
Schwierigkeitsgrad
Leicht bis mittel. Der Asphalt ist in eingen Straßenabschnitten nicht ideal.
Wissenswertes
Die Statale della Cisa wird an Wochenenden von manchen wie eine Rennstrecke befahren. Es gibt häufige Geschwindigkeiteskontrollen.

Sehenswürdigkeiten

Im 20 km von Parma entfernten Fontanellato steht die **Rocca Sanvitale**, eine beeindruckende Festung aus dem 14. Jh. Zu den geöffneten original eingerichteten Räumen zählt auch Parmigianinos berühmte **Saletta** mit den Fresken.
Die Wirkungsttätten Verdis: In Roncole Verdi (32 km von Parma) kann das Geburtshaus Giuseppe Verdis besucht werden. In der wundervollen Villa Verdi in Sant'Agata, die heute von den Erben bewohnt wird, können die Zimmer des Komponisten und Giuseppina Strepponis mit den ursprünglichen Möbeln, dem Klavier, Büchern und Partituren sowie der Park (www.villaverdi.org) besucht werden. Nicht weit weg in Busseto befindet sich das dem Meister gewidmete **Theater** sowie **Casa Barezzi**, das Wohnhaus des Schwagers, in dem Verdi ausgebildet wurde und den Grundstein für seine Karriere legte. **Corchia** ist eine schnuckelige Ortschaft aus dem 12. Jh. Die Ankunft dort gleicht einem Sprung in eine vergangene Welt.
Der **Passo del Cirone** ist ein schöner Umweg von 23 km, zu dem es kurz hinter Berceto in Richtung Pontremoli geht. Das Restaurant Rifugio Lagdei (23 km von Berceto) dient als Ausgangspunkt zu den Tälern im **Regionalpark der 100 Seen** (www.parchidelducato.it).

Auf der SS64 von Parma nach Pontremoli lockt fernab der Autobahn ein Crescendo von Kurven und Panoramen. Dann folgt man dem Lauf des Taro und lernt alles über Trüffel, Wurstwaren und Parmigiano.

Die Statale della Cisa ist die Straße, die jeder Motorradfahrer früher oder später einmal – oder mehrmals – abgefahren haben muss. Der **Passo della Cisa** verbindet das tiefe **Tarotal** mit der Lunigiana und trennt den Ligurischen Apennin vom Toskanisch-Emilianischen. Doch die Statale 62 della Cisa beginnt eigentlich in Sarzana, dringt vor bis nach Parma, erreicht dann Mantua und schließlich Verona. Was Motorradfahrer für gewöhnlich als Cisa kennen, ist der gebirgige Abschnitt zwischen Pontremoli und Fornovo: 60 km ohne Wohngegenden mit Ausnahme von Berceto, wo an schönen Sonntagen die Bars zu spontanen Bikertreffs werden.
Auf der Cisa gibt es keine „bessere" Fahrtrichtung. Dennoch bietet im Sommer der Weg von Fornovo zum Pass eine Flucht vor dem heißen, stickigen Flachland und die Möglichkeit, dahinter hinab ans Meer zu fahren. Im Winter hat der Pass auf der Meeresseite optimale Lichtverhältnisse. Das Klima darf nicht unterschätzt werden. Abgesehen von einigen Bars am Pass und in Berceto gibt es für Dutzende von Kilometern nichts, worin man sich vor Regen oder Kälte schützen könnte. Die 1000 m Höhe der Cisa sind im Sommer wie auch im Herbst oder Frühling spürbar. Oft wird der Pass von tiefliegenden Wolken eingedeckt.

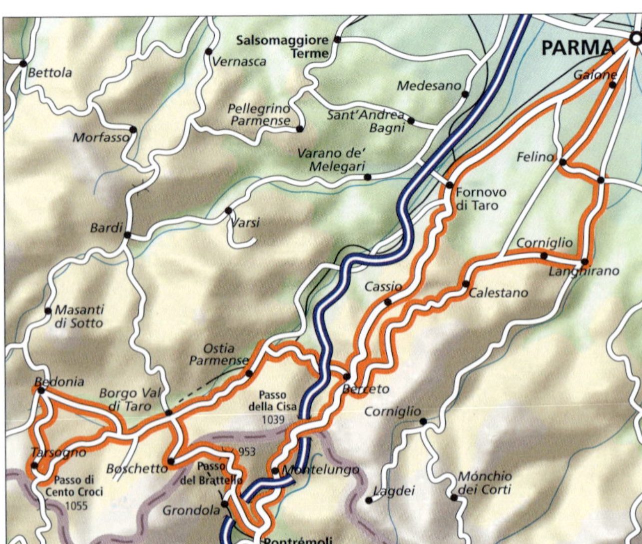

Das Autodrom Paletti in Varano de' Melegari

2350 m Gesamtstrecke, 1640 m Kurzstrecke, 2050 m Supermotard- und 500 m Teststrecke. 13 Kurven und eine Gerade von 1764 m Länge. Das sind Zahlen, welche die Herzen von Motorsportbegeisterten höher schlagen lassen. Diese nach einem jungen *Formel 1*-Piloten benannte Rennstrecke am Noce ist deshalb sehr beliebt. Auf der Strecke sind freies Fahrtraining sowie Rennen über 3,5 Stunden möglich (reservierungspflichtig), siehe Veranstaltungskalender und aktuelle Preise auf der offiziellen Website (www.autodromovarano.it). Im Paddock gibt es einen Service für Reifen und mehr. Vor Zutritt zur Piste ist nach Kenntnisnahme und Anerkennung der Pistenvorschriften eine Eigenverantwortlichkeitserklärung zu unterzeichnen. Das Autodrom ist 32 km von Parma entfernt.

Die SP39 löst sich im Norden von Pontremoli in Richtung **Passo del Brattello**. Die Strecke ist gerader und führt auf der Höhe von **Borgo Val di Taro** wieder in das Tarotal. Von dort aus, nachdem wir uns an den Kurven sattgefahren haben, lohnt es sich, ein paar ruhige Städtchen zu erkunden. **Tarsogno** mit seinem interessanten *Museo dell'Emigrante* veranstaltet etwa im Sommer viele verschiedene Events. In **Bedonia** gibt es im Bischofsseminar mit seinem bescheidenen, aber würdevollen Hotelservice ein *Naturhistorisches Museum*, eine *Bibliothek* und ein *Planetarium* zu besichtigen. Dann machen wir ein paar Schritte in **Berceto** zwischen *Dom* und *Via Francigena*. Eine Lünette aus der Schule des Antelami schmückt das kunstvoll dekorierte Portal aus dem 12. Jh. an der Domfassade. Zwischen dem *Pilzfestival* in **Borgotaro** und dem *Festival des Parmaschinkens* in **Langhirano** sollte man genügend Zeit für einen Besuch im **Schloss von Torrechiara** und dem von **Felino** mitbringen; in Letzterem befindet sich das *Museo del Salame*.

Die entlegene, perfekt asphaltierte Straße hinauf zum Passo del Cirone. Die enge Fahrbahn auf den hochgelegenen Serpentinen erfordert große Aufmerksamkeit.

Profil und Höhenverhältnisse – Übersicht

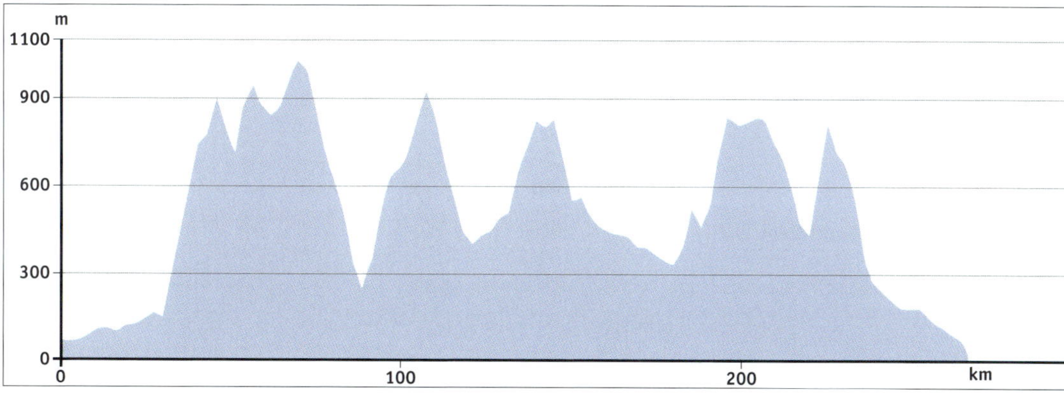

38 Emilia-Romagna
Von den Landpfarreien von Mathilde zum Apennin

Streckenlänge
222 km
Start- und Zielort
Reggio nell'Emilia
Streckenverlauf
Reggio nell'Emilia – Montecavolo (12,5 km), San Polo d'Enza (24 km), Canossa (34,5 km), Ciano d'Enza, Vetto (59 km), Castagneto (77,5 km), Passo del Lagastrello (96,5 km), Comano (107 km), Pognana, Passo del Cerreto (136 km), Busana (153 km), Castelnovo ne' Monti (168 km), Casina (185 km), Pecorile (200 km), Albinea – Reggio nell'Emilia.
Schwierigkeitsgrad
Die Bergstraßen der Hauptstrecke sind leicht befahrbar. Abzweigungen über andere Pässe sind oft enger und gewundener.
Wissenswertes
Auf dem Passo del Cerreto gibt es eine Tankstelle, Bars, Restaurants und sogar ein Internetcafé. Der Passo del Lagastrello kann bei starken Schneefall gesperrt sein.

Sehenswürdigkeiten

Im **Schloss von Canossa** in Montecchio Emilia können – entweder mit oder ohne Führung – der Festungshof, die Begräbnisstätte, die Beletage mit einem einzigartigen Fresko aus dem 14. Jh. sowie die Gefängniszellen und die Waffenkammer besichtigt werden (www.turismo.comune.montecchio-emilia.re.it; 10 km von San Polo d'Enza). Die entlegenen Pässe Ticchiano (1154 m), Pratizzano (1232 m) und della Pradarena (1579 m) darf man sich nicht entgehen lassen, wenn man ein bisschen mehr Fahrt und Aussicht genießen will. Sie liegen 24 km von Castagneto entfernt, 6,5 km von Collagna und 25 km von Bussana. Der Passo della Pradarena im Nationalpark des Toskanisch-Emilianischen Apennins, der höchstgelegene in dieser Tour, ist eines der Tore in die Garfagnana aus nördlicher Richtung.
In Guastalla widmet sich das **Kleine Motorradmuseum** mit Ausstellungsmodellen von 1945 bis 1965 der Massenmotorisierung in der Nachkriegszeit (www.piccolomuseodellamoto.it; 30 km von Reggio nell'Emilia).

Über sanfte Hügel, die sich schüchtern von Reggio Emilia her erheben, bis zu den Pässen Lagastrello und Cerreto an der Grenze zur Toskana, mitten im Herzen des Toskanisch-Emilianischen Apennins, führt diese Tour.

Wir verlassen Reggio an der Abbiegung zum **Valle dell'Enza**. In Richtung Quattro Castella begrüßt uns bei der Ankunft in den **Terre di Canossa** die Festung von Bianello. Weitere Befestigungen begleiten uns auf diesem Landstrich, was die Fahrt im milden Valle d'Enza angenehm gestaltet, bevor es in die Kurven zu den Pässen geht. Im mittelalterlichen Dorf **San Polo d'Enza** steht der als *Torre dell'Orologio* bekannte Turm aus dem 15. Jh. Das *Schloss von Canossa* ist auch heute noch Protagonist und Schauplatz eines *Historischen Erinnerungsfestes an die Canossa*, das seit über 20 Jahren große Teile der Bevölkerung anzieht. Von den turmübersäten Hügeln aus ist der **Passo del Lagastrello** eines der aufregendsten Ziele für Biker jeglicher Gangart. Zugleich ist er eine Alternative zur Autobahn, um über die Po-Ebene La Spezia zu erreichen. Ein weitläufiger begrünter Talkessel und das Becken des **Lago Paduli** kündigen die baldige Ankunft am Pass an, eine Ebene erstreckt sich entlang der Hänge des **Monte Malpasso**. Hinter dem Bergsattel löst sich eine enge aussichtsreiche Straße von der Statale und führt ein Stück hinauf zum **Monte del Giogo**. Hier beginnt ein Auf und Ab zwischen Pässen und Tälern in völliger Einsamkeit, den ein oder anderen entschlossenen Radfahrer ausgenommen. Bei **Fivizzano** verdient das mittelalterliche Dorf **Verrucola** einen Abstecher, bevor es auf den Kurven der SS63 del Cerreto weitergeht. In größerer Höhe bieten die steilen und engen Serpentinen beeindruckende Blickwinkel auf das oft bewaldete Panorama.

Linke Seite: Der 1200 m hohe Passo del Lagastrello ist nicht nur ein Paradies für Motorradfahrer, es gibt auch gut ausgeschilderte Wege für Freunde des Wanderns.

Auf dem Pass reicht die Aussicht über den gesamten Apennin. Die Gipfel folgen aufeinander bis **Collagna** und darüber hinaus. Serpentinen hinter dem Pass führen nach **Cerreto dell'Alpi**, eines der schönsten Bergdörfer des Hohen Apennins, das hier über eine enge Landstraße mit Cerreto Laghi verbunden ist.
Von Collagna aus bringt uns die Statale 63 nach **Castelnovo ne' Monti**. Hinter den jahrhundertealten Kiefern sticht die einsame und flache **Pietra di Bismantova** mit ihrer benediktinischen *Einsiedelei* aus dem 17. Jh. hervor. Zurück nach Reggio Emilia geht es im Zickzack links und rechts an der Statale vorbei, um die Tunnel bei La Svolta zu umgehen und stattdessen an **Albinea** mit seinem *Schloss*, der *Pfarrei* und einer städtischen Essigfabrik vorbeizukommen.

Mathilde von Canossa und ihre Ländereien

Sie war eine mittelalterliche Heldin, Gräfin, Herzogin, Königin, Fürsprecherin des Papstes und überhaupt eine politisch einflussreiche Persönlichkeit. Beim Tod ihrer Mutter kam sie in Besitz eines riesigen Gebiets, das von der heutigen Provinz Mantua bis zum Gardasee und zur Toskana reichte. Das pulsierende Zentrum war Canossa mit all seinen Schlössern, Villen und Ländereien.
Die von den zahlreichen Schlössern geprägten **Terre Matildiche** in Emilia-Romagna erstrecken sich über 22 Gemeinden in vier Provinzen. Die Verbundenheit zur Geschichte ist den Orten deutlich anzusehen. Pfarreien und Turmwohnungen in dieser Apenninlandschaft – man nennt sie auch *Täler von Mathilde* – regen dazu an, die Etappen des glorreichen und bewegten Lebens der Heldin nachzuverfolgen (www.terredicanossa.re.it).

Profil und Höhenverhältnisse – Übersicht

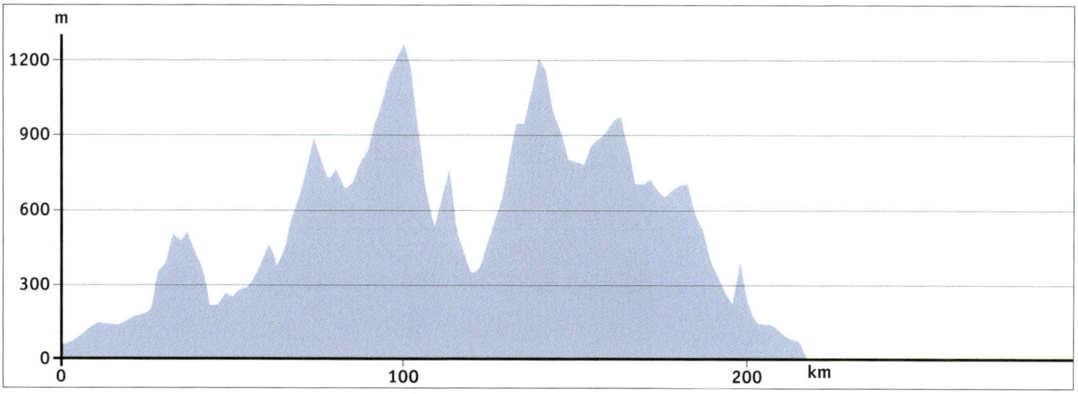

39 Emilia-Romagna
Motoren und Düfte

Streckenlänge
299 km
Start- und Zielort
Modena
Streckenverlauf
Modena – Formigine (12 km), Maranello (18 km), Sassuolo (25,5 km), Montegibbio (33,5 km), San Pellegrinetto (48 km), Lugo (62 km), La Verna (83 km), Frassinoro, Pievepelago (121 km), Lama Mocogno (145 km), Fanano (180 km), Lizzano, Gaggio (212 km), Montese (226 km), Pavullo nel Frignano (249 km), Montagnana (273 km) – Modena.
Schwierigkeitsgrad
Die Nebenstraßen sind eng, gewunden und trotz geringen Verkehrs mit Vorsicht zu befahren.
Wissenswertes
Führungen durch die Essigfabriken des Consorzio Produttori Antiche Acetaie: www.balsamico.it. Die Thermen von Sassuolo: www.termesalvarola.it.

Sehenswürdigkeiten

Das Naturschutzgebiet **Salse di Nirano** befindet sich in Fiorano Modenese (7 km von Maranello). Hier geht es durch rumorenden Erdboden und kleine Lehmvulkane in einer sonst stillen Umgebung. Vignola (16,5 km von Maranello) ist die Stadt der Kirschen und man kann dort auch die **Rocca** besuchen (www.fondazionedivignola.it). Der **Passo dell'Abetone** ist von Pievepelago aus über einen hübschen Umweg von 14 km zu erreichen. Der 1388 m hoch gelegene Pass ist in einem der ältesten und faszinierendsten Nadelwälder verborgen. Der **Passo di Croce Arcana** an der Grenze zur Toskana ist 17 km von Fanano entfernt und beschenkt uns mit einer wundervollen Rundumsicht aus 1669 m Höhe. Über einen 12 km langen Umweg ab Lizzano erreicht man das **Mofa- und Motorradmuseum Demm** in Porretta Terme, Besuchszeiten Samstag und Sonntag (Tel.0534/220 21). Die spektakulären Sandberge im Regionalpark der **Steine von Roccamalatina** sind von der Talsohle des Panaro aus bereits zu sehen, die in den Park führende enge und gewundene Straße sollte aber vollständig abgefahren werden. Die Steine sind knapp 20 km von Pavullo nel Frignano entfernt.

Ein Spaziergang durch die Arkaden des Collegio und den Herzogspalast von Modena. Essigfabriken und blühende Kirschbäume. Und natürlich Kurven und Panoramen in einer Region mit großer Motorsport-Tradition.

Modena besucht man am besten abends: Beleuchtete Piazzen, Lokale mit Tischen im Freien und die Fußgängerzone. Die *Region des Motorsports* ruft! Am Ortseingang von **Maranello** atmet man bereits Motorenduft und der Zwischenstopp in der *Galleria Ferrari* ist unverzichtbar und faszinierend auch für Menschen, die mit Motorsport und Vierrädern nichts am Hut haben.
Die Tour beginnt kulinarisch. Um den Alterungsprozess des *Aceto balsamico di Modena* kennenzulernen, muss man die städtische Essigfabrik in **Fiorano** besuchen. Die Weiterfahrt nach **Sassuolo** duftet nach Thermalbädern, aber auch nach *Sassolina*, einer lokalen Wurstsorte, und nach *Sassolino*, dem preisgekrönten Anislikör.
Eine schöne Straße erhebt und senkt sich in den Bergen, führt unter dem *Schloss von Montegibbio* vorbei und hinein in eine Art „mittelalterlichen Park". Hierzu zählen unterschiedliche Ortschaften mit mittelalterlicher Architektur sowie Museen und Events zur Epoche wie etwa *Montebaranzone*, ein Fest zu Ehren Mathilde von Canossas. In **Lugo** geht es nach einem Besuch des *Gioachino-Rossini-Hauses* und der *Rocca Estense* wieder die Secchia entlang. Hier beginnt **Frignano**, eine Berglandschaft, die bis zu den hohen Gipfeln des Modenesischen Hochapennins reicht, wo im Sommer Heidelbeeren und im Winter Schneewanderungen im Mittelpunkt stehen. Pievepelago erreicht man nach einem faszinierenden Bergabschnitt über die Kurven und Serpentinen des **Passo delle Radici**. Die einzige Siedlung auf dieser Strecke ist Sant'Anna di Pelago, wo die Straße sich ein wenig ebnet. In

Oben: Ausstellungsstücke im Museo Ferrari in Maranello.

Linke Seite: Frühlingsanbruch auf den Colli Modenesi.

Pievepelago kreuzen sich viele bei Bikern beliebte Straßen. Von hier aus ist der **Passo dell'Abetone** ebenso machbar wie eine perfekte Runde mit vielen Kurven, welche die Garfagnana streift. Mit dem *Naturpark des Hohen Apennins* im Rücken geht es auf den ersten sehr schönen Abschnitt der Statale dell'Abetone. Vor **Pavullo** kommen 14 enge Serpentinen, die über **Sestola** führen und den Serpentinen auf Bergstraßen in nichts nachstehen. Noch mehr Kurven folgen bis **Lizzano in Belvedere**. Dann geht es auf einer riskanten Strecke durch die Erhebungen des Panaro hindurch bis zur **Montagnana**, einer legendären Gebirgskette, die sich auf 20 km zwischen Serramazzoni und Maranello ausdehnt. Hier duftet es nach *crescentina*, einer Art lokaler *focaccia*, oder nach Rosen, denen hier ein ungewöhnliches *Museum für antike Rosen* mit einer sinnlichen Führung gewidmet ist .

Die Roten von Maranello

Dort stehen sie alle aufgereiht: Formel 1, Gran Turismo, die Sportwagen und Prototypen. Das **Museum Ferrari** stellt in 40 (rotationsweise) ausgewählten Modellen die Geschichte einer Legende aus. Die Ausstellungsräume umfassen Rekonstruktionen der ersten Werkstatt Enzo Ferraris, das der Formel 1-Box, eine Kabine, in der man die verschiedenen Motorengeräusche hören kann, und viele Gegenstände, Trophäen, Motoren, Miniaturmodelle, Rennanzüge und Helme. Mit einem Zusatzticket gibt es eine Führung durch die Piste von Fiorano und den Viale Enzo Ferrari innerhalb der Fabrik. Nebenan wartet der **Ferrari Store** für „rote Einkäufe". Die **Museumsgalerie Ferrari** ist täglich von 9.30 bis 18 Uhr geöffnet, im Sommer bis 19 Uhr. Via Dino Ferrari, Maranello. Tickets auch online unter www.museomaranello.ferrari.com.

Profil und Höhenverhältnisse – Übersicht

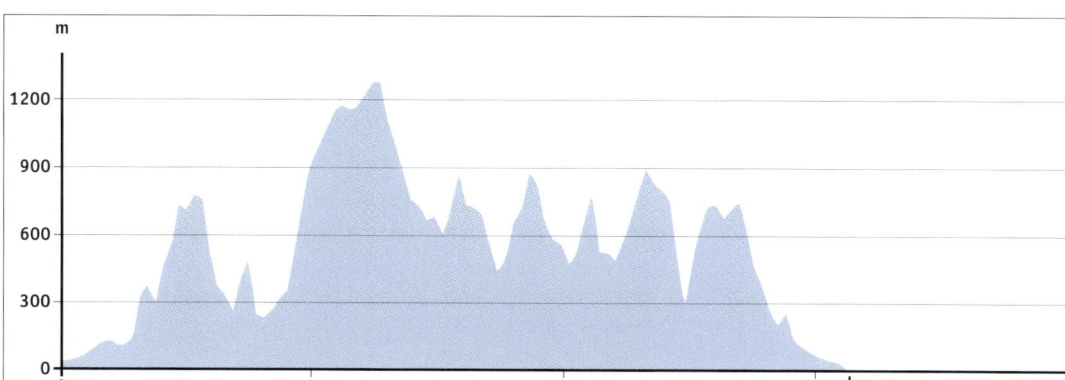

40 Emilia-Romagna
Jenseits der Riviera Romagnola

Streckenlänge
203 km
Start- und Zielort
Cesenatico (FC), Riccione (RN)
Streckenverlauf
Cesenatico – Cesena (17 km), Bertinoro (28 km), Meldola (38,5 km), Predappio (49,5 km), Rocca San Casciano (70,5 km), Galeata (87 km), Santa Sofia (94 km), Ranchio (119 km), Sarsina (132 km), Mercato Saraceno (140 km), Sogliano al Rubicone (158 km), Sant'Arcangelo di Romagna (176 km), Cerasolo (190 km) – Riccione.
Schwierigkeitsgrad
Leicht. Nur die Serpentinen auf dem Colle del Barbotto und einige Passstraßen (Meldola-Predappio und Rocca San Casciano-Galeata) sowie die Nebenstraßen sind mühsam.
Wissenswertes
Ein Teil dieser Tour wird beim Fahrradrennen *Nove Colli* befahren, das seit über 40 Jahren jährlich mit bis zu 12 000 Teilnehmern im Mai stattfindet. Einige Straßen sind deshalb nicht befahrbar (www.novecolli.it).

Sehenswürdigkeiten

13 km von Predappio entfernt liegt der von drei Mauern und einer Festung eingekesselte Ortsteil **Castrocaro Terme** (www.proloco-castrocaro.it). Der **Passo del Muraglione** ist über einen Umweg von 28 km von Rocca San Casciano aus erreichbar. Die legendären Serpentinen, von denen die letzten sieben äußerst steil sind, begleiten uns bis zur langen Mauer, die dem Pass seinen Namen verleiht. Auch der **Passo La Calla**, 27 km von Santa Sofia, gehört zu den legendären Straßen. Von Campigna aus schlängeln sich die letzten Serpentinen durch den Casentineser Wald. **San Marino**, der „Staat im Staat" (24 km von Riccione) mit dem unverwechselbaren Profil der **Torre Guaita**, blickt über Rimini und vom Monte Titano aus über Montefeltro. **Rocca Cesta**, auch *„Zweiter Turm"* genannt, beherbergt das **Museum für altertümliche Waffen.** In **Rimini** erzählt das **Nationalmuseum des Motorrads** mit Dutzenden meist italienischen Modellen die Geschichte des Motorrads im 20. Jh. Besuchszeiten von Mitte April bis Ende September, im Winter nur zum monatlichen Markt (www.museomotociclo.it).

Vom Meer zu den Colli Cesenati und in großer Höhe über die legendären Straßen der Alpen von San Benedetto. Abends trifft man sich in den beliebten Lokalen zwischen Rimini und Riccione mit anderen Bikern.

Der *Porto Canale Leonardesco* in **Cesenatico** ist der erste interessante Zwischenstopp dieser Tour. Das Trabakel und weitere historische Gebäude gehören zum *Museo della Marineria,* das auf dem Festland eine riesige Ausstellungsfläche hat.
Auf Berge treffen wir in **Bertinoro.** Hinter Cesena zeichnet sich sofort ihr diffuses Profil vor dem milchigen Sommerhimmel ab. Bertinoro verspricht Gutes: Wer die Piazza della Libertà mit dem Palazzo Comunale aus dem 14. Jh. und dessen großartiger Terrasse mit Blick auf die gesamte Romagna erblickt, wird zustimmen, dass dieser Ort zu Recht als *Balkon der Romagna* gilt. Die Stadt zu verlassen bedeutet, in eine abgelegene Welt einzutauchen. **Meldola** mit der hohen *Rocca* ist bereits aus der Ferne sichtbar, aber vorher führt eine Abbiegung nach **Polenta**, wo die in einer berühmten Ode Carduccis erwähnte Kirche steht. Es ist die *Pfarrei San Donato*, in der dem Dichter zufolge Dante beten ging und in der heute im Mai und September Lesungen der *Divina Commedia* stattfinden. Es geht an **Predappio**, einer Art Freilichtmuseum mit Wohnhäusern im Stil des italienischen Rationalismus vorbei, danach erreichen wir **Rocca San Casciano** und passieren historische Festungen auf den Bergkämmen. Hier beginnt der spaßigste, aussichtsreichste und einsamste Abschnitt – die einzige Wohngegend ist das Dorf **San Zeno**. Die 16 km zwischen SP23 und SP24 führen steil den **Colle di Centoforche** hinauf und anschließend noch steiler zum **Valle del Rabbi** hinab. Auf gewundener Stra-

ße geht es hinauf zum **Monte delle Forche,** um dann in einer Abfolge enger Serpentinen wieder bergab nach **Galeata** zu fahren. Es lohnt sich, das nahegelegene Dorf **Pianetto** mit seiner *Pfarrei della Madonna del Pantano* zu besuchen sowie die *Romanische Abtei Sant'Ellero* oberhalb der Ortschaft. Den Fluss Borello, dem wir auf einem schönen gewundenen Abschnitt ins Tal folgen, überqueren wir in **Mercato Saraceno,** um den **Colle del Barbotto** anzugehen. Ein paar Serpentinen mit bis zu 18% Neigung sind eine Herausforderung für Motorradfahrer. Jetzt folgt ein Abschnitt auf dem Bergkamm mit schöner Aussicht über die seitlich gelegenen Täler bis zum **Rubikon**. Das Flussgebiet ist eine Weingegend – Albana, Pagadebit, Trebbiano, Sangiovese –, jedoch auch bekannt für den Formaggio di Fossa. **Sant'Arcangelo di Romagna** bietet wieder Stadtleben, Kunst und Kultur. Zwischen einem Museum, den Grotten, einer Pfarrei, der *Rocca Malatestiana*, der *Pescheria* und dem *Campanone* vertreiben wir uns die Zeit bis zum Abend. Dann geht es nach **Rimini** und **Riccione**. In der Geburtsstadt des Regisseurs Federico Fellini und im Austragungsort von MotoGP-Rennen kommt jeder auf seine Kosten.

Der World Circuit in Misano

4226 m, neun Rechts- und fünf Linkskurven, insgesamt 1850 m Geraden: Das ist die Marco Simoncelli gewidmete Rennstrecke. Hier finden sowohl *SuperBike*-Rennen statt als auch seit 2007 die Motorrad-Weltmeisterschaft, die hier in Misano *Granpremio di San Marino e della Riviera di Rimini* genannt wird. Private Motorräder dürfen zum freien Training auf einen bestimmten Abschnitt der Piste (9 bis 16.15 Uhr; Frühling/Sommer bis 17.45 Uhr), auf dem auch *Supermotards* und *Karts* fahren. Die Fahrzeit beträgt 15 bis höchstens 275 Minuten, wobei im 5-Minutentakt abgerechnet wird. Die Terminverfügbarkeit kann auf der Website eingesehen werden, die Reservierung ist nur online möglich. Zu den Dienstleistungen und Aktivitäten auf der Rennstrecke gehört auch die Rennfahrschule *Guidare Pilotare* von Siegfried Stohr, der Kurse für Sportfahrer und Fahrsicherheitstrainings anbietet (www.misanocircuit.com).

Liegestühle an romagnolischen Stränden; daneben die *murales* von Borgo San Giuliano in Rimini, die dem Motorradfahrer Scureza aus Fellinis Film *Amarcord* gewidmet sind.

Linke Seite: Sonnenblumenfelder auf den Colli Cesenati unweit der Küste.

41 Emilia-Romagna

Von Ravenna nach Bologna: die Täler von Comacchio

Streckenlänge
186 km

Start- und Zielort
Ravenna, Bologna

Streckenverlauf
Ravenna – Comacchio (39 km), Sant'Alberto (66 km), Bagnacavallo (89 km), Lugo (96 km), Conselice (112 km), Campotto (121 km), Argenta (127 km), Borgo Cortili (146 km), Barchessa (154 km), Budrio (167 km) – Bologna.

Schwierigkeitsgrad
Leicht, für alle Motorradtypen geeignet.

Wissenswertes
Fahrpläne für die Fähre nach Sant'Alberto: www.portaleargenta.it (unter *Turista ad Argenta*). In Ravenna und Bologna bitte die verkehrsberuhigten Zonen (ZTL) beachten. Abstellplätze für Motorräder gibt es überall.

Sehenswürdigkeiten

Bei den **Salinen von Cervia** (24 km von Ravenna) kann man rosafarbene Flamingos beobachten, aber auch das **Salzmuseum** in einer Lagerhalle aus dem 17. Jh. besuchen (www.salinadicervia.it). In Codigoro, ein Umweg von 20 km von Comacchio, erreichen wir die wunderschöne **Abtei von Pomposa**, deren ältestes Gebäude aus dem 9. Jh. stammt. Der viel höher als der restliche Gebäudekomplex hinaufragende Glockenturm sticht deutlich hervor. Das **Museo Pomposiano** beherbergt liturgische Gegenstände, byzantinische Skulpturen und Keramiken aus der Renaissance (täglich geöffnet). In Faenza gibt es Keramikgeschäfte und das **Keramikmuseum**. Hier kann man eine internationale Sammlung, temporäre Ausstellungen, eine reiche und namhafte Bibliothek sowie die Restaurationswerkstatt (www.micfaenza.org; 17,5 km von Bagnocavallo) besuchen. In Imola verdient die **Rocca Sforzesca** zwischen den Stadtmuseen einen Besuch (www.comune.imola.bo.it). Die **Internationale Rennstrecke** – die Motorradstrecke ist 4936 m lang – ist für freies Training geöffnet (www.autodromoimola.it). Imola ist von Lugo aus in 24 km zu erreichen.

Eine Fahrt durch die Ebene der Romagna entlang von Flüssen und Kanälen, die sich in den weiten und faszinierenden Tälern von Comacchio verlieren. Unterwegs locken die historische Kunststadt Ravenna und Bologna, eine der europäischen Kulturhauptstädte.

Ravenna kann man nicht verlassen, ohne das *Haus der Steinteppiche* und den römischen Hafen von Classe besucht zu haben. Die Stadt verdient aber auch die Zeit für einen tiefergehenden Besuch und ist vor allem abends ein Traum. Das Meer vor Ravenna ist ein interessantes Ökosystem, das sich von den Stränden im Süden an der **Pineta di Classe** bis zu denen im Norden an der **Pineta di San Vitale** erstreckt. Die *Strada Romea* streift den Wald und ist eine Art Grenze zwischen der Stadt und der surrealen Atmosphäre in den **Tälern von Comacchio**. Diese magische, stille Welt aus Kanälen, Dämmen und Schilfgebieten, die das Gebiet des *Naturparks des Po-Delta* in seinem romagnolischen Teil prägen, entsteht an der Mündung des Reno. **Comacchio** mit der berühmten *Trepponti-Brücke* wird auch als *„Kleines Venedig"* bezeichnet. Es ist auf 13 kleinen Inseln gebaut und besitzt ein lebendiges und malerisches Stadtzentrum, in dem man die *vini delle sabbie* verkosten kann, die hervorragend zu frischen Meeresfrüchten passen. Dann geht es den *Argine Agosta* entlang, um den Geist des Ortes kennenzulernen. Die Fähre nach **Sant'Alberto** scheint direkt einem alten Film entsprungen.
Wir entfernen uns vom Meer und betreten eine flache Welt, die oft im Nebel liegt und in der am Horizont langsam die Siedlungsgebiete erscheinen und wieder verschwinden. Ganz ohne Eile geht es weiter mit großer Neugier für jeden Ort, jedes Schild und jeden Turm. Die abseits der traditionellen Routen befindlichen Museen wecken unser Interesse.

In **Bagnacavallo** besuchen wir das *Stadtmuseum der Kapuzinerinnen* mit der historischen Pinakothek, der modernen Kunstgalerie, dem Briefmarkenkabinett und der naturhistorischen Abteilung. Kurz dahinter in **Lugo** bremst ein weiteres Museum unsere Fahrt: das *Museo Francesco Baracca* mit den riesigen Ausstellungshallen für Flugzeuge, den Räumen mit Erinnerungsstücken und der fotografischen Dokumentationssammlung.

Das *Ökomuseum* von **Argenta** besteht eigentlich aus mehreren Museen, nämlich aus dem Museo delle Valli im Casino von Campotto, dem Museo della Bonifica in der Nähe der Pumpstation von Saiarino, dem Stadtmuseum von Argenta, dem Dorf Anita und der Oase Boscoforte (weiterführende Informationen auf www.portaleargenta.it unter Tourismus). Schließlich gibt es in **Budrio** das *Museo dell'Ocarina* sowie das *Marionettenmuseum* (sonntagnachmittags geöffnet; Tel. 051/692 83 06).

Die Tour endet in **Bologna**, auch bekannt als „die Fette", „die Rote" und „die Gelehrte". Es ist die Stadt der Laubengänge, der Piazza Maggiore, der Herrschaftlichen Türme, des Zecchino d'Oro und der *Alma Mater Studiorum*, der ältesten Universität der westlichen Welt. Man kann nicht anders, als hier zu verweilen: Mit einem Auge auf der Liste der Restaurants und dem anderen auf dem Eventkalender.

Die Welt der Ducati

Borgo Panigale ist nicht nur für Freunde der Ducati eine faszinierende Erfahrung. Das Museum ist montags bis freitags geöffnet, während die Fabrik nur mit Führung und nach Reservierung besucht werden kann (der Eintritt in das Museum ist dann inbegriffen). Der Museumsparcours erzählt in sieben thematisch sortierten Hallen die Geschichte des Motorradherstellers nach. Es sind sämtliche Modelle ausgestellt: vom *Cucciolo* aus dem Jahre 1946 über die letzte Generation der *Desmodieci* bis zum *Siluro 100* und zu den Wettkampfmaschinen. Höhepunkt des Fabrikbesuchs sind die Montagebänder der beiden berühmtesten roten Räder der Welt. Das *Physikalische Labor* in der Fabrik ist für Hochschulstudenten vorgesehen, auf Anfrage über die Website kann man es aber dennoch besuchen (www.ducati.it, unter *Azienda*).

Oben: Das Lagunengebiet der Täler von Comacchio.

Linke Seite: Die berühmten Mosaiken in der Basilika von San Vitale in Ravenna sind in perfektem Zustand erhalten.

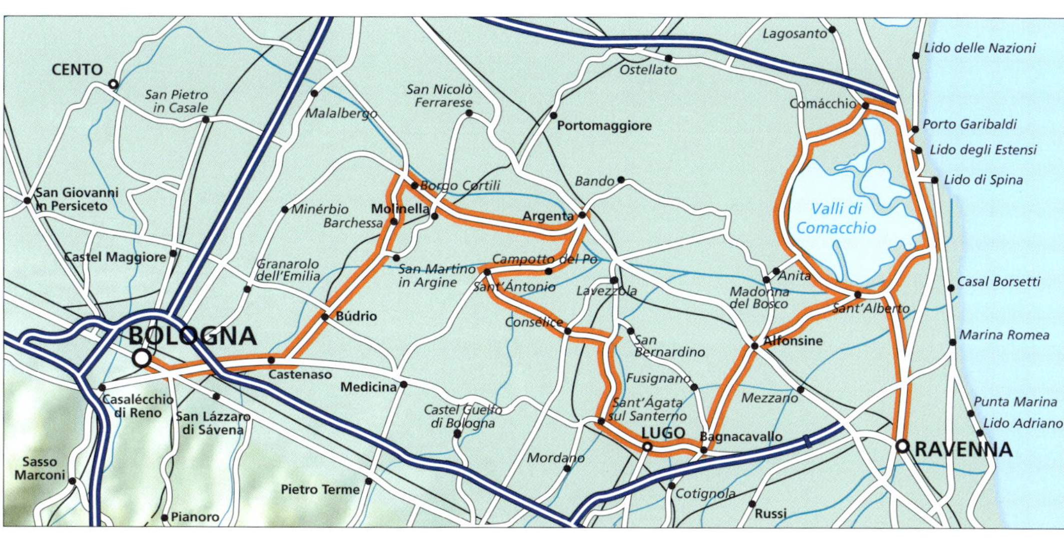

Toskana

42 Toskana
Im Schatten der Apuanischen Alpen

Streckenlänge
137 km
Start- und Zielort
Viareggio (LU), Carrara
Streckenverlauf
Viareggio – Torre del Lago Puccini (6,5 km), Migliarino, Massaciuccoli (22 km), Massarosa (28 km), Bargecchia (37 km), Camaiore (41,5 km), Lido di Camaiore (49,5 km), Capezzano (61 km), Capriglia, Pietrasanta (69 km), Forte dei Marmi (78 km), Seravezza (84 km), Galleria del Cipollaio (102 km), Massa (129 km) – Carrara.
Schwierigkeitsgrad
Leicht, ausgenommen der Abschnitt durch die Galleria del Cipollaio von Serravezza nach Massa und die Auffahrt nach Campo Cecina.
Wissenswertes
In der Galleria del Cipollaio (1125 m Länge) gibt es einen 100 m langen holprigen Abschnitt. Hier muss man auch mit Geländemotorrädern Acht geben.

Sehenswürdigkeiten

Von Carrara aus führt ein kurzer Abstecher von 7 km nach **Colonnata.** Die kleine Fraktion mit ihren eng aneinander gebauten Häusern ist berühmt für ihre Nähe zu den Marmorhöhlen, aber vor allem für ihren **Lardo** – Speck, der zum Reifen mit Salz und Gewürzen in besonderen Marmorbecken gelagert wird. Jedes hiesige Lebensmittelgeschäft, jede Bar oder Trattoria bietet ihn zum Verkauf an. Am dritten Sonntag im August findet das *Fest des Lardo di Colonnata Igp* statt.
Die Ausgrabungsstätte der historischen Stadt Luni befindet sich 9 km von Carrara entfernt. In der Altstadt des 15 km von Carrara entfernten **Sarzana** befinden sich die Wahrzeichen der Stadt, die **Zitadelle** und die **Festung von Sarzanello.** In der Fußgängerzone kann man zwischen schönen Altbauten, Antiquariaten und Antikgeschäften herumspazieren. Die Strecke von Carrara nach **Campo Cecina** sollte man nicht verpassen. 20 km, erst durch Grün und an Wiesen vorbei, dann hoch oben auf einem Gebirgskamm entlang zwischen Versilia und Garfagnana; schließlich führt der Weg sogar höher als die Steinbrüche, auf die man von hier aus eine so ungewöhnliche wie beeindruckende Sicht hat.

Auf einer Handvoll Kilometer verbindet die Versilia das Meer mit dem Hochgebirge, die Kunst mit dem Dolce Vita der Festung, den Marmor mit den Sumpfgebieten, den Karneval von Viareggio mit den lyrischen Opern Puccinis.

Abfahrt ist bei den Jugendstilkuppeln des Gran Caffè Margherita, eine der Ikonen **Viareggios** und genauso berühmt wie der hiesige Karneval. Bevor wir die Stadt verlassen, geht es noch in die Cittadella del Carnevale und ins Museum. Danach steht Giacomo Puccini auf dem Tourprogramm. In **Torre del Lago** führt das *Puccini-Festifal* in einem Freilichttheater die Werke des Komponisten auf. Die heute in ein Museum verwandelte *Villa Puccini* liegt in einer wundervollen Landschaft direkt am **Lago di Massaciuccoli**. Hier verbrachte der Meister seinen Lebensabend. Der See befindet sich im *Regionalpark Migliarino, San Rossore und Massaciuccoli*, einem riesigen Gebiet mit verschiedenen Ökosystemen, von Sanddünen über Sumpfgebieten bis zu Nadelwäldern.
Über kleine, leicht hügelige Straßen bringt uns die stark befahrene Via Aurelia erst nach Camaiore und dann nach Pietrasanta. In **Camaiore** wird in der Nacht von Samstag auf Sonntag zu Fronleichnam die Tradition der *Teppiche aus Sägemehl* zelebriert. Hierbei handelt es sich um eine Art riesige effektvolle Blumenteppiche aus gefärbtem Sägemehl. Um herauszufinden, warum **Pietrasanta** als Atelier-Stadt bezeichnet wird, müssen wir das Motorrad abstellen und zu Fuß zum *Domplatz*, vor dessen Marmorfassade bizarre moderne Skulpturen stehen. Mit ein bisschen Glück erwischt man den richtigen Tag und kann einem Kunstschmied beim Guss zusehen. Ein kurzer Abstecher führt zur **Festung**, um in die Trendlokale der Versilia einzutauchen oder auch nur einen Blick reinzuwerfen! Zurück auf dem Sattel verläuft eine schöne

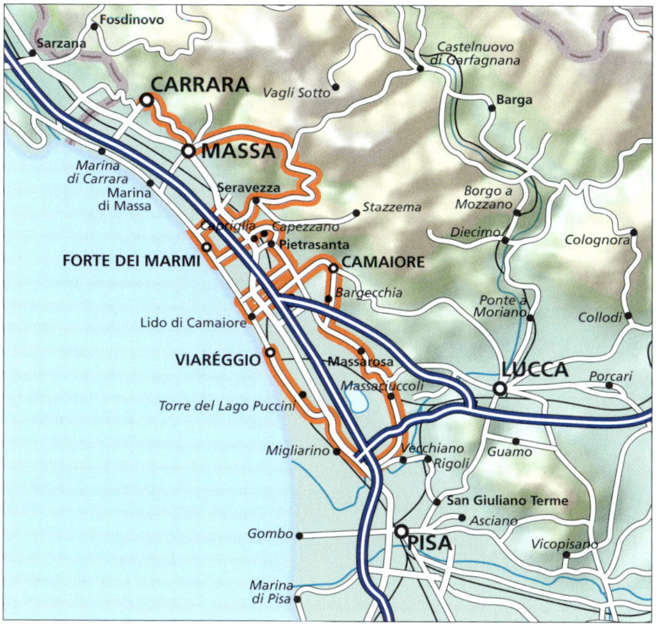

Serie aus Serpentinen weg vom lebhaften Küstenchaos Seravezzas und einen entschieden „gebirgigen" Abschnitt hinauf. Kurve um Kurve geht es nach oben und die Aussicht weitet sich, bis uns das Weiß der Steinbrüche blendet. Um tiefer in das Herz des Parco delle Apuane vorzudringen, gibt es keinen Weg an der **Galleria del Cipollaio** vorbei. Der Tunnel ist dunkel und rutschig, aber sehr kurz. Auf der anderen Seite begegnet man auf kurvenreichen Kilometern keiner Menschenseele, dafür tollen Panoramen. Der höchste Punkt der Tour liegt auf über 900 m, bevor unendliche Serpentinen hinab nach Massa führen. Auch **Carrara** ist bald erreicht. Auf halber Strecke zwischen Marmor und Meer, lockt die Stadt mit mehr als nur einem Anreiz. Ein Besuch auf dem *Domplatz* mit seiner römisch-gotischen Kathedrale aus blendend weißem Marmor dafür natürlich nicht fehlen. Und auch das Haus Emanuele Repettis aus dem 14. Jh. sowie das *Teatro Animosi* mit seiner neoklassizistischen Marmorfassade nicht.

Oben: Skulptur im Freilichtmuseum von Fantiscritti.

Unten: Schöne Aussicht auf die Steinbrüche auf der Strecke nach Campo Cecina.

Linke Seite: Kurven im Hinterland von Carrara.

Die Marmorgruben

Die Apuanischen Alpen werden oft auch „die verletzten Berge" genannt. Dennoch hat der Marmorabbau in den „Apuanischen" etwas Spektakuläres. Bereits bei der Anfahrt wird man von Kopf bis Fuß eingestaubt: Schutzanzug, Helm, Motorrad, Gepäck. Um in die Welt des Bergbaus einzutauchen, besucht man am besten zuerst das **Cava Museo in Fantiscritti** auf dem Vorplatz der gleichnamigen Grube. Dort gibt es eine rekonstruierte Hütte sowie eine bedeutende Sammlung von Werkzeugen und Skulpturen (Öffnungszeiten von April bis November täglich, ansonsten sonntags; www.cavamuseo.com). Im Steinbruch von Fantiscritti bietet **Marmotour** eine Führung durch die Stollen. Ein erster Teil wird im Bus abgefahren, danach geht es zu Fuß weiter, um die Abbautechniken aus der Nähe beobachten zu können. Dieses 30-minütige Abenteuer kann man von April bis Oktober erleben. Fantiscritti ist von Colonnata aus erreichbar (www.marmotour.com).

43 Toskana
Quer durch die Garfagnana

Streckenlänge
212 km
Start- und Zielort
Lucca, Castelnuovo di Garfagnana (LU)
Streckenverlauf
Lucca – Vinchiana (11 km), Fornoli (24 km), Orrido di Botri (40,5 km), Barga (65,5 km), Castelnuovo di Garfagnana (79 km), Sillicagnana (88,5 km), Camporgiano (93 km), Vagli Sopra (107 km), Nicciano (121 km), Giuncugnano (130 km), Sillano (145 km), Villa Collemandina (168 km), Foce delle Radici – Castelnuovo di Garfagnana.
Schwierigkeitsgrad
Die Fahrt bergauf zum Lago di Vagli und bergab von Foce delle Radici sind durchaus eine Herausforderung.
Wissenswertes
Die Festung delle Verrucole ist von Mai bis Oktober geöffnet. Im Eintrittspreis enthalten ist eine Führung von etwa 1 Stunde (www.fortezzaverrucolearcheopark.it).
Bei der Wanderung zum Orrido di Botri sind Helm (wird gestellt) und Wanderschuhe Pflicht.

Sehenswürdigkeiten

Nur 5 km trennen Fornoli von **Bagni di Lucca**. Sehenswert ist das Städtische Kasino in seinem schönen Gebäude aus dem Jahre 1840, das Demidoff-Hospital sowie die **Villa Ada** und ihr riesiger Park mit Thermalbecken. Der berühmte neoklassizistische, zwischen 1840 und 1869 erbaute **Ponte delle Catene** verbindet die Ortsteile Fornoli und Chifenti. In der hübschen Fraktion Vico Pancellorum steht die zwischen dem 9. und 12. Jh. errichtete **Pfarrei San Paolo** mit symbolischen Skulpturen über dem Haupttor. Die **Grotta del Vento** in Fornovolasco (14 km von Barga) ist eine Welt aus leuchtenden Stalagmiten und Stalaktiten sowie mit kleinen Seen und Wasserläufen. Auf drei unterschiedlich schwierigen und unterschiedlich langen Routen gibt es hier eine Menge zu bestaunen (www.grottadelvento.com). **Castiglione di Garfagnana** ist eine hübsche befestigte Gemeinde unterhalb der von den Einwohnern Luccas 1371 errichteten Festung. Innerhalb der Mauern findet im August ein *Mittelalterliches Fest* statt. Es ist innerhalb von 3 km von Villa Collemandina aus erreichbar.

„Grüner" Ausflug in eine faszinierende Naturlandschaft – die anspruchsvollen Strecken versprechen Fahrfreude und führen an Festungen und Mauern vorbei.

Die Erkundung der Garfagnana beginnt in Lucca. Dieses unberührte Gebiet erstreckt sich entlang des Serchiotals von den Apuanischen Alpen bis zur Grenze zur Emilia. Das von Mauern umgebene Lucca hat eine reiche Vielfalt an Museen zu bieten, aber auch Gebäude, Türme und Plätze, die zum Anhalten einladen. Der Fluss weist den weiteren Weg. Am Serchio entlang passieren wir **Fornoli**, um auf den ersten spektakulären Bergabschnitt in Richtung *Naturschutzgebiet Orrido di Botri* abzubiegen. Ausgangspunkt für den Besuch des Reservats ist **Ponte a Gaio**. Eine Stippvisite der imposanten Schluchten ist nur mit Führung von Juni bis September möglich und erfordert geeignete Kleidung. Weiter am Serchio entlang geht es nach **Barga**, einer malerischen Gemeinde, in der Giovanni Pascoli aufwuchs. Das *Pascoli-Haus*, in dem der Dichter seine letzten 17 Lebensjahre verbrachte, ist heute ein kleines Museum und für Publikum geöffnet. In **Castelnuovo Garfagnana** endet der erste Abschnitt. Noch frisch von der Fahrt bereiten wir uns auf die Abfahrt zum garfagninischen Teil des *Regionalparks der Apuanischen Alpen* vor. Der **Lago di Vagli** ist über einen grünen, gewundenen Abschnitt von knapp 10 km erreichbar. Der See ist berühmt für die überflutete Geisterstadt **Fabbriche di Careggine**, die in den

Im üppigen Grün der Garfagnana tauchen in der Ferne kleine Ortschaften auf, in denen ein kurzer Halt sich immer lohnt. Hier im Bild die kleine Siedlung Vico Pancellorum, die nur einen kleinen Abstecher von der Route entfernt liegt.

vergangenen 50 Jahren 4 Mal aus dem Wasser aufgetaucht ist, und bietet einen unvergesslichen Anblick. Vom See aus umkreisen wir den Monte Umbriano, um langsam nach **Nicciano** in der Nähe von Piazza al Serchio hinabzufahren. Hier weckt die *Pania di Corfino* unser Interesse. Um die Freude am Fahren zu verlängern, kann man noch den *Parco dell'Orecchiella* anpeilen, zu dem man über Giuncugnano Sillano gelangt. Die Straße ist lang, aber die Vorfreude steigt. Wenn dann endlich die Silhouette der langen Befestigungsmauer der *Fortezza delle Verrucole* auftaucht, verschlägt es einem den Atem. In der Gebirgslandschaft um **Villa Collemandina** führt uns unsere Neugier weiter hinauf. Nach 23 km nonstop ist der **Passo delle Radici** erreicht. Hier befindet sich auf 1529 m Höhe ein beliebtes Wintersportzentrum. Aber das Beste kommt noch. Die Abfahrt auf der SP71 vorbei an **San Pellegrino in Alpe** – tolles Panorama, aber auch sehr steil und eng mit bis zu 20 % Neigung sollte sie mit großer Vorsicht gefahren werden. Die Stadtmauern und die *Rocca Ariostesca* in **Castelnuovo Garfagnana** wirken nach den Strapazen der Fahrt wie Trugbilder. Bei der abendlichen Ankunft lockt zuallererst die lokale Küche. Zu den Spezialitäten der Garfagna gehören *Prosciutto Bazzone*, *Biroldo*, Bergkäse, Farro IGP und Trüffelpilze. Köstlich!

Der Parco dell'Orecchiella

Dieses riesige Naturschutzgebiet erstreckt sich zwischen den Ortschaften San Romano, Sillano, Piazza al Serchio und Villa Collemandina und ist in drei natürliche Gebiete unterteilt: die Orecchiella, die Pania di Corfino und die Lama Rossa. Buchen-, Kastanien- und Tannenwälder bedecken die apenninische Bergseite der Garfagnana und sind die natürliche Heimat von Wölfen, Mufflons, Hirschen und Wildschweinen sowie unterschiedlicher Greifvögel.

Das Herz des Parks erreichen wir ausgehend von **Corfino**: 7 km durch eine bezaubernde Szenerie mit atemberaubenden Panoramen. Vom *Besucherzentrum* (Tel. 0583/61 90 98) aus, das auch das **Naturmuseum** sowie das **Raubvogelmuseum** verwaltet, spannt sich das Wegenetz, das zwischen 1. Juli und 14. September täglich von 9–19 Uhr gegen Eintrittsgebühr zugänglich ist. Darüber hinaus ist das Naturschutzgebiet von Ostern bis November nur an Wochenenden zugänglich.

Profil und Höhenverhältnisse – Übersicht

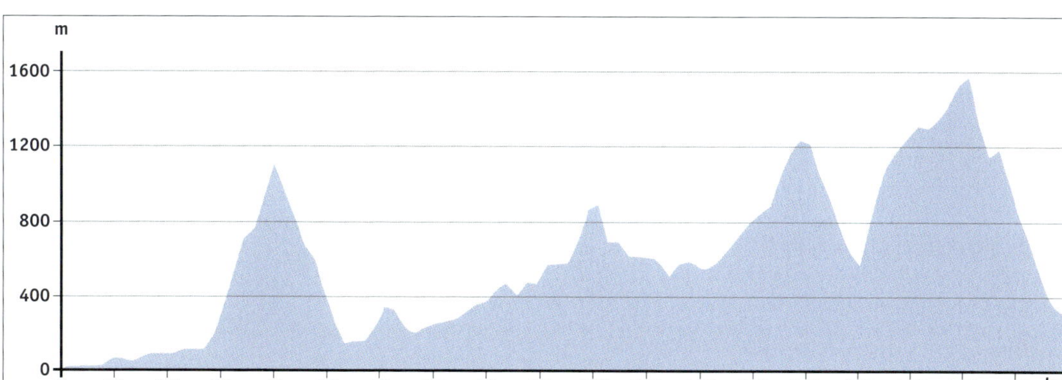

44 Toskana
Anello Pisano

Streckenlänge
193 km
Start- und Zielort
Pisa
Streckenverlauf
Pisa – Marina di Pisa (13 km), Tirrenia (19 km), Collesalvetti (40 km), Fauglia (44,5 km), Lari, Casciana Terme (61,5 km), Terricciola (70,5 km), San Pietro Belvedere (77 km), Palaia (89,5 km), San Miniato (107 km), Fucecchio (116 km), Massarella (123 km), Le Vedute (136 km), Staffoli (142 km), Vicopisano (157 km), Buti (162 km), Calci (179 km) – Pisa.
Schwierigkeitsgrad
Leicht, mit allen Scootern und Motorradtypen zu befahren.
Wissenswertes
In Pisa gibt es eine verkehrsberuhigte Zone (ZTL) mit videoüberwachten Zufahrten. Außerhalb gibt es zahlreiche Motorradabstellplätze. Wie in allen touristischen Städten vermeiden Sie bitte, leicht entnehmbares Gepäck zurückzulassen.

Sehenswürdigkeiten

Von Terriciola aus führt ein Umweg von 27 km nach **Volterra**. Die Altstadt etruskischen Ursprungs, der romanische Dom, die mediceische Festung oder das römische Theater sollte man nicht verpassen. Sehenswert ist auch das **Alabaster-Ökomuseum** mit der Rekonstruktion einer Werkstatt. Denn Volterra ist seit der Antike für die Gewinnung und Verarbeitung von Alabaster bekannt. In Collodi, 26 km von Fucecchio, befindet sich der **Parco di Pinocchio**, ein literarischer Park, der dem weltberühmten Märchen gewidmet ist. Den Besuch in Collodi runden Besuche im **Pinocchio-Museum** sowie im **Butterfly House** ab, einem geschlossenen tropischen Garten, in dem Tausende Schmetterlinge aus der ganzen Welt leben (www.pinocchio.it). In Vinci (15 km von Fucecchio), besucht man das **Museo Leonardiano** in der **Palazzina Uzielli** und im **Schloss Conti Guidi**: Porträts, Gemälde, Zeichnungen, Manuskripte und zahlreiche Erfindungen führen durch einen faszinierenden Rundgang, und im Geburtshaus Leonardo da Vincis im nahegelegenen **Anchiano** schließt sich der Kreis (www.museoleonardiano.it).

Der Schiefe Turm von Pisa ist Start- und Zielpunkt dieser Reise, damit genug Zeit bleibt, die Schönheit der Stadt zu genießen. Außerhalb führt eine sanfte Strecke ans Meer sowie um den Monte Pisano und die Cerbaie herum.

Pisa muss man nicht vorstellen. Mit der malerischen *Piazza dei Miracoli*, dem romanischen Dom, dem weltberühmten Turm und dem Baptisterium in *Piazza delle Vettovaglie*, die mit dem Borgo Stretto die pulsierende Hauptschlagader der Stadt bilden, mit dem *Lungarno Mediceo* in *Piazza dei Cavalieri* und der Scuola Normale ist Pisa schön und kultiviert, mondän, lebhaft, kurios, historisch und modern: Man muss es erlebt haben.
Außerhalb der Stadt finden wir in alle Himmelsrichtungen eine sanfte Landschaft, die oft surreal unbewegt wirkt. So etwa in Richtung Arnomündung, vorbei an den über dem Wasser hängenden Trabucchi der Fischer und am Strand von **San Rossore**. Oder auch jenseits der Sanddünen, wo die ehemaligen am Meer aneinandergereihten, seit Dutzenden von Jahren verlassenen Fischerdörfer brachliegen. Dann geht es fernab vom Verkehr im Zickzack an Reihen von Zypressen vorbei zu den Hügeln. Wir passieren **Fauglia** und gelangen an Olivenhainen und Weinbergen vorbei nach **Casciana Terme**. Hier ist alles lebhafter, wie beim *Kleinen Markt der Gräfin Mathilde*, der während der Sommermonate an jedem ersten Freitag im Zentrum stattfindet. Hinter dem Eratal treffen wir auf die malerische Ortschaft **Villa Saletta**. Sie ist fast unbewohnt und die Hälfte der Einwohner ist erst hierhergezogen, nachdem das Örtchen, gemeinsam mit der na-

hegelegenen Fabrik aus dem 19. Jh., von einigen Regisseuren als Filmkulisse ausgewählt wurde. Quirlig ist auch **San Miniato**, weitab vom Meer gelegen und einst Streitpunkt zwischen Florenz und Pisa. Es ist die Stadt der *Nationalen Markt-Messe des Weißen Trüffels der Hügel von San Miniato*, die am 2., 3., und 4. Novemberwochenende stattfindet. Auf der anderen Seite des Arno betreten wir das weitläufige Gebiet der **Cerbaie di Fucecchio**, das aus See-Kiefern und Eichen bedeckten Hügeln besteht. Eine ganz andere, stillstehende Welt, die sich bis ins Sumpfgebiet **Padule di Fucecchio** und die ehemaligen Sümpfe von **Bientina** erstreckt. Der **Monte Pisano** ist auch eine tolle Entdeckung: ein Berg mit einer schönen abgelegenen Straße, die zu einer tollen Aussicht auf Pisa und die Küste und schließlich zur **Kartause von Calci** führt. Dieses auch als *Certosa di Pisa* bekannte ernste, majestätische, in völlige Stille getauchte Gebäude beherbergt das *Naturhistorische und Landschaftsmuseum* der Universität Pisa. Dann kehrt der Arno in vier Kurven wieder in die Stadt zurück.

Das Piaggio-Museum in Pontedera

Dieses Museum erzählt auf den 3000 m² der ehemaligen Werkzeugabteilung in einem der ältesten Gebäude der Fabrik die Geschichte des Unternehmens. Angefangen bei den interessantesten und bedeutendsten Dokumenten geht es anschließend in den großen Saal und die anliegenden Räume, wo man die Piaggio-, Vespa- und Gilera-Ausstellungen bewundern kann. Von den ältesten Modellen über Einzelstücke und Prototypen bis zu heutigen Modellen. Doch nicht nur das: Es sind auch berühmte Fotografien und Originalzitate ausgestellt, originalgetreue Nachbauten der Büros von Schlüsselfiguren, historische Poster, Miniaturmodelle, Motoren und sogar eine von Salvador Dalì signierte Vespa. Eine Galerie beherbergt Events und zeitgenössische Kunstausstellungen. Im Bookshop kann man Miniaturen, Bücher, Accessoires, Kleidungsstücke und Gadgets kaufen. Das Museum ist dienstags bis samstags von 10 bis 18 Uhr geöffnet sowie jeden zweiten Sonntag; Eintritt frei (www.museopiaggio.it).

Oben: Ein Trabocco in der Nähe der Arnomündung.

Unten: Ausstellungsraum im Museum Piaggio in Pontedera.

Linke Seite: Die Straße auf den Monte Pisano.

45 Toskana
Auf den Hügeln der Maremma

Streckenlänge
296 km
Start- und Zielort
Grosseto
Streckenverlauf
Grosseto – Magliano in Toscana (28,5 km), Scansano (47,5 km), Pancole (53 km), Cinigiano (84,5 km), Sasso d'Ombrone (94 km), Roccastrada (117 km), Monticiano (141 km), Casino (152 km), Fontalcinaldo (172 km), Massa Marittima (187 km), Scarlino (209 km), Tirli (231 km), Buriano (254 km), Castiglione della Pescaia (272 km), Marina di Grosseto (283 km) – Grosseto.
Schwierigkeitsgrad
Leicht. Für alle Motorradtypen geeignet.
Wissenswertes
Innerhalb der Mauern von Grosseto liegt eine verkehrsberuhigte Zone (ZTL) mit videoüberwachten Zufahrten. Wer in einem Hotel unterkommt, hat Einfahrerlaubnis (das Hotel hat die Aufgabe, der Stadtpolizei das Autokennzeichen mitzuteilen).

Sehenswürdigkeiten

Der **Regionalpark della Maremma**, auch bekannt als **Parco dell'Uccellina**, ist das gesamte Jahr über geöffnet und bietet verschiedene Aktivitäten wie Nachtwanderungen, Kutschfahrten, Reit- und Kanuausflüge. Das Fremdenverkehrsamt von Alberese ist 14,5 km von Grosseto entfernt. In der **Archäologischen Ausgrabungsstätte Roselle** (8 km von Grosseto) sind die Reste der antiken etruskischen Stadt einen Besuch wert (Eintritt 4€, weitere Infos: Tel. 0564/40 24 03). In der Nähe von Roselle gibt es außerdem den **Bauernhof von Marruchetone**, ein Muss für Pferdeliebhaber. Auf diesem historischen Bauernhof, der sich über weite Weidenfelder und Olivenhaine erstreckt, kann man am Alltag teilnehmen. Aufführungen der Butteri sowie Pferdeausflüge geben Einblick in die maremmanische Kultur und die Arbeit der Menschen mit den Tieren (www.cavallomaremmano.com). Das **Landgut Rocca di Montemassi** auf halber Strecke zwischen Meer und Erzhügeln (von Roccastrada 14 km) ist eine hervorragende Adresse, um Wein zu verkosten oder zu kaufen und ein sehr gut geführtes **Museum der ländlichen Kultur** zu besuchen (www.roccadimontemassi.it).

An den Mauern von Grosseto beginnt eine Reise in die Maremma der Butteri und des Tuffsteins, des Morellino und der Etrusker. Von der Stille historischer Ortschaften in die unberührte Ruhe des Parco dell'Uccellina.

Ein mächtiger Mauergürtel aus dem 16. Jh. umschließt das schnuckelige Zentrum von **Grosseto**, das voll ist von schönen Gebäuden und historischen Läden aus verschiedenen Epochen und Stilrichtungen. Außerhalb der Stadt beginnt eine Strecke, die sich in den Hügeln verliert, der Maremma von Grosseto. Die Strecke wechselt oft ihren Rhythmus, hier an den Weinstöcken vorbei etwas flüssiger, dort etwas langsamer, wo die Kurven den schrofferen Felsen folgen.
Südlich von Grosseto liegt das von seiner spätrenaissancezeitlichen Stadtmauer umgebene **Magliano in Toscana**. Von dort aus bietet die Statale 323 knapp 20 km heiteres Auf und Ab über die Hügel bis nach **Scansano**. So weit das Auge reicht erstrecken sich Weinberge, die die Vorfreude auf den hier hergestellten, weltberühmten *Morellino* wecken. Bei einem kurzen Halt im Ort Ausschau halten nach einer Vinothek zur Verkostung. Im September ist das Traubenfest eine optimale Gelegenheit, um diesen Wein kennenzulernen. Von Scansano aus zieht ein faszinierender Abschnitt sich von Süden nach Norden, die Täler hinab und die Berge hinauf. Der Kegel des **Monte Amiata** rechter Hand und die

Zwischenhalt auf der Weinstraße, unterhalb der Stadt Massa Marittima.

Linke Seite: Das zum Landgut Rocca di Montemassi gehörige Gebäude des Museums für ländliche Kultur.

Ebene von Grosseto linker Hand sind gute Orientierungspunkte. Um **Roccastrada** zu erreichen, muss der Ombrone überquert werden. Zum Ort geht es wenige steile Serpentinen hinauf. Ein hübsches *Weinmuseum* befindet sich im Trachytfelsen und in der unterirdischen Kellerei. Dann Motorradfahren pur: Die Statale 73 schlängelt sich, teilweise steil, die Hänge des **Monte Alto** entlang bis nach **Monticiano**. Bei einem kleinen Umweg kann man in die Stille der *Abtei di San Galgano* und in das Halbdunkel der *Kapelle von Montesiepi* eintauchen, wo sich das Schwert befindet, das der Legende nach ein Heiliger in den Felsen geschlagen haben soll, um seinen Verzicht auf das weltliche Leben zu erklären.

Die Anhöhe von **Massa Marittima** erreicht man noch etwas mehr als 40 km am besten über Nebenstraßen. Die auf den Erzhügeln Grossetos gelegene Stadt verdient einen längeren Aufenthalt, bevor es weiter nach **Tirli** und vorbei an Kastanienwäldern und einer dichten mediterranen Landschaft bis **Castiglione della Pescaia** geht. Nach einem Aperitif am Hafen lohnt die etruskische Nekropole *Vetulonia* einen Besuch. Für die gesamte Anlage braucht man aber ein paar Stunden, was man sich in der Sommerhitze gut überlegen sollte. Nach kurzem Halt in der befestigten Stadt geht es wieder los, um Grosseto zu genießen.

Die Butteri

Was sind Butteri? Gibt es sie noch? Und wenn ja, was tun sie? Die Antwort auf diese Frage findet man nur, wenn man die Maremma besucht. Die Butteri wären gewiss ausgestorben, wenn es keine wildlebenden Pferde gäbe, aber das Leben dieser besonderen „berittenen Hirten" ist heute gewiss weniger hart als in der Zeit, in der die Maremma und das nahegelegene Agro Pontino, ein weiteres Butteri-Gebiet, sich über weitläufige damals unerschlossene Moraste erschreckte. Heute sind die Butteri mit der Ausbildung der Maremmano-Pferde beschäftigt, insbesondere für Working Equitation als auch für die Wandertierhaltung. Das Können wird bei besonderen Wettbewerben zur Schau gestellt. Darüber hinaus organisieren die Butteri über ihre Vereinigung mehrere Tage dauernde Reitausflüge, simulierte Viehwanderungen und dergleichen mit Übernachtung im Zelt. Zwar kein Motorradsattel, aber durchaus eine Erfahrung für's Herz (www.butteri-altamaremma.com).

46 Toskana
Rund um den Monte Amiata

Streckenlänge
145 km
Start- und Zielort
Santa Fiora (GR), Abbadia San Salvatore (SI)
Streckenverlauf
Santa Fiora – Triana (14 km), Roccalbegna (20 km), Stribugliano (35,5 km), Monticello Amiata (44 km), Arcidosso (54,5 km), Prato delle Macinaie (66,5 km), Castel del Piano (75,5 km), Campiglia D'Orcia (97,5 km), Zaccaria (105 km), Vetta Monte Amiata (121 km) Saragiolo (134 km) – Abbadia San Salvatore.
Schwierigkeitsgrad
Leicht. Für alle Motorradtypen geeignet.
Wissenswertes
Für weitere Informationen zum Bergbau: www.museominerario.it. Um die frei zugänglichen Thermalquellen zu entdecken (nicht nur in diesem Gebiet): www.termelibere.com

Sehenswürdigkeiten

Die **Thermen von Saturnia** sind über einen Umweg von 24 km von Triana aus erreichbar. Die berühmten **Cascate del Gorello** mit den frei zugänglichen Naturbädern sind nur wenige Kilometer vom Stadtzentrum entfernt. Die **Tuffstädte** Pitigliano, Sorano und Sovana sind auf jeden Fall einen Besuch wert und von Santa Fiora aus nach etwas mehr als 30 km zu erreichen. Pitigliano ragt auf einem Ausläufer aus Tuff hervor, in dem sich auch die aus Stollen, Höhlen und Brunnen bestehende unterirdische Stadt befindet. Sovana, das sich eng um eine einzige Straße herumwindet, ist ein hübscher mittelalterlicher Ortsteil, während es in Sorano eine Reihe von in den Tuff geschlagenen Felsgebäuden gibt. Die **Bagni San Filippo** mit ihren Thermalquellen sind von Zaccaria aus 5 km entfernt. Der **Weiße Wal** und der **Weiße Graben** sind große Warmwasserlachen zwischen weißen Kalksteinwänden, die zum Baden und zu einer Dusche unter dem Wasserfall einladen. Aktuell sind diese Lachen frei zugänglich, aber es kann sein, dass der Zugang zeitweise gesperrt wird. Die romanische Abtei **Sant'Antimo** ist 21 km von Castel del Piano entfernt. Eine Welt des Friedens, die jeden Tag kostenlos besucht werden kann (www.antimo.it).

Vorbei an Thermalquellen und Befestigungen, etruskischen Ruinen und Tuffstädten und eine Runde um einen mit Buchenwäldern bedeckten Vulkankegel. Ein Abstecher in die hiesigen Minen vermittelt ein besseres Verständnis der Geschichte der Bevölkerung Amatias.

Um einen Vulkan herumzufahren fühlt sich merkwürdig an. Auch wenn man sich vorbereitet und Legenden, wahre und halbwahre Geschichten sowie zu widerlegbare Mythen erfahren hat. Man startet immer mit der Absicht, den Geschichten auf den Grund zu gehen. Je näher man kommt, desto stärker zieht einen der Vulkan in seinen Bann. Der Amiata hat vom Vulkan nur noch die Form behalten: einen 1738 m hohen Kegel. Ein Rundweg und drei größere Zufahrten zum Gipfel sind die Straßen, auf denen wir sein Inneres erreichen. Dabei passieren wir auch den **Monte Labbro**, das andere mysteriöse und faszinierende Ziel, das sich unvermeidlich in den Dunstkreis des Amiata einfügt.
In **Santa Fiora** weckt der *Fischteich* unsere Aufmerksamkeit. In einem wundervollen bewaldeten Park gelegen, wurde er ursprünglich zur Fischversorgung verwendet. Im Stadtinneren erzählt das *Museum der Quecksilberminen* die Geschichte des Zinnober, dem Mineral, aus dem Quecksilber gewonnen wird und an dem der Berg so reich ist.
Den Monte Labbro erreicht man über **Triana**. Dieses kleine Dorf ist sehr unauffällig, während die mittelalterliche Burg mit der Siedlung innerhalb seiner Mauern deutlich hervorsticht. Auf der den Berg hinaufführenden Abzweigung tauchen wir immer tiefer in die Geschichte eines Predigers ein, der sich hier, in dieser Leere fernab von allem, für ein eremitisches Leben entschied.

Über **Roccalbegna** prunken das Kastell *Rocca Aldobrandesca* (auch als *Il Sasso* bekannt) auf dem höchsten Berg. Weiter geht die Fahrt an den grünen Hängen des Monte Labbro entlang durch unberührte Landschaft. Die Einsamkeit endet mit der Ankunft in **Stribugliano**, einer kleinen Fraktion von Arcidosso. Dann ruft der Gipfel. In **Arcidosso** erreicht eine sehr schöne Strecke bergauf den *Prato delle Macinaie*. Die Straßen zum Gipfel sind alle toll und es ist schwer zu sagen, ob sie schöner bergauf oder bergab zu fahren sind. Die Aussicht bezaubert auf jeden Fall und reicht bis zu den Monti del Reatino und dell'Umbria. Im Nadelwald verbirgt sich die *Fonte delle Monache*. Die Fahrt ist schön und lang, auf Straßen, die immer länger werden. Sie ist oft einsam und gemächlich und man bleibt im Einklang mit der Natur, bis die Runde sich in **Abbadia San Salvatore** wieder schließt. Das *Bergbaumuseum* erzählt weitere Geschichten über den Vulkan, das Quecksilber und die Minenarbeiter. Man kann die Bergwerke zu Fuß oder mit dem Zug der Minenarbeiter betreten. Die Tour endet in den Ausstellungsräumen des *Uhrenturms*.

Unten: Die mittelalterliche Burg von Triana.

Linke Seite: Schöne Kurven!

Die Einsiedelei des David Lazzaretti

Er heißt **Davidsturm** und befindet sich auf dem Gipfel des Monte Labbro in spektakulärer Lage. Man erreicht ihn über einen steinigen steilen Fußweg – aus den gleichen Steinen, aus denen der Turm besteht. Daneben führt ein eisernes Kreuz sowie ein schlecht verborgener Eingang in eine enge, dunkle Zelle. Dies war der Ort, den der Prediger David Lazzaretti auswählte, um ein Leben als Eremit zu führen. 1834 in Arcidosso geboren, hatte er nach einer harten Jugend im Alter von 30 Jahren mystische Visionen, die ihn zum asketischen Leben konvertieren ließen. Er wurde ein neuer, religiöser und einem vereinfachten Sozialismus verschriebener Mensch, der eine Art Arbeitsgemeinschaft gründete, der sich 80 Familien anschlossen. Er starb im Alter von 44 Jahren während einer Prozession. Heute ist der Monte Labbro ein **Naturpark**. Die Einsiedelei ist sowohl von Arcidosso als auch von Roccalbegna ausgeschildert und über einen unbefestigten und steilen Weg zu erreichen.

Profil und Höhenverhältnisse – Übersicht

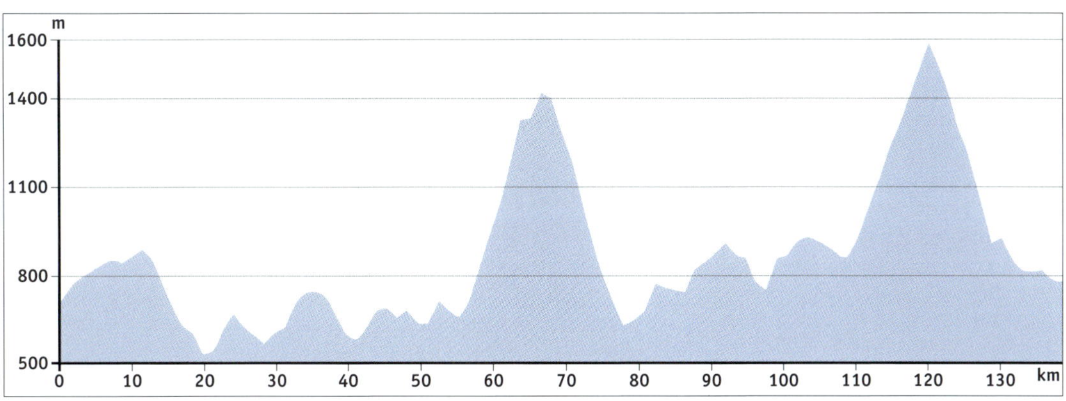

47 Toskana
Lagune von Orbetello

Streckenlänge
85 km
Start- und Zielort
Ansedonia (GR), Albinia (GR)
Streckenverlauf
Ansedonia – Orbetello (10 km), Porto Ercole (16,5 km), Cala Piccola (35 km), Porto Santo Stefano (44,5 km), salita al Telegrafo (62 km) – Albinia.
Schwierigkeitsgrad
Leicht, für alle Motorradtypen geeignet. Der unasphaltierte Abschnitt ist für Straßenmotorräder eine Herausforderung, aber dennoch befahrbar, wenn man auf den Untergrund achtet. Nach starken Regenfällen sollte man sich diese Strecke gut überlegen.
Wissenswertes
Der unasphaltierte Abschnitt ab dem Ende der Panoramica von Porto Ercole bis nach La Ciana ist im Sommer nicht zugänglich. Es lohnt sich jedoch auch, nur bis hierher zu fahren und dann wieder umzukehren. Fährdienste auf die Isola del Giglio sind von Mai bis Oktober auch mit Motorrad möglich, ausgenommen August (www.maregiglio.it und www.toremar.it).

Sehenswürdigkeiten

Das 10 km von Ansedonia entfernte 410 ha große **Naturschutzgebiet Lago di Burano** war die erste vom WWF verwaltete Naturoase, der auch heute noch den Besucherverkehr organisiert. Der Lago di Burano ist ein 3 km langer Brackwassersee und vom Meer durch einen Gürtel aus Sanddünen getrennt. Am Fußweg gibt es Hütten, Türme und Wachtposten. Der Rundgang beginnt in Capalbio Scalo, Informationen erhält man unter 0564/89 88 29. Die **Rocca Aldobrandesca** in Talamone, 13,5 km von Albinia entfernt, ist eine beeindruckende Küstenbefestigung auf dem südlichsten Ausläufer der Monti dell'Uccellina und bereits aus der Ferne zu sehen. Die **Isola del Giglio**, die von Porto Santo Stefano aus in weniger als einer Stunde erreichbar ist, verdient einen Ausflug. Sie ist boß 21 km² groß und beherbergt drei malerische Dörfer: Giglio Porto, Giglio Castello und das tiefer gelegene Giglio Campese sowie einige historische Küstentürme. Die 28 km lange Küste besteht aus von Buchten unterbrochenen Klippen und Sandstränden. Das Meer ist hier ein wahres Paradies für Taucher.

Kurze Rundfahrt, die man unbedingt außerhalb der Saison machen sollte, da viele Straßen im Sommer nicht zu erreichen sind. Frei von Menschenmengen zeigt der Argentario sein authentischstes Gesicht.

Der **Monte Argentario** bietet nur wenig Fläche, die zu Spitzenverkehrszeiten eng werden kann. In den weniger befahrenen Monaten ist es möglich, auf die Seitenstraßen abzubiegen, um an einer Bucht oder auf einer kleinen Panoramaterrasse herauszukommen. Während sich im Sommer über viele Straßen des Argentario die Schranken senken, ist er außerhalb der Saison zugänglicher. Die Anfahrt über **Orbetello** ist bereits eine spannende Erfahrung. Der asphaltierte Damm über das Lagunenwasser, das unnachahmliche Farbspiele erzeugt, sieht aus wie ein langes Wasserfahrzeug. Auch Orbetello „schwimmt" in der Lagune. Motorrad abstellen und los, um die von etruskischem Polygonalmauerwerk umgebene Stadt mit ihren leuchtenden Farben zu entdecken. In **Porto Ercole** lassen wir uns von der Ruhe der Bucht mit der *Spiaggia dell'Acqua Dolce* und der *Spiaggia Lunga* verzaubern. Über dem *Forte Stella*, dem beeindruckenden Zeugnis spanischer Besatzungszeit, beginnt die *Panoramica di Porto Ercole*: eine unendliche Folge kleiner Landschaftsauschnitte, atemberaubender Aussichten auf die zerklüftete Küste, auf mit Olivenbäumen bedeckte Terrassen und steile Grate am Meer. Die Fahrt ist hier gemächlich, der Asphalt nicht perfekt. Doch Rasen ist hier das Letzte, was man will. Vom Straßenrand aus erblickt man in der Ferne eine Bucht, die man vielleicht nach der Tour noch ansteuern möchte. Der asphaltierte Teil ist kurz. Nach einigen Kilometern beginnt auf dem Feldweg hoch über dem Meer der südlichste und wildeste Abschnitt des Berges. Er ist äußerst

holprig, doch der Boden ist kompakt und das Abenteuer wert. Die Fahrt erfordert Aufmerksamkeit, aber die Straße hat keine erwähnenswerte Neigung und man begegnet hier mit großer Wahrscheinlichkeit ohnehin niemandem. Für das Privileg, durch eine unvergleichliche Landschaft fahren zu dürfen, muss man 4 km Umweg in Kauf nehmen. Ab *La Ciana*, einer Kreuzung, an der ein Wanderweg zu den *Alten Quellen* beginnt, fahren wir wieder auf Asphalt. Nun beginnt ein Auf und Ab über malerische kleine Buchten. Oberhalb von *Cala Piccola* führt an den Werften entlang die einzige alternative Verbindungsstraße zwischen Porto Santo Stefano und der Südküste. **Porto Santo Stefano** ist einen Halt wert, um den lebhaften Fischmarkt und das *Museo dei Maestri d'Ascia* hinter den Mauern der *Spanischen Festung zu besuchen.* Um den Berg aus der Nähe zu sehen, fahren wir bergauf zum **Telegrafo**. Hier ist es sehr friedlich und wir stoßen auf das *Passionistenkloster*. Auf holprigem Boden geht es ein paar Kilometer weiter, denn die Aussicht über die Lagune von Orbetello sollte man auf keinen Fall verpassen. Den Abschluss bildet eine Wanderung auf dem *Tombolo di Feniglia*. Der Privatweg liegt im Nadelwald des *Naturschutzgebiets Duna di Feniglia* und wird von einer großen Anzahl Damhirschen bewohnt, die leicht zu sichten sind.

Oben: Stimmungsvoller Sonnenuntergang über der Lagune von Orbetello.

Unten: Die Stege der Fischergenossenschaft in Orbetello.

Linke Seite: Vom Weg zum Monte Telegrafo aus reicht der Blick bis auf das Festland.

Der Palio Marinario dell'Argentario

Vier Guzzi, kleine Boote, jeweils eines für jeden der vier Stadtteile: Croce, Fortezza, Pilarella und Valle. Seit 1937 fordern vier Besatzungen einander jährlich zu einem Ruderwettbewerb – mit der einzigen Unterbrechung während des Zweiten Weltkriegs – in Ferragosto heraus. In seiner historischen Bedeutung erinnert der Wettkampf an die Mühsal der Seeleute und an die Sehnsüchte derer, die sie erwarteten. Der Wettbewerb geht über 5 Runden auf einer Strecke von 4 km Länge. Seit 1981 findet auch eine *Palietto* genannte U23-Version des Rennens statt. Das Event bringt die gesamte Bevölkerung an den Start, ebenso wie die regelmäßigen Besucher von Argentario. Austragungsort ist das Meer gegenüber dem alten Hafen von Porto Santo Stefano, das *Stadio del turchese* getauft wurde. Der **Goldene Pokal** ist die bedeutendste Trophäe und wird dem Stadtteil verliehen, der den Wettbewerb drei Jahre hintereinander gewinnt (www.palioargentario.it).

Marken

48 Marken
Panoramica di Pesaro und Monti della Cesana

Streckenlänge
209 km
Start- und Zielort
Pesaro
Streckenverlauf
Pesaro – Gabicce Monte (21,5 km), Gradara, Tavullia (32 km), Sassocorvaro (70 km), Urbania (89,5 km), Urbino (105 km), Acqualagna (125 km), Gola del Furlo, Fossombrone (143 km), Ponte degli Alberi (148 km), Monteciccardo (169 km), Mombaroccio (177 km), Carignano, Candelara (194 km) – Pesaro.
Schwierigkeitsgrad
Leicht. Für alle Motorradtypen geeignet.
Wissenswertes
Um das große Eventangebot in Pesaro kennenzulernen: www.turismopesaro.it; für Urbino: www.comune.urbino.ps.it unter *Cultura e Turismo*.

Sehenswürdigkeiten

Fano, 12 km südlich von Pesaro.
Das anmutige eingemäuerte Städchen mit seinem Augustusbogen und der **Rocca Malatestiana** rühmt sich des ältesten Karnevals Italiens. Die Feierlichkeiten gehen weit über Aschermittwoch hinaus und beinhalten, neben Umzügen und Feuerwerken, Weinmärkte und Ausstellungen, Antiquarische Märkte, Musikaufführugen und vieles mehr (www.carnevaledifano.eu).
Möglich ist auch eine faszinierende Rundfahrt über das 34 km von Urbania entfernte **Bocca Trabaria** und die 36 km von Acqualagna entfernte **Bocca Serriola**. Beide Pässe sind im umbrischen Teil steiler und gewundener, machen bergauf allerdings mehr Spaß. Lohnenswerter ist der umbrische Teil auch wegen der Aussicht.
Die **Bocca Trabaria** ist 1049 m hoch, was von San Giustino aus einen Höhenunterschied von 700 m auf 15 km Strecke bedeutet. Sonntags wird die Bocca Serriola stark von Sportfahrern frequentiert.

Oben: Die schöne Aussicht aufs Meer im Regionalen Naturpark del Monte San Bartolo.

Die Alternative zur Küstenstraße, um die Aussicht aufs Meer von den Klippen des Monte San Bartolo aus zu genießen. Auf den Anhöhen landeinwärts liegen einige Kunststädte.

Die gemeinhin Panoramica di Pesaro genannte Straße heißt in Wirklichkeit *Panoramica di San Bartolo*. Sie führt in den *Regionalen Naturpark del Monte San Bartolo* und zwischen Pesaro und Gabicce am Meer entlang. Die Fahrt auf der Panoramica ist aufregend, auch wenn sie sich abschnittsweise vom Meer versteckt und auf den hügeligen oder sonnenblumengelben Feldern des Binnenlandes verliert. Wir lassen die Küste zurück und passieren die Kunststadt **Gradara** mit ihrem mittelalterlichen Schloss. Von dort sind es nur wenige Kilometer bis zur unvergesslichen Heimat einer Legende: **Tavullia** zelebriert Valentino Rossi in jedem Winkel, jedem Lokal, auf jeder Piazza und Straße.
Die weitere Strecke folgt dem Flussverlauf des Foglia bis zur beeindruckenden ubaldinischen **Rocca Sassocorvaro**. Die Festung ist auch als *Kunstarche* bekannt, da hier im Zweiten Weltkrieg über 10 000 Werke großer Künstler vor dem Raub durch die Nazis verborgen wurden. Die SP88 führt nach Süden weiter bis **Urbania**. Das frühere *Casteldurante* ist in eine Bucht des Metauro gebettet und für ihren großartigen *Herzogspalast* bekannt, der ein Museum und eine Bibliothek beherbergt, sowie für die *Chiesa dei Morti*, in der die Mumien von Einwohnern aus Mittelalter und Renaissance aufbewahrt werden.
Im Anschluss geht es über die Kurven der SS73 nach **Urbino**, dessen Zentrum mit seiner perfekt erhaltenen Renaissancearchitektur von der UNESCO zum Welterbe ernannt wurde. Die geschichtsträchtige, an Palästen und Museen reiche Stadt Raffaels hat eine bunte Vielfalt kultureller Events zu bieten und verdient weit mehr als nur einen kurzen Zwischenstopp. Übrigens: Urbino

Unten: Zwischen dem 13. und 14. Jh. errichteter beeindruckender Mauergürtel des Schlosses von Gradara, einer mittelalterlichen Festung, in der heute musikalische und künstlerische Veranstaltungen stattfinden.

ist auch die Geburtstadt von Valentino Rossi, dem die berühmte Universität 2005 die Ehrendoktorwürde verliehen hat.

Dann ist die Natur an der Reihe: Die **Gola del Furlo** erreicht man über den Metauro in Richtung Aqualagna. Der Fluss Candigliano quetscht sich zwischen beeindruckenden Felswänden hindurch und erschafft dabei unvergleichlich schöne Landschaftsausschnitte. Unweit davon lädt die Stadt **Fossombrone** zu einem weiteren Zwischenstopp ein, um die historischen Gebäude wie das *Wohnhaus und die Gemäldegalerie Cesarini* zu besuchen. Für den Rückweg nach Pesaro genügt es, sich von der Flaminia zu entfernen und zwischen den Hügeln zu verlieren. Auf keinen Fall sollte man sich den Panorama-Abschnitt der SP26 zwischen Monteciccardo und Mombaroccio entgehen lassen.

Ein Museum im Hotel

Hotels mit bunt bemalten Toren, als wären sie Gemälde, gibt es viele. Doch im **Alexander Museum Palace** in Pesaro macht die Kunst nicht an den Türen Halt. Sie dringt in die Zimmer ein und wieder auf die Flure hinaus, füllt die Gemeinschaftsräume und findet ihren Höhepunkt in einem authentischen Ausstellungsraum. Und Kunst bedeutet hier nicht nur Malerei, sondern auch Skulptur und das Mobiliar.

Um dieses sehr originelle Hotelmuseum zu verwirklichen, haben Architekten, Ingenieure und vor allem eine große Zahl zeitgenössischer, aufstrebender Künstler zusammengearbeitet. Man kann es auch bequem „von zu Hause aus“ besuchen. Auf der Internetseite einfach auf *Camere* klicken, um die auf den Türen abgebildeten Werke sowie die Innenausstattung der Zimmer anzeigen zu lassen. Für die Skulpturen stattdessen Opere d'arte anklicken. Wenn es schließlich gefällt, ist das Beste immer noch, es wirklich zu besuchen und das Zimmer auszuwählen, das einen am meisten dazu inspiriert, die Nacht dort zu verbringen (www.alexandermuseum.it).

49 Marken
Im Regionalen Naturpark Gola della Rossa und Frasassi

Streckenlänge
131 km
Start- und Zielort
Matelica (MC), San Vittore delle Chiuse (AN)
Streckenverlauf
Matelica – Braccano, Cerreto d'Esi, Poggio San Romualdo (32 km), Serra San Quirico (47,5 km), Arcevia (66,5 km), Sassoferrato (80 km), Perticano, Fabriano (109 km), Pignano (118 km) – San Vittore delle Chiuse.
Schwierigkeitsgrad
Leicht, für alle Motorradtypen geeignet. Der Abschnitt zwischen Borgo Tufico und Serra San Quirico ist eine größere Herausforderung.
Wissenswertes
Auf dieser Strecke kann man auf Naturstraßen zahlreiche Umwege wählen. Obwohl ihr Boden gut ist, sie breit sind und mit jedem Motorrad gut zu befahren, sind sie sehr staubig. Bitte vor allem in Anwesenheit anderer Fahrzeuge beachten.

Sehenswürdigkeiten

Von Matelica aus erreicht man nach 17 km über eine ganz Reihe von Serpentinen mit grandioser Aussicht auf der Statale 256 die prächtige Stadt **Camerino.** Die Fahrt endet im historischen Stadtzentrum. Über die Balustraden der Mauern in der Nähe des Herzoglichen Palastes hat man eine weitläufige Aussicht über die Monti Sibillini und die Camerineser Campagna. Neben dem künstlerischen und architektonischen Erbe rühmt Camerino sich eines vielfältigen Angebots kultureller und folkloristischer Veranstaltungen zu allen Jahreszeiten. Nicht verpassen sollte man die Landschaft des **Klosters von Santa Croce** in Fonte Avellana, eine Einsiedelei 17,5 km von Sassoferrato entfernt. Das Amanuensiskloster ist eines der wenigen, die niemals restauriert wurden, nachdem es im Laufe der Jahrhunderte allen Ereignissen trotzen konnte (www.fonteavellana.it).
Die von Braccano aus startende Rundfahrt um den **Monte San Vicino** verlängert diese Tour um 30 km durch unberührte Wildnis. Die **Weinkellereien** der Gegend bieten, neben der *Städtischen Vinothek von Matelica*, Gelegenheit, den *Verdicchio di Matelica* mit dem der *Castelli di Jesi* zu vergleichen, beides örtliche, in der ganzen Welt berühmte Weine.

Diese Tour erkundet die unberührte Landschaft des auch „grünes Herz der Marken" genannten kleinen Naturschutzgebietes – all dies auf einer Handvoll Kilometern, auf der auch die Schwefelquellen des Sentino, der Flug der Adler und die Grotten von Frasassi überraschen.

Wir verlassen **Matelica** nach dem Besuch der Altstadt und der Städtischen Vinothek mit ihren 8 Kabinen für individuelle Geschmackserlebnisse. Außerhalb der Stadt erregt ein Schild mit der Aufschrift *»Murales di Braccano«* unsere Aufmerksamkeit. Eine entlegene Straße windet sich an den Hängen des **Monte San Vicino** entlang und erreicht schließlich die kleine Fraktion. Auf den Mauern der Häuser zeigen 50 *murales* (Wandbilder) ausgeführt von Schülern der Kunstakademien Urbinos, Maceratas und Breras, das tägliche Leben der Einheimischen. Die umgebende Landschaft geht langsam in den **Naturpark** über. Die Vegetation auf den Hügeln verdichtet sich und wechselt je Untergrund: Fels, Kalk oder Sand. Auf die mediterrane Gegend folgen Buchenwälder. Die Umgebung lädt zum Beobachten ein, auch der leiseste Laut oder Vogelruf lässt uns aufhorchen; eine Atmosphäre, als müsste sich jeden Augenblick ein Wunder ereignen. Derweil führt eine Reihe enger Serpentinen in den *Naturpark della Gola della Rossa* und hinauf nach **Borgo San Romualdo**.

Links: Die bezaubernden Grotten von Frasassi.

Oben: Palast der Grafen von Genga in der Nähe der Grotten von Frasassi, der über das gesamte Tal herrscht.

Ab hier besteht die Strecke nur aus Kurven, springt von einer Talseite auf die andere und erfordert niedrige Gänge sowie hohe Konzentration. Die Einheit mit der Natur wird nur kurz bei der Ankunft in **Serra San Quirico**, der an der Bergküste klebenden Felsenstadt, unterbrochen. Wieder draußen, verliert die Straße sich im Grün. Es scheint unwirklich, dass am Ende der Straße ein Ziel wartet. Noch immer fahren wir gemächlich, während unsere Aufmerksamkeit der Schönheit der umgebenden Natur gilt. Und hier geschieht endlich das Wunder: In den Grotten von Frasassi nisten Königsadler. Und das Ziel, dass sich sanft auf dem Berg abhebt, ist **Arcevia**, dessen uralter Ortskern aus der Zeit der Völkerwanderung zu stammen scheint. Von hier aus geht die Fahrt am Tal der Misa entlang, vorbei an Grotten, nach **Sassoferrato**. Die Stadt liegt außerhalb des Parks in unberührter Natur und ist bekannt für ihre Museen – das archäologische sowie die *Städtische Kunstsammlung* –, für das *Schloss*, das den ältesten Teil der Stadt darstellt, und für die nahegelegene archälogische Ausgrabungsstätte *Sentinum*. Auch **Fabriano** verdient einen Besuch. Das historische Stadtzentrum ist voller herrschaftlicher Paläste, darunter der *Palazzo del Podestà* aus dem Jahre 1255 sowie der *Palazzo del Comune* aus demselben Jahrhundert.
Um die Runde in Schönheit zu beenden, geht es wieder zurück in den Park. Vor den Grotten von **Gola di Frasassi** weitet der Sentino sich zu verlockenden Schwefelquellen aus. Das Wasser ist jedoch nicht warm! Und endlich die **Grotten**: eine spektakuläre jahrtausendealte Landschaft, entstanden aus dem Zusammenspiel von Sentino und Esino. Draußen in **San Vittore delle Chiuse** wartet eine weitere Kuriosität: Neben der Abtei, einem romanischen Juwel des 11. Jh., ist im Paläontologischen Museum ein 150 Mio. Jahre alter Icthyosaurus ausgestellt.

Die Grotten von Frasassi

Eineinviertel Stunden Fußmarsch auf einem leicht zugänglichen, barrierefreien Rundgang bei einer konstanten Temperatur von 14 °C. Keine schlechten Bedingungen für eine Entdeckungsreise durch die Grotten von Frasassi. Der **Grand Canyon**, die **Halle der Bärin**, die **Halle der Unendlichkeit** und das **Hexenschloss** sind nur ein paar der fantastischen Räumlichkeiten dieser außergewöhnlichen Kalkformationen. Alternativ dazu bieten zwei Höhlentouren von jeweils zwei und drei Stunden Dauer die Möglichkeit, durch Stollen und herausfordernde Durchgänge zu streifen, Rutschpartien zu machen und geheime Grotten zu entdecken.
Für den Rundgang sind bequeme Schuhe und ein Sweatshirt zu empfehlen, während bei den Höhlentouren die Ausrüstung gestellt wird. Parken kann man auf den markierten Stellen am Parkplatz, von wo es kostenlos mit dem Schiff zur Grotte geht. Jacke und Helm können an der Rezeption abgelegt werden (www.frasassi.com).

50

Marken

In niedrigem Tempo vom Conero zu den Colli Esini

Streckenlänge
211 km
Start- und Zielort
Ancona
Streckenverlauf
Ancona – Numana (20,5 km), Porto Recanati (32 km), Loreto (38 km), Castelfidardo (46,5 km), Osimo (54,5 km), Montefano (69 km), Appignano (85,5 km), Colcerasa (103 km), Capo di Rio, Troviggiano (121 km), Cingoli (129 km), Apiro (140 km), Cupramontana (149 km), Castelbellino (158 km), Jesi (170 km), Santa Maria Nuova (181 km), Agugliano (195 km) – Ancona.
Schwierigkeitsgrad
Leicht. Für alle Motorradtypen geeignet.
Wissenswertes
Für eine eigene Tour auf den Spuren Leopardis: www.giacomoleopardi.it
Für einen Besuch im unterirdischen Osimo: www.osimoturismo.it, unter *Le Grotte*.
Infos zum Sidecar-Museum: www.sidecar.it

Sehenswürdigkeiten

In **Recanati**, das von Loreto 6,5 km entfernt ist, kann man **auf den Spuren** Giacomo Leopardis das Hausmuseum, das **Centro di Studi Leopardiani**, aber vor allem die Lieblingsorte des Dichters besuchen. Ein Museum im Teatro Persiani ist dem Tenor Beniamino Gigli gewidmet, während sich im Rathaus das **Gitarrenmuseum** befindet, in dem die Produktion der berühmten italienischen Marke Eko im Vordergrund steht. In **San Severino Marche** (22 km von Cingoli) findet im Juni der **Palio dei Castelli** statt mit Musikern, Bogen- und Armbrustschützen, die in komplexen und spektakulären Herausforderungen gegeneinander antreten. Von Loreto aus erreicht man nach 27 km **Macerata**. Wenig entfernt liegt **Villa Potenza** mit den Ausgrabungsstätten der römischen Stadt Helvia Ricina. In **Tolentino** (33 km von Cingoli) findet seit 50 Jahren in ungeraden Jahren die Biennale dell'Umorismo statt. 7 km von Tolentino entfernt kann man nach Terminvereinbarung das **Castello del Rancia** besuchen (Tel. 0733/97 33 49). Zu guter Letzt ist das **Naturschutzgebiet Abbadia di Fiastra** 13 km von Tolentino entfernt (www.abbadiafiastra.net).

Eine der malerischsten Adriaküsten ist hier Ausgangspunkt, von dem aus es gemächlich an sanften Hügeln vorbeigeht, die im Sommer golden, ansonsten grün strahlen. Die kleinen Städte auf dem Weg sind kostbare Ziele für Kunst, Geschichte und Musik.

Los geht es in Ancona auf der Panorama-Straße, die durch den *Naturpark del Conero* führt. Ein Vorgeschmack auf die Marken, der quasi mit dem köstlichsten Gericht beginnt. Goldene Strände, Vorgebirge und Klippen hart am Meer, mittelalterliche Dörfer und die malerische Umgebung einer Abtei. Darunter strahlend blaues Meer, an dem das Vorgebirge von Ancona die Monotonie einer unendlich langen Küste unterbricht. **Numana** und **Sirolo** sind genauso einen Besuch wert wie **Portonovo** mit den beiden Salzseen, dem **Lago Profondo** und dem **Lago del Calcagno**. Beeindruckend ist auch die über das Meer ragende *romanische Kirche* von **Portonovo**. In **Porto Recanati** beginnt der sanfte Ritt über die **Colli Esini**, der von regelmäßigen Stopps unterbrochen wird, um faszinierende Orte zu besuchen. In **Loreto** weckt das *Santuario della Santa Casa* mit der Renaissancekuppel und der Fassade des Bramante unser Interesse. Vom Wehrgang aus hat man eine sagenhafte Sicht über den Conero und die anderen Berge.
Auf der anderen Seite des Musone wartet die Akkordeonstadt **Castelfidardo** und kurz dahinter **Osimo**. Auf zwei angrenzenden Hügeln gelegen, ist das eingemauerte Stadtzentrum reich an Kirchen und Palästen. Das Interessanteste ist gewiss die unterirdische Stadt. In einem Labyrinth aus Stollen und Grotten gibt es Flachreliefs zu bewundern, und es reihen sich heilige Stätten aneinander, um die sich viele Mysterien ranken.
Weiter geht die Zickzackfahrt über sanfte Hügel gespickt mit kleinen Dörfern. In **Cingoli** ist das Meer fern, aber von der weiten

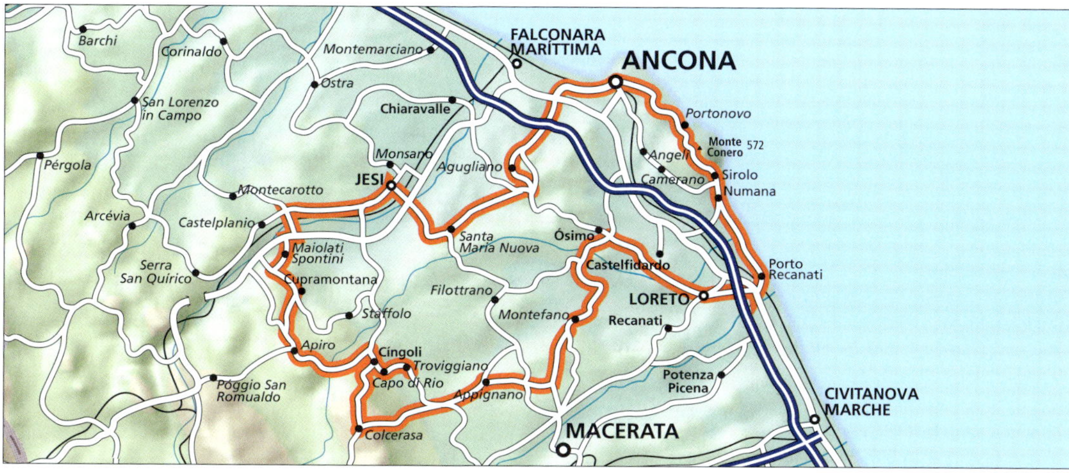

Terrasse auf den Schlossmauern zieht es unseren Blick an. Aufgrund ihrer hervorstechenden Lage auf dem Monte Circe wird die Stadt *Balkon der Marken* genannt. Neben den üblichen Museen gibt es hier ein einzigartiges *Internationales Sidecar-Museum* mit 100 Objekten und einer Ausstellung über Motorräder in der Geschichte des Films. Ein gutes Stück hinter der Stadt taucht der **Lago di Cingoli** den Musonetalkessel in smaragdgrünes Licht. Auf dem Weg zum Esino gelangen wir nach **Apiro**. Die Silhouette der befestigten Gemeinde ist am Hang deutlich auszumachen. **Cupramontana**, die Heimat des Verdicchio, feiert ihren Wein mit dem *Traubenfest* im Oktober und der *Nacht des Verdicchio* im Juli. Ebenfalls mit dem Wein verbunden ist das *Museo dell'Etichetta* im Palazzo Leoni, das Weinetiketten aus der ganzen Welt sammelt, einige aus dem späten 19. Jh. Der in den Stadtmauern eingeschlossene **Monte Roberto** thront über dem Esinotal. Wir folgen dem Fluss bis nach **Jesi**, der größten Ortschaft der Colli Esini. Das historische Zentrum ist von mächtigen Mauern aus dem 15. Jh. umgeben. Hier lassen wir das Motorrad stehen und spazieren durch herrschaftliche Häuser und die *Wirkungsstätten Pergolesis*. Anschließend fahren wir zurück nach **Ancona**, dessen künstlerisches und architektonisches Erbe wie auch die zahlreichen Kulturevents unsere volle Aufmerksamkeit verdienen.

Unten: Aussicht von den sonnenblumenübersäten Hügeln zwischen Cupramontana und Castelbellino.

Linke Seite: Der Lago di Cingoli mit seinen typischen grünblauen Lichtreflexen.

Das Akkordeon von Castelfidardo

In **Castelfidardo** gründete der Handwerker Paolo Soprani 1863 die erste Werkstatt zur Akkordeonherstellung. Wenige Jahre später eröffnete Mariano Dallapè in Stradella, Provinz Pavia, seine eigene Produktionsstätte und begann, das Akkordeon zu perfektionieren. Seitdem ist der Akkordeonbau in seinen beiden Heimatorten nicht nur niemals abgebrochen, sondern hat sich stets weiterentwickelt. Castelfidardo widmet dem Akkordeon ein **Museum** (montags geschlossen; Tel. 071/780 82 88) im Rathaus, mit 350 Ausstellungsstücken, darunter die Sammlung Giuseppe Paninis, der zwar eher für seine Figürchen bekannt ist, aber ein großer Akkordeonliebhaber war. Das zugehörige Event ist das *Festival Internazionale della Fisarmonica di Castefidardo* im September, das 2018 bereits in seine 43. Ausgabe geht. Neben den musikalischen Darbietungen werden Einführungskurse für Kinder angeboten, Ausstellungen und Begegnungen mit den Künstlern (www.festivalcastelfidardo.it).

Marken

51 Die Fermomark

Streckenlänge
196 km
Start- und Zielort
Pedaso (FM), Fermo
Streckenverlauf
Pedaso – Santa Maria a Mare, Fermo (15,5 km), Monte San Giusto (34,5 km), Francavilla d'Ete (45 km), Montegiorgio (53,5 km), Falerone, Servigliano (68 km), Santa Vittoria in Matenano (77 km), Montefalcone Appennino (84,5 km), Amandola (102 km), Roccafluvione (132 km), Force (150 km), Rubbianello (177 km), Moresco (182 km) – Fermo.
Schwierigkeitsgrad
Leicht. Für alle Motorradtypen geeignet.
Wissenswertes
Eine Tour für jede Jahreszeit. Im November findet in Amandola die weißen Trüffeln und anderen typischen Produkten der Sibellini gewidmete Messe *Diamanti a Tavola* statt.

Sehenswürdigkeiten

Die **Gola dell'Infernaccio** ist ein großartiger, mühsam zu erreichender Ort. Über eine 11 km lange Strecke erreicht man von Amendola aus **Rubbiano.** Dann geht es über eine enge Naturstraße mit schlechtem Untergrund ca. 2 km weiter, bis man das Motorrad abstellt und noch 700–800 m zu Fuß geht. **Ripatransone**, 15,5 km von Rubbianello entfernt, hat einen hoch über dem Meer gelegenen malerischen historischen Ortskern, der auch **Balkon des Piceno** genannt wird. Hier befindet sich auch der Palast aus dem 15. und 16. Jh., in dem Ascanio Condivi lebte, der Schüler und erste Biograf Michelangelos. **Torre di Palme** ist ein hübsches mittelalterliches Städtchen mit Meerblick, 11 km von Fermo entfernt. Von Pedaso aus ist man in 12,5 km in **Grottammare**, das auch einen schnuckeligen historischen Ortskern vorzuweisen hat. Über Cupra Marittima erreicht man die Ruinen des **Schlosses Sant'Andrea**, mit einer großartigen Aussicht und einem Amphitheater im Park, in dem sommerliche Events stattfinden. Sowohl Cupra als auch Grottammare haben schöne, saubere und gut ausgestattete **Strände**, die nie überfüllt sind. Ideal, wenn man sich in Ruhe ein bisschen Meer gönnen möchte.

Das Herzogtum Fermo bietet viele Anreize für einen schönen Ritt über sanfte Hügel im Tennatal bis zu den ausgeprägteren Erhebungen des Monte Teveraccio.

Ein kurzes Stück Meer, das Lust macht, am Strand zu bleiben. Ohne Menschenmassen, ohne Lärm. Süßes Nichtstun vor der Fahrt ins Binnenland. **Fermo** ist eine bezaubernde Stadt, deren historischer Kern sich auf einem kleinen Berg konzentriert und zu einem Zwischenstopp einlädt. Sehenswert ist vor allem der *Dom* mit den berühmten 5 Glocken und die zwischen zwei Reihen von Loggien und historischen Brunnen eingeschlossene *Piazza del Popolo.* Außerhalb der Stadt geht es kontinuierlich in Meernähe auf und ab – zwischen mit Städtchen gesprenkelten Bergrücken taucht es immer wieder auf. Wir folgen unserem Instinkt oder dem Lauf eines Flusses oder wir geben der Neugier nach, einen Ort aus der Nähe anzusehen. Indem wir so links und rechts des Tenna hin- und herspringen, erreichen wir **Servigliano**. Die Geburtsstadt Guido Pacis, dem 1983 auf dem Circuito di Imola verstorbenen Rennfahrer, der seinerzeit als der schnellste der Welt galt. Servigliano pflegt sein Andenken seit über 20 jahren mit dem *Memorial Guido Paci*, einem Fest mit historischen Motorrädern, das im September auf den Staßen der Stadt stattfindet.

Der Palio dell'Assunta

Das jahrtausendealte, auch als Cavalcata dell'Assunta bekannte Fest geht über mehrere Tage in der ersten Augusthälfte. Es bezieht über 600 Beteiligte ein und erfordert eine sehr lange körperliche und choreografische Vorbereitungszeit. Das Fest beginnt mit der Aufnahmezeremonie der Prioren und der Bannerträger (Gonfalonieri) der Kontraden (Stadtviertel), dann folgen hitorische Umzüge, Trommelwettbewerbe, Aufführugen mit Fahnenschwingern, Tauzieh-Wettbewerbe zwischen den Kontraden, mittelalterliche Animationen; Höhepunkt ist an Maria Himmelfahrt mit dem Reiterzug und dem Palio dell'Assunta auf der namensgebenden Piazza del Palio. Den Rahmen bilden von den Kontraden hergestellte Spezialitäten sowie Tanz-, Gesang- und Musikaufführungen. Gegen Eintritt kann man von Tribünen, die rund um die Piazza aufgebaut sind, bei den Testrennen und selbstverständlich auch beim Palio zusehen. Von den zur Piazza hinausgehenden Balkonen und Fenstern hat man ebenfalls einen guten Blick. Kostenlos ist hingegen der Eintritt ins Innere der Piazza (www.cavalcatadellassunta.it).

Die Fahrt auf den Gebirgskämmen mit Blick auf die Gipfel der bis in den Spätfrühling verschneiten **Monti Sibillini** führt zum **Lago di San Ruffino**. Von einer leichten Erhebung blickt die romanische *Benediktinerabtei San Ruffino und Vitale* aus dem 11. Jh. auf den See. Zu besuchen gibt es die geheimnisvolle Krypta, eine unterirdische Einsiedelei mit einem Gemäldezyklus im orientalischen Stil. Danach markiert **Amandola** den Übergang ins Gebirge. Von dieser alten Stadt aus wird es kurvig, gebirgig und sehr kurzweilig. Die SP237 verläuft an den Hängen des **Monte Teveraccio** entlang. Um dem langen Tunnel zu entgehen, der einen Großteil des schönsten Abschnittes verschluckt, der Beschilderung nach **Casale** folgen. Dann geht es in Einsamkeit weiter auf den schönen Kurven zwischen **Venarotta** und **Force** nach **Valdosa**.
Und wieder sind es die Städtchen, die uns von der Fahrt abhalten. **Moresco** ist in den dreieckigen Mauern des auf dem Berggipfel stehenden Schlosses eingepfercht. Unter dem beeindruckenden siebeneckigen *Turm* aus dem 12. Jh., der als Ausstellungsraum genutzt wird, erstreckt sich der Hauptplatz. Dieser malerische Rahmen wird in den Sommermonaten zur Bühne für klassische Musikkonzerte und Mundart-Theater. Auf dem gegenüberliegenden Hügel beherbergt **Monterubbiano** eine bedeutende *Pinakothek* sowie das *Archäologische Museum*. Auf Nebenstraßen lenken uns noch die Ruinen eines alten Schlosses, einer Pfarrei oder der Blick über das Meer ab, bevor die Reise am Strand oder zwischen den uralten Mauern Fermos endet.

Oben: Straßenabschnitt zwischen Amandola und Comunanza.

Unten: Pause am Lago di San Ruffino, unweit von Amandola, mitten im Grünen.

52 Marken
Vom Meer zu den Sibillinischen Bergen

Streckenlänge
137 km
Start- und Zielort
Porto d'Ascoli (AP), Camerino (MC)
Streckenverlauf
Porto d'Ascoli – Ascoli Piceno (30 km), Acquasanta Terme (50 km), Pretare (65 km), Forca di Presta (74 km), Castelluccio (82 km), Passo di Gualdo, Castelsantangelo sul Nera (96,5 km), Visso (105 km), Appennino (111 km) – Camerino.
Schwierigkeitsgrad
Leicht. Die Wege bergauf zu den Pässen sind manchmal nicht in perfektem Zustand und erfordern Vorsicht beim Fahren.
Wissenswertes
Ascoli Piceno ist eine der monumentalsten Städte Italiens und verdient einen längeren Besuch. Weitere Informationen unter www.comuneap.gov.it. Das Erdbeben 2016 hat zahlreiche Straßen beschädigt, die lange gesperrt waren. Zur Befahrbarkeit bei der örtlichen Polizei erkundigen oder online recherchieren.

Sehenswürdigkeiten

Offida, die Stadt der Spitzenstickerei. Im Ort ist es keine Seltenheit, Frauen vor der Haustür auf einem Stuhl sitzend klöppeln und dieses uralte Handwerk zu pflegen zu sehen. Das **Spitzenmuseum** beantwortet alle Fragen zur Stickkunst. Von Ascoli aus geht eine kurven- und serpentinenreiche Straße über die Montagna dei Fiori und schließt zum Teil den **Naturpark dei Monti della Laga** ein, bevor sie weiter nach **Civitella del Tronto** mit seiner beeindruckenden Festung führt. In der Ortschaft beansprucht die **Ruetta** den Titel der engsten Gasse Italiens für sich. Zurück in das **Trontotal** gelangt man über die Statale 81, die ebenfalls großen Spaß macht. **Montecavallo** erreichen wir hinter dem Passo delle Fornaci über die SP209. Hierbei handelt es sich um eine Gemeinde mit mittelalterlichem Ortskern, der die Reste eines Tumrs umgibt. Im Sommer findet hier die kulinarische Sagra del Castrato e del Pecorino statt. In **San Maroto**, 13 km von Camerino, zeigt die Kirche San Giusto die älteste romanische Architektur der Marken.

Der Start für die Fahrt zu den Pässen auf den Sibillinischen Berge ist am Meer. Bevor es aber bergauf geht, machen wir Halt in der monumentalen Altstadt von Ascoli Piceno, wo der Travertin eine wichtige Rolle spielt.

Die Tour beginnt auf der Statale, die das Meer mit Ascoli verbindet. Um die Eintönigkeit dieses alternativlosen, langweiligen Abschnittes zu unterbrechen, folgt man einer Abzweigung rechter Hand hinauf nach **Offida**, das für seine Spitze bekannt ist. In **Ascoli Piceno** steht dann eine Pause auf der *Piazza Arrigo* und im historischen *Caffè Meletti* an der renaissancezeitlichen *Piazza del Popolo* an. Außerhalb der Stadt beginnt die Statale 4, die dem Lauf des Tronto folgt, bis sie sich hinter **Acquasanta Terme** durch spektakuläre Schluchten quetscht. Viele Blitzer halten einen an langsam zu fahren, wodurch mehr Aufmerksamkeit für die Landschaft bleibt. In **Borgo**, kurz vor Arquata, Szenenwechsel. Wir betreten den *Nationalpark der Monti Sibillini*. Die Straße verengt sich, der Asphalt wird schlechter. In dieser Wildnis sind keine Häuser mehr zu sehen. Die wenigen Zeichen der Zivilisation scheinen Zeugnisse einer kleinen verschlafenen Welt zu sein, die vergessen hat, ihren Kalender zu aktualisieren. Der Park ist von Anfang an sehr schön. Die Straße erklimmt gewunden die steilen Hänge des **Monte Vettore**, dem höchsten Berg der Sibillini, bis zur 1540 m hohen **Forca di Presta**. Die klare Luft weht kräftig über die Wiesen. Kurz hinter der Forca führt ein leichter Abstieg nach **Piano Grande**. Hier, in diesem kleinen Stück Umbrien, wiederholt sich alljährlich zwischen Mai und Anfang Juli das Spektakel der Blütezeit. Enzian, Narzissen, Veilchen, Mohn und viele andere Arten tauchen die Wiesen der Hochebene in bunte Farben. Das zieht Hunderte Touristen an, insbesondere in den letzten zwei

Die Ebene von Castelluccio vor dem Passo di Gualdo, auf dem das Dorf Castelluccio zu sehen ist – ideal für einen kleinen Imbiss.

Juniwochen zum *Blütefest*. Wer dagegen die wilde Schönheit dieser Orte genießen möchte, sollte sich eine andere Jahreszeit aussuchen. In **Castelluccio**, einer Handvoll Häuser, kann man eine ortstypische Spezialität probieren: ein Gericht aus Platterbsen, Dinkel, Linsen aus Colfiorito, Pecorino aus Castelluccio und der Schiacciata di Norcia. Nach dem **Piano Perduto** öffnet sich zwischen den Bergen der **Passo di Gualdo**. Dann, mit Blick auf die tiefe Talsenke, geht es auf engen und steilen Serpentinen hinab nach **Castelsantangelo sul Nera**. Ein paar Kilometer „Erholung" bietet der fast gerade Abschnitt am Fluss entlang, dann erreichen wir die eindrucksvollen Mauern von **Visso**. Die SP209 della Valnerina führt zum **Passo delle Fornaci**. Um den Tunnel zu umgehen, folgt man der Beschilderung nach Appennino, Vari und Gabbiano, kleine Ortschaften, die schneller wieder verschwinden, als man in den nächsten Gang schaltet. Die Erhebungen sind jetzt sanfter, die Täler weit und die Straße gerade. Der Park verschwindet, doch die Silhouette der Sibillini bleibt und begleitet die Tour bis zum Ziel, der hübschen Kleinstadt **Camerino**.

Der verletzte Park

Ist der **Parco dei Sibillini** – 70 000 ha geschützte Gebirgslandschaft zwischen Marken und Umbrien –, der sich durch seine Artenvielfalt auszeichnet, in der Bergkiefern und Weißtannen, Wölfe, Adler und Falken nebeneinander leben. Ihm gehören 18 Gemeinden an, die jenseits von Flora und Fauna ein historisch-kulturelles Netzwerk zu bieten haben. Ein mächtiges Erdbeben wütete hier und hinterließ unauslöschliche Spuren. **Castelsantangelo sul Nera** ist mehr durch das Erdbeben bekannt als für das Ecomuseo del Cervo. **Visso** wurde ebenfalls schwer getroffen und sein Museum mit den Schriften Leopardis ist noch immer geschlossen. **Pieve Torina** mit seinem Museo della Nostra Terra und seinen 5000 in Heuspeichern entdeckten Objekten ist nur noch ein Häufchen Erde. Aktuelle Informationen zum Wiederaufbau: www.sibillini.net, offizielle Seite mit Gemeindeverzeichnis.

Profil und Höhenverhältnisse – Übersicht

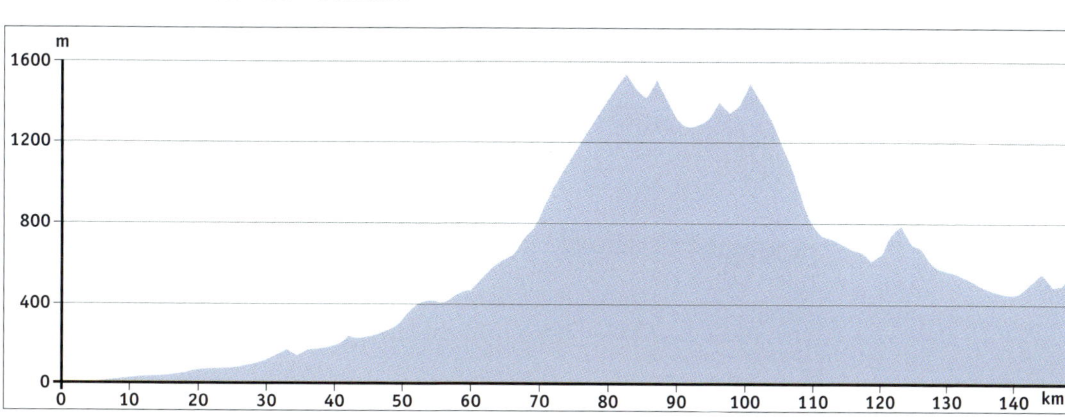

Canadian

Umbrien

53 Umbrien
Vom Trasimenischen See zum Monte Subasio

Streckenlänge
234 km
Start- und Zielort
Castiglione del Lago (PG), Assisi (PG)
Streckenverlauf
Castiglione del Lago – Monte del Lago (26 km), Passignano sul Trasimeno (37 km), Tuoro sul Trasimeno, Umbertide (76 km), Gubbio (103 km), Scheggia (115 km), Nocera Umbra (154 km), Colfiorito (175 km), Foligno (202 km), Spello, Armenzano (224 km) – Assisi.
Schwierigkeitsgrad
Leicht, für alle Motorradtypen geeignet.
Wissenswertes
Im Abschnitt von Valico di Colfiorito nach Foligno ist die vierspurige SS77var fertiggestellt worden, die durch lange Tunnel führt. Um auf dieser Tour das Valico di Colfiorito mit Aussicht auf die schöne Umgebung zu erreichen, einfach an die alte SS77 halten.

Sehenswürdigkeiten

Im **Naturpark Trasimenischer See** lohnt sich der Besuch (zu Fuß) der Isola Polvese und der Isola Maggiore. Es gibt 4 Verbindungen zu den Inseln, die von verschiedenen Punkten ausgehen und 10 bis 20 Minuten dauern (sämtliche Informationen auf www.lagotrasimeno.net). Die malerische Gemeinde **Bettona**, 17 km von Assisi, liegt direkt am Tal des Flusses Chiascia und wird von einer mittelalterlichen Stadtmauer umringt, die auf den Resten einer etruskischen Mauer gebaut wurde. Im Palazzetto del Podestà befindet sich die Pinakothek, in der unter anderem Peruginos Madonna della Pietà ausgestellt ist. **Deruta**, 25 km von Assisi, ist berühmt für ihre Keramikverarbeitung. Das historische Stadtzentrum oben auf dem Hügel ist ein beliebtes Ziel für Liebhaber seiner Handwerksläden, Gebäudefassaden, Kirchen, Brunnen und Türme. Im 7 km von Assisi entfernten **Santa Maria degli Angeli** befindet sich ungewöhnlicherweise in einem Hotel das **Scootermuseum**, eine große Sammlung von Modellen aus dem gesamten 20. Jh. Zusätzliche Infos zum kostenlosen Besuch: www.museodelloscooter.com.

Vor der Fahrt auf der Rennstrecke von Magione drehen wir erst eine Runde vom See zur Stadt San Francesco und durch die Hochebene von Colfiorito.

Um an den See zu gelangen, muss man einen Umweg machen und die Autobahn meiden, die das Nord- und Ostufer streift. **Castiglione del Lago** ist der ideale Startpunkt. Die Gemeinde hat römische Wurzeln, die sich heute noch in der Struktur der Altstadt nachverfolgen lassen. Unter den zahlreichen Events sticht im Frühling *Coloriamo i cieli* hervor, bei dem bunt bemalte Drachen und Heißluftballons steigen. Der „echte" See mit seiner melanchonischen Atmosphäre liegt zwischen San Savino und Torricella unter dem sich zur Isola Polvese hinstreckenden Berg. **Passignano** erwacht am letzten Juliwochenende mit dem *Palio delle Barche* zum Leben, bei dem an das historische Duell zwischen den beiden Peruginer Familien Oddi und Baglioni erinnert wird. In **Tuoro** prangt auf einer Wiese der *Campo del Sole*, ein Freilichtmuseum mit Skulpturen aus Pietra Serena (einem grauen Sandstein). Dort verlassen wir den See, um uns nach **Gubbio** vorzuarbeiten. Die Stadt an den Hängen des Monte Igino bedarf keiner Vorstellung. Sie gehört zu den ältesten Siedlungen Umbriens und bewahrt einen architektonische und künstlerische Schätze von unvergleichlichem Wert. Zu einem Besuch gehören der *Palast der Konsuln*, in dem sich das Stadtmuseum befindet, der *Herzogliche Palast*, die *Kathedrale* und das *Römische Theater*. Auf dem Weg nach Assisi wächst die Vorfreude – auch aufgrund der atemberaubenden Landschaften des *Regionalparks del Monte Cucco*, der *Hochebene von Colfiorito* und des *Naturpark Monte Subasio*. Die Ebene von **Colfiorito** ist ein riesiges, gewelltes Tal aus roter, fruchtbarer Erde, auf dem Gemüse angebaut wird, darunter Linsen, Platterbsen, Zwiebeln und die Rote Kartoffel. Letz-

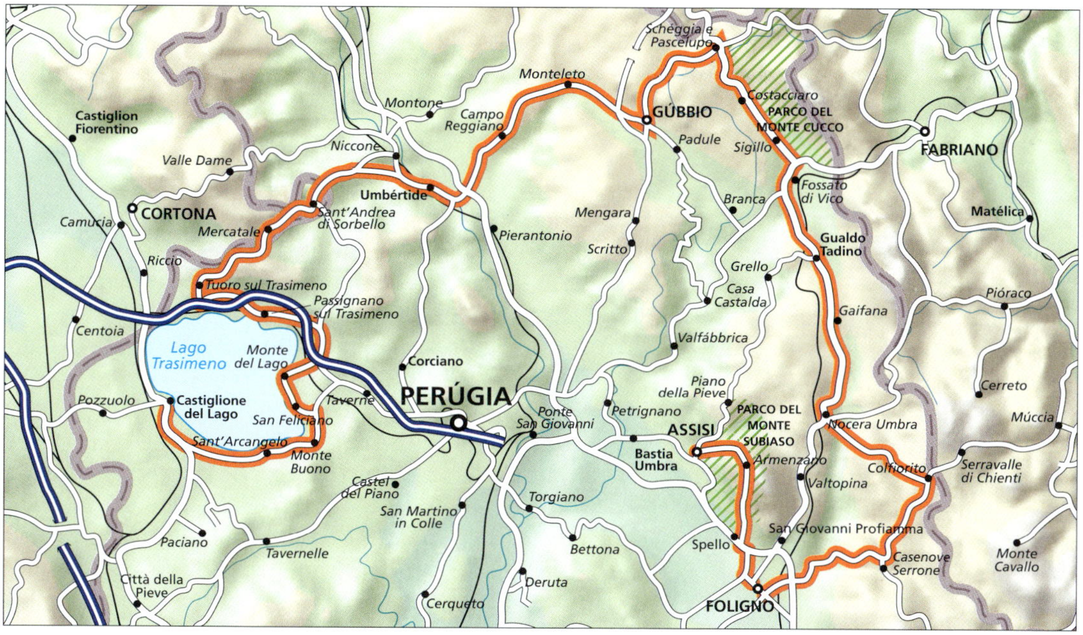

terer ist in der zweiten Augusthälfte ein Stadtfest gewidmet. Die den *Naturpark Colfiorito* durchquerende SP77 ist äußerst schön und regt zu einem sportlicheren Fahrstil an – aber sie ist staubig und der Lastwagenverkehr macht den Traum zunichte.

Auch zu Foligno und Spello muss man nicht viel sagen. In **Foligno** befinden sich im *Palazzo Trinci* die Pinakothek, das archäologische Museum und ein interessantes *Museum für Turniere und Spiele*. Außerhalb der Stadt steht, abgeschieden auf einem Ausläufer mitten in einem Eichenwald, die **Abtei Sassovivo** mit ihrem romanischen Kreuzgang und einer mit Fresken verzierten Loggia. In **Spello** darf man die Kapelle der Baglioni in der *Basilika Santa Maria Maggiore* mit den Fresken Pinturicchios nicht verpassen. Ein Abstecher in den *Naturpark del Monte Subasio* ist der letzte Schritt vor der Ankunft in San Francesco. **Assisi** ist von einer mystischen Aura umgeben, die ein großes Gefühl von Frieden vermittelt – trotz der Menschenmengen, die zu jeder Jahreszeit die Basiliken *Sankt Franziskus* und *Santa Chiara* füllen.

Unten: Die Farben des Sees zum Herbstanfang.

Linke Seite: Kurzer Halt in Castiglione del Lago unter der von Friedrich II. errichteten mittelalterlichen Festung.

Umbriens Autodrom

Die Rennstrecke von **Magione** trägt den Namen Mario Umberto Borzacchinis, ist 2507 m lang und hat 11 Kurven, darunter den berühmten Doppio Curvone, eine sehr schwierige Stelle der Piste, und den Tornantino, eine 180°-Kurve, bei der die Geschwindigkeit extrem reduziert werden muss. Das Autodrom organisiert und veranstaltet neben freien Trainings auch unterschiedliche Fahrkurse für Motorrad- und Autofahrer. Der Terminkalender für Motorradtrainings ist auf der Website einsehbar und die 20-minütigen Zeitfenster können nach Registrierung online reserviert werden (Anleitung zur Reservierung nach Vorkasse unter: Come prenotare del sito). Es gibt Sonderangebote für freies Training an Nachmittagen und darauffolgenden Vormittagen, oder als 10er-Block. Vor Betreten der Piste müssen vor Ort die Lärmregelungen zur Kenntnis genommen werden (www.autodromomagione.com).

54 Umbrien
Unter dem Himmel der Monti Martani

Streckenlänge
281 km
Start- und Zielort
Orvieto (TR), Narni (TR)
Streckenverlauf
Orvieto – Monteleone (40,5 km), Montegiove (52,5 km), Prodo (90 km), Ponte (110 km), Montecchio (134 km), Amelia (159 km), Casteltodino (180 km), Dunarobba, Todi (204 km), Bastardo (224 km), Massa Martana, Cesi (259 km), San Gemini – Narni.
Schwierigkeitsgrad
Keine große Herausforderung, für alle Scooter und Motorradtypen geeignet.
Wissenswertes
Sowohl in Orvieto als auch in Narni kann man die unterirdische Stadt besuchen. Dabei handelt es sich um 1200 von Menschenhand gegrabene Höhlen. Die in Orvieto sind aus dem Tuffstein gehauen (Infos: Tel. 0763/34 06 88), wohingegen es sich bei denen in Narni um erweiterte Räumlichkeiten des Klosters handelt (www.narnisotterranea.it).

Sehenswürdigkeiten

Città della Pieve liegt 8 km von Monteleone. Der historische Ortskern, dessen Mauern und Gebäude fast vollständig aus Stein gebaut sind, ist malerisch. Hier findet im August ein lebhafter Palio dei Terzieri statt: Wettkämpfe, historische Umzüge, aber auch Stände, Markt und Straßenaufführungen (www.paliodeiterzieri.it). Die knapp 20 km von Narni entfernten **Cascate delle Marmore** sind vom Belvedere Inferiore in Collestatte Piano oder vom Belvedere Superiore in Marmore aus zu bewundern. Auf der Website (www.marmorefalls.it) findet man die Besuchszeiten (auch nachts) des höchsten Wasserfalls Europas. Der **Lago di Piediluco** ist ein bezauberndes unregelmäßig geformtes Becken, umgeben von bewaldeten Hängen, und liegt an der Statale 3, kurz hinter den Cascate delle Marmore. Die **Montagna dell'Eco** macht ebenfalls Spaß Über dem Ortsteil **Piediluco** mit mittelalterlichem Grundriss und lebhaft farbigen Häusern ragt die **Rocca**.

Das wahre Umbrien, das grüne mit den mittelalterlichen Orten, deren Mauern Kunst, Geschichte und Traditionen bewahren, beginnt beim Dom von Orvieto. Es verläuft sich auf den Gebirgskämmen, blickt über das Tibertal, folgt der Nera und endet in der Stadt des Gattamelata.

In **Orvieto** nehmen wir uns die Fresken Signorellis im gotisch-romanischen Dom vor, betrachten den legendären *Pozzo di San Patrizio* und wandern an den Handwerksläden vorbei zur *Torre del Moro*. Dann wieder aufgesessen und los. Außerhalb der Stadt öffnet sich eine grüne Welt. Wer sich dagegen nach dem Blau des Meeres sehnt, braucht nur den Blick zum Himmel heben, um gleichermaßen entzückt zu werden. Die Statale Umbro Casentinese eröffnet die Reise mit einer unendlichen Reihe von Kurven, die bei **Ficulle** die größte Fahrfreude bereiten, wo eine große Zahl an Motorradfahrern jeden Sonntag die Bar am Ortseingang bevölkert. Von dort geht es nach Monteleone, um auf eine einsame Landstraße nach **Montegiove** abzubiegen, die sich dem Relief der Berge anpasst. Menschen begegnet man nur in den kleinen Fraktionen. Die steile Fahrbahn scheint endlos, bevor sie den Poggio Spaccato überwindet und auf der Strecke zum Gipfel des Monte Peglia grandiose Aussichten bietet. Weiterhin einsam geht es vorbei am *Parco Fluviale del Tevere*. Viele Kurven, viel Auf und Ab, bis in der Ferne das unverwechselbare Profil der Stadt **Todi** erscheint. Vom Tibertal breitet sich der **Corbarasee** aus. Das geradlinige Ufer ist mit Weinstöcken bedeckt, die sich auf einem Teppich aus weißen Blumen fast bis ans Wasser vorschieben.

Die spektakuläre Fassade des Doms von Orvieto bei Sonnenuntergang.

Der Fossilenwald von Dunarobba

Der magische Wald schlief, begraben in einer Lehmhöhle. Doch er schlief keinen ruhigen Schlaf, da das Gebiet bereits in den 1930er-Jahren durch den Braunkohleabbau stark ausgebeutet und erst durch die Entdeckung neuer Brennstoffe geschont wurde. In den 1980ern ermöglichte ein neu gewecktes geologisches Interesse die Aufwertung dieses Waldes, in dem heute riesige fossile Stämme von 1 bis 4 m Durchmesser und bis zu 8 m Höhe zu sehen sind. Etwa fünfzig perfekt im Boden verwurzelte Bäume einer ausgestorbenen vor 3–2 Mio Jahren gewachsenen Mammutbaumart sind hier erhalten. Der Wald untersteht der Aufsicht über das archäologische Erbe (Soprintendenza) und darf nur in Begleitung von autorisiertem Personal besucht werden, jeden Tag außer montags, je nach Jahreszeit (www.forestafossile.it).

Ein Spaziergang zwischen den Stadtmauern von **Amelia**, vorbei an herrschaftlichen Palästen und der *Torre Civica* unterbricht die Fahrt nach Süden. Und der **Fossilienwald Dunarobba**, den die Straße nach Todi streift, verdient ebenfalls einen Halt. Hinter Todi beeilen wir uns, die **Monti Martani** zu erreichen, die wir auf der nach dem Bergmassiv benannten Statale 316 entlangfahren. Immer wieder sind es die Ortschaften, die unsere Fahrt unterbrechen. In **Carsulae** besuchen wir die archäologische Ausgrabung der antiken römischen Stadt. **San Gemini** ist eine putzige Gemeinde unweit der berühmten Quellen. Und auch die Wanderung von Cesi zum **Monte Torre Maggiore**, dem höchsten Gipfel der Martani, solte man nicht verpassen. Auf dem Gipfel kann man die Reste eines italischen Tempels besuchen. In **Narni** mit seiner *Rocca Albornoziana*, der *Augustusbrücke* und der unterirdischen Stadt verabschieden wir uns aus dem grünen Umbrien.

Oben: Piazza San Francesco in San Gemini. Hier beginnen zahlreiche kleine historische Straßen.

Unten: Blick von der aussichtsreichen SS79bis.

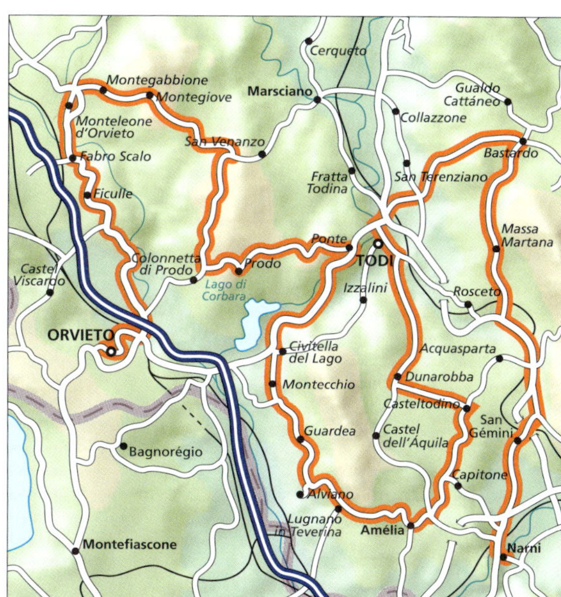

55 Umbrien
Zwischen Norcia und den Forken

Streckenlänge
162 km
Start- und Zielort
Norcia (PG)
Streckenverlauf
Norcia – Preci (18 km), Triponzo (33 km), Monteleone di Spoleto (64 km), Cascia (80,5 km), Serravalle (92 km), Norcia (98,5 km), Agriano (110 km), Chiavano (129,5 km), Terzone San Pietro (135 km), Civita (144 km) – Norcia.
Schwierigkeitsgrad
Diese Tour ist nicht besonders lang an Kilometern, aber die schwierigen, engen und gewundenen Straßen verlängern die Fahrzeit deutlich. In den kälteren Jahreszeiten beachten, dass nur wenige Stunden Tageslicht zur Verfügung stehen.
Wissenswertes
Für weitere Informationen zur Wallfahrtskirche Santa Rita, zur Basilika und den Besuchszeiten: www.santaritadacascia.org

Sehenswürdigkeiten

Um die Forken alle in einem Zug zu erleben, lohnt es sich, bis zur **Forca Canapine** (19 km von Norcia) vorzudringen, die an der Grenze zu den Marken und nahe am Latium liegt. Die SP477 verläuft mit Blick über das Tal und die Sibillinischen Berge auf dem Gebirgskamm entlang. Die **Forca di Cerro** ist 19,5 km von Triponzo entfernt, wenn man dem Lauf der Valnerina folgt. Nach der Forca erreichen wir 10 km weiter **Spoleto**, ohne den langen Tunnel zu durchfahren. Die sehr schöne, für ihr *Festival dei Due Mondi* berühmte Stadt verfügt über eine alternative Mobilitätsplanung. Nach Abstellen des Motorrads gelangt man auf Laufbändern, über Aufzüge und Rolltreppen in die Altstadt. Von Spoleto aus erklimmen wir durch einen Steineichenwald **Monteluco**, eine kleine Fraktion, die sehr malerisch auf einem Bergrücken gelegen ist. Unbedingt besichtigen sollte man das *Franziskanische Heiligtum* aus dem 13. Jh, von dem die Mönchszellen und die kleine Gebetskapelle erhalten sind.

Bei dieser Bergtour liegt das Augenmerk eindeutig auf der spektakulären Natur. Sie streift nur zwei bedeutende Zentren: Cascia, berühmt für die Wallfahrtskirche Santa Rita, und das vom Erdbeben 2016 tief gezeichnete Norcia, das genau deshalb Start- und Zielort dieser Etappe ist.

Norcia ist eine kleine und wunderschöne Stadt. Der historische Stadtkern mit den Handwerksläden, Chocolaterien und Norcinerien lädt uns unwiderstehlich zum Stehenbleiben, Einkaufen und Spazieren ein. Deshalb ist es so gut, die Route hier zu beginnen und zu beenden – man kann sich noch etwas für später aufheben. Neben **Cascia** ist Norcia die einzige bedeutende Stadt, die wegen ihrer *Wallfahrtskirche* vor allem Ziel religiöser Besucher ist. Der Rest besteht aus Natur, Tälern und Bergen. Das sind die *Forken*, entlegene und enge Pässe, die, kaum überwunden, einen sofort in eine vollkommen andere, dennoch einsame und wilde Landschaft versetzen.
Die Auffahrt zur **Forca di Ancarano** beginnt im Wohngebiet Norcias. Die SP476 überwindet auf den 6 km an der Wand des Monte Patino entlang 400 Höhenmeter. Über die Forke hinaus streifen wir den *Naturpark dei Sibillini*. Nur die *Abtei Sant'Eutizio* unterbricht die Einsamkeit sowie, kurz dahinter, die Gemeinde Preci. Auf der Fahrt die Nera entlang verändert sich die Landschaft und dehnt sich in ein weitläufiges Tal aus, das nur von ein paar Schafherden bewohnt wird. Dann verengt sie sich wieder und windet sich ins Tisinotal hinab – steigt steil die Hänge des Monte Maggio hinauf und entrollt sich gewunden bis zum fast 1000 m hoch gelegenen Poggiodomo und weiter nach Monteleone di Spoleto. Mit wenig Aussicht, aber viel Fahrfreude erreichen wir die **Forca di Rua La Cama**. Die wenig befahrene Straße hat einen guten

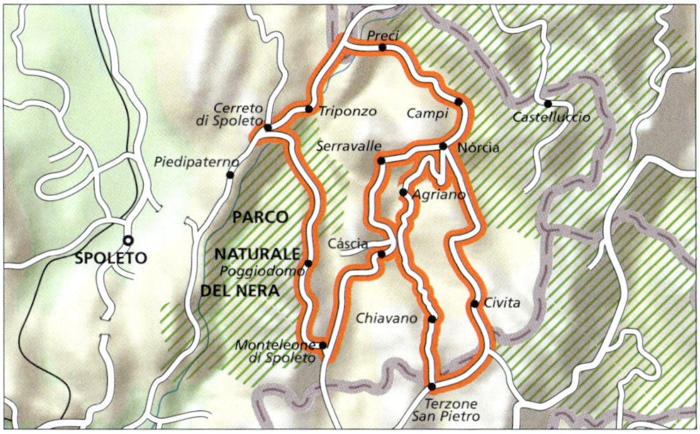

Belag und Kurven, die sich schön aneinander anschließen. Bergab nach Cascia wird sie steiler, auf einer ersten Ebene beginnt eine tolle Folge von Serpentinen. Die Abschnitte zwischen Cascia und Norcia sind einer schöner als der andere und bilden eine Runde, die man am liebsten immer wieder fahren würde. Die Fahrt zur **Forca di Chiavano** kann aber ganz andere Gefühle auslösen. Der Straßenbelag ist in schrecklichem Zustand, fast wie Wellblech, und erfordert das richtige Tempo. Wir begegnen nur wenigen verstreuten Häusern, die nach dem Erdbeben aus dem Nichts errichtet wurden. Sie sehen aus wie Ferienbungalows, aber es sind die Häuser der ihrer ländlichen Identität beraubten Landwirte. Die Landschaft ist dennoch faszinierend. Die engen Bergmauern lassen die 1140 m Höhe kaum erahnen.

Und so eilen wir zur **Forca di Civita**, mit 1227 m die höchste, wildeste, am stärksten von der Sonne versengte und von Wind umspielte. Die Fahrt ist heiter, doch der Blick schweift in die Ferne. Inmitten einer langen Serie von Serpentinen bei **Savelli** befindet sich die Ruine der von Bramante erbauten *Kirche della Madonna della Neve*, die beim Erdbeben 1979 fast vollständig eingestürzt ist – bloß zwei mit Fresken geschmückte Wände sind erhalten. Nach einer langen, geraden Strecke empfängt Norcia wieder mit der wohltuenden Wärme einer belebten Stadt.

Norcia, die Norcini und der Trüffel

Bereits am Stadteingang vermittelt sich die große Kunstfertigkeit, Schweine zu schlachten und das Fleisch in Wurstform zu verkaufen. Die Geschäfte sind dem Publikum zugängliche Werkstätten, die man als Laie betritt und mit einem profunden Wissen über den jahrtausendealten Beruf des Norcino wieder verlässt. Dieser Berufszweig hat 1997 zur Verleihung der geschützten Herkunftsbezeichnung für den **Prosciutto di Norcia** geführt. Daneben werden hier auch weitere Wurstwaren hergestellt, wie die Salsiccia Rustica di Prosciutto, Wildschwein- und Rotweinsalami und andere mit fantasievolleren Namen wie Fiaschetta, Maialino oder Palle di Nonno. Die *norcini* (dt. Schweinemetzger) Norcias, deren Familien sich einer langen Tradition rühmen, sind zum Schutz der Marke in einem Konsortium vereint (www.prosciuttodinorcia.com). Außerdem steht neben den Wurstwaren auf einer seit fast 50 Jahren im Februar stattfindenden Verkaufsmesse auch der **schwarze Trüffel** Norcias im Mittelpunkt (www.neronorcia.it).

Linke Seite: Die 1227 m hohe Forca di Civita in ihrer unberührten Wildnis.

Profil und Höhenverhältnisse – Übersicht

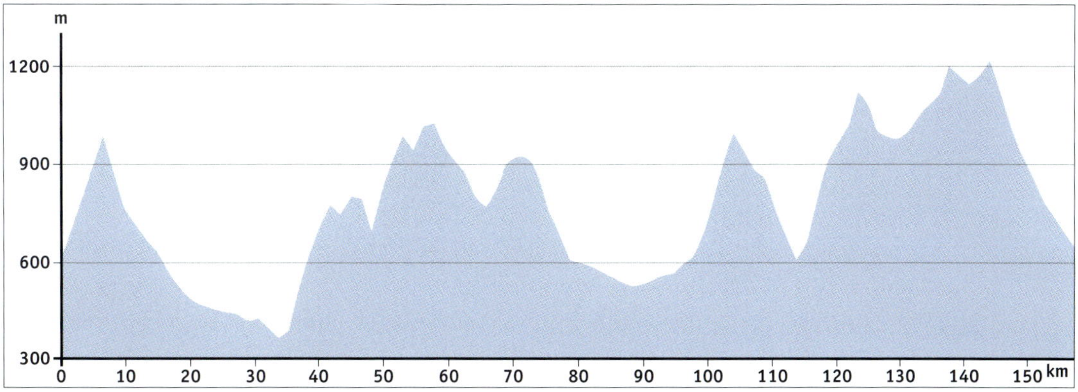

HARLEY-DAVIDSON

Latium

56 Latium
Bolsenasee und Etrurien

Streckenlänge
197 km
Start- und Zielort
Acquapendente (VT), Tarquinia (VT)
Streckenverlauf
Acquapendente – Onano (9 km), Valentano (25 km), Capodimonte (32,5 km), Montefiascone (46,5 km), Bolsena (62 km), Latera (78 km), Farnese (91 km), Riminino Nuovo (118 km), Montalto di Castro (135 km), Canino (155 km), Tuscania (172 km) – Tarquinia.
Schwierigkeitsgrad
Leicht, für alle Motorradtypen und Roller geeignet. Um den Mezzanosee herum gibt es unasphaltierte Streckenabschnitte mit festem Boden.
Wissenswertes
Informationen zu den Nekropolen von Tarquinia: www.tarquiniaturismo.it

Sehenswürdigkeiten

Die faszinierende Umgebung des **Mezzanosees** erreicht man von Valentano aus über die SP1 del Lago di Mezzano und dann weiter über den Naturweg, der an der Abzweigung zur Provinciale della Valle Olpeta beginnt. Der Naturweg führt dann zum **Naturschutzgebiet Selva del Lamone**, das auch von Farnese aus leicht zu erreichen ist. Es hat eine Waldfläche von 200 ha und ist zum Teil auf festen Naturwegen befahrbar, während ein Netz von gut ausgeschilderten Wanderpfaden in das geschützte Gebiet führt (www.parchilazio.it). Von Tarquinia aus gelangt man nach 28 km auf der SS1bis zur großen archäologischen Grabung der Stadt **Norchia**, die mit ihren Nekropolen als die faszinierendste etruskische Ausgrabungsstätte Mittelitaliens gilt. Die **Salinen von Tarquinia**, eine Handvoll Kilometer von der Stadt entfernt, stellen eine faszinierende geschützte Landschaft dar, die nur mit einer von den Stadtverwaltungen oder der Forstaufsicht ausgegebenen temporären Eintrittserlaubnis besucht werden darf (Tel.: 0766/86 48 00).

Eine Tour durch Tuszien bei Viterbo durch eine sanfte Landschaft. Innehalten zwischen etruskischen Ruinen, einem Naturschutzgebiet und Salzwiesen oder zwischen hausgemachter Pasta und einem Fischmenü aus dem See.

Acquapendente befindet sich auf einem der malerischsten Abschnitte der Via Cassia. Wir fahren einige Kilometer nach Süden zu den **Monti Volsini**, die den **Bolsenasee** umarmen. Hinter Borghetto, bergauf nach Gradoli, zeigt der See sich von einer seiner fotogensten Seiten. Weiter hinauf zum Bergpass taucht das spiegelglatte Wasser immer wieder auf und verschwindet, während wir uns Valentano nähern. Um das Ufer zu erreichen, halten wir uns in Richtung **Capodimonte**. Die Gemeinde liegt auf einer Landzunge im See, über der die *Rocca Farnese* thront. Noch hübscher ist der mittelalterliche Ort **Marta** mit seinen Tuffstein-Häusern, die durch enge Gassen und Treppen miteinander verbunden sind. *Cannaiola* und *Scafata* sind zwei typische Spezialitäten (ein Wein und ein Gericht), die man abends in einer Trattoria unter dem *Uhrenturm* genießen kann. In **Montefiascone** hält sich die Legende, dass ein Mundschenk zur Zeit des Heiligen Römischen Reiches den Wein von Montefiascone als den einzigen ausmachte, der in der Lage war, den raffinierten Geschmackssinn der Edelleute zu befriedigen. Der *Est! Est!! Est!!!* ist der beste Anlass für

Links: Der Bolsenasee mit der Isola Bisentina, Aussicht von La Montagna.

Unten: Das Castello dell' Abbadia mit dem Ponte del Diavolo in Vulci.

einen Besuch der Stadt und der *Festung der Päpste*. Bereits den Etruskern war die Stadt und das umliegende Gebiet heilig.

Dann ist die Straße, wieder die Cassia, wie ein ganzer Balkon über dem See und zieht sich in völliger Einsamkeit auf der Ostseite bis nach **Bolsena**. Kurz davor ist auf Höhe der **Fornacelle** eine sonderbare Formation namens die *geworfenen Steine* zu sehen, die als geologisches Erbe geschützt ist. Zum Stadtbesuch gehört unbedingt die *Rocca Monaldeschi* mit ihrem *Territorialmuseum des Bolsenasees*, von dort aus hat man ein großartiges Panorama über den See und die etruskische Stadt Volsini.

Hinab nach **Farnese** folgen die Ausfahrten zum Mezzanosee und zur Selva del Lamone. Das *Museum und Besucherzentrum della Selva* hat eine archäologische und eine naturhistorische Abteilung. Um den *Ponte dell'Abbadia* oder auch *Ponte del Diavolo neben dem Castello de'll Abbadia* in der Gegend des antiken *Vulci* ranken sich zahlreiche Legenden. Dieses verwegenene Stück etruskischer Ingenieurskunst erreichen wir auf der Fahrt durch eine surreale Landschaft. Auch **Tuscania** hat seine etruskische Geschichte. Zahlreiche Nekropolen sind über das gesamte Gebiet verteilt, mitten in Olivenhainen und in den Eichenwäldern des *Naturschutzgebiets Tuscania*. **Tarquinia** ist von *Nekropolen* umgeben. Die archäologisch interessanteste ist die der *Monterozzi* mit ihren beachtlichen, gut erhaltenen Gemälden auf den Wänden der Bestattungskammern. Danach geht es ans Meer, in das uralte Fischerdorf neben den Salinen und zum *Lido degli Etruschi*.

Der See, vom See aus betrachtet

Das hat zwar wenig mit Motorradfahren zu tun, aber einen See anhand seines Wassers zu erkennen ist eine aufregende Erfahrung. So kann man die **Isola Bisentina** mit ihren berühmten Renaissancebauten entdecken, die vor Kurzem restauriert werden sollten, oder die kleinere **Isola Martana** mit ihrer kahlen Wildnis. Beides ist von Bolsena aus mit einem **Boot** möglich, das ablegt, sobald sich eine Gruppe von mindestens 10 Personen gebildet hat. Doch es gibt auch andere Möglichkeiten, von einer nonstop angebotenen Umrundung der Isola Bisentina mit dem Mini-Kreuzfahrtschiff bis zur Überfahrt nach Capodimonte mit einer Stunde Aufenthalt, in der man den Außenbereich der Rocca Farnese besichtigen kann. Hinzu kommen **Schwimmausflüge** unter den steinigen Wänden der Isola Bisentina mit nächtlichem Baden. Weitere Informationen zu Uhrzeiten und Tarifen: www.navigazionealtolazio.it. Für Fahrten ab Capodimonte: www.navigabolsena.com).

57 Latium
Rieti und Monti Reatini

Streckenlänge
135 km
Start- und Zielort
Rieti
Streckenverlauf
Rieti – Antrodoco (25 km), Leonessa (57 km), Terminillo (75 km), Cantalice (103 km), Rivodutri (112 km), Morro Reatino (117 km), La Spera – Rieti.
Schwierigkeitsgrad
Leicht, für alle Motorradtypen geeignet. Die Zubringerstraßen zum Lago del Salto und Lago del Turano sind technisch anspruchsvoll.
Wissenswertes
Die alte Straße der Gole del Velino ist außer Betrieb gestellt und darf nur noch mit besonderer Erlaubnis abschnittsweise befahren werden. Das sich dort bietende Szenario mit den verwachsenen Rastplätzen und dem ausgetrockneten Flussbett ist ziemlich trostlos.

Sehenswürdigkeiten

Der **Lago del Salto** (26,5 km von Rieti) ist der größte künstliche See des Latium. Er ist von Grün umgeben und zerklüftet wie ein Fjord. Diese Eigenschaft macht die an seinem Ufer entlangführende kurvenreiche Straße für Motorradfahrer besonders attraktiv. Außerdem bieten Strände einen guten Vorwand für eine Entspannungspause. Die gesamte Runde ist etwas mehr als 30 km lang.
Auch der kleinere **Lago del Turano** (25 km von Rieti) lohnt sich für seine schöne Landschaft und das Fahrvergnügen. An den Ufern stehen einander gegenüber das Castel di Tora auf einem felsigen Gebirgsausläufer und der Colle di Tora auf einer kleine Halbinsel. Auf dem Weg von Rieti zum 20 km entfernten Lago del Turano stoßen wir auf die Rocca Sinibalda mit dem **Schloss Sforza Cesarini**. Sein ältestes Gebäude geht auf das Jahr 1084 zurück. Die geführte Tour umfasst die Loggia, die Räume der herrschaftlichen Etage, die Weinkellereien sowie den Rundgang auf den Wehrmauern und dauert etwa anderthalb Stunden (www.castelloroccasinibalda.it).

Das kleine Rieti mit seinen mittelalterlichen Mauern und den prächtigen Gewölben des Bischöflichen Palastes gilt als das geografische Zentrum Italiens. Wenige Kilometer entfernt: die Gole del Velino und der Monte Terminillo.

Von **Rieti** aus folgt die Statale 4 Salaria dem Lauf des Velino. Nach kurzer Fahrt steht der erste Halt in **Cittaducale** an, für mindestens einen Spaziergang durch die Altstadt bis zur Piazza del Popolo mit dem *Stadtturm*. In Antrodoco verengt die Salaria sich in den **Schluchten des Velino**. Dieser 15 km lange Abschnitt hat noch immer seinen Reiz, obwohl der Fluss kaum zu sehen ist und die Strecke größtenteils durch Tunnel führt. **Sigillo** ist eine kleine Fraktion im Herzen der Schluchten, in der man sich den spektakulären Felswänden nähern kann, die durch die jahrtausendealten Wasserspiele des ehemaligen Flusses entstanden sind. Wir verlassen die Schluchten in Posta und biegen ab in das **Val Carpineto**. Ein erster, steiler Abschnitt voller Kurven und Serpentinen weckt die Freude am Schalten. Es geht ohne Halt vorbei an Steinhalden und kahlen Wiesen, wobei die Aussicht sich bei jeder Kurve weitet. Dann erlaubt die lange, sanfte Abfahrt nach **Leonessa**, in Einklang mit dieser abgelegenen Welt zu kommen. In diesem Einklang ist auch das wunderschöne Städtchen, in dem wir das Motorrad abstellen und an den bunten Häuserfassaden und Steinportalen neugierige Blicke in die Geschäfte werfen. Kurz darauf ist die **Vallonina** das Eingangstor zum Terminillo. Die enge Fahrbahn führt am Fluss entlang und dann in das Dickicht des Waldes. Mit zunehmender Höhe lichten sich die Bäume und die Aussicht weitet sich. Der Berg ist hier kahl und steinig und das Grün leidet genauso unter dem monatelangen Frost wie der As-

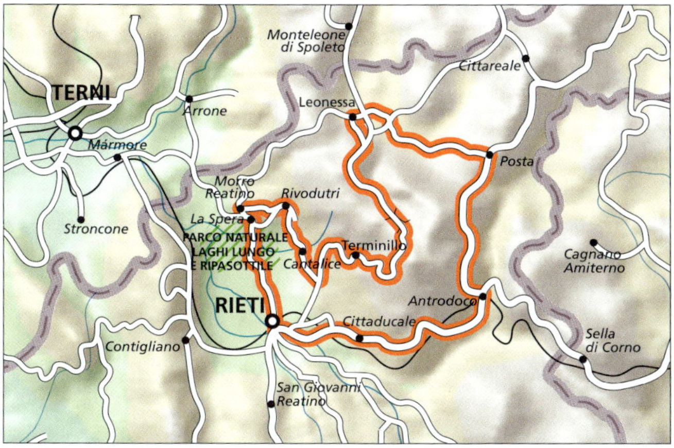

phalt. Der **Terminillo**, bei dem man an verschneite Felder denkt, überrascht und bezaubert mit seiner spröden und wilden Schönheit. Ein Rundweg um den Gipfel erlaubt uns, noch ein wenig höherzusteigen. Bei der Ankunft in der **Sella di Leonessa** begrüßen uns Dutzende ungestört weidende Pferde.

Die Abfahrt nach Rieti macht großen Spaß. Sie beginnt steil und ersteckt sich über weitläufige Kurven und hervorragenden Asphalt. Doch es ist noch nicht die Zeit, zurückzukehren. In Vazia weist ein Schild uns auf **Poggio Bustone** im Herzen der **Monti Reatini** hin. Dies ist die Stadt des Musikers Lucio Battisti, dessen mit einer Statue in den *Gärten des März* gedacht wird, und in der schon Franz von Assisi verweilte. Von hier aus verliert sich ein Labyrinth kleiner Straßen zwischen den Hügeln, die hier an der Grenze zu Umbrien sanfter sind – sanfte Straßen, auf denen man es gerne rollen lässt, auch ohne Ziel. Wir erreichen Rieti über das *Naturschutzgebiet der Seen Lungo und Ripasottile*, das einen Großteil der Rieti-Ebene abdeckt. Die Statale 521 fädelt sich mitten durch dieses wichtigte Naturschutzgebiet. Auch Vogelliebhaber sollten sich diese Gelegenheit nicht entgehen lassen. Der Etwas weiter im Westen stellt der 2216 m hohe Terminillo seinen Gipfel stolz zur Schau.

Die Franziskanerklöster

„Guten Morgen, ihr guten Menschen", begrüßte Franz von Assisi die Leute, als er 1208 die Tore von Poggio Bustone erreichte, um sein mönchisches Leben zu beginnen. Bis 1223 lebte der Heilige in einigen der abgelegensten Orte am Fuße des Terminillo, formulierte die Franziskanerregel und vollendete seinen *Sonnengesang*. Heute kann man auf dem Weg von Rieti nach Terni in der **Valle Santa Reatina** das Kloster Fontecolombo auf dem Monte Sant'Elia besuchen, das Kloster von Greccio mit der Krippengrotte auf dem Monte Lacerone, den Wallfahrtsort La Foresta mit seinem kleinen malerischen Kloster und den Wallfahrtsort in Poggio Bustone. Man kann „auf den Spuren des Heiligen Franziskus wandeln", um etwa die jahrhundertealte Franziskusbuche in der Nähe von Rivodutri zu besuchen oder in Rieti die Orte seiner Wundertaten. Oder sogar bis zum Tempel auf dem Terminillo vordringen, in dem die Urne mit der Reliquie des Bettelmönches aufbewahrt wird (www.camminodifrancesco.it).

Linke Seite: Die letzten schönen Serpentinen hinauf zum Terminillo.

Profil und Höhenverhältnisse – Übersicht

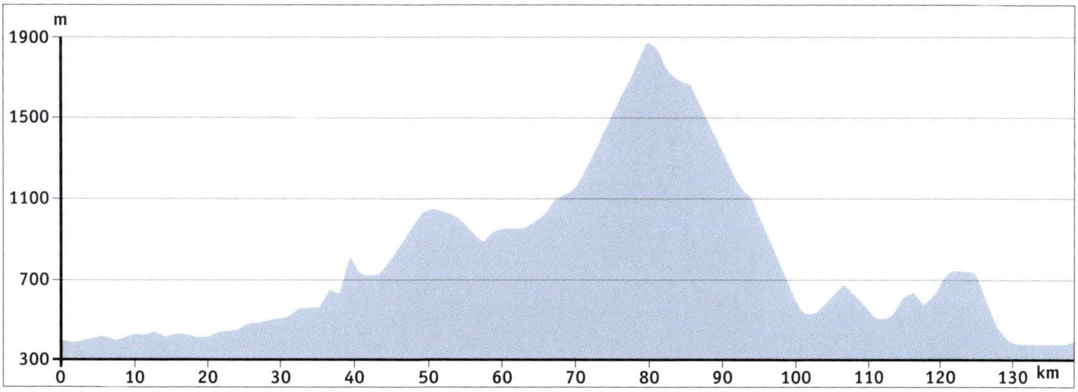

58 Latium
Vico- und Braccianosee

Streckenlänge
154 km
Start- und Zielort
Civitavecchia (RM), Trevignano Romano (RM)
Streckenverlauf
Civitavecchia – Tolfa (22 km), Oriolo Romano (45 km), Vejano (54 km), Punta del Lago (72 km), Giro del lago, Ronciglione (100 km), Sutri (107 km), Trevignano Romano (119 km), Anguillara Sabazia (132 km), Bracciano (143 km) – Trevignano Romano.
Schwierigkeitsgrad
Leicht, für alle Motorradtypen geeignet. Der Abschnitt der Monti della Tolfa ist als Einziger etwas anspruchsvoller.
Wissenswertes
Auf dem Vico- und dem Braccianosee sowie auf dem kleineren Lago di Martignano in der Nähe von Anguillara Sabazia sind motorisierte Fahrzeuge verboten. Die dortigen Gewässer sind unglaublich sauber und laden an den Badezentren zum Schwimmen ein.

Sehenswürdigkeiten

Das Meer in **Santa Marinella**, 10 km von Civitavecchia, mit seinen charakteristischen Pfahlbauten: Hierbei handelt es sich um eine lange Reihe von über die Felsen erhobenen Holzhütten am Ufer. Jede besitzt einen kurzen Steg, an dem Fischerboote festgemacht sind. Ein malerisches wie ungewöhnliches Gesamtbild.
Auf einem Gebigsausläufer aus Tuffstein liegt die **Civita Castellana**, 23 km von Sutri. Zu besuchen gibt es hier das **Nationalmuseum dell'Agro Falisco** innerhalb der Feste Sangallo sowie den architektonisch interessanten Stadtkern. **Cerveteri** ist von Bracciano aus in 18 km zu erreichen und hat ein bedeutendes Museum im Castello Ruspoli, das im malerischen mittelalterlichen Ortskern liegt.
Von Trevignano Romano aus gelangen wir 24 km weiter nach **Calcata Vecchia**, einer an einem Gebirgsausläufer aus Tuffstein klebenden Gemeinde im **Regionalpark Valle del Treja**. Das Schutzgebiet verfügt über ein Netz von gut ausgeschilderten und leicht begehbaren Fußwegen. Sie lohnen sich, um die Grotten des Treja zu bewundern, die kleinen Teiche, Kaskaden und allgemein die gesamte Naturlandschaft (www.parcotreja.it).

Eine Fahrt zwischen den Monti della Tolfa hin zum Braccianosee. Weiter nördlich ist der kleine Vicosee ein faszinierendes Beispiel für unberührte Natur, die man ganz ohne Lärm entdecken kann.

Die SP3a Braccianese Claudia lässt auf ihrer gewundenen Straße über die Kämme der Monti della Tolfa das Meer von Civitavecchia im Rücken und schlängelt sich an den Ortschaften Allumiere und Tolfa vorbei zum Braccianosee. Hinter dem Natuschutzgebiet Monterano kreuzt die SS493. Dies ist die Straße, um im Gleichgewicht zwischen dem Tuffsteingebirge und der Vulkanlandschaft der Monti Cimini den **Vicosee** zu erreichen.
Wir erreichen das Becken in der Nähe von **Punta del Lago**. Die *Via Cimina* streift das Naturschutzgebiet Lago di Vico und verläuft mit vielen schönen Kurven und Neigungen auf der Ostseite. Eine Abfahrt führt nach **Caprarola**, einer alten Siedlung, die für den fünfeckigen spektakulären *Palazzo Farnese* bekannt ist, der in der Spätrenaissance auf den Fundamenten einer Festung errichtet wurde. Wenn man von Punta del Lago aus die *Provinciale del Lago di Vico* zum Westufer nimmt, landet man in der malerischsten Gegend. Es geht durch einen dichten *Haselwald*, von dessen Lagerfeuern zur Erntezeit ein unwiderstehlicher Duft nach gerösteten Haselnüssen aufsteigt. Dann gibt es das *Schilf-* und das *Sumpfgebiet* mit Dutzenden Vogelarten, die auf ihren Wanderungen am See haltmachen. Während wir die Rundfahrt abschließen, taucht die Provinciale del Lago di Vico in einen extrem dichten *Buchenwald* ein, in den das Licht nur mit äußerster Mühe eindringt. **Ronciglione**, auf dem Weg zum **Braccianosee** gelegen, hat ein ellipsenförmiges mittelalterliches Stadtbild mit engen zwischen dem 16. und 18. Jh. errichteten Straßen. Ein kurzes Stück weiter erscheint oben auf dem Gebirgsausläufer **Sutri**. Beim Spazie-

Unten: Das Meer bei Santa Marinella mit einem typischen Pfahlbau.

Linke Seite: Die entlegene Straße zum Vicosee.

rengehen entdecken wir zwischen die dunklen Mittelalter- und Renaissancehäusern eingequetsche Ruinen, etruskische Mauerreste und römische Fragmente. Nicht weit entfernt auf der Via Cassia erreichen wir den *Archäologischen Landschaftspark*, eine monumentale Nekropole aus dem 6.–4. Jh. v. Chr. Die Verbindungsstraße zwischen Sutri und Braccianosee ist abgelegen und von großen Nusswäldern umgeben. **Trevignano Romano** liegt auf einer kleinen von Schlossruinen umgebenen Halbinsel im See. Am anfangs dicht besiedelten Ostufer führt die *Via Trevignanese* entlang. Doch die Häuser verschwinden bald und die Straße klebt am See, was einen ersten Blick auf **Anguillara Sabazia** freigiebt. Letzteres liegt auf einem kleinen Vorgebirge und ist genauso wie das weiter am Ufer liegende **Vigna di Valle** einen Besuch wert. Hier gibt es das *Historische Museum der Luftwaffe* zu besichtigen, das mit Originalflugzeugen die Geschichte der Luftfahrt erzählt.

Das Westufer ist das wildere und teils von dichten Wäldern bedeckt. **Bracciano** scheint der ideale Ort zu sein, um den Sonnenuntergang abzuwarten. Dann führt eine kurze Strecke unterhalb der Silhouette der Monti Sabatini nach **Vicarello**. Hier befinden sich Überreste römischer Thermen, und es ist die letzte ländliche Siedlung vor der Ankunft in **Trevignano**.

Das Autodrom Vallelunga

Die nach Piero Taruffi benannte Rennstrecke Vallelunga ist eine technisch sehr anspruchsvolle Rennstrecke für verschiedene Aktivitäten. Die Motorradpiste ist 4110 m lang und wird in zwölf Runden im Uhrzeigersinn gefahren. Man kann freies Training auf den verschiedenen Niveaus Amateure (mit Führerschein), Rennfahrer (mit FMI- oder FIM-Lizenz) oder auch Neuling (wenn man noch nie auf der Vallelunga gewesen ist, mit Briefing und technischem Coaching) fahren. Amateure und Rennfahrer können halb- oder ganztätig reservieren, die Teilnehmerzahlen sind beschränkt. Der Kalender für freies Training kann auf der Website eingesehen werden, und wer online reserviert, erhält einen Rabatt. Die sehr aktive Schule für sicheres Fahren bietet für Gruppen mit sechs bis acht Teilnehmern ganztägige Kurse. Auch der Terminplan für diese Kurse ist auf der Seite www.vallelunga.it verfügbar.

59

Latium

Monti Ernici und Monti Simbruini

Streckenlänge
230 km
Start- und Zielort
Fiuggi (FR)
Streckenverlauf
Fiuggi – Vallepietra (28,5 km), Petrella Liri (55 km), Capistrello (67,5 km), Trevi nel Lazio (108 km), Jenne (124 km), Subiaco (138 km), Cervara di Roma, Arsoli (162 km), Subiaco (182 km), Guarcino (215 km) – Fiuggi.
Schwierigkeitsgrad
Neben dem unbefestigten Weg, der Erfahrung erfordert, sind die Fahrt bergauf ab Capistrello im ersten Abschnitt und die Abfahrt nach Filettino recht anspruchsvoll.
Wissenswertes
Die Straße von Serra di Sant'Antonio nach Capistrello wird bei Schneefall geschlossen, im Zweifel auf der Website www.campostaffi.it nachprüfen. Das Valico della Serra sollte nur bei guten Wetterbedingungen anvisiert werden und niemals nach starkem Regenguss. Der Boden ist kompakt und an kritischen Stellen asphaltiert. Der Abschnitt von Campo La Pietra nach Camporotondo ist im Winter geschlossen.

Sehenswürdigkeiten

Von Guarcino aus erreicht man innerhalb von 14 aussichts- und kurvenreichen Kilometern **Catino**. Es handelt sich hierbei um ein Karstbecken in 1800 m Höhe im Herzen der Monti Ernici. Von Guarcino aus lohnt sich auch der Weg (18 km) zur **Kartause Trisulti**, die mit ihrer berühmten alten Apotheke mitten in einem Eichenwald liegt. Zur Gemeinde **Collepardo** gehören auch die Grotten und die **Große Dolina** an, ein speläologischer Komplex an den Berghängen. Die Grotten werden aufgrund der von Stalaktiten und Stalagmiten gebildeten Figuren Bambocci genannt. **Alatri**, der bekannteste Ort der Ciociaria, ist berühmt für seine von perfekt erhaltenen megalitischen Mauern umgebene präromanische Akropolis. Im Ortskern gibt es Fassaden aristokratischer Häuser, Fontänen und Stiftskirchen zu entdecken. Schließlich begegnen wir unweit von Fiuggi dem **Naturschutzgebiet Lago di Canterno**. Es ist nicht sehr ausgedehnt und umfasst ein Gebiet, das von Eichen- und Laubwäldern bis zu bewirtschafteten Grundstücken reicht, in denen zahlreiche Vogelarten Unterschlupf finden.

Ein Hoch auf die unbefestigte Straße! Die „wahre" Rundfahrt um die Monti Simbruini beinhaltet die lange Fahrt durch die Wildnis des Valico della Serra. Aber es fehlt auch nicht an asphaltierten Straßen durch die Berge der Ciociaria.

Reifen kontrollieren, volltanken und Lust auf ein bisschen Staub und Anstrengung – die hier vorgeschlagene Tour kann von Straßenmaschinen mit Vorsicht, jedoch ohne Gefahr bestritten werden; mit Geländemaschinen hat man richtig viel Spaß. Falls man es sich unterwegs anders überlegt, kann man auch einfach umkehren und die asphaltierten Straßen zwischen den Monti Simbruini und den Monti Ernici genießen.
Wir verlassen Fiuggi auf der Straße nach Arcinazzo und fahren weiter zur *Wallfahrtskirche der Heiligen Dreifaltigkeit*. Der unbefestigte Teil (7 km) beginnt kurz nach dem Parkplatz. Durch lichte Wälder hindurch geht es bergauf, während wir uns bei leichter Steigung an den Boden gewöhnen. Bis wir plötzlich auf der **Vallepietra** herauskommen, einer weiten Ebene im Herzen der Monti Simbruini. Kleine Gruppen von Enduristen oder Quadfahrern sind hier die einzigen Genießer der atemberaubenden Szenerie. Noch ein bisschen bergauf und wir erreichen **Camporotondo**, einen Skiort mit einigen Restaurants und Bars. Hinter dem **Valico della Serra** wechseln wir die Bergseite und es öffnet sich das Lirital bis zum alles verschluckenden Wald. Viele in freier Wildbahn lebende Tiere scheinen sich hier auch auf der Straße wohlzufühlen! Die Kurven schlängeln sich zwischen den Häusern von **Cappadocia** und **Petrella Liri** hindurch. In **Capistrello** machen wir uns auf den Weg, um die **Serra di Sant'Antonio** anzugehen, die an **Filettino** grenzt, der mit 1603 m höchsten Siedlung

des Latiums. Nach einigen Serpentinen verläuft die Fahrt bergauf über lange, steile Geraden an der Bergseite entlang. Wir streifen *Nido delle Aquile*, das in diesem wundervollen Nichts wie ein kleiner Punkt erscheint; doch wenn man hinabsieht, bemerkt man riesige Felsen, die an große Greifvögel erinnern.

Subiaco ist eine malerische mittelalterliche Ortschaft, die über das Anienetal ragt. Unterhalb der Gemeinde gräbt der Fluss eine wilde Schlucht, aus der die *Benediktinerklöster* mit ihren Gästehäusern herausragen. Außerhalb der Ortschaft zieht sich eine sehr schöne Straße in unendlichen Serpentinen in 1700 m Höhe zum **Monte Livata**. Die Straße führt in einem unruhigen Abschnitt am Hang des **Monte San Bartolomeo** an der Grenze zum *Naturpark der Monti Simbruini* entlang und fällt dann steil nach **Arsoli** ab. Wieder an Subiaco vorbei geht es diesmal auf der Statale 411 an den Hängen der Monti Ernici durch die faszinierende Landschaft der **Hochebenen von Arcinazzo**. Faszinierende Wildnis findet sich oberhalb des **Colle della Cimetta**, danach geht es 9 km bergab in ein weitläufiges grünes Tal. **Fiuggi** rühmt sich seines Thermalbades, außerdem sehenswert ist der *Parco della Fonte Anticolana und* das berühmte *Teatro delle Fonti*. Zum Abschluss entspannend im historischen Ortskern herumflanieren.

Der Regionale Naturpark der Monti Simbruini

30 000 ha liegen zwischen Anienetal und Valle del Sacco, zwischen der Grenze zu den Abbruzzen und den Monti Ernici. Es ist ein gewaltiges Territorium – das größte Naturschutzgebiet des Latium –, bedeckt von Buchenwäldern, die von Karst-Hochebenen unterbrochen werden und reich an Wasserquellen sind. Die Gebirgskette umfasst hohe Gipfel: Der Monte Virgilio und der Monte Cotento sind 2156 bzw. 2015 m hoch. **Trevi** im Latium und **Filettino** gehören zu den sieben Ortschaften des Parks und besitzen jeweils ein Fremdeverkehrszentrum, das jeden Sonntag und an Feiertagen von 8 bis 14 Uhr geöffnet ist. Auf den Feldern des Naturparks werden weiterhin streng regionale Gemüsesorten mit kuriosen Namen angebaut wie etwa Cioncone, Pallino und Fagiolina, die neben Honig-, Kuhmilch- und Schafskäsesorten direkt bei den Herstellern erstanden werden können. Auf www.simbruini.it, sind sämtliche Informationen über den Park, Eintritt, Produkte und Hersteller erhältlich.

Linke Seite: Der Abschnitt am Valico della Serra auf unbefestigter Straße ist spannend und wegen der Schönheit der umgebenden Landschaft nicht zu verpassen. Überfahrt mit einer HD Electra Glide Classic.

Profil und Höhenverhältnisse – Übersicht

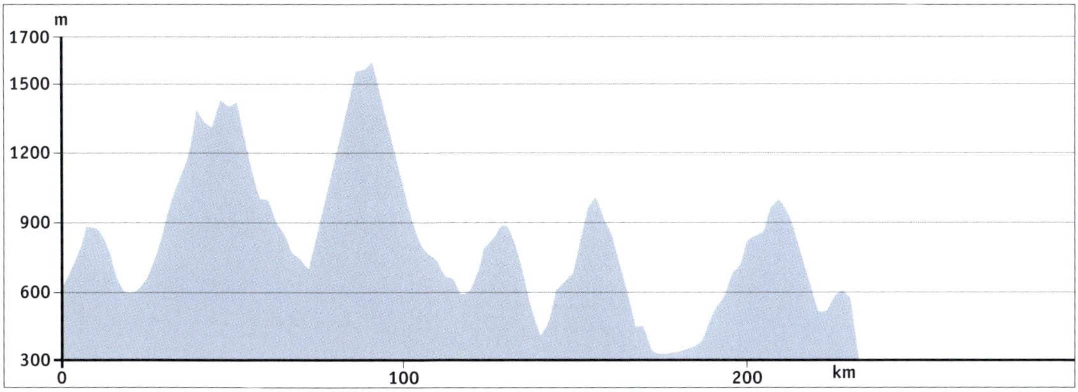

60 Latium
Der Naturpark der Castelli Romani

Streckenlänge
109 km
Start- und Zielort
Velletri (RM)
Streckenverlauf
Velletri – Lanuvio, Velletri (21 km), Nemi, Genzano, Nemi (40 km), Ariccia (48 km), Castel Gandolfo (km 52,5), Marino, Rocca di Papa (60,5 km), Tuscolo, Frascati, Monte Porzio Catone (80 km), Rocca Priora, Lariano (103 km) – Velletri.
Schwierigkeitsgrad
Leicht. Für alle Motorradtypen geeignet.
Wissenswertes
An Wochenenden und Feiertagen sind die Straßen stark befahren. Die Castelli sind typische Ausflugsziele in der Umgebung.

Sehenswürdigkeiten

Der **Lago La Torre**, 9 km von Velletri entfernt, ist der dritte und unbekannteste See im Naturpark. Er ist klein und hübsch, hat nur 1,5 km Umfang und seine grünen Ufer werden nur von Schilf unterbrochen. Ideal für ein paar Stunden Relaxen abseits des lebhaften Chaos der Castelli und nur über einen sehr kurzen unbefestigen Weg erreichbar. In der Ebene unterhalb von Tivoli, 24 km von Frascati, befindet sich die **Villa Adriana**, die Königin der römischen Villen, die Kaiser Hadrian errichten ließ und zu den besterhaltenen Villen der Region gehört. Die riesige kaiserliche Residenz erstreckte sich mit ihren Räumlichkeiten und Gebäuden für die Herrschaften, die Diener, mit Thermen, dem Theater und der großen Säulenhalle über mindestens 120 ha (täglich für Besucher geöffnet: www.villaadriana.beniculturali.it).
In Tivoli warten die für ihre Fontänen und Wasserspiele bekannte **Villa d'Este** und die **Villa Gregoriana** im historischen Ortskern, deren Besuch durchaus anspruchsvoll ist und geeignete Kleidung und Schuhwerk erfordert (www.villagregoriana.eu). Wir stehen hier vor den Toren **Roms**. Die Castelli können eine echte Übernachtungsalternative für jeden sein, der ein paar Tage in der Hauptstadt verbringen möchte.

Diese Rundfart par excellence verläuft durch die Albaner Berge, auch als Gebiet der „Castelli Romani" bekannt. Beim Sprung vom einen zum anderen entdecken wir tolle Villen, Überreste römischer Städte und zwei bezaubernde Seen.

Ein kleines Paradies, so nah an der Hauptstadt und doch so verschieden von ihr, dass sie unglaublich fern scheint. Die Albaner Berge sind die grüne Lunge der Gegend. Der **Vulcano Laziale** liegt auf dem Gebiet des *Naturparks dei Castelli Romani*, in dem sich auch mäßige Erhebungen mit mediterraner Vegetation und Weinbergen finden. 15 historische Städte laden zum Halten ein und jedes *Castell* hat seine eigene Geschichte.
Die Weiterfahrt bietet Entspannung für die Seele. Es geht zu den Castelli, wo man an Seeufern oder auf den von tuskulanischem Ginster gelben Wiesen die Seele baumeln lassen kann, zwischen den Ausgrabungsstätten des antiken Rom mit dem *Forum* und der *Villa di Cicerone*. Zu bewundern gibt es in Peperin aus dem

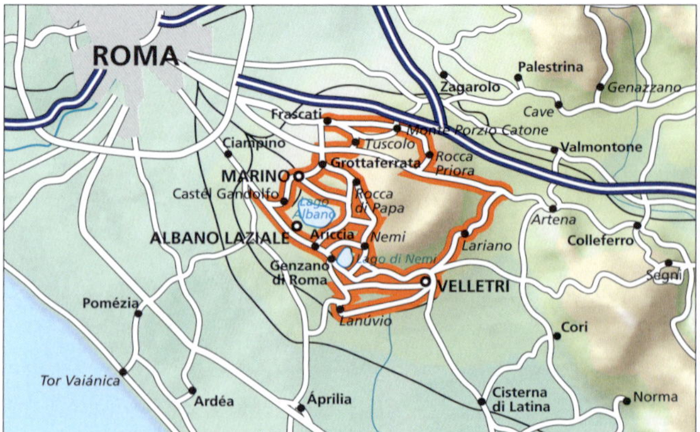

Weiden auf der Via Latina im Abschnitt nach Lariano.

Linke Seite: Rocca di Papa, eine der charakteristischsten römischen Burgen, in der sich der Verwaltungssitz des Naturparks befindet.

hiesig abgebauten Tuffgestein gemeißelte Villen, Fontänen und Monumente. Und beim Flanieren atmen wir tief die lebendige, feierliche Luft der Stadtzentren ein.

Velletri mit der schönen Kathedrale und der prächtigen *Torre del Trivio* ist die größte Stadt unter den Castelli. Das abgelegenere **Lanuvio** zeigt dagegen sein malerisches mittelalterliches Stadtbild. Hier findet im September das historische *Trauben- und Weinfest* zur Feier der beiden wichtigsten Wirtschaftsfaktoren.

Nemi, das Kleinste der Castelli, ist eine regelechte Offenbarung. Direkt am See gelegen, rühmt sich der mittelalterliche Ortskern eines der schönsten Gebäude der Umgebung – des von einem hängenden Garten umgebenen *Palazzo Ruspoli*. Der See sieht von Nemi aus so schön malerisch aus, dass er sich in der Antike die Bezeichnung *Spiegel der Diana* verdient hat. Am Ufer werden im *Museum der römischen Schiffe* die Überreste von zwei römischen Schiffen, Modelle zeitgenössischer Seefahrzeuge sowie Reste der antiken *Via Sacra* aufbewahrt. Das bunte *Erdbeerfest von Nemi* im Juni findet seit über 80 Jahren statt.

Am Zugang zur berühmten Brücke im chaotischeren **Ariccia** liegt die harmonische Piazza del Bernini. Und die *Galleria di Sopra* genannte Straße zwischen Albano Laziale und Castel Gandolfo gewährt der Blick auf den **Albaner See** mit seinen gut ausgestatteten Stränden. Die nördlichen Castelli sind abgelegener, häufig auf Berggipfeln und sind nur durch lange, gwundene Straßen erreichbar. Bei einem Spaziergang durch **Monte Porzio Catone** darf das über mehere Keller und Höfe verbundene *Museo Diffuso del Vino* niemandem entgehen. **Monte Compatri** wird von der *Kirche Santa Maria Assunta* beherrscht, die aufgrund ihrer Gemälde fast als Museum gilt. Von dort aus führt eine fast alpine Strecke nach **Rocca Priora**, dem höchstgelegenen Castell. Der Ort scheint perfekt, um eine Fraschetta (rustikale Weinschenke) zu besuchen und den örtlichen Wein zu probieren. Bei der Rückkehr nach **Velletri** auf der *Via Latina* begegnen wir einer gänzlich neuen Umgebung mit weitläufigen Flächen und Weiden mit Pferden und Büffeln. **Lariano,** an den Hängen des Monte Maschio gelegen, beschenkt uns mit einem letzten Abschnitt einsamer Fahrt, bevor wir uns wieder der Stadt nähern.

Die Porchetta und die Fraschette

Sie sind die Wahrzeichen der Castelli. Man kann den Geist dieser römischen Gegend nicht begreifen, ohne eine Fraschetta betreten und die Porchetta probiert zu haben!

Die **Fraschette** sind die typischerweise in der Gegend der Castelli verstreuten Wirtshäuser, in denen man in Karaffen servierten Wein genießen kann. Für einen halben Liter Wein bestellt man eine Fojetta, für einen ganzen einen Tubbo. Serviert wird meistens die Romanella, ein leicht spritziger Rotwein. Die **Porchetta** ist auch außerhalb der Fraschette – mit Brötchen – in den Metzgereien erhältlich und man kann sie mit Blick auf den Lago di Nemi oder die Wiesen des Tuscolo verzehren.

Nicht verpassen sollte man das **Stadtfest der Porchetta in Ariccia** mit Nebenveranstaltungen, Musik, Umzugswägen und dem berühmten, sehnlichst erwarteten Brötchenwurf. Das Fest hat seine 65. Ausgabe überschritten und findet Anfang September statt.

Latium

61 Von Sabaudia zu den Monti Lepini

Streckenlänge
211 km
Start- und Zielort
Sabaudia (LT)
Streckenverlauf
Sabaudia – San Felice Circeo (12 km), Priverno (48 km), Roccagorga (57 km), Sezze (67 km), Sermoneta (86 km), Norma (102 km), Doganella, Cori (124 km), Cisterna di Latina (136 km), Campoverde, Anzio (165 km) – Sabaudia.
Schwierigkeitsgrad
Leicht. Für alle Motorradtypen geeignet.
Wissenswertes
Der Strand an der Küste ist zum Schutz der Landschaft über Holzstege zu erreichen. Um im Sommer Stau zu vermeiden, gibt es Schiffsüberfahrten von den Parkplätzen hinter den Seen aus. Die Parkregelungen sind streng und betreffen auch Motorräder. Informationen: Fremdenverkehrsamt Provinz Latina, Tel. 0773/69 54 04.

Sehenswürdigkeiten

Terracina, 15,5 km von San Felice Circeo, teilt sich in die Città Alta, d.h. den historischen Stadtkern mit Akropolis auf einem Ausläufer des Monte Sant'Angelo, und die Città Bassa an der Küste mit dem Hafen. Außerhalb des Wohngebiets, auf dem Monte Sant'Angelo, steht der Tempel von Jupiter Anxur. **Sperlonga**, an der Küste weiter südlich, hat eine malerische Altstadt aus Gässchen und Treppchen. Die Großen Attraktionen sind die Villa und die Tibergrotte, in denen zahlreiche Skulpturen und Überreste gefunden wurden, die im Archäologischen Museum aufbewahrt werden. Das 40 km von San Felice Circeo entfernte **Gaeta** ist berühmt für seine sechs Strände, die Kirchen, Paläste und das Castello Angioino Aragonese, das aus zwei in unterschiedlichen Epochen errichteten Teilen besteht (nur Außenbereiche besuchbar). Die **Museen der Provinz Latina** sind klein, außergewöhnlich und gut organisiert, wie etwa das Mathematikmuseum in Priverno oder das Raubrittermuseum in Itri. Vollständige Liste und Öffnungszeiten auf www.latinaturismo.it unter Musei. Zu sehen sind auch Schlösser, Naturparks und Naturdenkmäler. Von Priverno nach Roccasecca gelangt man über die **Strada della Montagna** in eine unberührte Wildnis.

Auf der einen Seite die beliebte Sabaudia, der Nationalpark Circeo mit der Selva, der langen Küstendüne und den spektakulären Salzstränden. Auf der anderen Seite die in entfernte Ortschaften führenden Berge. Dazwischen die Pontinische Ebene mit den langen, geraden Straßen und Kanälen.

Abfahrt ist in **Sabaudia**, einer der bedeutendsten Städte des italienischen Realismus. Einen Abstecher zum *Danteturm*, dem der *Göttlichen Komödie* gewidmeten Museum, und noch ein Blick auf den **Lago di Paola** und ab nach **San Felice Circeo**. An den Mauern der Altstadt nehmen wir die *Via del Faro*, um den Leuchtturm, die Torre Cervia und das Ende der Straße zu erreichen. Die Aussicht reicht von der *Villa Auget* mit ihrem großen Park über den Hafen bis nach Terracina. Wir wenden dem **Monte Circeo** den Rücken zu und fahren auf der als Pontinische Ebene bekannten geraden Strecke ins Landesinnere. Sie ist flach, zieht aber ihren Reiz aus ihrer Nähe zum Meer, aus dem sie umgebenden Rahmen der **Monti Lepini** oder vielleicht auch von den penibel ordentlichen Häusergärten.
Fossanova, am Beginn des vom Fluss Amaseno gegrabenen Tales, ist das Tor zu den Bergen. Ein Spaziergang durch den von einer malerischen uralten Mauer umgebenen Ort, der um die Zisterzienserabtei herumgebaut ist, findet seinen Höhepunkt in der Stille des Klosters mit seinen drei romanischen und einer gotischen Seite. Vor den Mauern Fossanovas führt eine Ausfahrt nach **Sonnino**, einer Steinstadt, die ehemaliges Brigantengebiet war und in der Nacht vor Christi Himmelfahrt mit dem *Fackelfest* aus seinem Tiefschlaf erwacht. Die am Berg klebende Stadt **Priverno**

blickt aufs Meer herab. Das Gelb des überall wachsenden Ginsters bildet einen grellen Kontrast zum Blau des Meeres.

Ab geht es über sanfte Hügel von einer malerischen mittelalterlichen Ortschaft zur nächsten, den Blick dabei auf die Küstendüne gerichtet. Die Fahrt ist gemächlich, um die Aussicht nicht zu verpassen, aber auch zügig auf den gut asphaltierten wenigen befahrenen Straßen. Es geht auf Gebirgskämmen entlang, um sofort in kurze Täler zwischen den Feldern hinabzustürzen, wo entfernte Bauernhöfe zu sehen sind. In **Sermoneta** spazieren wir durch den intakten mittelalterlichen Stadtkern. Ein Besuch des *Castello Caetani* aus dem 13. Jh. dauert etwa eine Stunde. Knapp außerhalb von Sermoneta sollte man die *Abtei Valvisciolo* nicht verpassen, ein Kloster mit komplexer Geschichte, an der auch die Tempelritter teilhaben. Ein faszinierender Exkurs in christliche Symbolik. Etwas später halten wir am *Nymphengarten*, der von der Region zum Naturdenkmal erklärt worden ist. Er ist nur an wenigen Tagen im Jahr geöffnet (gewöhnlich samstags und feiertags von April bis Mitte Oktober), um das empfindliche Ökosystem zu schützen. **Cori** bzw. die antike Stadt *Cora* beendet die Fahrt über die Monti Lepini. Hier ist auf der Akropolis der *Heraklestempel* zu bewundern und auf dem *Forum* die Überreste des *Tempels von Castor und Pollux*.

Der Rest ist Meer: Das Meer von **Anzio**, der Stadt mit den Überresten der *Neronischen Domus*. Kurz hinter dem Vorgebirge mit der *Torre Astura* öffnet sich eine unglaubliche Landschaft. Rechts die Küstendüne mit den Holzstegen, links die von der Campagna umgebenen spiegelglatten Seen. Heuballen und weidende Kühe erinnern uns daran, dass dies die Pontinische Ebene ist.

Oben: Das Meer vor den Küstenseen im Naturpark Circeo.

Linke Seite: Die Strandpromenade in Anzio.

Der Nationalpark Circeo

Er ist einer der ältesten italienischen Naturparks. Er wurde 1934 eingerichtet, um wenigstens einen Teil der vor der Melioration der **Pontinischen Ebene** existierenden Naturlandschaft zu schützen. Obwohl er nicht sehr groß ist, beherbergt er verschiedene aus biologischer Sicht bedeutende Landschaftsformen. Am spektakulärsten ist die Küstendüne, die sich vom Vorgebirge des Circeo 25 km weit halbmondförmig bis nach Capo Portiere erstreckt. Hinter der Düne liegen die Feuchtgebiete, zu denen die Salzseen Sabaudia, Caprolace sowie der Lago dei Monaci und der von Fogliano gehören. Dann gibt es die **Insel Zannone** nördlich von Ponza, die aus über 200 Mio. Jahre alten, perfekt erhaltenen Felsen und Ablagerungen besteht. In der *Selva di Circe* zwischen der Strada Mediana und dem Meer befinden sich unberührte Sumpfgebiete, die zu jeder Jahreszeit verschiedene Spektakel veranstalten. Zugang über ein Netz von Fuß- und Radwegen (www.parcocirceo.it).

Abruzzen

62 Abruzzen
Im Reich des Bären: von Teramo nach Popoli

Streckenlänge
144 km
Start- und Zielort
Teramo, Popoli (PE)
Streckenverlauf
Teramo – Basciano (18,5 km), Colledoro, Penne (71 km), Civitella Casanova (90,5 km), Brittoli (102 km), Forca di Penne, Capestrano (126 km) – Popoli.
Schwierigkeitsgrad
Fast der gesamte Parcours findet auf engen gewundenen Straßen mit ständigem Auf und Ab und nicht immer perfektem Belag statt. Kann bei entsprechender Vorsicht von allen Motorradtypen befahren werden.
Wissenswertes
Die Zufahrt zur zentralen Piazza von Penne ist für Motorräder ganzjährig verboten.

Sehenswürdigkeiten

Das 30 km von Teramo gelegene **Pietracamela** ist eine wunderschöne mittelalterliche Gemeinde mit einer Handvoll Häuser, die buchstäblich an den Hängen des Corno Piccolo hängen. 6 km weiter auf der SP43a erreicht man **Prati di Tivo** auf 1450 m Höhe. Eine Sesselbahn führt in 2000 m Höhe, wo der Fußweg beginnt, der uns in anderthalb Stunden zum **Rifugio Franchetti** auf 2433 m bringt, das zwischen dem Corno Grande und dem Corno Piccolo liegt. Dort kann man Mountainbike, Sturzhelm und Schutzkleidung für ein ungewöhnliches Abenteuer mieten. Man packt das Fahrrad in eine Gondelbahn und rast dann durch Wiesen und Wäldern von der Madonnina aus auf einem Pfad bergab (Infos auf www.gransassomtb.it unter *Bike Park*). Gleich außerhalb von Popoli beginnt das **Naturschutzgebiet Sorgenti del Pescara** mit dem weitläufigen Becken, das von Quellen gespeist wird. Hier gibt es auch das **Besucherzentrum für Wölfe** mit einer didaktischen Ausstellung, dem Multimediasaal und einer aufregenden Sammlung verschiedener Heullaute (Infos zum Besuch: www.ilbosso.com. Dies ist zugleich die Website der Kooperative, die auch Wochenenden mit Wolfbeobachtungen organisiert).

Eine Tour auf der Ostseite des Nationalparks del Gran Sasso und von Norden nach Süden entlang den Monti della Laga – die Meerluft geht in Bergluft über, während Bären und Wölfe sich an den Grenzen der Wälder zeigen.

Mindestens zwei Stunden sollte ein Besuch in **Teramo** dauern, um die *romanische Kathedrale*, die Reste des *römischen Theaters*, die Fontänen und Türme, die geometrischen Piazzen, mittelalterliche Paläste und das *Schloss della Monica* zu besichtigen. Danach geht es endlich tief hinein in die vollkommene Natur mit ihren uralten Ortschaften, in denen man gerne verweilt. Der erste Abschnitt der SS81 Piceno Aprutina eignet sich perfekt, um die Autobahn zu umgehen und sich auf den Kurven warmzufahren. Aber wir verlassen sie bald, um so lang wie möglich in Gegenwart der Monti del Gran Sasso zu bleiben. Wir springen rüber auf die SS365 di Bisenti, die einzige Zugangsstraße zum *Naturschutzgebiet Castel Cerreto*. In Richtung Süden führt die Straße bergauf, die Landschaft nimmt alpine Züge an. Die Abzweigung zur Straße, die vom Pass von Vado di Sole herunterkommt, liegt bereits in großer Höhe. Die Fahrt auf den engen und steilen Serpentinen nach **Farindola** ist spaßig, auch wenn die Strecke schattig und in keinem guten Zustand ist. In der mittelalterlichen Gemeinde mit einer Schlossruine ist es Zeit für eine Rast. Hier wird ein köstlicher mit Schweinelab zugesetzter Pecorino hergestellt. Man kann ihn in der Genossenschaftlichen Molkerei probieren.
Der **Lago di Penne** ist vollständig vom Naturschutzgebiet umgeben, wir erreichen ihn über eine etwas verborgene Straße. Am See gibt es weder Straßen (nur auf einem kurzen Abschnitt) noch Gebäude und es fahren auch keine Boote. Dafür wird erneuerbare Energie produziert und das Land nur ökologisch bebaut. In der Gemeinde **Penne**, die bei einem angenehmen Spaziergang zu entdecken ist, sind überall Spuren der *Keramik-*

In der Nähe des Lago di Penne.

verarbeitung zu sehen, die hier zwischen dem 16. und 19. Jh. intensiv betrieben wurde. Dann suchen wir die Straße nach **Forca di Penne**. Es geht ein kurzes Stück auf der Statale 81, dann folgen nur noch enge Kurven und Serpentinen in einem ständigen Auf und Ab. Wir passieren Civitella Casanova, ein entlegenes Örtchen mit noblen Häusern, und erreichen **Brittoli**. Hier beginnt die enge Straße anzusteigen und in steile Serpentinen und Kurven überzugehen. Auf dieser Strecke stoßen wir nur auf wenige Häuser in **Cona** kurz vor dem Pass. Der 918 m hohe Übergang bietet eine spektakuläre Aussicht über das Tal des Flusses Pescara. Bei großartigem Blick auf den Monte Cappucciata geht es weiter nach Ofena. Die Straße verläuft hier breit und ohne große Serpentinen, ist aber angenehm zu befahren und gut präpariert. **Capestrano** ist eine prächtige Siedlung auf einer Anhöhe, in der das *Schloss Piccolomini* steht. Weiter nach Bussi sul Trino sind die Beschilderungen zur *Kirche San Pietro ad Oratorium* mit ihrer religiösen Kunst zu beachten, deren erste Bauten aus dem 8. Jh. stammen. Den Abschluss bildet **Popoli**.

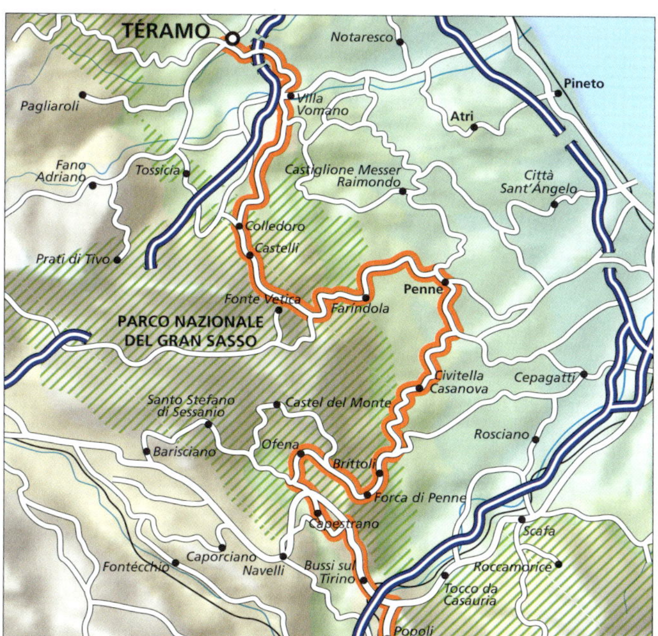

Der Marsische Braunbär

Die Hälfte aller in Italien lebenden Braunbären findet man in den Abruzzen, wo es einen stabilen Bestand gibt. Ob er nun gut- oder bösartig ist, der **Braunbär** steht im Mittelpunkt der Diskussionen zwischen Wilderern, Naturschützern und den Einwohnern der Ortschaften im und um den Park. Er ist Gegenstand zahlreicher Schutzinitiativen und es gibt Sensiblisierungsprojekte, die Kindern und Erwachsenen helfen sollen, das furchteinflößende Tier besser zu verstehen.
In **Gagliano Aterno** (AQ) ist das **Museum des Marsischen Braunbärs** eingeweiht worden, das mit dem Museum von Palena (Tour Nr. 65) einen umfassenden und spannenden didaktischen Parcours anbietet. Das bis zu 1,90 m hohe und 150 kg schwere Tier benötigt große Nahrungsmengen. Seine Ernährung besteht zu 90% aus Knollen, Obst und anderen Gemüsesorten, doch der Volksmund hat ihn zum blutrünstigen Raubtier erklärt und eine ungerechtfertigte Hetzjagd ausgelöst. Tatsächlich flieht der Bär meist vor dem Menschen und bevorzugt unwegsames Gelände und dichte Vegetation, die von Menschen nicht erreicht werden können.

Oben: Der historische Stadtkern von Penne.

Unten: Eingang zum Nationalpark.

63

Abruzzen

Von den Gräben von Atri bis zur Trabocchiküste

Streckenlänge
188 km
Start- und Zielort
Atri (TE), Ortona (CH)
Streckenverlauf
Atri – Cellino Attanasio (14 km), Cipressi (43,5 km), Città Sant'Angelo (52 km), Collecorvino (68,5 km), Loreto Aprutino (82,5 km), Cepagatti (99 km), Casa Canditella (132 km), Lanciano (163 km), Frisa, San Vito Chietino – Ortona.
Schwierigkeitsgrad
Leicht, für alle Motorradtypen und Motorroller geeignet. Außer in der Nähe von Chieti herrscht auf den Straßen wenig Verkehr.
Wissenswertes
Für einen Besuch in Lanciano: Fremdenverkehrsamt, Tel. 0872/71 78 10. Für Chieti: Fremdenverkehrsamt, Tel. 0871/636 40.

Sehenswürdigkeiten

Silvi Paese ist der sehenswerte Stadtkern von Castelbelfiore mit Aussicht auf die Küste und liegt 11 km von Atri entfernt. Mitte Juli findet hier das *Fest der Künste und des Handwerks* statt. Auf den Straßen kann man Schmieden, Weberinnen, Schustern und vielen anderen Berufsgruppen bei der Arbeit zusehen. Im 19 km von Ortona entfernten **Fossacesia** kann man die **Abtei San Giovanni in Venere** besuchen, ein Kloster aus dem 13. Jh. mit großartigem Blick über einen langen Meeresabschnitt (www.sangiovannin venere.it). 22,5 km hinter Ortona erreicht man das **Naturschutzgebiet Lecceta di Torino di Sangro** – 175 ha Naturschutzgebiet, in dem sich die Flussmündung befindet. Der Wald ist einer von wenigen an der Adriaküste und reicht vom Meer bis zu einer Höhe von etwas mehr als 100 m. Man kann ihn selbstständig besichtigen oder eine Führung buchen (Informationen: www.leccetatorinodisangro.it). Der Meeresabschnitt bei Chieti ist so stark von den allgegenwärtigen Trabocchi geprägt, dass er auch als **Trabocchiküste** bekannt ist. Sie sind auch zwischen Ortona und Fossacesia im **Naturschutzgebiet Torino di Sangro** zu sehen und darüber hinaus in Termoli.

Oben: Die sanften, sorgfältig kultivierten Hügel des Binnenlandes von Pescara.

Mit Blick aufs Meer in Richtung Berge: Im Binnenland der Provinzen Pescara und Chieti passiert man mittelalterliche Ortschaften und sanfte Hügel und entflieht dabei dem sommerlichen Chaos der Küste.

Atri steht für Lakritze und verführt außerdem zu Besuchen im *Museum für historische Musikinstrumente* im Herzoglichen Palast, in der majestätischen *Konkathedrale* und im *Staatstheater*, das der Scala di Milano nachempfunden ist. Außerhalb der Stadt tauchen wir in das spektakuläre Szenario des *Naturschutzgebiets Calanchi d'Atri* ein. Ausgeschilderte frei begehbare Wanderwege winden sich zwischen den Seen und Wäldern hindurch, vorbei an Grotten und Höhlen, die vielleicht einst als Behausungen dienten. Dutzende größere oder kleinere Orte erwarten uns hier mit religiöser Architektur und prächtigen Fresken, Altären und Palästen aus dem 18. und 19. Jh. In **Città Sant'Angelo** besuchen wir die *Stiftskirche San Michele Arcangelo* und ein ungewönliches *Museum für zeitgenössische Kunst*. Erstere wurde im 14. Jh. auf noch älteren Fundamenten errichtet und bewahrt die Überreste einer hochmittelalterlichen Kanzel. Das Museum befindet sich in den Räumlichkeiten der ehemaligen Tabakmanufaktur und dient aufstrebenden Künstlern als bedeutender Entwicklungsraum.
Loreto Aprutino thront oben auf dem Hügel. Der Spaziergang durch die Alstadt führt durch die Gassen zum *Schloss Chiola* und der *Kirche San Pietro*. Zum Stadtmuseum gehört das *Museo Acerbo Ceramiche dei Castelli*, eine vielseitige Ausstellung zur Geschichte der Keramikverarbeitung in den Abruzzen zwischen dem 16. und 19. Jh. **Loreto** begrüßen wir im Vorbeifahren neben der malerischen *Santa Maria in Piano* aus dem 5. Jh. mit

ihren außergewöhnlichen Freskenzyklen. Wir überqueren dann die Täler des Tavo, der Nora und das weitläufige und stark befahrene Tal der Pescara. Auf dem Weg nach **Chieti** kann man entscheiden, ob man Zeit im historischen Ortskern verbringen oder lieber in die abgelegenen alten Ortschaften fliehen will. Dann passieren wir **Guardiagrele**, die Stadt des Handwerks, der Goldschmiedekunst und der Malerei, um das mittelalterliche **Lanciano** zu erreichen. Die Ortschaft strotzt vor Kirchen, Bastionen und Türmen und es gibt charakteristische Straßen, Villen, Fontänen und Brücken, deren Beschreibung ein eigenes Kapitel benötigen würde. Wunderschön und – endlich – am Meer liegt **Ortona** mit einem historischen Ortskern am Fuße der beeindruckenden *Aragonesischen Festung*. In der Stadt gibt es das *Museo Ex Libris Mediterraneo*, das zweitgrößte seiner Art in Italien und das drittgrößte weltweit. An der goldenen Sandküste mit ihren Klippen sind seltsame faszinierende Gebäude zu sehen: Es sind die **Trabocchi**, komplexe Maschinen zum Fischfang auf einfachen ins Meer ragenden Pfahlbauten, die oft noch immer benutzt werden oder zu Ausbildungszwecken dienen.

Unten: Die sich über das Meer neigenden Trabocchi sind faszinierende Konstruktionen.

Ein paar Stunden in Chieti

Da wir daran vorbeikommen, hier eine Liste mit sechs Dingen, die man in Chieti ohne Motorrad tun kann. Ein Besuch des **Teatro Marruccino** im prunkvollen Stil des 19. Jh. lohnt sich, die Decke des reich dekorierten Gebäudes zeigt Medaillons mit Porträts der berühmtesten Musiker und Dramatiker. Anschließend kann man die spätgotischen und Renaissance-Elemente auf der Fassade des **Palazzetto delle Corporazioni** in Piazza Gianbattista Vico bewundern. Man kann auch die **Tavola di Acerenza** bestaunen, das angebliche Selbstporträts Leonardos in den Räumen des Universitätsmuseums. Die uralten Fresken in der **Krypta** der Kathedrale San Giustino aus dem 14. und 15. Jh. sollte man auch nicht verpassen. Durch die engen, bunten und nach gutem Essen duftenden **Gassen** zu flanieren ist ebenfalls ein Vergnügen. Und schließlich geht es in die archäologische Ausgrabungsstätte mit dem **römischen Amphitheater** aus dem 1. Jh. n. Chr.

64 Abruzzen
Campo Imperatore, Wildnis und Berge

Streckenlänge
119 km
Start- und Zielort
L'Aquila
Streckenverlauf
L'Aquila – Arischia (16,5 km), Passo delle Capannelle (25,5), Fonte Cerreto (47 km), Castel del Monte (77 km), Santo Stefano di Sessanio (91 km), Poggio Picenze (104,5 km) – L'Aquila.
Schwierigkeitsgrad
Die Straße von Campo Imperatore hinab nach Barisciano ist eng, zuweilen mit Schotter belegt und sehr windig: Vorsicht! Die Strecke kann dennoch mit allen Motorradtypen bewältigt werden.
Wissenswertes
Der Passo delle Capannelle ist bei Schneefall geschlossen, wie auch die SP7 von Castel del Monte zum Valico di Capo La Serra. Bei der Wahl dieser Route ist deshalb die große Höhe zu berücksichtigen sowie die Möglichkeit ungünstiger Witterungsbedingungen.

Sehenswürdigkeiten

Am Passo delle Capannelle sollte man sich etwas Zeit für den **Lago di Campotosto** nehmen, um eine Runde von 38 km um das Gewässer zu drehen. Campotosto, das einzige Wohngebiet, ist für seine Mortadella, den Pecorino und selbstverständlich für den Fisch aus dem See bekannt.
Das **Rifugio Fonte Vetica** erreicht man nach knapp 10 km, dann gelangt man zum **Castel Del Monte.** Es ist von Juni bis September geöffnet, verfügt über 20 Betten und bietet ein hervorragendes Mittagessen mit gegrilltem Lamm, Fleischspießen und Polenta. Der Pass von Vado di Sole liegt nur 5 km hinter der Gabelung zum Valico di Capo La Serra. Letzerer befindet sich auf 1621 m Höhe und lohnt sich für den Ausblick auf die großartige Landschaft. In der Nähe von **Cermone**, kurz hinter L'Aquila, befinden sich archäologische Ruinen der historischen Sabinerstadt Amiternum, dem Geburtsort des römischen Senators Sallust.

Oben: Die Straße, die erst über den Valico di Capo La Serra und dann zum Castel del Monte hinabführt, wird von frostigen Windböen gepeitscht. Die Landschaft ist deshalb auch in den warmen Monaten kahl und öde.

Starke Eindrücke hoch oben im Herzen des Laga-Gebirges. Inmitten absoluter Ruhe – unterbrochen lediglich von den Rufen der in der Wildnis lebenden Tiere.

Wir bereiten uns auf den Aufstieg nach Campo Imperatore vor wie für eine Expedition ins Niemandsland – nicht umsonst nennt man es auch „das kleine Tibet". Die weite spektakuläre Hochebene liegt südöstlich der Bergkette **Gran Sasso**, die sich über eine Oberfläche von ca. 130 km^2 erstreckt, bei einer Höhe, die von 1450 m bis 2135 m reicht. Es gibt keinerlei Siedlungen – nicht ein einziges Gebäude – weswegen man große Bestände wildlebender Tiere antrifft, die in großen Rudeln leben und der Landschaft einen einzigartigen Reiz verleihen. Wenige Straßen führen hierher: eine steigt von Assergi hinauf, eine kommt von Santo Stefano di Sessanio und von Castel del Monte und dann gibt es noch die Verbindungsstraße nach Farindola jenseits des Passes Vado di Sole.
Der **Passo delle Capannelle** liegt an der SS80, der *Strada Maestra del Parco*, die den Gürtel des Gran Sasso hinaufsteigt und die Provinzen L'Aquila und Teramo verbindet. Von L'Aquila aus erreichen wir ihn auf 1521 m nach einem sehr steilen und gewundenen Abschnitt, dann biegen wir ab in Richtung Castel del Monte. Die SP26, die den *Nationalpark Gran Sasso e Monti della Laga* horizontal durchschneidet, ist eine großartige Strecke entlang des Acqua di San Franco mit spektakulärer Aussicht auf Wiesen und Geröllfelder in einer weitläufigen Landschaft. Auf Kurven und Gegenkurven geht es weiter auf und ab. Die einzigen Begegnungen sind kleine Gruppen von Motorradfahrern, die anhalten, um Fotos zu schießen. In **Fonte Cerreto** verengt die Straße sich stark und wird bei großen Höhenunter-

Profil und Höhenverhältnisse – Übersicht

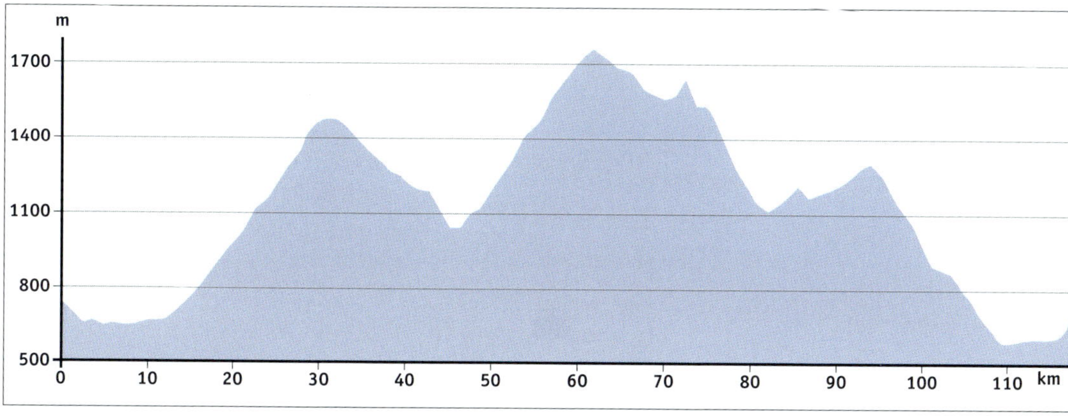

schieden gewundener, bis sie sich die Hänge des Monte Cristo hinaufschraubt. Dort finden wir die Abzweigung zum höchsten Punkt der Seilschwebebahn des Gran Sasso auf 2130 m Höhe. Die Aussicht scheint endlos! Unten wird die Landschaft von der langen Asphaltstraße unterbrochen. Eine Hütte, an der man nicht leicht vorbeifahren kann, bietet zu jeder Uhrzeit gegrilltes Fleisch und Spieße. Auf dem Weg zum **Valico di Capo La Serra** peitscht der Wind durch die Kurven. Jenseits des Passes verändert sich alles. Serpentinen jagen mitten durch eine Steinhalde mit seltenen Latschenkiefern. Durch ein atemberaubendes Szenario fahren wir nach **Castel del Monte**, ein bereits aus der Ferne sichtbares verzaubert wirkendes Gebäude. Die SP7 setzt sich in ständigen Kurven fort bis nach Rocca Calascio und dann nach **Santo Stefano del Sessanio**, der anmutigen Gemeinde mit Steinhäusern, Türmen und malerischen Straßenwinkeln. Bevor wir Barisciano erreichen, weckt das **Kloster San Colombo** unsere Aufmerksamkeit, Sitz des *Zentrums für floristische Forschung des Apennins.* Hier werden zahlreiche Samenarten aufbewahrt sowie ein *Herbarium Appenninicum* mit 40 000 Proben aus den Abruzzen. Das Ende bildet **L'Aquila**, das noch immer mit den Folgen der Erdbeben von 2008 und 2009 kämpft.

Die Quellen von San Franco

Auf der Straße hinab nach Assergi, 5 km vom Pass entfernt, weist ein braunes Schild auf die Quellen von San Franco hin. Wir stellen das Motorrad am Parkplatz ab und folgen dem Fußweg im Zickzack über die Wiese. So erreichen wir eine Steinkapelle mit zwei Räumen, in denen sich die Quellen befinden. Hinter dem Bogeneingang der Kapelle bemerkt man über dem Altar ein Paneel mit **24 Majoliken**, welche die Wunder des Heiligen darstellen. Der Legende nach schlug er seinen Stock gegen den Fels und das Wasser, dem heilende Kräfte zugesprochen wurden, spritzte hervor. Noch heute begeben sich zahlreiche Pilger auf den Weg zur Quelle, um sich zu waschen und das Wasser zu trinken. Um den Pilgern zu entkommen, verbrachte San Franco seinen Lebensabend in der Grotte auf dem Monte Cefalone, eine pfadlose Einsiedelei, die nur schwer zu erreichen ist. Infos: Fremdenverkehrsamt von Assergi, Tel. 0862/223 06.

65 Abruzzen
Nationalpark Majella

Streckenlänge
203 km
Start- und Zielort
Sulmona (AQ), Roccaraso (AQ)
Streckenverlauf
Sulmona – Rivisondoli (35,5 km), Casoli (80,5 km), Guardiagrele (95 km), Pretoro (107,5 km), Passo Lanciano (123 km), Roccamorice (141 km), Caramanico Terme (156 km), Campo di Giove (182 km) – Roccaraso.
Schwierigkeitsgrad
Trotz großer Höhen können die Straßen mit allen Motorradtypen befahren werden. Unverzichtbar ist die richtige Ausrüstung, zu der auch im Sommer Regenanzug, Überhandschuhe und Thermofutter gehören.
Wissenswertes
Der Passo San Leonardo, der Valico della Forchetta und der Passo Lanciano sind immer geöffnet, werden von Herbst bis Frühling aber von schweren Schneefällen heimgesucht, in denen sie nicht für Motorräder befahrbar sind (weitere Informationen über den Nationalpark della Majella: www.parcomajella.it).

Sehenswürdigkeiten

Vor den Toren von **Sulmona** lohnt sich ein Abstecher zur historischen **Konfektfabrik Pelino** mit anhängendem Museum und Italienischem Garten (www.pelino.it). 3 km weiter stoßen wir auf die beeindruckende **Badia Morronese**, die von Coelestin V. gegründet wurde. Die Umstrukturierung zu einem Gefängnis Anfang des 19. Jh. hat seine mönchische Tradition fast ausgelöscht, doch sie wurde nach den neuesten Restaurierungsarbeiten wiederbelebt. Von Sulmona aus kann man auch auf einer langen und herausfordernden Runde zum **Lago di Scanno** fahren, der zwischen der Montagna Grande und Monte Genzana liegt. Von Anversa degli Abruzzi führt die enge Straße in malerischer Landschaft durch die **Gole del Sagittario**. Wir passieren den Ort Scanno und dringen bis nach **Villetta Barrea** am gleichnamigen See vor, streifen Alfedena und fahren in Roccaraso entlang des Sangro wieder hoch (von Sulmona zum Lago di Scanno sind es 26 km; der gesamte Ring ist 132 km lang). Zum **Lago di Bomba** fährt man von Casoli 20 km auf der schönen kurvenreichen SP107 nach Torricella Peligna und von dort in Richtung Bomba (der See gehört zur Tour Nr. 66).

Diese großartige Tour führt durch ein majestätisches apenninisches Gebiet, das fast vollständig oberhalb von 1000 m liegt. Los geht es in der „Stadt des Konfektes", außerdem lockt ein Abstecher zum Lago di Bomba.

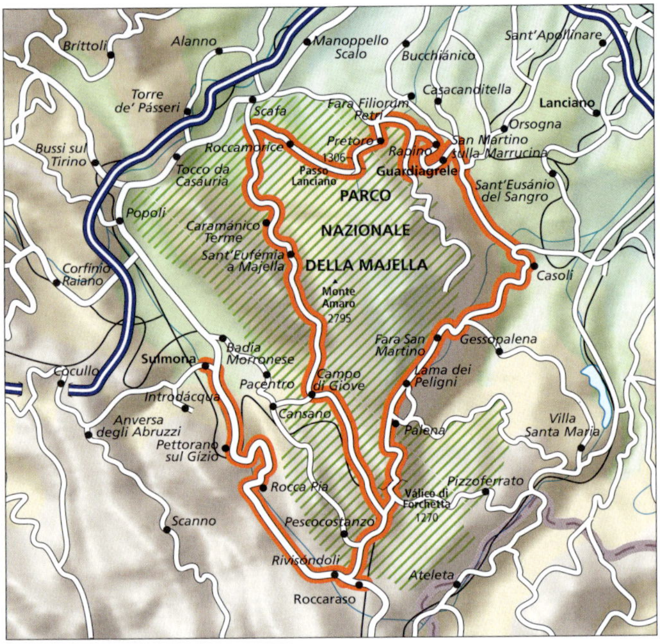

Sulmona, die Stadt Ovids und Coelestins V., darf man nicht verlassen, ohne sich zuvor einen Spaziergang durch die Fußgängerzone im Zentrum genehmigt zu haben. Auf der *Piazza del mercato* begeistern die Geschäfte mit ausgestellten Körben und Vasen, die mit »künstlichen Blumen« gefüllt sind: Die Blumen und Blätter bestehen nämlich aus **Konfekt**! Das Ergebnis ist ein Fest von lebhaften Farben, das die kleinen Läden zum Leuchten bringt.
Außerhalb von Sulmona nehmen wir die Statale 17, die auf 9 km das **Piano delle Cinquemiglia** durchpflügt, eine weitläufige mit Wiesen bedeckte Hochebene auf über 1250 m Höhe. Hinter dem als Wintersportzentrum bekannten Rivisondoli treffen wir auf den **Valico della Forchetta**, der zur aussichts- und kurvenreichen Statale entlang der Ostwand des Massiccio della Majella führt. In **Palena** gebietet das *Museum des Marsikanischen Bären* einen ersten Halt. Kurz darauf verläuft die Straße wie auf einem Balkon steil über dem Tarantatal (einst als La Tagliata bekannt) und bietet eine spektakuläre Aussicht, die in

Die Serpentinen des Passo San Leonardo: Auf dem 1280 m hohen Pass kann man in einem modernen Restaurant einen Zwischenstopp einlegen.

Richtung Lama dei Peligni bis ans Meer reicht. Die Strecke vorbei am **Lago Sant'Angelo** ist faszinierend. Man verliert etwas an Höhe, bevor es nach **Guardiagrele** und von dort ins Herz der Majella geht. Nachdem wir von Pretoro aus zum **Passo Lanciano** abgebogen sind, führt eine Straße nach ein paar Kilometern zur Maielletta (1995 m) und zum Blockhaus (2142 m), einem der höchsten Gipfel des Apennins. Wir begegnen dem zwischen den Bergen eingepferchten **Caramanico Terme**, eine zauberhafte jahrtausendealte Gemeinde, die von Mauern eingefasst wird. Hier befindet sich das *Archäologie- und Naturmuseum Paolo Barasso*, das *Centro Lontra* und das *Museum der abruzzischen und italienischen Fauna*. Danach verengt sich die Straße, um in einer Folge von Kurven in völliger Einsamkeit dem **Passo San Leonardo** zuzustreben. Vom Pass aus führen 13 km Serpentinen – welche die sportlichsten Motorradfahrer in einem Zug nehmen – zu den Toren von Sulmona. Um jedoch im Herzen der Majella zu bleiben, muss man bis nach **Campo di Giove** vordringen, das sich in einem weitläufigen Becken voller Wiesen befindet. Gegenüber liegt eine junge Siedlung, die wir hinter uns lassen, um die Bilder der gerade erkundeten unberührten Natur nicht wieder zu verlieren. Vom nahegelegenen Valico della Forchetta aus erreichen wir **Roccaraso** auf 1200 m, das die südliche Grenze des Parco della Majella markiert.

Die Grotten del Cavallone

Wir begegnen ihnen im Tarantatal auf der östlichen Seite der Majella in 1475 m Höhe. Der touristische Rundgang ist etwas weniger als einen Kilometer lang und beginnt in der **Sala di Aligi** mit dem riesigen Stalagmiten, der einem Menschen ähnelt. Die folgenden Räume haben sprechende Namen wie etwa „Mumiensaal", „Zauberwald", „Elefantensaal", „Feenzimmer" oder „Kristallsaal". Der Zugang zu den Grotten ist in 20 Minuten mit dem Lift und 5 Minuten Fußweg erreichbar. Die gut eine Stunde dauernden Führungen finden im Juli, August und in der ersten Septemberhälfte täglich statt, von Juni bis Mitte Oktober auch an Wochenenden. In den Grotten herrscht eine konstante Temperatur von 10 °C und eine Luftfeuchtigkeit von 80 % bis 90 %. Das erfordert geeignete Kleidung (www.grottedelcavallone.it).

Profil und Höhenverhältnisse – Übersicht

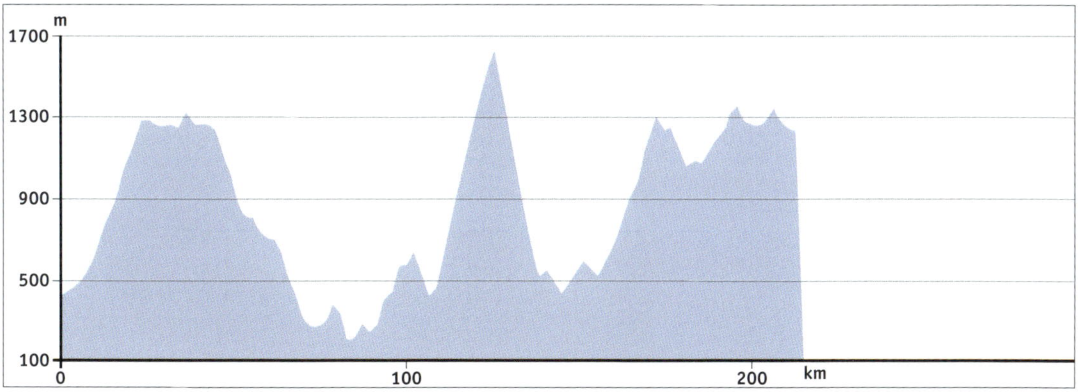

66 Abruzzen
Die Ländereien der Frentaner

Streckenlänge
202 km
Start- und Zielort
Vasto (CH)
Streckenverlauf
Vasto – Paglieta (31 km), Atessa (45 km), Archi (57 km), Perano, Colledimezzo (83 km), Castiglione Messer Marino (103 km), Schiavi di Abruzzo (111 km), Palmoli, San Buono (151 km), Gissi (159 km), San Giacomo, Pollutri (184 km) – Vasto.
Schwierigkeitsgrad
Die Gebirgsabschnitte sind gewunden. Der Großteil der Straßen ist eng, der Boden zuweilen in keinem guten Zustand.
Wissenswertes
Das Naturschutzgebiet Punta Aderci ist frei zugänglich und täglich geöffnet (www.puntaderci.it, Wanderkarte zum Download). Im Sommer werden Nachtwanderungen, Musikkonzerte und Theateraufführungen angeboten. Ferner können Fahrräder und Kanus gemietet werden. Infos zur Ventricina del Vastese auf www.ventricina.com.

Sehenswürdigkeiten

Villa Santa Maria, 8,5 km von Colledimezzo entfernt, gilt aufgrund der zu Zeiten Caracciolos gegründeten Hotelfachschule, die heute ein **Museum der Köche** beherbergt, als Heimat der Köche. Im Oktober findet hier die *Rassegna dei Cuochi del Sangro* statt. Weiter in Richtung Colledimezzo erreicht man nach 21,5 km das **Regionale Naturschutzgebiet Abetina di Rosello**. Es liegt an der Grenze zum Molise und ist aufgrund seines hohen Vorkommens an Weißtannen – in der Nähe des Turcano können riesige Exemplare bewundert werden – ein Gebiet von großem ökologischen Wert. In den umzäunten Faunagebieten leben Hirsche, Rehe sowie tag- und nachtaktive Raubvögel (Besucherinformationen: Tel. 0872/94 84 44). Unweit davon befindet sich in Borello das für seine Wasserfälle berühmte **Regionale Naturschutzgebiet Cascate del Verde**. Dies sind die höchsten Wasserfälle des Apennins mit bis zu 200 m Höhe in drei aufeinanderfolgenden natürlichen Sprüngen. Im Schutzgebiet kann man stunden- oder auch tageweise Mountainbikes mieten (www.riservacascatedelverde.it).

Das Meer ist ideal für ein köstliches Fischmenü bei Sonnenuntergang, während die Berge perfekt sind, um das Land des antiken Volkes der Frentaner zu entdecken.

Der südlichste Teil der Abruzzen, der nahe der wunderschönen Stadt Vasto von den Flüssen Sangro und Trigno eingeschlossen wird, trägt den Namen *Medio Vastese*. Es handelt sich um ein hügeliges Gebiet, zu dessen mäßig hohen Bergen auch die Monti Frentani gehören. Diese Gegend wurde in der Antike von einem *Hirtenvolk* bewohnt, dasals Wanderschäfer mit seinen Herden reiste. Eine antike Atmosphäre vermitteln auch die Wohnorte in dieser Gegend, und es ist erstaunlich, dass die Traditionen nicht von der Nähe des Meeres, sondern vielmehr von den Bergen geprägt ist. Die sommerlichen Stadtfeste bestätigen das und zelebrieren Schafsfleisch, Trauben, Ventricina – dafür gibt es hier eine Akademie! – und Wein.
Vasto besitzt eine großartige hügelige Altstadt, die deutlich faszinierender ist als das „neue" Vasto Marina. Es gibt herrliche Gebäude und Kirchen, Piazzen sowie Lokale, in denen man abends auf der Terrasse bei einem Glas *Brodetto* gerne länger sitzen bleibt.

Abschnitt am Lago di Bomba.

Linke Seite: An den Sandstränden aufgereihte Fischernetze.

Im Binnenland ist die große Protagonistin die Natur. Die Straßen bieten tolle Ausblicke und sind angenehm zu fahren. Ihre Kurven erstrecken sich auf den Gebirgskämmen und Hängen in vorteilhafter Lage. Die vielen Bäche und Flüsse, die unberührt geblieben sind, haben die Entstehung von interessanten Naturgebieten begünstigt.

Diese Tour lädt zu regelmäßigen Zwischenstopps ein, mal in einem Städtchen, mal an einem Fluss, mal auf dem höchsten Punkt eines Hügels. Es gibt viele Gelegenheiten, um zwischen Steinportalen entlangzuspazieren oder auf einem Feld zu picknicken und dabei, mit der Landkarte in der Hand, die Namen von Bergen, Städten, Häfen und Türmen am Meer zu erraten.

Im innersten Bereich der Tour trennt der **Lago di Bomba** die Monti Frentani von den ersten Ausläufern des Majellamassivs und dehnt sich aus dem Lauf des Sangro heraus in ein imposantes Szenario aus. Beim Spaziergang am östlichen von Ginster bewachsenen Ufer atmen wir die Seeluft ein und lauschen der Stille.

Schiavi di Abruzzo in 1172 m Höhe ist zusammen mit dem 1058 m hoch gelegenen Castiglione Messer Marino die höchste Siedlung auf dieser Rundfahrt. Wie eine Wache steht es im äußersten Winkel der Region, wo der Sente in den Trigno fließt. An diesen Hängen, in toller Lage an der Landstraße zum Trignotal, befinden sich die Reste des *Italischen Tempels* aus der Zeit der klassischen Antike. Noch knapp 40 km und der Trigno erreicht das Meer. Der schönste Weg zurück nach Vasto ist aber der hinauf über die Hügel zum Medio Vastese. In Schönheit enden wir im *Naturreservat Punta Aderci*, das von der Mündung des Sinello eingeschlossen wird: diesmal aber am Meer mit einer atemberaubenden Aussicht.

Brodetto alla Vastese

In **Vasto** wird der Brodetto mit einem beiliegenden Teller mit Fadennudeln serviert. Manche tunken diese in die Fischbrühe und essen sie mit der Hand, andere dagegen (die korrektere Art) essen sie als sehr leckere Nudelsuppe. Das Gericht der Fischer wurde ursprünglich mit Frittura di Paranza hergestellt, im Zuge seiner wachsenden Verbreitung jedoch um Tomaten und dünne Peperoni erweitert. Unverzichtbar ist die Verwendung eines Kochtopfes aus Ton mit Deckel, ohne den der Brodetto an Geschmack verlieren würde. Der Topf wird direkt an den Tisch gebracht, um das Gericht immer warm zu halten. Der perfekte Brodetto ist schnell zubereitet: keine Zwiebeln, sondern nur gewürfelter Knoblauch; den Fisch beim Kochen niemals umrühren, sondern durch Schwenken des Kochtopfes bewegen; wenn der Fisch gar ist, noch zerkleinerten frischen Chili hinzufügen und den Deckel erst am Tisch beim Servieren abnehmen. Buon appetito!

Molise

67 Molise
Das Alto Molise, ein Hauch von Antike

Streckenlänge
220 km
Start- und Zielort
Isernia
Streckenverlauf
Isernia – Montaquila (21 km), Castelnuovo al Volturno, Castel San Vincenzo (36 km), Cerro al Volturno (43 km), Fornelli (59 km), Salietto (68,5 km), Forlì del Sannio (91 km), Carovilli (112 km), Vastogirardi (134 km), Capracotta (148 km), Pescopennataro (160 km), Agnone (175 km), Carovilli (199 km), Miranda (211 km) – Isernia.
Schwierigkeitsgrad
Anspruchsvoll. Die Strecke verläuft auf überwiegend engen und gewundenen Bergstraßen mit oft schlechtem Untergrund.
Wissenswertes
Der Macerone (der Abschnitt zwischen Isernia und Castel di Sangro) ist eine legendäre Motorradstrecke mit zahlreichen Kurven. Doch sie erfordert Vorsicht und bestraft Übermut!

Sehenswürdigkeiten

Das 14 km von Isernia entfernte **Naturschutzgebiet Pesche** ist zwar kein besonders großes Gebiet, doch durch seine Höhenlage zwischen 640 und 1130 m über dem Meeresspiegel beherbergt es eine große Zahl von Pflanzenarten, von solchen, die das Hügelland bewachsen, bis zu harzigen alpinen Pflanzen. Er ist von Pesche und Miranda aus erreichbar.
In **Pietrabbondante**, 20 km von Agnone entfernt, befindet sich der hellenisch-italische Tempel an den Hängen des Monte Saraceno, ein außerordentliches Beispiel für die Tempelarchitektur des Samnium, in dessen Theater heute Aufführungen und Sommerfeste veranstaltet werden. Die archäologische Ausgrabungsstätte ist montags geschlossen (für Führungen, Tel. 0865/761 30).
Im 18 km von Isernia entfernten **Pescolanciano** findet am 25. Juli der traditionelle Garbenumzug zu Ehren der Heiligen Anna statt. Nachdem an der Tenne die Garben (Getreidebündel) zusammengelegt worden sind, erwarten die Bauern die Ankunft der Statue der Heiligen und beginnen die Prozession, die mit der Kornsegnung in der Kirche endet. Dieses Erntedankfest bezieht die gesamte Bevölkerung ein, die in den vorausgehenden Tagen den gesamten Ort mit geflochtenen Garben schmückt.

Rundfahrt durch die verborgenste Region Italiens, in der die Zeit stehen geblieben scheint. Bei der Erkundung des Molise erwachen uralte Bräuche zum Leben.

Die Provinz Isernia im hügeligen Molise, im Westen von den Monti della Meta und den Mainarden eingeschlossen, im Norden von der Majella und den Frentanern, wirkt völlig abgeschottet vom restlichen Italien. Uralte Straßen winden sich die kahlen Hänge entlang und verbinden weit voneinander entfernte Ortschaften miteinander. Das Alto Molise ist voller Entdeckungen: die Straßen und ihre Landschaft, die Berge, die mit ihrer unberührten Vegetation irgendwie echter aussehen; dann die Flüsse, die Orte, die Menschen, die so stolz auf ihre handwerklichen, kulturellen und gastronomischen Traditionen sind. Man begibt sich gerne auf diese alten und langsamen Straßen, auf denen 30 km wirken wie 100. Und man stellt sich auf Begegnungen ein, auf Neues und auf Überraschungen, wie etwa in **Scapoli** in der Nähe des Schlosses San Vincenzo. Der Ort erinnert mit den allgegenwärtigen Klängen von Zampogne (Sackpfeifen) an ein Krippenspiel. Neben der Herstellung dieses Instrumentes rühmt der Ort sich seines *Festival Nazionale*, das bereits seit 40 Jahren im Juli stattfindet, sowie des *Nationalmuseums der Zampogna*. Vor Cerro erreichen wir die **Abtei San Vincenzo al Volturno**, ein Kloster mit einem bedeutenden Freskenzyklus aus dem 19. Jh. neben den Quellen des Volturno. Eine Straße verliert sich auf den Hängen der **Ciuc-**

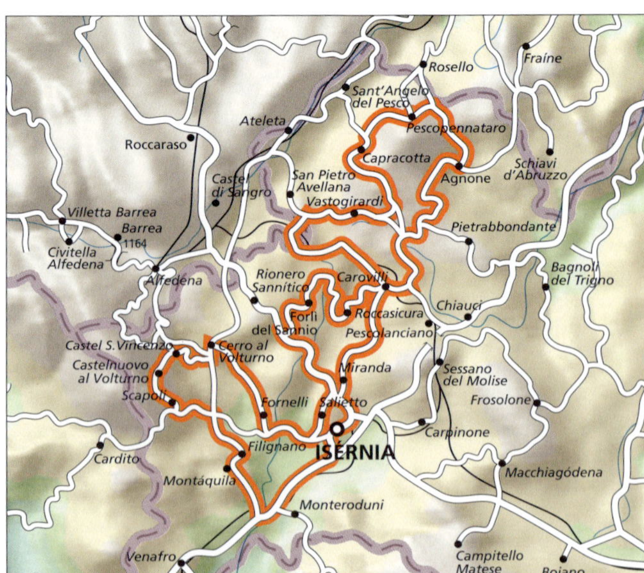

Profil und Höhenverhältnisse – Übersicht

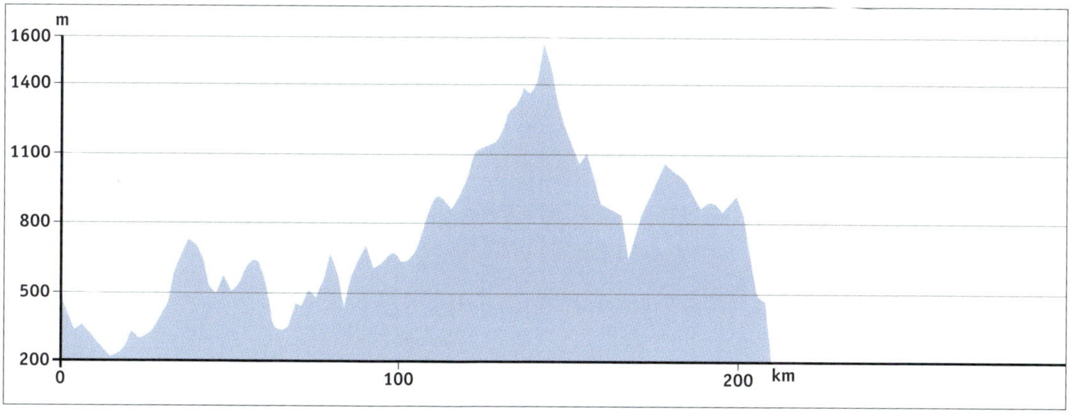

chetta, einem langen und engen Berg, dessen einziger, kleiner Wohnort, **Fornelli**, für seine Öl- und Weinproduktion bekannt ist. Etwas weiter ist der Abschnitt zwischen Isernia und der Abfahrt nach Forlì del Sannio der einzige, der richtig Spaß macht. Er verläuft auf der **SS17 del Macerone**, einer legendären Bikerstraße. **Vastogirardi** ist eine in ihrem Urzustand gebliebene mittelalterliche Gemeinde. Ein agrotouristischer und außergewöhnlicher Ort, in dem Menschen nach Rhythmen und Riten arbeiten und leben, die anderswo für immer vergessen sind. In der nahegelegenen Ausgrabungsstätte *Tempio Italico* befinden sich die Überreste eines kleinen Tempels und ein Gebäude der Samniten. Nach ein paar Kurven über Berggipfel und Talsohlen öffnen sich vor uns unendliche Weiden mit unzähligen Pferden. Ein paar weitere Dinge verdienen Erwähnung: In **Capracotta** werden im *Botanischen Garten der apenninischen Flora*, einem der am höchsten gelegenen botanischen Gärten, einheimische Arten geschützt. Die pastorale Tradition des Ortes drückt sich in der *Antica Festa della Pezzata* aus, dem Stadtfest mit gegrilltem Lamm und gekochtem Schaf am ersten Sonntag im August. Schließlich **Agnone**, das Städtchen der Glocken. Und dann **Isernia**, ein hervorragendes Beispiel für eine „erneuerbare" Gemeinde. Ein Tag reicht nicht, um sie vollständig kennenzulernen.

Unten: Im Molise sind die Straße oft in keinem guten Zustand, aber man fährt in vollkommener Einsamkeit. Begegnungen sind selten und die sehr weit voneinander entfernten Ortschaften sind angenehme Boxenstopps.

Die Glocken von Agnone

Acht Jahrhunderte. So lange ist hier die Tradition des **Glockengießens** vom Vater zum Sohn weitergegeben worden. Wie jemand einst schrieb, um die Rückkehr aus der Stille zu symbolisieren, die das Molise jahrhundertelang einschloss. In Agnone sind „prominente" Glocken geschmolzen worden, die heute in der gesamten Welt verstreut sind, von derjenigen in Lourdes zum hundertjährigen Jubiläum der „Erscheinung" bis zu derjenigen der „Perestroika" zum Anlass des Treffens zwischen Gorbatschow und dem Papst. Im **Historischen Glockenmuseum** neben der Päpstlichen Schmiede Marinelli befindet sich eine umfangreiche Sammlung auch von Dokumenten und Fotos, um die Geschichte des Bronzegusses und der Glockenherstellung zu veranschaulichen. In der Schmiede werden auch Tisch- oder Wandglocken in Bronze und Silber hergestellt, die im anliegenden Geschäft erstanden werden können. Führungen werden täglich außer am Sonntagnachmittag angeboten (www.campanemarinelli.com).

68 Molise
Jenseits des Meeres von Termoli

Streckenlänge
206 km
Start- und Zielort
Termoli (CB)
Streckenverlauf
Termoli – Petacciato Marina, Montenero di Bisaccia (27,5 km), Petacciato, San Giacomo degli Schiavoni (54,5 km), Guglionesi, Palata (72 km), Casacalenda (110 km), Larino (125 km), Bonefro (149 km), Santa Croce di Magliano (157 km), Rotello, Ururi (176 km), Portocannone, Campomarino (197 km) – Termoli.
Schwierigkeitsgrad
Für alle Motorradtypen geeignet. Die Straßen sind nicht immer in gutem Zustand.
Wissenswertes
Das Multimedia-Museum del Bufù ist Montag bis Freitag geöffnet, Tel. 0874/84 14 56.

Sehenswürdigkeiten

Hier mal ein Vorschlag, der im Gegensatz zum Motorradfahren steht: ein Tag auf den **Tremiti-Inseln**. Vom Hafen von Termoli, wo man in einem bewachten Parkhaus das Motorrad abstellen kann, geht es hinüber nach San Domino oder San Nicola. Die Überfahrt dauert zwischen 50 Miunten und 1 ¼ Stunden und wird regelmäßig von unterschiedlichen Unternehmen angeboten.
San Domino mit ihren zerklüfteten und steinigen Küsten, Buchten und zahlreichen Grotten (darunter die des *Bue Marino*) ist die touristischere der Inseln.
San Nicola hat den einen oder anderen kunsthistorischen Schatz vorzuweisen und lohnt sich für einen Besuch des Klosters und der **Festung Santa Maria a Mare**. Dann gibt es noch **Capraia** und die unbewohnten Inseln **Pianosa** und **Cretaccio**. Ein Wassertaxi-Dienst verbindet die beiden letzteren mit den beiden Hauptinseln. In **Termoli** kann man übrigens, im Rahmen der jedes Jahr neu festgelegten Fischereizeiten, einen Tag lang an einem **Fischereiausflug** teilnehmen. Hier kann man die Arbeit der Fischer aus der Nähe und das Meer in seiner ursprünglichen Art erleben und zum Mittagessen den soeben gefangenen Fisch genießen.

Diese Tour lässt die Festung von Termoli hinter sich, verliert aber das Meer niemals aus den Augen. Eine „Wasserrundfahrt“ am Gargano und über die Tremiten, welche die Dünen von Petacciato und den Lago di Guardialfiera streift.

Termoli schlummert morgens im Schatten des Schlosses, wenn nur die lebhaften Stimmen der Fischer zu vernehmen sind. Abends, wenn die Sonne untergeht und das Licht die hellen Farben der Häuser übersättigt, erwacht die Stadt zum Leben.
In ausreichender Entfernung vom malerischen historischen Ortskern fügt sich das an der Peripherie gelegene Industriegebiet harmonisch in die Landschaft ein.
Petacciato Marina, nördlich von Termoli, ist ein „anderes" Meer. Seine unverbaute Dünenlandschaft mit ihrer unberührten Flora ist von einem Fichtenwald umgeben. Um dieses Naturschauspiel von oben zu betrachten, muss man nur nach Petacciato hinauf. Das **Panorama** ist wundervoll und reicht von der Majella zum Gargano und sogar bis zu den Tremiti-Inseln. Wenn schon die hoch überm Meer liegende Strada Panoramica ein Attraktion ist, dann gilt das nicht weniger für die aus strahlend weißen Häusern bestehenden Ortschaften, die einander an den Bergrücken gegenüberliegen. Sie liegen auf den runden Hügeln mit ihren Äckern und laden ein, sie zu besuchen.
Guglionesi scheint in der Nachmittagssonne zu dösen. Zwischen den mittelalterlichen Mauern jedoch ist der kulturelle Betrieb in vollem Gange und bietet eine große Auswahl an Konzerten und Aufführungen im Fulvio-Theater. Äußerst schön sind die Kirchen, wahrhaftige Museen für sakrale Kunst. Darunter auch die Kirche *San Nicola di Bari* mit ihrer kürzlich entdeckten romanischen Krypta. Abgelegene Stadtviertel und jahrhundertealte Olivenbäume säumen die Fahrt zum **Lago di Guardialfiera**, einem unregelmä-

ßigen, vom Biferno gebildeten Becken mit einem sehr langen, spektakulären Viadukt, das zum Teil übers Wasser führt. **Casacalenda** ist eine weitere malerische, uralte Gemeinde mit hellen Steinhäusern. Hier gibt es zwei Überraschungen: Das *Mutlimediamuseum del Bufù* über das traditionelle Musikinstrument dieses Ortes. Und die *Lipu-Oase*, wo man im Frühling einer spektakulären Blüte sowie dem gleichermaßen spektakulären Flug zahlreicher Schmetterlingsarten beiwohnen kann. In kurzer Entfernung liegt die *Auffangstation für Wildtiere* mit zwei öffentlich zugänglichen Volieren. **Larino** liegt mitten in einem Ring aus Olivenhainen. Es lohnt sich, Zeit für einen Besuch zu nehmen, der im Ortskern bei der romanisch-gotischen *Conkattedrale* aus dem 14. Jh. und dem noch älteren *Herzoglichen Palast* beginnt und im *Amphitheater* seinen krönenden Abschluss findet. Von Larino aus kann man schön den letzten Winkel der Region erkunden, bevor es wieder hinab zum Meer geht. Die Erhebungen sind hier sanfter, die geraden Straßen verlaufen oberhalb der Talsohle des Fortore. In **Ururi** sind das Meer und die Inseln zum Greifen nah. Doch etwas beschwört Gedanken an ferne Länder herauf. Die hiesigen Einwohner gehören der ethnischen Minderheit der *Arbëresh* an. Termoli ist zu Fuß erreichbar. Hier breitet sich die Lebensfreude mitten in den Straßen der Stadt aus.

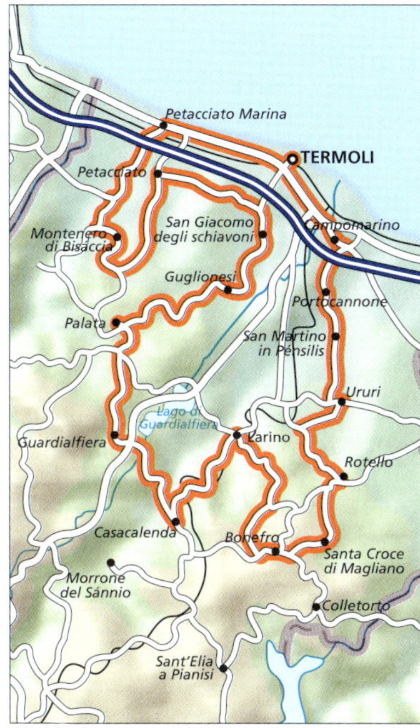

Oben: Die Siedlung Casacalenda.

Unten: Ausschnitt des historischen Zentrums von Termoli bei Sonnenuntergang.

Linke Seite: Die Hügel bei Larino.

Larino: Das Fest von San Pardo

Dieses mehr als tausendjährige Ereignis findet jedes Jahr am 25., 26. und 27. Mai statt. Drei Tage lang finden Prozessionen und Umzüge statt, die mit dem abendlichen Festzug enden, in dem San Pardo – eine Silberstatue, die symbolisch die Zurückgewinnung des Leichnams des Heiligen darstellt – wieder in die im 14. Jh. erbaute Kathedrale zurückgebracht wird. Doch für die Einwohner Larinos beginnt das Fest bereits viel früher mit der Herstellung der hundertdreißig Wagen für den Umzug, die jeweils mit über 500 von Hand hergestellten Papierblumen geschmückt werden. Es werden Ähren geflochten, Abdeckungen und Laternen hergestellt und die traditionellen Gewänder aufgefrischt. Die Männer schmücken die Geschirre der Ochsen. Das Ereignis ist ein Kaleidoskop aus Farben und Glocken, die bei dem Fest ununterbrochen läuten. Die Wagen symbolisieren die Familien, die bereits am Ende des Festes beginnen, das nächste vorzubereiten.
Nicht verpassen!

69 Molise
Auf zu den Monti del Sannio

Streckenlänge
259 km
Start- und Zielort
Campobasso
Streckenverlauf
Campobasso – Torella del Sannio (29 km), Bagnoli del Trigno (43,5 km), Salcito, Trivento (66,5 km), Montefalcone nel Sannio (86,5 km), Lucito (112 km), Petrella Tifernina (126 km), Sant'Elia a Pianisi, Ponte 13 Archi, Gambatesa (188 km), Tufara, Riccia (215 km), Gildone (233 km) – Campobasso.
Schwierigkeitsgrad
Die Straßen befinden sich oft in schlechtem Zustand. Sie sind dennoch angenehm zu fahren und verkehrsarm. Reisezeiten können sich durchaus verlängern.
Wissenswertes
Auf dieser Strecke sind Tankstellen nicht sehr häufig. Es lohnt sich deshalb, bei jeder Gelegenheit zu tanken, die sich bietet.

Sehenswürdigkeiten

Die Gemeinde **Ferrazzano**, 5 km von Campobasso, lohnt sich für einen Besuch im *Castello Baronale Carafa* mit normannischem Ursprung und in *Santa Maria Assunta*, mit Gebäuden, die sich ins 11. und 12. Jh. zurückdatieren lassen.
Kurios: Ferrazzano ist die Geburtsstadt von Robert de Niros Urgroßeltern väterlicherseits. Jahrelang fand hier eine cineastische Würdigung seiner Filme statt.
In Altilia, 20,5 km von Campobasso, befindet sich die archäologische Ausgrabungsstätte des römischen **Saepinum** mit einem sehr gut erhaltenen Theater und dem rechteckigen Forum mit noch erhaltenem Fußboden (Eintritt frei).
9,5 km von Torella del Sannio entfernt liegt **Frosolone**, das seit jeher (bereits zu Zeiten des Neapolitanischen Königreiches) für seine Scheren und Messer berühmt ist. Im August findet hier die **Messe für Messer und Scheren** statt, bei der etwa 50 Handwerker ihre Produkte ausstellen. Zur selben Zeit findet im historischen Ortskern auch das **Fest der Schmiedekunst** statt. Im **Museum der Klingen** werden hunderte Scheren und Messer von großem historischen Wert aufbewahrt (www.iserniaturismo.it).

Vom lebendigen Chaos der Hauptstadt zu den verlorenen Bergsiedlungen, jede davon eine kleine lebhafte Welt für sich, in der kulturelle Traditionen weitergegeben werden. Die langsamen und abgelegenen Straßen kreuzen oft die Wege der Wanderhirten mit ihren Herden.

Kein Meer, keine exklusiven Ziele, keine angesagten Lokale. Die Monti del Sannio sind fern von alledem. **Campobasso** ist eine der Städte, die italienische Schulkinder trotz Geografieunterricht nie genau verorten können. Und doch ist sie äußerst schön, wie auch das gesamte Gebiet dieser Tour. Der mittelalerliche Ortskern erhebt sich an einem Hang über dem *Schloss Monforte*. Enge Gassen und steile, gewundene Treppen sind das Leitmotiv dieses malerischen Stadtgebietes mit seinen Steinhäusern und Portalen mit Wappen und Friesen. In der Stadt aus dem 19. Jh. befinden sich unten in der Ebene herrschaftliche Paläste und majestätische Kirchen. Sie wurde als ideale Stadt entworfen mit zahlreichen Grünflächen wie etwa dem *Stadtpark De Capoa*. Nach Verlassen der Stadt verliert sich die Erkundungsfahrt in einer einsamer werdenden Landschaft. Die Enge der Ortschaften wird abgelöst von kahler, wilder und unberührter Natur, wo man von einfachen Dingen lebt und die Menschen zäh zu sein scheinen. Man muss jedoch nur neben einem Brunnen oder auf einer Piazza halten, und sofort grüßt jemand, fragt nach, bietet Hilfe und Gastfreundlichkeit an,und erzählt (meist wahre) Geschichten. Um dieses Leben zu begreifen, muss man den Festen der Orte beiwohnen. Die ältesten Feierlichkeiten sind religiöser Natur. Bei den jüngeren Veranstaltungen bemüht die Bevölkerung sich, Berufe und Bräuche wiederaufleben zu lassen. Das im August stattfindende Fest *Frammenti d'Antico* in **Bagnoli del Trigno** beschwört

Oben: Die strömenden Wasser des Biferno, dem größten Fluss des Molise.

Unten: Blick über Gildone.

Linke Seite: Straßenwinkel in Ferrazzano.

mit historisch kostümierten Umzügen, folkloristischer Musik und Tänzen, Feuerwerk und viel Gastronomie die Zeit des ausgehenden 18. Jhs. wieder herauf. Aber auch die beliebten Feste in **Montefalcone nel Sannio** sind tolle Gelegenheiten, um von den Frauen des Ortes zubereitete Cavatelli mit Schafsfleisch sowie aus Milch der berühmten *Capra di Montefalcone* zubereiteten Käse und Ricotta zu probieren. Straßen mit unendlichen Kurven führen bergauf und bergab über Gebirgskämme und Felder an Festungen und Kirchen vorbei, wie dem mächtigen *Schloss Monforte* in **Campobasso** oder dem *Schloss d'Evoli* in **Castropignano**, das über dem Valle del Biferno thront, bis zur *Kathedrale* von **Trivento** aus dem 11. Jh. Besonders spannend ist der Besuch der erst 1928 entdeckten, gewölbten Krypta mit Fresken aus dem 13. Jh. Oder auch vorbei am **Schloss von Tufara**, der langobardischen Festung an der Piazza vorm historischen Zentrum bis zum Schloss von **Riccia**. Nur der **Lago di Occhitto** am Fuße der **Monti della Daunia** an der Grenze zu Apulien unterbricht diese Folge. Der weit entlegene, abgeschiedene See ist der größte künstliche See Italiens.

Die Wanderhirten und die Tratturi

Auf den uralten Straßen im Inneren der Region kommt man oft an braunen Schildern vorbei, die auf die **Tratturi** hinweisen. Hierbei handelt es sich um die Wege der Wanderhirten Mittelitaliens, die bereits seit den frühesten Zeiten genutzt werden, um die Herden zu bewegen. Sie wurden mit der von den Aragonesen eingeführten Dogana delle Pecore reguliert und bis ins 19. Jh. hinein von einem protektionistischen Regime geschützt. Durch die Entwicklung der Eisenbahn sind die Tratturi verkommen und stehen heute im Mittelpunkt von Wiederherstellungs- und Erhaltungsinitiativen (einschließlich einer Kandidatur zum Weltkulturerbe). Sie dienen heute als alternative Wege für Wandertouristen, die den Spuren der Wanderhirten nachfolgen wollen. Sepino, Ponte 13 Archi, Gambatesa und Campobasso liegen auf dem Regio Tratturo Pescasseroli-Candela, der 211 km vom Nationalpark Abruzzen entfernt durch das Molise und das ionische Apulien verläuft.

Kampanien

70 Kampanien
Von Caserta zu den Mateser Bergen

Streckenlänge
224 km
Start- und Zielort
Caserta, Piedimonte Matese (CE)
Streckenverlauf
Caserta – Casertavecchia (10 km), Ponte Annibale (26 km), Caiazzo (38 km), Piedimonte Matese (66 km), Passo di Miralago (84 km), Serra del Perrone, Passo Santa Crocella, Pietraroja (106 km), Cusano Mutri (113 km), Cerreto Sannita, Gioia Sannitica (133 km), Alife (146 km), Ailano (163 km), Gallo Matese (183 km) – Piedimonte Matese.
Schwierigkeitsgrad
Leicht. Der Abschnitt nach Gallo Matese erfordert Übung, es gibt Serpentinen und steile Straßenneigungen.
Wissenswertes
Sella del Perrone: Info für die Anreise über Bocca della Selva (1393 m), Tel. 0824/86 20 03 (Gemeinde Cusano Mutri). Auf den Straßen um Caserta herrscht unübersichtlicher Verkehr.

Sehenswürdigkeiten

In **Solopaca** (15 km Cerreto Sannita) haben der Traubenanbau und die Weintradition ihre Wurzeln in der Antike. Nicht verpassen sollte man das *Traubenfest* am zweiten Sonntag im September, bei dem Wagen mit „Skulpturen" aus Rebenblättern und Trauben sowie vollständig in Weintrauben gekleidete Statuen die Straßen schmücken. Die „klassische Zone" rund um den Ort, wo der historische Solopaca DOC hergestellt wird, umfasst 600 ha. Die hier angebauten Trauben werden zur Herstellung des roten und weißen *Solopaca Classico* verwendet. Eine Tour in der Tour: Landschaftlich schön und faszinierend ist eine Rundfahrt durch den **Regionalpark del Taburno e Camposauro,** der über Vitulano erreichbar ist. Man fährt dabei bis auf 1016 m zum Fuß des Monte Taburno. Die Runde ist knapp 40 km lang. **Benevento** mit seinem großen historischen, künstlerischen und archäologischen Erbe erreichen wir bequem von Caserta aus auf der Statale 7 durch das Valle Caudina (50 km) oder in 36 km von Cerreto Sannita aus.

Vom Königspalast geht es zu den Bergen, welche die Provinz Caserta von der molisischen Provinz Campobasso trennen. Die fruchtbare Volturno-Ebene unterbricht das aufgeregte Chaos, das die Stadt umgibt, und führt in die Stille des Regionalparks Matese.

Unweit des ehemaligen Königspalastes hinter dem Wald von San Silvestro windet sich eine Straße zur mittelalterlichen Ortschaft **Casertavecchia** hinauf. Jenseits der lärmenden Stadt, im weitläufigen *Königlichen Park*, stellen die stillen und engen Straßen von Casertavecchia die Harmonie mit der Landschaft wieder her. Der *Dom*, der Glockenturm und die Überreste des *Schlosses* sind klassische Ziele beim Spaziergang durch die gepflasterten Straßen.
Vollkommenen Frieden findet man nach Überqueren des **Ponte Annibale** im *Regionalpark Matese* jenseits der **Volturno-Ebene**. Die ursprünglich von Hannibal errichtete Brücke wurde im Zweiten Weltkrieg zerstört, danach aber wiederaufgebaut. Die Ruinen der einstigen Brücke sind heute noch im Wasser erkennbar. Unweit davon, in **Sant'Angelo in Formis**, halten wir an der benediktinischen Basilika, die mit ihrer Fülle an Fresken auch den letzten Kunstmuffel in ihren Bann zieht. **Piedimonte Matese** ist gleichsam das Eingangstor in den Naturpark. Als übertrete man eine Schwelle, wechselt die Landschaft und nimmt einen alpinen Charakter an. Die Straße von Piedimonte zur Sella del Perrone teilt diese weitläufige „grüne Lunge" entzwei und ist sehr schön zu befahren. Am besten legt man sich die Route so, dass man sie bergauf und bergab fahren kann. Von Olivenbäumen gesäumt, führt die Straße hier Kurve um Kurve auf gutem Straßenbelag bis nach San Gregorio. Die schönste Landschaft durchfahren wir zwischen der Sella del Perrone und dem Valico di Santa Crocella auf der Landstraße

Der Lago Matese, ein Karstsee, hat ein sumpfähnliches Aussehen und ist der ideale Lebensraum für zahlreiche Vogelarten.

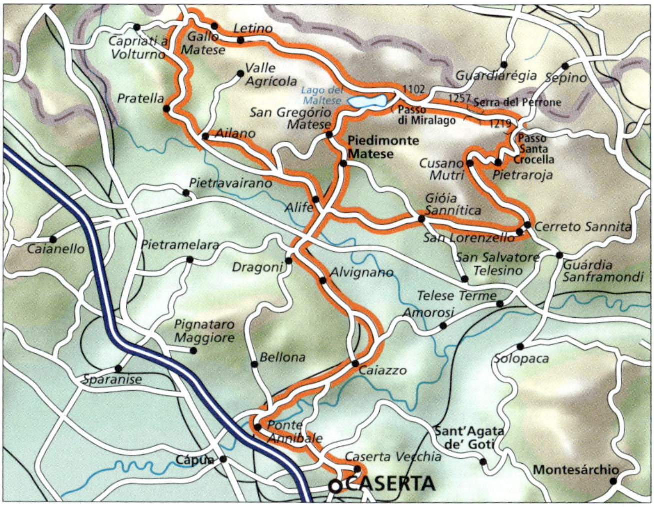

hinauf zur **Bocca della Selva**, die knapp 1400 m Höhe erreicht. Dem Wind trotzen kleine Steinhäuser, in denen früher Olivenöl verkauft wurde und die später in hübsche Urlaubshäuser umgewandelt wurden. Auch die Abfahrt nach Cerreto Sannita unter den Hängen des **Monte Erbano** ist schön zu fahren. Im Ort gibt es zahlreiche nette Gebäude und Kirchen sowie eine ursprünglich erhaltene *Hannibalbrücke*, die der Feldherr der Legende nach mit seinen Elefanten überquert haben soll. Die Straße zu den **Mateser Seen** ist breit und stürzt nach Piedimonte hin steil bergab. Wir kehren zurück in den *Naturpark Gallo Matese*, von wo aus eine Straße am Ufer des **Lago Gallo** in große Höhe führt. Von **Letino** nach unten schauend ist das gleichnamige Becken ein toller Anblick. Dann verläuft die Straße über 12 km in 1000 bis 1100 m Höhe durch den Park bis zum **Lago Matese**. An seinen Ufern sind Graureiher zu sehen, während die in den Buchenwäldern lebenden *Wölfe* unsichtbar bleiben. Nach dem **Passo di Miralago** halten wir noch im kleinen **San Gregorio Matese**, in dem Mitte August die *Nächte der Briganten* (Räuber) stattfinden.

Der Palast von Caserta

Der Bau des riesigen Vanvitelli'schen Gebäudekomplexes, der heute Weltkulturerbe ist, begann mit der feierlichen Grundsteinlegung am 20. Januar 1752. Vanvitelli selbst starb 1773 und erlebte den Abschluss des Bauwerks nicht mehr, und auch der Sohn konnte es nicht in der geplanten Zeit fertigstellen. Die 1845 vollendete **Reggia** gilt als letztes Meisterwerk des italienischen Barock und weist eine beeindruckende Anzahl Zimmer (1200) und Fenster (1790) auf einer Fläche von insgesamt 44 000 m² auf. Zum **Königlichen Palast** zählt auch der **Italienische Garten** mit der Peschiera Grande sowie der **Englische Garten.** Sie sind über eine Reihe von Brunnen miteinander verbunden.
Der Palast ist außer dienstags täglich geöffnet. Die Parks haben abweichende Öffnungszeiten und sind bei schlechtem Wetter geschlossen. Es gibt kostenpflichtige Fahrradtaxen, Rikschas, Pferdekutschen und Busse (Prospekt und Karte des Grundstücks können heruntergeladen werden auf: www.reggiadicaserta.beniculturali.it).

Profil und Höhenverhältnisse – Übersicht

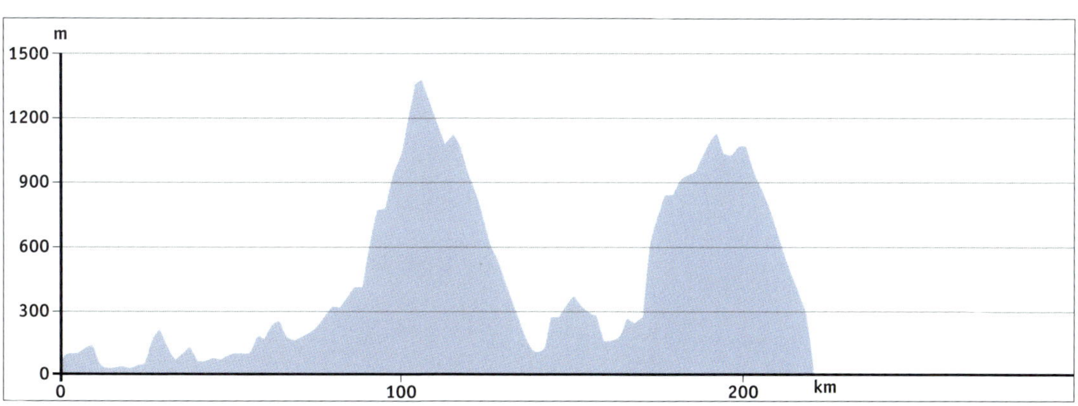

71 Kampanien
Auf den Straßen von Irpinia

Streckenlänge
205 km
Start- und Zielort
Avellino
Streckenverlauf
Avellino – Nusco (35 km), Bagnoli Irpino (44 km), Lago Laceno (50 km), Lioni, Teora (79 km), Ponte Sele (91,5 km), Sella di Conza, Conza della Campania (112 km), Cairano (120 km), Andretta (130 km), Sant'Angelo dei Lombardi (146 km), Passo di Mirabella (172 km), Pratola Serra (193 km) – Avellino.
Schwierigkeitsgrad
Leicht. Die Schwierigkeiten sind nicht so sehr dem Straßenverlauf geschuldet als dem oft schlechten Boden.
Wissenswertes
Castelnuovo di Conza, Conza della Campania und Teora waren das Epizentrum des äußerst starken Erdbebens, das am 23. November 1980 Irpinia traf und dem zahlreiche historische und künstlerische Werke zum Opfer fielen. Der Wiederaufbau ging nur langsam vonstatten und hat das Aussehen der Ortschaften verändert.

Sehenswürdigkeiten

Von Avellino aus über Mercogliano geht es hinauf zum klösterlichen Komplex der **Wallfahrtskirche von Montevergine** auf 1270 m Höhe. Zum Komplex gehören die Kathedrale, die antike Basilika und die Krypta von San Guglielmo. Hin gelangt man von Mercogliano aus nach 14 km, es geht über die Serpentinen der exSS374, oder aber mit der Seilbahn (www.santuariodimontevergine.com). Alle Straßen, die durch den **Naturpark der Monti Picentini** führen, lohnen sich wegen der schönen Landschaft. Die ehemalige SS164 zieht sich am Calore entlang von Montella nach Acerno und ist toll zu fahren, vor allem in ihrem südlichsten steilen und gewundenen Abschnitt nach Montecorvino. In Ariano Irpino findet in der zweiten Augusthälfte das *Ariano Folk Festival* mit einer Reihe kleinerer zusammenhängender Events statt, die von der Gastronomie über Kino und Theater bis zu dichterischen Lesungen reichen (www.arianofolkfestival.it). Im selben Ort stellen sich Anfang August bei der Veranstaltung *Vicoli ed Arte* im Dorf Guardia verschiedene Handwerker bei der Arbeit vor (www.comune.ariano-irpino.av.it).

Von Avellino geht es auf eine Entdeckungsreise in die weite Berglandschaft mit unglaublich schöner Aussicht. Die Fahrt ist einsam, die einzige Begleitung der Wind, und nur wenige Ortschaften liegen am Wegesrand.

Eine Fahrt durch Irpinia fühlt sich an, als reise man knapp unterhalb des Himmels. Die Straßen liegen hoch, führen geradewegs auf die Berge zu und winden sich dann die bewaldeten Hänge hinauf. Auch die Siedlungen befinden sich in großen Höhen, bedecken Gebirgskämme oder Kuppen, blicken einander aus der Ferne an und stellen ihre Hauptkirche mit dem hohen Glockenturm oder die Ruinen uralter Türme und Schlösser zur Schau. Mit zunehmender Höhe weitet sich das Panorama und überblickt Gipfel, Seen und Täler. Man bekommt große Lust, alleine zu bleiben und einfach weiterzufahren. Und je länger man fährt, desto weiter dehnt die Landschaft sich aus und die Ziele scheinen sich beinahe zu entfernen.
Nachdem das Erdbeben von 1980 ganz Irpinia schwer getroffen hatte, wurde die Architektur **Avellinos** von Grund auf erneuert. Wir verlassen die Stadt in Richtung Nusco auf der alten Statale 7, die sofort in die Berge führt. Im Süden lockt bald darauf der *Regionalpark der Monti Picentini* mit seinen Gipfeln. Wir begegnen dem Park in **Bagnoli Irpino** und tauchen beim **Lago di Laceno** richtig ein. Er ist vollständig von den Bergen eingeschlossen, sodass er sich je nach Jahreszeit zu ihnen hin ausbreitet oder sich von ihnen zurückzieht. Es ist ein bezauberndes Tal, dessen wahre Protagonisten die allgegenwärtigen Viehherden und der Wind sind. Wir fahren alleine auf der Laceno-Ebene und weitere 20 km durch den Bergwald nach **Lioni**. **Teora** ist, wie fast alle Ortschaften hier, aus den Trümmern wiederaufgebaut worden. Erhalten sind jedoch die Fontäne der öffentlichen

Profil und Höhenverhältnisse – Übersicht

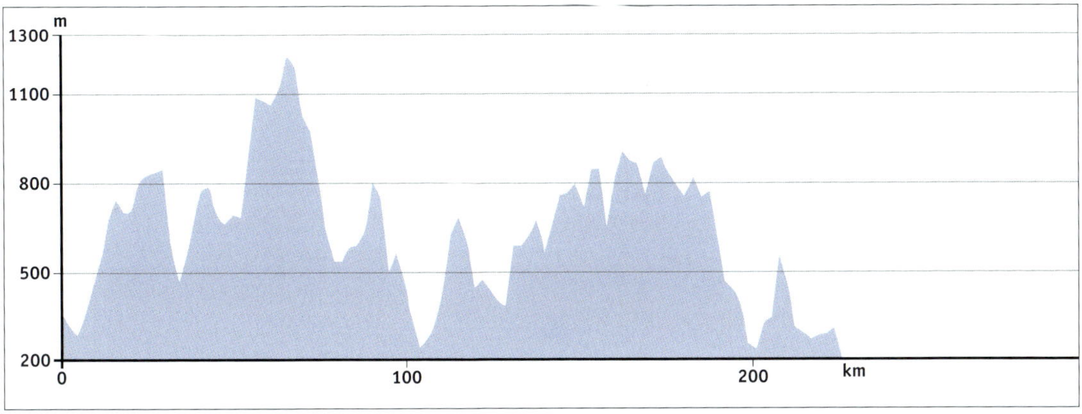

Wäscherei sowie ein kurioser „Stein der standesamtlichen Hochzeiten".

Die Statale 91 della Valle del Sele hinauf kündigt sich früh die **Sella di Conza** mit ihren riesigen Windrädern an. Oft entsteht hier ein kurioser Effekt, bei dem die Windräder wirken, als wären sie nicht auf dem Boden befestigt, sondern auf den Wolken, die den Gipfel umgeben. Der Pass gilt als der Ort, in dem der Kampanische und der Lukanische Apennin aufeinandertreffen. Noch knapp 10 km Kurven und weitläufige Serpentinen, dann ist man in **Conza della Campania**. Im *Archäologischen Museum* von Compsa befinden sich die Ruinen der historischen Stadt, die nach dem Erdbeben 1980 entdeckt wurden. Jenseits des Sees klammern sich die Siedlungen Cairano und Calitri an die Bergspitze und blicken über das Ofantotal. **Cairano** hat weniger als 400 Einwohner. **Calitri** ist ein malerisches Örtchen am Hang mit engen Gässchen und Häusern, die sich eng an Kirchen aus dem 18. Jh. schmiegen. Von hier aus geht es in der Nähe des **Passo di Mirabella** zu den Überresten *Aeclanums*, der im 3. Jh. v. Chr. vom Sanniterstamm der Irpiner gegründeten Stadt. Wer die Berge noch länger genießen will, kehrt auf der steilen und gewundenen SP243, die sich am Autobahnkreuz von der Via Appia löst, über den **Passo di Serra** nach Avellino zurück.

Linke Seite: In der Nähe von Teora – die enge Straße verläuft einsam auf der fruchtbaren Erde der irpinischen Anhöhen.

Irpinische Weine und Köstlichkeiten

Es gibt drei bedeutende mit DOCG gekennzeichnete Weine: der rote *Taurasi* sowie die Weißweine *Fiano d'Avellino* und *Greco di Tufo*. Dem *Taurasi* wurde 1970 als erstem süditalienischen Wein die Bezeichnung DOC verliehen, und 1993 erhielt er als erster süditalienischer Wein die Bezeichnung DOCG. Er besteht zu mindestens 85% aus *Aglianico*-Trauben und reift mindestens drei Jahre. Der verbreitetere *Fiano* wird auf natürlichem Vulkanboden angebaut, den *Greco* findet man lediglich in acht hügeligen Gemeinden. Sie alle tragen das Siegel Irpinia IGT. Die Weinstraße von Irpinia schützt neben diesen Weinen weitere traditionelle Produkte wie die Kastanie von Serino, Olivenöl Extravergine von irpinischen Oliven, den Kampanischen Capocollo, den in der Umgebung von Volturara hergestellten Silanischen Caciocavallo DOP sowie die Salsiccia di Napoli.

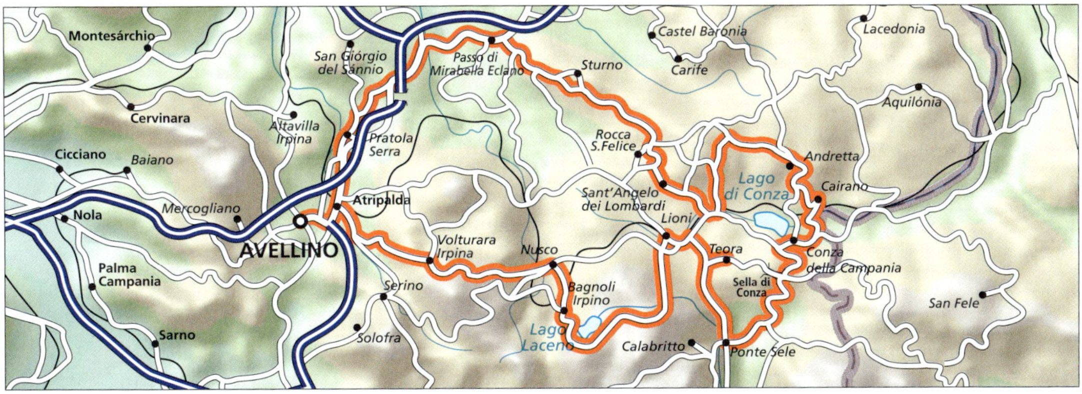

72 Kampanien
Ischia: Düfte und Farben

Streckenlänge
47 km für die Inselumrundung
Start- und Zielort
Ischia Porto (NA)
Streckenverlauf
Ischia Porto – Forio (10 km), Pomicione (15,5 km), Sant'Angelo (23,5 km), Lido dei Maronti (34,5 km), Ischia Ponte (43 km) – Ischia Porto.
Schwierigkeitsgrad
Leicht, besonders für Scooter und wendige Motorräder geeignet.
Wissenswertes
Fähren ab Neapel und Pozzuoli: Caremar, www.caremar.it, Tel. 081/18 96 66 90; Medmar, www.medmarnavi.it.
Information und Reservierung: Tel. 081/ 333 44 11. Für Motorräder braucht man nicht zu reservieren. Von April bis September ist die Insel für Autos, Motorräder und Mopeds der Einwohner der Region Kampanien gesperrt. Informationen auf der Website der Stadtgemeinde: www.comuneischia.it

Sehenswürdigkeiten

Die **Isola di Procida** ist eine kleine Perle, der man gut einen Tag widmen kann (Einschiffung in **Marina Grande** gegenüber dem spektakulär gelegenen Palazzo Montefusco aus dem 12. Jh.). **Terra Murata** ist der älteste Stadtteil. Darüber ragt die mittelalterliche Festung auf, die zugleich der höchste Punkt der Insel ist. Das malerische **Marina Corricella** mit den bunten Häusern und dem Strand **Pozzo Vecchio** diente als Kulisse für den Film *Der Postmann*, der von Pablo Neruda handelt. Procida ist auch die *Insel der verbotenen Liebe*, Titel des berühmten Romanes von Elsa Morante, in dem die Schriftstellerin ihre Liebe zur Insel ausdrückt. Um sich auf der Insel frei bewegen zu können, ist kein Motorrad nötig (sie ist bloß 3,7 km² groß). Die Fähren und Tragflächenbote (von denselben Unternehmen, die auch Ischia anfahren) starten in Ischiaporto und Casamicciola, die Überfahrt dauert 35 Minuten. **Neapel**, die Krater des **Vesuv** und die Ausgrabungen von **Pompeji** befinden sich in unmittelbarer Nähe. Vielleicht lässt man das Motorrad am besten im Hotel und bedient sich der öffentlichen Nahverkehrsmittel (www.busviadel vesuvio.com).

Eine tolle Rundfahrt auf der Insel der Dämpfe – die Fahrt auf den wenigen Straßen lässt sich verlängern, wenn man sich in den zahlreichen Nebenstraßen verliert.

Mit dem Motorrad auf eine Insel? Ja, auf **Ischia**. Angesichts der guten öffentlichen Verkehrsmittel ist auf der kleinen Insel zwar kein eigenes Fahrzeug nötig, doch sie eignet sich perfekt dazu, mit einem wendigen Motorrad oder Sportroller erkundet zu werden. Nur so kann man die steilen Straßen überwinden, die in ein abgelegenes Vorgebirge führen oder weit hinab zu einsamen Stränden und Buchten. Die Straßen sind in keinem guten Zustand, ausgenommen die Statale 270 – die Hauptverkehrsader –, die ringförmig um die Insel herumführt. Deshalb empfiehlt es sich, mit einem Auge das Panorama, mit dem anderen die Straße zu beobachten. Außerdem ist die Insel spärlich beschildert, weswegen man sich auf seinen Spürsinn verlassen muss, während man sich an einem Gipfel, Kreuz oder Vorgebirge orientiert, anstatt einer Landkarte zu folgen.
Ischia Porto, die Hauptattraktion der Insel, präsentiert sich lebhaft und chaotisch. Man braucht jedoch nur **Casamicciola** und danach **Lacco Ameno** zu erreichen, um zwei bezaubernde und ruhige Ortschaften kennenzulernen, die wie Aquarelle aussehen und zum Verweilen einladen. In dieser Komposition entdecken wir von Hecken verborgene Swimmingpools in den kleinen Hotels, Zitronenbäume, Kakteen und das Leben der Ladenbesitzer, das mehr auf den Straßen als in ihren Läden stattfindet. Drumherum steht das Grün der mediterranen Vegetation im Kontrast zum Blau des Meeres. Kleine Straßen verlieren sich im Landesinneren und steigen steil zu einem Gipfel hinauf, wo die Aussicht bei klarem Himmel großartig ist und noch über den Vesuv hin-

ausreicht. Die Südseite ist der gebirgigere Teil der Insel, wo die Straße sich weit von der Küste entfernt. In der Nähe von **Serrara** sind wir fast in den Bergen und ein Schild weist uns den Weg nach Sant'Angelo. Auf dem Parkplatz vor der Schranke stellen wir das Motorrad ab und spazieren zu Fuß durch den Ort mit den schönsten Ansichten der Insel. Er liegt auf einer Landzunge und besitzt eine malerische Piazzetta mit Blick auf den Hafen und den Turm, die mit der legendären Piazzetta von Capri verglichen wird. Dann geht es wieder auf Bergfahrt: Der lange gewundene Abschnitt – lang im Bezug auf die Fahrzeit, nicht so sehr wegen der Streckenlänge – führt an den Hängen des **Monte Epomeo** entlang und in einer schönen, auf Ischia einzigartigen Abfolge von Serpentinen hinunter zum **Strand von Maronti**. Vor der 2 km langen Sandzunge erwärmen zwei kochende Quellen das Meer, was ganzjähriges Badevergnügen erlaubt. Auf der Hauptstraße erreicht man Ischia Ponte. Am Hafen sollte man nicht vergessen, eine der berühmten *Pfeifen* zu besorgen, denn „auf Ischia wird gegessen, getrunken und gepfiffen"!

Oben: Nicht nur Strände und Thermalquellen, sondern auch Felswände findet man direkt am Meer.

Unten: Ischia Ponte.

Linke Seite: Im Hintergrund das hübsche Sant'Angelo mit der kleinen Halbinsel Torre Sant'Angelo.

Die Thermalparks

Mit 103 Quellen, 69 Fumarolen und 29 Thermalgruppen ist Ischia die Kurinsel Italiens. Die **Thermalparks** bieten frei zugängliche Naturquellen, Schwimmbecken, Grotten, Teiche, Duschen und Wasserfälle mit unterschiedlichen Temperaturen und heilenden Eigenschaften. Alle verfügen über Strände. Der uneingeschränkte Zugang kostet zwischen 14 und 32 Euro pro halbem bzw. ganzem Tag, zuzüglich Badetuch und/ oder Bademantel. Die Parks bieten jedoch auch Abonnements an und manche Hotels ermöglichen Rabatte. Kleidung und persönliche Gegenstände können an der jederzeit zugänglichen Garderobe abgegeben werden. Badehauben sind Pflicht. Geöffnet von April bis November. Hier einige Websites: www.giardiniposeidonterme.com; www.parcotropical.it; www.termecastiglione.it.

73 Kampanien
Sorrent und die Amalfiküste

Streckenlänge
109 km
Start- und Zielort
Castellammare di Stabia (NA), Vietri sul Mare (SA)
Streckenverlauf
Castellammare di Stabia – Sorrent (18 km), Massa Lubrense (24,5 km), Sant'Agata sui Due Golfi (35,5 km), Atrani (68,5 km), Cesarano (84 km), Maiori (94 km) – Vietri sul Mare.
Schwierigkeitsgrad
Leicht.
Wissenswertes
Die Straße ist entlang der Küste oft schmal und schmiegt sich in den Fels. Die vielen Touristen können die Fahrt zäh gestalten, selbst für Motorradfahrer. Spitzenstoßzeiten sollte man also lieber vermeiden. In Amalfi sind Parkgelegenheiten Mangelware. Die markierten Parkplätze sind oft voll. Die Parkwächter achten auf Motorräder nicht mit derselben Aufmerksamkeit wie auf Autos (obwohl man das Gleiche zahlt). Außerhalb der vorgesehenen Parkplätze zu parken wird streng geahndet.

Sehenswürdigkeiten

Auf der Sorrentinischen Halbinsel ist ein Abstecher nach **Capri** Pflicht. Es ist zugleich exklusiv und stark besucht, und das nicht nur an der legendären **Piazzetta.** Man braucht sich aber bloß ein bisschen vom Herzen Capris zu entfernen (natürlich zu Fuß), schon wird man in eine Welt der Stille versetzt. Es locken malerische Ausblicke über Buchten, Felsen, natürliche Bögen und Grotten am Meer.
Den **Arco Pizzolungo** erreicht man von der Piazzetta in 30 Minuten über die Via Sopramonte. Die Klippen können vom **Belvedere Cannoni** aus bewundert werden, in 20 Minuten über die Via Castello erreichbar.
Von **Anacapri** aus erreicht man den **Leuchtturm von Punta Carena.** Nach **Capri** gelangt man von Positano oder von Sorrent (schneller) aus. In allen anderen Ortschaften werden ebenfalls Bootsausflüge angeboten. Auf der Insel gibt es ein gut funktionierendes öffentliches Busnetz, die *Seggiovia Anacapri-Monte Solaro* und Motorboote, die Inselrundfahrten oder Ausflüge zu den Klippen anbieten. www.capritourism.com ist die offizielle Website des Fremdenverkehrsvereins.

Auf der einen Seite Sorrent, auf der anderen Positano: zwei Namen, zwei Perlen, zwei nicht motorradtypische, aber dennoch faszinierende Ziele. Das Motorrad eignet sich perfekt für die engen, gewundenen Küstenstraßen mit Blick aufs Meer.

Lebendig, chaotisch, bunt, lodernd in der Sonne und frisch im Schatten. So ist **Sorrent**, eine Stadt, die winterliches Grau und geschlossene Fenster nicht kennt. Man muss das Motorrad auf einem der bewachten Parkplätze abstellen und die Zeit vergessen, um in die charakteristische Hauptstraße mit ihren Geschäften einzutauchen. Die Weinhäuser der Innenstadt oder der exklusive *Circolo dei Forestieri* mit seiner atemberaubenden Aussicht auf den Golf von Neapel und den Vesuv sind ideale Orte, um sich dem Brauch des Aperitiv hinzugeben.
Die Straßenabschnitte am Meer vor und hinter Sorrent ermöglichen eine gemütliche Spazierfahrt. Bei **Vico Equense** hoch oben über dem Meer genießen wir nach der ersten Abzweigung die aussichtsreiche Fahrt bergauf zum **Monte Faito.** Von der *Wallfahrtskirche San Michele* aus gelangen wir über einen Trampelpfad bis an die senkrechten Klippen über dem Meer.
Mit ständigem Blick auf Capri erkunden wir die Spitze der Halbinsel. Eine kleine Straße bringt uns hinauf zum **Monte Costanzo**, erst vorbei am windgepeitschten Ginster und dann durch einen Nadelwald. Nicht verpassen sollte man die Straße, die zur **Sant'Agata sui Due Golfi** führt. Der Name deutet bereits an, welch großartige Aussicht sich hier bietet. Und auch die kurzen Umwege nach **Punta Campanella** oder **Marina di Cantone** lohnen sich.
Die Straße entlang der Küste wird deutlich gewundener. Sie erklimmt eine anspruchsvolle Steigung, der Verkehr nimmt zu und die Strecke wird oft von haltenden Fahrzeugen versperrt, deren

Besitzer an der Brüstung Fotos schießen und die Aussicht genießen. **Positano** ist noch lebendiger und bunter als Sorrent und nur zu Fuß begehbar. Ein dichter Strom von Touristen spaziert auf den steilen Gassen hinab zu den weltberühmten Stränden, während junge Matrosen in weißer Uniform auf die Signale der auf der Reede liegenden Boote warten – faszinierend!

Amalfi vereinigt mehrere Welten: eine Welt aus Papier – das berühmte handgearbeitete *Bambagina*-Papier –, eine Welt der Schiffe – die *Historische Regatta*, die an die Zeiten der vier Seerepubliken erinnert –, eine Welt der Grotten – mit der über das Meer zugänglichen *Smaragdgrotte* – und mit dem *Sfusato Amalfitano,* einer einzigartigen Zutat zur Herstellung von Limoncello, auch eine Welt der Zitronen.

Wer will, entkommt dem kurzen Küstenabschnitt zwischen Atrani und Maiori auf der Fahrt bergauf zum **Valico di Chiunzi**. Wir passieren das zwischen *limonaien* liegende **Ravello**, das als der poetischste Ort an der Küste gilt. Neben den Marmorbüsten aus dem 18. Jh. auf dem *Terrazzo dell'Infinito* im *Naturpark Villa Cimbrone* umarmt das Panorama den Golf von Salerno bis zur Ebene von *Paestum.* Dann kommt **Vietri**: Keramik, kleine Läden, die Freundlichkeit der Menschen und die Düfte einer fischreichen Küche.

Oben links: Die Straße von Sant'Agata führt hinab in Richtung Küste zu den zwei Golfen.

Oben rechts: Positano, Ansicht vom Strand.

Unten: Aussicht vom Belvedere der Villa Cimbrone in Ravello.

Wie ein kleiner Suk

Wenn ein Suk lebendig, laut, bunt und voller Menschen ist, dann gibt es in Penisola und in Costiera mehr als nur einen. Zuallererst **Sorrent:** Via San Cesareo ist die Straße der Limoncello-Läden, der berühmten Sandalen und vieler weiterer Dinge. An der Hausnummer 51 nimmt sich der überschwängliche Antonio der Kunden an und serviert Scorzette (ein Gebäck), Zitronenkekse und natürlich den berühmten Likör.

An der Hausnummer 83 gehen wir mit Flipflops hinein und kommen mit maßgeschneiderten Sandalen wieder heraus; an den Wänden hängen Fotos von Kinostars, die das auch getan haben! In **Positano** wühlen Touristen aus aller Herren Länder in den ausgestellten Waren: Ohrringe, Bilder, Bekleidung, Hüte, Handtaschen und Keramiken. Doch um die legendäre Maria Lampo anzutreffen, die Herrin der Tücher, muss man bis zur Via Pasitea 12 vordringen. Ihre **Tücher** – bunte Stoffe – sind seit über einem halben Jahrhundert angesagt. Für Motorradfahrer gibt es Bandanas, die sie ohne zu zögern signiert.

74 Kampanien
Cilento an Land und am Meer

Streckenlänge
267 km
Start- und Zielort
Sapri (SA)
Streckenverlauf
Sapri – Torraca (7,5 km), Caselle in Pittari (32 km), Laurito (61 km), Vallo della Lucania (91 km), Gioi, Orria (111 km), Ogliastro Cilento (132 km), Agropoli (146 km), Acciaroli (178 km), Palinuro (219 km), San Giovanni a Piro (248 km) – Sapri.
Schwierigkeitsgrad
270 km plus Nebenwege auf Straßen, die von vielen Kurven und schlechten Bodenverhältnissen geprägt sind, erfordern viel Training!
Wissenswertes
Tankstellen gibt es nur in den größeren Ballungsgebieten. Vertrauen Sie auf keinen halbleeren Tank …

Sehenswürdigkeiten

Von Laurito aus erreicht man, indem man den Ausschilderungen nach Rofrano folgt, über die Raia del Pedale und Croce di Pruno schließlich Piaggine (42,5 km). Hierbei handelt es sich um eine Strecke auf einer zwar asphaltierten, aber engen und heruntergekommenen Straße, die in eine faszinierende und wilde Landschaft eindringt, die wirklich sehenswert ist. Dies ist eines der unberührtesten und am spärlichsten besiedelten Gebiete der Region mit bloß drei ländlichen Dörfern, in denen weniger als 50 Menschen leben. Im Vallo della Lucania ist der Weg hinauf zur **Wallfahrtskirche der Madonna di Novi Velia** (14,5 km) besonders schön, wenn der Monte Sacro und der Monte Gelbison nicht in Wolken getaucht sind – nicht bloß wegen des Heiligtums, sondern auch wegen der spektakulären Aussicht, die man von oben hat.
Von Agropoli zu den Ruinen von **Paestum** ist es nicht weit (10 km). Die äußerst großflächige archäologische Ausgrabungsstätte ist an der prägnanten Silhouette des *Ceres-Tempels* zu erkennen (www.infopaestum.it). Das anhängende **Archäologische Museum** (Tel. 0828/81 10 23) ist täglich geöffnet, abgesehen vom ersten und dritten Montag im Monat.

Auf der alten und gewundenen Straße der Statale 18 erst durchs Hinterland und in das Herz des Nationalparks Cilento. An der wilden Küste warten dann das Meer und einige spärlich gesäte Ortschaften.

Um die Seele des Cilento zu erforschen, muss man in das Landesinnere eindringen. In den von touristischen Routen weit entfernten Orten haben die Einwohner ihre Haustüren stets geöffnet. Um in das Landesinnere vorzustoßen, lassen wir die Landstraße liegen und bleiben stattdessen auf dem alten Abschnitt der Statale 18 mit ständigen Kurven, Serpentinen und Neigungswechseln – ein Abschnitt, der Dörfer nicht meidet, sondern durch sie hindurchführt bis zur zentralen Piazza, wobei er Menschen und ihre Traditionen zugänglich macht.
So durchquert die Statale 18 in **Laurito** als alter Pflasterweg das historische Stadtzentrum, vorbei an Läden mit ausgestellten Waren und Fenstern, aus denen der Duft kulinarischer Köstlichkeiten entweicht. In **Cuccaro Vetere** markiert die Statale die Grenze zwischen Olivenhainen und jahrhundertealten Kastanien- und Eichenwäldern. In **Vallo della Lucania** geht es noch tiefer in das

Landesinnere. Der historische Kern von **Cannalonga** besticht durch sein altertümliches, fast brüchiges, aber dennoch faszinierendes Aussehen. In absoluter Einsamkeit kann man anhalten und den *Herzoglichen Palast* bewundern. Die unglaublichen Geschichten der Einwohner füllen die Landschaft mit Leben – man muss sich nur ein wenig Zeit nehmen und zuhören. Das *Museum der ländlichen Kultur* in **Pellare** verdient auch einen Zwischenstopp. Man begegnet auch spannenden Traditionen: In **Gioi** wird seit Jahrhunderten eine besondere Art von *Soppressata* hergestellt. In **Stio** gibt es einen berühmten Instrumentenbauer, der eine örtliche Spielart der Wölbgitarre baut. Auf Nebenstraßen erreicht man *Schmieden* in **Fasana** und *Holzrestaurateure* in **Castelnuovo**. Die Erinnerung an die Vergangenheit ist auf den *murales* der Häuser von **Orria** verewigt. Wer Lust auf Meer hat, wird im hübschen **Agropoli** fündig, das abends wegen seiner charakteristischen Lokale im historischen Stadtkern innerhalb der Mauern besonders sehenswert ist.

Von hier fährt man weiter gemächlich dahin auf der Straße, die an der Küste entlangverläuft, sich bisweilen vom Meer entfernt, in wildere Gegenden hinaufsteigt und sich an sandigen Küstenstreifen wieder dem Wasser nähert. Am Meer gibt es einige Ortschaften, die alle ihre eigene Piazza mit den kleinen Tischen im Freien haben, und mit Läden, die örtliche Spazialitäten verkaufen. Hier, ohne Supermärkte oder Einkaufszentren, haben die Ortschaften sich ganz den saisonalen Produkten verschrieben! **Acciaroli** liegt schön am Meer. Die kleine Fraktion darf sich mit der einstigen Anwesenheit Ernest Hemingways schmücken, dessen Gespräche mit den Fischern ihn vielleicht zu *Der alte Mann und das Meer* inspiriert haben. **Capo Palinuro** ist für Höhlenliebhaber von besonderem Reiz. **Camerota** lockt mit seiner prächtigen *Berg- und Talbahn*, die bei Marina hinaufsteigt und in den Golf von Policastro mit der lebendigen Stadt **Sapri** führt.

Die Mediterrane Diät

Das **Cilentanische Brot** wird auch heute noch nach uraltem Rezept hergestellt und im Holzofen gebacken. Los geht es um 21 Uhr, um 1 Uhr nachts wird kontrolliert, wie gut der Teig aufgegangen ist, und in den Ofen geschoben, damit das Brot um 9 Uhr morgens fertig zum Verkauf ist. Das Olivenöl extravergine aus **Pisciotta** wird von fast allen Familien der Gemeinde hergestellt und hat die geschützte Herkunftsbezeichnung *Cilento und Colline Salernitane* erhalten.

Der US-amerikanische in Cilento aufgewachsene Biologe Ancel Keys entwickelte nach einer Untersuchung der Ernährung seiner Mitbürger die sogenannte mediterrane Diät. Ihm ist das **Lebendige Museum der Mediterranen Diät** im Palazzo Vinciprova am Meer von Pioppi gewidmet, wo Keys seine letzten 40 Lebensjahre verlebte (er starb 100-jährig in Neapel). Drei Totems mit Zeichnungen und Texten analysieren die Diät unter den drei Aspekten Freude, Wohlbefinden und Kultur. Nach der Besichtigung kann man in entsprechenden Restaurants essen, die von der Mediterranen Diät inspirierte Menüs anbieten (Stadtgemeinde Pollica: Tel. 0974/90 10 04).

Linke Seite: Oben der Abschnitt in der Wildnis kurz vor den langen Stränden von Palinuro, unten die von den Bergen umgebenen Strände in Sapri am Golf von Policastro.

75 Kampanien
Vallo di Diano

Streckenlänge
169 km
Start- und Zielort
Polla (SA)
Streckenverlauf
Polla – Sala Consilina (20 km), Padula (30 km), Montesano sulla Marcellana (41,5 km), Curcio (58 km), Magorno, Montesano sulla Marcellana (79,5 km), Ascolese, Sassano (100 km), Teggiano (113 km), Sella del Corticato (128 km), Roscigno (141 km), San Pietro al Tanagro (161 km) – Polla.
Schwierigkeitsgrad
Leicht, für alle Motorradtypen geeignet.
Wissenswertes
Die Sella del Corticato kann bei starkem Schneefall gesperrt sein. Infos über das Museumshaus Joe Petrosino: www.joepetrosino.org.

Sehenswürdigkeiten

Von Sassano aus erreichen wir, den Ausschilderungen nach Ponte Peglio folgend, nach 13 km das **Valle delle Orchidee.** Hierbei handelt es sich um eine Talmulde, in der im Mai Tausende wilder Orchideen die Felder bedecken. Die Anfahrtsstraße ist eng und oft von Ziegenherden bevölkert. Das Tal mündet in eine grasige Mulde mit wildlebenden Pferden und Eseln.
Von Montesano Scalo in Richtung Sanza passiert man Ponte Inferno und erreicht den Anfang der Straße (10 km von Sanza), die in 16 km zum **Monte Cervati** hinaufsteigt. Die Straße ist nur im ersten kurzen Abschnitt asphaltiert, danach nicht mehr, aber dennoch befahrbar.
Der Monte Cervati ist der höchste Berg des Cilento (1899 m) und mit einem ganzjährig verschneiten Karstbrunnen unverwechselbar.
Von Polla aus gelangt man nach 6 km zur **Grotte dell'Angelo** in Pertosa. Es gibt drei Rundgänge von 60, 75 und 100 Minuten, die mit einer Bootsfahrt beginnen. Auf ihnen entdeckt man den „Saal der Wunder", den 24 m hohen „Großen Saal" und den „Saal des Paradieses", der am längsten ist. *Dantes Inferno* ist eines der außergewöhnlichsten Spektakel bei der Erkundung der Höhlen (www.grottedipertosa-auletta.it).

Das weitläufige Becken, durch das der Tanagro fließt, ist im Westen von den Monti Alburni und im Osten von den Monti della Maddalena eingeschlossen. Darüber liegen kleine Ortschaften, die über Serpentinen zu erreichen sind, welche sich in der Vegetation zu verlieren scheinen.

Einst war es ein See, heute ist es eine grüne, von Bergen eingeschlossene fruchtbare Ebene. Man fühlt sich wie in einem riesigen Behälter eingeschlossen und will am liebsten die Gipfel hinaufklettern, um die Nase über den Rand zu heben und zu sehen, was dahinter liegt. Und tatsächlich gibt es viel zu entdecken. Wenn man auf der ehemaligen SS103 von Montesano sulla Marcellana nach Moliterno fährt, erreicht man die **Sella Cessuta**. Dieser aussichtsreiche Straßenabschnitt wird im Grunde nur noch von Radfahrern frequentiert. Jenseits des Passes, der sich durch die Steigungsänderung bemerkbar macht, eröffnet sich der spektakuläre Ausblick auf eine weitere Ebene, auf den malerischen Lago di Cessuta und auf das Agrital bis zum Massiv des Monte Sirino. Wenn man die **Sella del Corticato** über Teggiano überquert, gibt es wieder etwas zu entdecken – hierbei handelt es sich um eine Senke zwischen dem 1700 m hohen Monte Motola und dem 1411 m hohen Monte Cocuzzo delle Puglie, welche die Grenze zwischen zwei Gebieten im selben Naturpark vereint: dem **Vallo di Diano** und dem **Cilento**. Kurz vor Teggiano weist die *Via Pedemontana* uns den richtigen Weg. Hier beginnt die SP11 hinauf zu den Balzen. Hinter der Kirche und einer kleinen Siedlung namens San Marco beginnt es: Eine wunderschöne große Serpentine schlängelt sich durch einen immer weiter werdenden Talkessel, der im Norden von den abschüssigen Wänden des Monte Cocuzzo begrenzt wird. Mit zunehmender Höhe weitet sich die Aussicht, und der auch im Frühling frische Wind

peitscht immer stärker. Die letzten Serpentinen vor der Sella sind als **Die Balzen** bekannt. Die Terrassen können im Grunde nur von Schafen, Ziegen und Hirten erreicht werden. Auf der Sella del Corticato erblickt man jenseits des Hanges das Mittelmeer. Zu unseren Füßen erstreckt sich eine faszinierende kahle Landschaft. Fast 9 km fährt man durch unberührte Natur bis zur brüsken Kurve der Siedlung Sacco, wo die Stille nur von den Rufen der Greifvögel unterbrochen wird.

Dann kommen die 14 alten und malerischen Ortschaften der *Comunità Montana*, die es wert sind, zu Fuß erkundet zu werden. In **Teggiano** findet im August das *Mittelalterliche Fest zur Tafel der Prinzessin Costanza* statt, eine künstlerisch-gastronomische Reise in das Land der Fürsten von Sanseverino, die vor der Kulisse des *Schlosses Macchiaroli* stattfindet. **Padula** ist ein kleiner Ort mit steilen Gassen und Häusern mit Fresken. Hier verbirgt sich das *Museum Joe Petrosino*, des hier geborenen berühmten Polizisten. Außerhalb der Stadt wartet das *Baptisterium San Giovanni in Fonte*, ein anmutiges Gebäude mit Bögen aus hellem Stein, durch die Wasser hindurchfließt und in denen die Taufe durch Untertauchen vollzogen wurde. In **Polla** gibt es neben der römischen Brücke das *Mausoleum von Gaius Urzianus Rufus*, das im 1. Jh. von der Gattin des Kaisers erbaut wurde, mit einem Epigraf und Dekoration, die an jene der *Ara Pacis Augustea* erinnert. Freudenfeuer, *Zampogne*, Feste der alten Handwerkskünste und kostümierte Umzüge beleben diese Ortschaften zu jeder Jahreszeit. Ein Blick auf den Veranstaltungskalender lohnt sich!

Die Kartause von Padula

Die majestätische Kartause San Lorenzo ist heute Weltkulturerbe und wurde 1306 errichtet, erhielt jedoch erst zwischen dem 17. und 18. Jh. ihre heutige Gestalt. Die Besichtigung ist eine außergewöhnliche Entdeckungsreise durch die verschiedenen Räume. Sie beginnt bei den ehemaligen Ställen, die heute als handwerkliche Läden verwendet werden, und endet im weitläufigen **Kreuzgang**, zu dem die Zellen hinausgehen. Der Kreuzgang hält mit seinen 12 000 m^2 und seinen 84 Säulen den Rekord als größter der Welt. Der lange Mauergürtel lässt das bezaubernde Innere dabei gar nicht erahnen. Die Wohnung des Priors, die zum Hof hinausgeht, ist Sitz des **Archäologischen Museums der westlichen Lucania**. Um eine Vogelperspektive über das Grundstück der Kartause zu erhaschen, muss man hinauf in die Stadt fahren und dort weiter bis zu den natürlichen Terrassen über dem Wall hinaufsteigen. Die Kartause ist täglich von 9 bis 20 Uhr für Besucher geöffnet, Dienstag ist Ruhetag.

Oben: Das Orchideental ist auch außerhalb der Blütezeit faszinierend.

Der Charme alter Mauern in Teggiano.

Apulien

76 Apulien
Im Nationalpark Gargano

Streckenlänge
210 km
Start- und Zielort
Lesina (FG), Peschici (FG)
Streckenverlauf
Lesina – Rodi Garganico (56 km), Vico del Gargano (72 km), Monte Sant'Angelo (115 km), Pugnochiuso, Vieste (185 km) – Peschici.
Schwierigkeitsgrad
Der Küstenabschnitt zwischen Mattinata und Peschici führt über steile Straßen mit spürbarer Neigung fast ohne Geraden.
Wissenswertes
Der Damm des Lago di Lesina ist unasphaltiert und nicht vollständig befahrbar. Alle Ortschaften am Meer bieten Bootsausflüge an der Küste oder zu den Grotten an. Je nach Lust und Laune kann man dabei verschiedene Seiten von Gargano kennenzulernen.

Sehenswürdigkeiten

Von Monte Sant'Angelo aus erreicht man in 19 km **Manfredonia.** Trotz seiner geringen Größe besitzt es eine wunderschöne Altstadt, in der die landwirtschaftliche, alpine und seefahrerische Kultur des Ortes deutlich zu erkennen sind. Im aragonesischen Schloss befindet sich das *Landesmuseum Manfredonia* mit vielfältigen Funden, die die Geschichte der daunischen Kultur zwischen dem 6. und 7. Jh. rekonstruiren (Tel. 0884/58 78 38).
3 km weiter nach Süden treffen wir auf die abgelegene **Basilika Santa Maria Maggiore** in Siponto. Noch ein wenig weiter und wir erreichen **San Leonardo di Siponto**. Diese prächtige Abtei feiert jedes Jahr am 21. Juni die Sommersonnenwende, bei der die Sonne von ihrer höchsten Position am Himmel aus durch zwei Pfeiler hindurch eine leuchtende Krone auf das Gewölbe projiziert. Von Manfredonia aus gen Süden erreichen wir nach 41 km das Besucherzentrum der **Salinen** von Margherita di Savoia. Die sich über knapp 20 km an der Küste entlang streckenden Salinen sind Naturschutzgebiet und dürfen nur in Begleitung einer autorisierten Person besucht werden (Tel. 0883/65 75 19).

Bei den Salzseen von Rodi Garganico beginnt diese faszinierende Fahrt in das Hinterland des Naturparks, um die grüne und gezackte Küste des bezauberndsten Vorgebirges der Adria entlangzufahren.

Durch den Gargano zu fahren ist nie langweilig. Viele verschiedene Landschaften folgen hier derart harmonisch aufeinander, dass jede Abbiegung und jeder Richtungswechsel einen kompletten Szenenwechsel darstellen. Und was für Szenen. Wir starten am Rand des Gargano beim **Lago di Lesina**, auf den wir zuerst treffen, und beim **Lago di Varano**, die durch den **Monte d'Elio** voneinander getrennt werden. Das Geheimnis, um die Lagune vollständig genießen zu können, besteht darin, die Statale zu ignorieren und ohne zu zögern instinktiv in die – teils unasphaltierten – kleinen Straßen abzubiegen und die Küste aufzusuchen. Die Wildnis des unbewohnten Monte d'Elio verschluckt fast die einzige Straße, die durch sie hindurchführt. Die Insel ist gleichsam ein länglicher Damm und trennt den Lago di Varano vom Meer. Hier muss man entlangfahren, um **Rodi Garganico** zu erreichen. Diese wunderschöne Gemeinde mit ihren bunten Häusern am Meer ist einen Spaziergang durch seine Gassen wert. Dann kommt der Gargano di Monte. Wir erreichen ihn in seinem spektakulärsten Gebiet, der **Foresta Umbra,** nachdem wir von der Küste aus nach **Vico** abbiegen. Dabei handelt es sich um einen riesigen Naturpark aus dichten Wäldern mit jahrhundertealten Pflanzen, die nach Vegegationszonen wechseln und dermaßen dicht sind, dass sie regelrechte grüne Mauern errichten. In diesem Naturschatz wollen alle den *Zappino dello Scorzone* bewundern, eine über 700 Jahre alte Aleppo-Kiefer mit einem Stamm von 5 m Durchmesser. Das Gebiet der Foresta Umbra ist in Bereiche unterteilt,

Der Leuchtturm von Vieste auf der kleinen Insel Sant'Eufemia gegenüber Marina Piccola ist seit 1868 in Betrieb.

Der von den Fischern frequentierte Weg am Ufer des Lago di Lesina führt durch eine faszinierende und stille Lagunenlandschaft.

die man entweder befahren darf, in denen man sich lärmfrei bewegen darf oder die absolut nicht betreten werden dürfen: Hier lebt der Großteil der Tiere des Nationalparks.

Monte Sant'Angelo taucht nach 50 km begeisternder Fahrt plötzlich aus dem Wald auf. Diese malerische, aus blendend weißen Häusern bestehende, am Berg verwurzelte Stadt ist 2011 zum Welterbe ernannt worden. Eine Reihe von Kurven mit atemberaubender Aussicht führt hinab zum Gargano di Mare. Ein wunderschönes Meer aus Felsen, Klippen und Grotten. Die auf einem schwierigen, steilen und beschwerlichen Felsen verlaufende Straße hat bei jeder Aussicht auf das Meer einen anderen unglaublichen Film zu bieten. Auch **Mattinata** ist eine weiß strahlende, von Zitronenbäumen umgebene Stadt. Kurz hinter dem Strand tauchen in **Baia Mergoli** die berühmten *Faraglioni* des Gargano di Mare auf. Auch der **Pizzomunno von Vieste** ist eines der bekanntesten Bilder des Gargano: Hierbei handelt es sich um einen riesigen Kalkstein am Strand *Spiaggia del Castello*. Faszinierend sind auch die vom Meer gegrabenen Grotten und die Konturen der Trabocchi, die an der gesamten Adriaküste verbreitet sind.

Peschici beendet die Runde am Meer. Auch hier blendet das strahlende Weiß der Häuser am goldenen Strand. Es erlischt am Abend und die Straßen füllen sich mit Menschen.

Der Nationalpark del Gargano

121 118 ha Gesamtfläche, die höchste Stelle ist der 1065 m hohe Monte Calvo. 20 meist auf felsigen Landzungen am Meer gelegene Gemeinden in malerischer Komposition. Die Landschaft ist so vielfältig wie nur möglich: Meer, Sand, Klippen, Grotten sowie Tannen und Fichten in der **Foresta Umbra**, die fast vollständig das Vorgebirge bedeckt. Dann vereinzelte Karsttrichter, Quellen und monumentale Bäume, insbesondere in der Gegend der **Coppa del Vento**, oberhalb der Lagune von Varano die enormen **Terebinthen** von 8–10 m Höhe. Zum Park gehören auch die **Salzseen** von Lesina und Varano sowie die **Isole Tremiti**, die von Rodi Garganico oder Termoli aus zu erreichen sind (siehe Tour 68). Um mehr über den Park, seine Flora und Fauna sowie Museen zu erfahren: www.parcogargano.it

77 Apulien
Monti Dauni, Natur und Traditionen

Streckenlänge
314 km
Start- und Zielort
Lucera (FG), San Severo (FG)
Streckenverlauf
Lucera – Troia (20 km), Ascoli Satriano (53 km), Sant'Agata di Puglia (84,5 km), Accadia, Panni, Bovino (121 km), Deliceto, Radogna (139 km), Orsara (158 km), Troia, Castelluccio (192 km), Faeto, Alberona (223 km), Volturara Appula (242 km), Motta Montecorvino (265 km), Casalnuovo Monterotaro (286 km) – San Severo.
Schwierigkeitsgrad
Leicht. Für alle Motorradtypen geeignet.
Wissenswertes
In den Ortschaften sind die Kirchen allgemein geöffnet. Türme, Schlösser, Paläste und Museen ohne Öffnungszeiten können nach Anfrage bei der Stadtgemeinde besucht werden.

Sehenswürdigkeiten

Die Landschaft des Monte Cornacchia, dem höchsten Berg der Region, wird durch den hübschen **Lago Pescara** ergänzt, einem natürlichen Becken in 900 m Höhe von großem naturwissenschaftlichen Interesse. Der See ist von Castelluccio Valmaggiore aus über Biccari erreichbar (1 km). Einige unterschiedlich lange Wanderpfade führen zum Berggipfel und zum Wäldchen mit einem Picknickbereich inmitten von Zerreichen, Ulmen und Eichen. **Carlantino**, 17 km von Volturara Appula entfernt, hat zahlreiche archäologische Ausgrabungsstätten zu bieten. Die Villa Romana am Ufer des Occhito ist im Sommer sichtbar, wenn sie nicht vom Wasser geflutet ist. Die Überreste der Grundmauern der Casale San Giovanni mit Überresten aus römischer und mittelalterlicher Zeit sowie die Ausgrabungsstätte San Venditti sind allesamt frei zugänglich. Von Carlantino aus ist ein langer und extrem gewundener Weg nach Colletorto unterhaltsam, der kurz die Grenze zum **Molise** streift, um dann in Colletorto wieder die Straße nach Casalnuovo Monterotaro einzubiegen (insgesamt 5 km).

Sie markieren die Grenze zu Kampanien und Molise und erheben sich unvermittelt aus dem Tavoliere di Foggia, wo lange gerade Straßen in enge Windungen übergehen. Der Wind vermischt die Meerluft mit dem intensiven Duft der Wälder.

Ein schönes Spektakel, die Berge Dauniens. Sie erheben sich steil von der weiten Ebene, beherbergen jeweils eine aus der Ferne weiß leuchtende Ortschaft mit ihrer jeweiligen Geschichte, Monumenten und Kirchenkunst. Es sind Berge mit schwierigen Straßen und vielversprechenden Abzweigungen, die sich im Nirgendwo verlieren. Am einfachsten orientiert man sich, indem man die allgegenwärtigen Windräder im Auge behält, die sich zu jeder Jahreszeit im peitschenden Wind drehen.
In der außerordentlichen Schönheit dieser grenzenlos scheinenden Landschaft stellen die Ortschaften mit ihren jahrhundertealten Traditionen attraktive und angenehme Entdeckungsziele dar. Es sind die Ortschaften der *Capitanata*, einem uralten Gebiet in Daunien und der Provinz Foggia. **Lucera** ist die älteste Stadt. Die Spuren ihrer Geschichte finden sich im *Römischen Amphitheater*

mit seinen zwei großartigen Portalen aus Pietra Apricena sowie im *Stadtmuseum* mit den archäologischen Funden aus römischer, frühchristlicher und mittelalterlicher Zeit. In **Troia** spazieren wir durch die Gassen des historischen Ortskerns bis zur romanischen Kathedrale mit der berühmten *Fensterrose* aus dem Jahr 1160. Großartige Palazzi stellen würdevoll ihre Fassaden, Ornamente und Fresken zur Schau. **Sant'Agata di Puglia** mit ihrer mittelalterlichen Struktur erstreckt sich über die gesamte Bergspitze und ist bereits aus der Ferne sichtbar. Hier gibt es eine Ölmühle aus dem Jahr 1600 und vom Belvedere aus ein grandioses Panorama. Dann gibt es den *Rione Fossi*, das älteste Stadtviertel von **Accadia**, eine Art Mosaik aus Grotten und uralten mittelalterlichen Wohnhäusern, die beim Erdbeben 1962 beschädigt wurden. Hier finden verschiedene kulturelle Events statt wie z.B. *Accadia Blues* mit internationalen Künstlern. Musik gibt es auch in **Orsara** Ende Juli beim *Orsara Jazz*, einer der bedeutendsten Veranstaltungen der Provinz. In **Deliceto** sind es nur zwei Schritte zum *Schloss* sowie zum *Convento della Consolazione* mit der spartanischen Zelle San Gerardos. Die Gemeinde feiert ihre lokalen Spezialitäten mit der *Sagra dell'Orecchietta*, die am ersten Sonntag im August mitten im *Bosco della Consolazione* stattfindet, sowie dem *Tag des schwarzen Schweines der Monti Dauni* am zweiten Sonntag im August, wo man inmitten von Handwerksmärkten köstliche Wurstwaren verkosten kann. **Faeto** stellt gemeinsam mit **Celle San Vito** eine frankoprovenzalische Sprachinsel dar. Zeugnisse für die provenzalisch geprägte Landwirtschaft, Hirtenkultur und Handwerk finden sich im *Ethnografischen Museum*. Außerhalb der Saison kann man an zwei einzigartigen Ereignissen teilnehmen: In **Volturara Appula** findet am 18. Oktober die seit dem Jahr 1000 dokumentierte *Messe San Luca* zum Viehandel statt. Unmittelbar danach steigt die *Sagra dell'Anguilla*.

Das schwarze Schwein der Monti Dauni

Hier handelt es sich um eine besondere einheimische Rasse, die biologisch in freier Wildbahn gezüchtet wird. Aus dem Fleisch werden typische köstliche Wurstwaren wie die **Salami** und die **Soppressata di Maiale Nero**, die neben den örtlichen Lebensmittelläden auch direkt bei den herstellenden Metzgereien erhältlich sind. Ein großer Spaß sind die zahlreichen diesem Nutztier gewidmeten Stadtfeste, etwa in **Deliceto** der Tag des schwarzen Schweines der Monti Dauni, der am zweiten Sonntag im August mit Spielen, Tänzen, Musik und Handwerk stattfindet. In **Faeto** findet am zweiten Sonntag im Februar das Schweinefest und am ersten Sonntag im August das Schinkenfest statt. Panni und Motta Montecorvino veranstalten ihr Schinkenfest im August. Schließlich beim Palio delle Contrade in **Celenza Valfortore** fordern die Stadtteile vom 11. bis 15. August einander bei einem Kochwettbewerb mit im Winter hergestellten Wurstwaren heraus.

Oben: Lange, gerade Straßen schneiden durch die flache Campagna, um sich dann um die Erhebungen herumzuwinden. Hier kurz vor der Auffahrt nach Pietramontecorvino.

Unten: Die Silhouetten der Windräder zeichnen sich über die ganze Strecke vor dem Himmel ab.

78 Apulien
Die malerischen Panoramen der Murge

Streckenlänge
164 km
Start- und Zielort
Tarent
Streckenverlauf
Tarent – Statte (12,5 km), Crispiano, Masseria Orimini (26,5 km), Martina Franca (38,5 km), Cisternino (49 km), Locorotondo (56 km), Selva di Fasano, Gorgofreddo (76,5 km), Castellana (87 km), Alberobello (105 km), Masseria Zippo, Martina Franca (120 km), Massafra (146 km) – Tarent.
Schwierigkeitsgrad
Leicht. Für alle Motorradtypen geeignet.
Wissenswertes
Um mehr über Tarent, seinen Veranstaltungskalender und Sehenswürdigkeiten zu erfahren, siehe die städtische Website www.comune.taranto.it im Menüpunkt *La città*.

Sehenswürdigkeiten

Von Castellana aus erreicht man in 15 km das auf einem Felsausläufer liegende **Polignano a Mare** mit seinen zahlreichen Grotten. In **San Vito** befindet sich die gleichnamige Abtei. **Monopoli** ist 15,5 km von Castellana entfernt. Sehenswert ist die Altstadt mit dem Schloss, der Bibliothek, den Häusern und den Kirchen. Von Massafra aus erreichbar sind: **Mottola** (12 km) mit Blick über den Golf von Tarent. Sehenswert sind der historische Ortskern und die Gravinen in der Umgebung. **Castellaneta** (21 km) ist die Geburtstadt Rodolfo Valentinos, dessen hier mit einem Denkmal gedacht wird. Das Zentrum ist voll von prächtigen Häusern und Kirchen. Im August findet hier die *Sagra Da Far'nedd'* (das Fest des Gersten- und Kichererbsenmehls) statt mit auf 2 km verteilten Ständen, die lokale Spezialitäten anbieten. In der Nähe befindet sich auch die **Gravine von Castellaneta** oder auch Gravina Grande, eine der spektakulärsten mit ehemaligen Felssiedlungen. Auf dem Land verstreut sind etwa 100 herrliche befestigte Gutshöfe.

Die Reise in das spektakuläre Land der Gravine beginnt in der Stadt der zwei Meere, verläuft an unedlichen Trockenmauern entlang und erreicht eines der berühmtesten Wahrzeichen Italiens: die Trulli von Alberobello.

Das für den gleichnamigen Wein DOC bekannte Locorotondo im Hintergrund widmet dem *Novello* am zweiten Sonntag im November ein Stadtfest.

Dies ist nicht das Apulien mit den romanisch-gotischen Kirchen oder den beeindruckenden aragonesischen oder normannischen Festungen. Hier, weitab vom Meer, befinden wir uns im Apulien mit der faszinierenden Naturlandschaft, wo die Städte mit den strahlend weißen Häusern plötzlich hinter einem Acker mit langen und gewundenen Rissen im Kalkboden auftauchen. Es sind die **Gravine**, entstanden aus einem verblüffenden Phänomen der Karstlandschaft: riesige, felsige Schluchten, die üppig mit mediterraner Vegetation bewachsen sind oder, je nach Bergwand und Hanglage, mit balkanischer Vegetation, Steineichen und bei niedriger Höhe sogar Aleppo-Kiefern.
Jenseits der Gravine durchqueren unsere Blicke das Apulien der weitläufigen Olivenhaine mit jahrhundertealten Pflanzen sowie Feldern, die von sich unendlich erstreckenden Trockenmauern eingegrenzt werden. Das Apulien mit den blendend weißen Häusern, die sich in malerischen Labyrinthen von Gassen zusammendrängen. Doch es ist vor allem das Apulien der **Trulli** und ihren mit Kalkziegeln abgedeckten Spitzdächern. Die als **Itriatal** bekannte tiefe Kalksenke zwischen Martina Franca, Locorotondo und Cisternino ist das Gebiet mit den meisten Trulli.
All das – die Trulli, die Gravinen, die Trockenmauern – machen die langsame Fahrt auf diesen langen, geraden Straßen, die nichts oder nur wenig von einer Motorradstrecke haben, lohnenswert. In einem niedrigen Gang geht'sweiter, gemächlich am Straßenrand entlang, während der Blick neugierig das Leben dieser win-

zigen märchenhaften Dörfer zu erhaschen sucht. Malerisch sind auch die wichtigsten Ortschaften des Itriatals; **Martina Franca** mit seinem historischen Kern im Barock- und Rokokostil. Die Zimmer der Häuser sind auf mehrere Ebenen verteilt: Weinkellerei oder Werkstatt im Erdgeschoss, Küche und Wohnzimmer im ersten Stock sowie darüber die Schlafzimmer. Noch pittoresker als der Ortskern von **Cisternino** ist das in Kreisen angelegte Zentrum von **Locorotondo**. Die **Selva di Fasano** mit ihrer Aussicht auf die Trulli und das Karstgebiet der Grotten bietet ihr üppiges Naturschauspiel etwa auf halbem Weg zwischen Locorotondo und dem Meer. In der Gegend von Fasano entdecken wir auch die **Lame**, von Flüssen in die Kaklfelsen gegrabene Vertiefungen, in denen die Spuren der ehemaligen Felssiedlungen deutlich sichtbar sind. Das Höhlenleben hat hier bis ins 14. und 15. Jh. angehalten und das Gebiet deutlich geprägt. Das unterirdische Apulien können wir bei einem Besuch der **Grotten von Castellana** entdecken. In Martina Franca betreten wir den *Regionalpark Terre delle Gravine*. Die Straße beschenkt uns mit einer großartigen Aussicht über den Golf und auf Tarent. Dann zieht sie sich entlang der **Gravina San Marco**, die **Massafra** in zwei Hälften teilt.

Oben: Die Trulli von Alberobello, Wahrzeichen für ganz Apulien.

Unten: Abschnitt der Campagna im Regionalpark Terre delle Gravine inmitten von Trulli, Olivenbäumen und Trockenmauern.

Trulli und Grotten

Die berühmten **Trulli di Alberobello**, Weltkulturerbe der UNESCO, und die wunderschönen **Grotten von Castellana** sind bloß 15 km voneinander entfernt. Die Trulli sind einzigartige Konstruktionen aus Trockenstein und das Wahrzeichen der Region. Sie existieren nur im mittleren südlichen Teil Apuliens. Sie sind in großer Zahl entlang des Itriatal zu sehen und oft zu malerischen Landhäusern, Geschäften oder touristischen Lokalen umfunktioniert worden. Um die charakterische Siedlung Alberobello zu besuchen, einfach der Ausschilderung nach Trulli Monumentali folgen. Der älteste Trullo (1509) befindet sich in der Contrada Rizzi in Locorotondo. Die Höhlen von Castellana sind eine sich unter einem weitläufigen Olivenhain ausstreckende Welt aus Alabaster. Man kann sie auf zwei verschiedenen geführten Parcours erkunden. Bei einer durchschnittlichen Tiefe von 70 m münden sie in die Grotta Bianca, die wegen des leuchtenden Weiß des Alabasters als die hellste Grotte der Welt gilt (www.grottedicastellana.it).

79 Apulien
Mitten im Tavoliere di Lecce

Streckenlänge
203 km
Start- und Zielort
Ostuni (BR), Lecce
Streckenverlauf
Ostuni – Ceglie Messapica (11,5 km), Grottaglie (26,5 km), San Giorgio Jonico (39 km), Marina di Pulsano (69 km), Campomarino (91,5 km), Manduria (105 km), Avetrana (116 km), Veglie (139 km), Copertino (151 km), San Donato di Lecce (163 km), Cavallino, Acaya (182 km), San Cataldo – Lecce.
Schwierigkeitsgrad
Leicht. Für alle Motorradtypen geeignet.
Wissenswertes
Für einen Besuch in Lecce die offizielle Website des Fremdenverkehrsamts www.pugliaturismo.com/aptlecce besuchen, wo man auch Anfahrtsbeschreibungen für Fremdenverkehrszentralen vor Ort und Besuchsstätten in der Provinz findet.

Sehenswürdigkeiten

Von Ostuni aus gelangt man nach 17,5 km zum **Regionalpark der Küstendünen**, ein über 1000 ha großes Naturschutzgebiet am Küstenstreifen zwischen Torre Canne und Torre San Leonardo (www.parcodunecostiere.org). **Oria** ist 11 km von Manduria entfernt. Hier gibt es das Schloss, die Barockkirchen und herrschaftliche Häuser zu besichtigen. Am zweiten Sonntag im August findet das Torneo dei Rioni mit mittelalterlichen Wettkämpfen und einem historischen Umzug in Anlehung an die Zeit des Kaisers Friedrich II. aus dem Haus der Staufer statt. 12 km von Veglie liegt **Porto Cesareo.** Berühmt sind die Strände mit dem strahlend weißen Sand sowie die zahlreichen Küstentürme. Die **Romanische Abtei Santa Maria di Cerrate** befindet sich mitten in der Kampagna auf der SP100 und ist 16 km von Lecce entfernt. Sie stammt aus dem 12. Jh. und hat drei Kirchenschiffe mit kostbaren Fresken aus dem 12. und 13. Jh. Allein wegen der Stille ist sie einen Umweg wert. Unweit kann man das Museo delle Tradizioni Popolari besuchen, in dem sich ein Teil der Fresken aus den seitlichen Kirchenschiffen der Abtei befinden.

Barock und Olivenbäume, Küstentürme, Lame und blendend weiße Ortschaften. Gefüllt wird dieser Rahmen von der pikanten, schlichten und mediterranen Küche, von den Farben und den Malereien auf traditioneller Keramik.

Olivenhaine, rote Erde und Bauernhöfe. Keine Kurven, keine Berge. Und doch strahlt der ländliche Tavoliere eine schwer vergessliche Faszination aus. Die Fahrt zwischen Adria und Ionischem Meer begeistert, wie auch die Besuche der Ortschaften, die alle ihre eigenen Schätze und Geschichte hüten. Sie sind gut zu erreichen, indem wir die Hauptstraße meiden und die zu den Bauernhöfen führenden „Mauerstraßen" nehmen.
Ostuni ist die erste weiße Stadt auf dieser Rundfahrt. Zwischen den Häusern stechen die ebenfalls aus sehr hellem Stein bestehende *Concattedrale* und Barockkirchen hervor. Kalkweiß sind auch die langen die Stadt umgebenden aragonesischen Mauern. Auch **Ceglie Messapica** ist eine weiße Stadt zwischen den sanften Hügeln der Murgia und den Lamen, Dolinen, Karstbrunnen und zahlreichen Höhlen. Wir spazieren durch das Labyrinth gepflasterter Gassen und Treppen vorbei an Palästen des 18. Jhs., bis wir den *Herzoglichen Palast* mit dem Turm aus dem Jahr 1100 erreichen. Dann ist da **Grottaglie**, das der *Ceramica Artistica Tradizionale* angehört. Hier ist das *Keramikviertel* einen Besuch wert, das die Einwohner wegen der Schornsteine der alten Brennöfen *li Cemenn'ri* nennen. Hier kann man den Töpfern zusehen.
Wir umfahren die Lagune Mar Piccolo und die Stadt Tarent und erreichen die ionische Küste. Hier beginnt ein Abschnitt, der

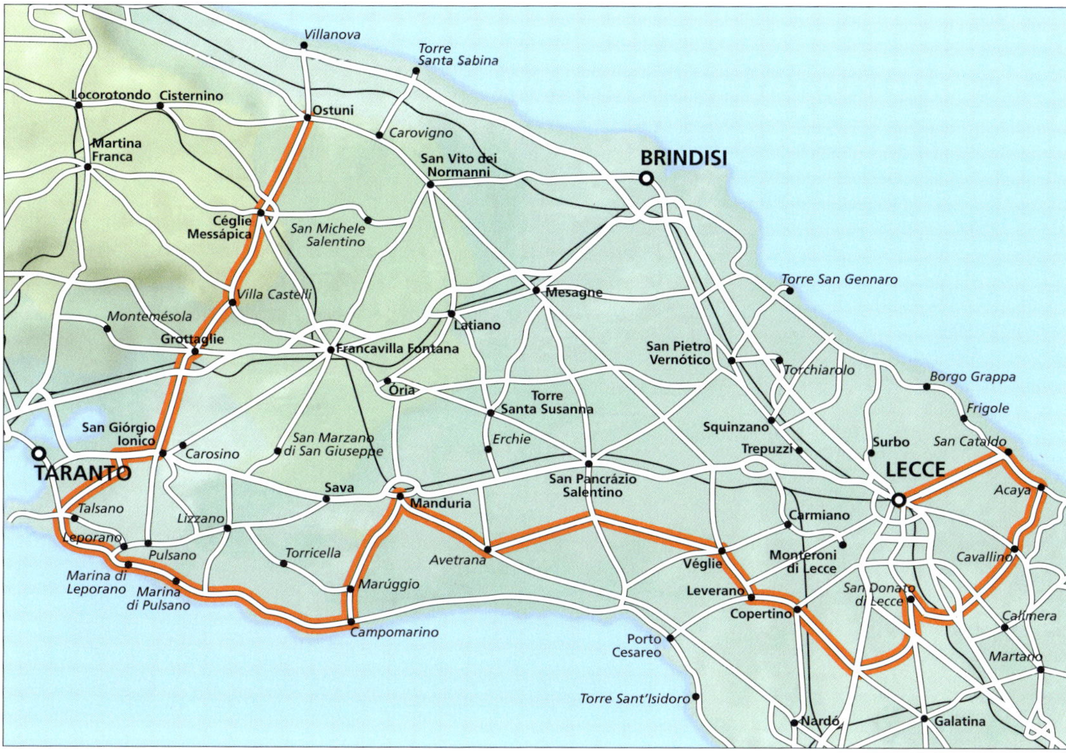

teilweise über felsige Buchten, teils über mit Türmen gespickte Strände führt. Die komplexe Architektur der auf einer Klippe am Meer errichteten **Torre dell'Ovo** sticht hervor. Die Gewässer davor bewachen neben den Monolithen der **Prateria Pietrificata** auch die Überreste einer Thunfischfangstelle sowie uralte Anker. Hinter uns bilden die **Murge Tarantine** das Bindeglied zwischen dem ionischen Ufer und dem der Adria. Wir erreichen **Manduria**. Die Stadt der *Messapier* ist für den Wein *Primitivo* bekannt und rühmt sich seiner Gebäude aus der Kaiserzeit. Zu einem tiefergehenden Besuch gehören unbedingt der *Archäologische Park* sowie die *Türme* in den Stadtteilen am Meer. Wir nähern uns Lecce und betreten das **Valle della Cupa**, eine weitläufige Karstsenke mit großartiger Landschaft. An langen Mauern und zwischen Olivenbäumen geht es nach **Cavallino**, einem wichtigen messapischen Zentrum, dessen Gebiet reich an historisch-archäologischen Zeugnissen ist: Der *Menhir von Ussano* oder die *Specchia Sentina*, ein megalithisches Monument mit Verteidigungsmechanismen. Das *Museo Diffuso* dagegen ist über das archaische Gebiet Cavallinos verstreut. Das *Schloss von Acaya* liegt näher zur Küste und ist eine der ersten befestigten Zitadellen Süditaliens. Das Adriatische Meer erreichen wir endlich in **San Cataldo**. In der *Kathedrale* liegt noch immer ihr Mosaikboden aus dem 12. Jh. Dann geht es in die prächtige Stadt **Lecce** mit ihren Palästen, Türmen, Kirchen und Piazzen. Es heißt, dass der Barock der *Kirchen* von Lecce noch feierlicher sei als der brasilianische – ein Grund mehr, unsere Entdeckungsreise durch die Stadt dort zu beginnen.

Linke Seite: Der runde Wachtturm der Burg von Acaya, unweit vom Meer von Salento. Die noch immer nicht vollständig erkundete Festung ist mit ihren zahlreichen noch zugemauerten Stollen faszinierend und geheimnisvoll.

Die Pizzica

Verrückt, verführerisch, sinnlich. Ihr Ursprung liegt in der Musik, die beim Heilungsritual nach Tarantelbissen gespielt wurde, bei dem die gebissenen Frauen tanzten, bis das Gift ausgeschwitzt war. Dieser **Taranta** genannte Tanz hat einen schnelleren Rhythmus als die tanzbare Pizzica. Letztere hat sich von Salento aus verbreitet und hat eine eigene Sprache, wie etwa die Pizzica de core, ein hemmungsloser Tanz, der die Erotik und Leidenschaft bei der Brautwerbung symbolisiert. Oder etwa der Schwerttanz, der absolut nichts mit Waffen zu tun hat: Das „Schwert" ist hier ein mit der Handkante dargestelltes geschwungenes Messer. Die **Pizzica di San Vito** ist berühmt dafür, dass man früher glaubte, dass der tarantistische Ritus nur im Wasser getanzt wirksam sei. Das Wasser ist aus dem örtlichen Tanz völlig verschwunden. San Vito dei Normanni ist der Ort mit den meisten Gruppen, die diese Musik spielen und verbreiten.

80

Apulien

Von Gallipoli nach Otranto: der Stiefelabsatz Italiens

Streckenlänge
104 km
Start- und Zielort
Gallipoli (LE), Otranto (LE)
Streckenverlauf
Gallipoli – Marina di Leuca (50,5 km) – Otranto.
Schwierigkeitsgrad
Leicht, für Roller und alle Motorradtypen geeignet.
Wissenswertes
Für einen Besuch in Gallipoli: IAT (Fremdenverkehrsamt), Largo De Pace, Tel. 0833/26 25 29. Für Otranto: IAT, Via del Porto, Tel. 0836/80 14 36 oder 0836/80 49 54.

Sehenswürdigkeiten

An der Küste entlang erreicht man von Gallipoli aus 11,5 km nördlich von **Santa Maria al Bagno** einen Stadtteil von Nardò – wundervoll am Meer gelegen, mit dem **Regionalpark Portoselvaggio und Palude del Capitano.** Im Ort befindet sich das Museum der Erinnerung und der Gastfreundschaft mit jüdischen *murales* (Informationen zu den kostenlosen Führungen: Rathaus, Tel. 0833/83 83 08). In **Nardò** lohnt es sich, bis zur barocken Piazza Salandra vorzudringen, um den Sedile, das älteste Gebäude, die um 1600 errichtete Guglia dell'Immacolata, den Uhrenturm sowie das Rathaus aus dem 17. Jh. zu bewundern. Im Hinterland von Otranto ist **Giurdignano** der Ort mit der höchsten Zahl an Menhiren und Dolmen in Italien. Der städtische Grundriss von **Muro Leccese**, 15 km von Otranto entfernt, ist nicht nur reich an prächtigen Gebäuden und Kirchen, sondern auch an malerischen Höfen mit Ölmühlen, Ställen, Brunnen und Waschhäusern. **Soleto**, 25,5 km weiter landeinwärts, rühmt sich ebenfalls sehr schöner Gebäude und Kirchen, insbesondere der Kirche Maria Santissima Assunta mit der Fiale Raimondellos. Überall in der Umgebung sind sehr schöne Gutshäuser zu sehen.

Hundert Kilometer liegen zwischen den Stränden von Ugento und Castro. Auf diesen geht es vorbei an den Höhlen von Marina di Leuca und denen der Küste von Otranto, am Kap von Santa Maria di Leuca und den Thermen von Santa Cesarea, an Menhiren und barocken Monumenten.

Oben: Blick auf Santa Maria di Leuca, die antike und wunderschöne Fischerstadt, sowie das apulische *finibus terrae.*

Gallipoli eröffnet eine Route seltener Schönheit, die durch die wildeste Landschaft des östlichen Italien führt. Die charakteristische Altstadt mit der Burg der Anjou scheint aus dem Meer aufzuragen und ist nur über eine Brücke aus dem 17. Jh. mit der Neustadt verbunden. Außerhalb beginnt die Entdeckungsreise der Salento-Halbinsel in den Dünen des *Regionalparks Isola di Sant'Andrea und Litorale di Punta Pizzo.* Der Park ist ein Mosaik, zu dem auch die Queller-Salzsteppen gehören. Doch die vollkommene Abwesenheit bewohnter Gegenden lässt die gesamte Küste wie ein langes Naturschutzgebiet aussehen. Nur in Nähe der Türme liegen kleine Gruppen weißer Häuser an den Buchten. Die Marina von **Ugento** rühmt sich ihrer Strände mit feinstem Sand und ihres kristallklaren Meeres, dessen Schönheit einem den Atem verschlägt. **Pescoluse** besitzt den größten Küstenstreifen der gesamten Region. Kurz nach der allgemeinen Urlaubssaison ist die Atmosphäre hier wie an einem exotischen Strand. Das **Kap von Santa Maria di Leuca** ist ein noch faszinierenderes Ziel. Wie bei allen Kaps, allen äußersten Landzungen, allen *finibus terrae*, zieht einen die Schönheit in ihren Bann. Die weiße Stadt wirkt oben vom Kap aus betrachtet wie verschlafen. Und doch ist sie lebendig, wie auch der vom starken Sciriccowind geschützte Hafen oder der Leuchtturm neben der Basilika. Von den Stränden aus sieht man die Strömungen des Golfs von Tarent und des Canale d'Otranto aufeinanderstoßen, die eine Art Grenze zwischen Ionischem und Adriatischem Meer ziehen. Die Küste nach Otranto ist noch spektakulärer mit ihren geordneten und anmutigen voneinander entfernten Siedlungen, malerischen Häfen und einem

nur teilweise erschlossenen Labyrinth aus Meereshöhlen in der Nähe von Castro. **Santa Cesarea Terme** ist eine prächtige kleine Stadt, in der einige außergewöhnliche Gebäude ins Auge fallen: der maurische *Palazzo Sticchi* mit seiner großen Kuppel, die an die Märchen aus Tausenduneinernacht erinnert, sowie die *Villa Raffaella* im eklektischen Stil mit der großen Balustrade und dem sechseckigen Turm. Berühmt ist die Stadt jedoch für ihre Thermalquellen. Noch ein Stück am Felsenriff entlang, dann entfernt sich die Straße in einem kurvenreichen Abschnitt kurz vom Meer, um die buchtenreiche und felsige Küste mit dem von der Sonne versengten und vom Wind gepeitschten Gras entlangzufahren. **Otranto**, das als der östlichste Ort Italiens gilt, liegt unmittelbar hinter dem gleichnamigen Kap. Jenseits des lebendigen Chaos der Stadt liegt das zum UNESCO-Welterbe ernannte historische Stadtzentrum. Die **Seen von Alimini**, eine geschützte Oase, scheinen der perfekte Ort zu sein, um den Zauber der salentinischen Küste aufrechtzuerhalten. *Lu Strittu* verbindet den vom Meer genährten Lago Grande mit dem Lago Piccolo, der aus Süßwasserquellen entspringt.

Die Höhlen zwischen Marina di Leuca und Otranto

Jahrtausende alte Höhlen verbergen sich in diesem großartigen Küstenabschnitt, die berühmtesten davon in der Nähe von Castro. In der **Grotta Romanelli** kann man die ältesten Gravuren des Paläolithikum sehen. Die **Grotta della Zinzulusa** ist über eine riesige Öffnung über das Meer erreichbar. Ihre Höhlen mit den wie aufgehängte Stofftücher aussehenden Stalaktiten und dem Korridor der Wunder ist äußerst faszinierend. In der Nähe von Marina di Leuca bewahrt die **Grotta delle Tre Porte** Überreste des Neandertalers und afrikansicher Tiere, wie auch die **Grotta dei Giganti** und die **Grotta dell'Elefante**, in der Knochen der Dickhäuter gefunden wurden. Etwas „zivilisierter" ist die **Grotta del Diavolo**, in der Keramikfragmente und kleine Werkzeuge aus der Jungsteinzeit entdeckt wurden. In Richtung Otranto treffen wir auf die **Grotta dei Cervi** am malerischen Porto Badisco gelegen, die für ihre Felsenmalereien bekannt ist.

Streckenabschnitt an der Küste von Tricase zwischen Marina Porto und Marina Serra. Alte Turmruinen findet man immer wieder an der apulischen Küste, besonders am Golf von Tarent.

Basilikata

81 Basilikata
Lukanische Dolomiten, Siedlungen und Granite

Streckenlänge
258 km
Start- und Zielort
Potenza, Metaponto (MT)
Streckenverlauf
Potenza – Tricarico (42,5 km), Garaguso (70,5 km), Accettura (90,5 km), Pietrapertosa (110 km), Castelmezzano (120 km), Corleto Perticara (148 km), Guardia Perticara, Gorgoglione (170 km), Stigliano (191 km), Craco (216 km) – Metaponto.
Schwierigkeitsgrad
Von kurzen Abschnitten in der Talsenke abgesehen, führt die Tour über steile und ununterbrochen kurvige Straßen.
Wissenswertes
Die Ausschilderungen sind teilweise spärlich gesät. Darüber hinaus findet man sich oft vor nicht verzeichneten Straßen wieder. Achtung: Man kann hier Dutzende Kilometer weit fahren, ohne einer Menschenseele zu begegnen, die man fragen könnte, ob man sich auf der richtigen Straße befindet ...

Sehenswürdigkeiten

Die SS92 von Potenza über den **Passo Croce Scrivano**, die weiter nach Laurenzana (36,5 km von der Stadt entfernt) und darüber hinausführt, ist unter Motorradfahrern „legendär“. Sie beginnt mit einem schnellen Part und wird dann im Abschnitt Laurenzana-Corleto kurvenreich. Legendär ist auch die SP5, auf der man den Wald **Bosco della Sellata** durchquert. Man fährt von Potenza in Richtung Pignola und dann nach Abriola auf die SS92 (33 km). Die örtlichen Biker treffen sich am Agip Motel auf der Basentana, um die Runde Potenza–Ruoti–Picerno abzufahren, erst auf der SP7 beim Tannenwald von Ruoti, dann auf der SS94 im sehr schönen Abschnitt der **Monti Li Foj** mit der als Weidefläche genutzten Hochebene (Gesamtstrecke 61,5 km). Von Tricarico aus erreicht man nach 59 km auf der schön zu fahrenden und bis **Miglionico** verkehrsarmen SS7 schließlich **Matera**. Dort kann man die berühmten Sassi besuchen, den ältesten Teil der Stadt mit den Felshäusern und -kirchen, die zum Weltkulturerbe gehören. Die Sassi sind frei zugänglich, die Kirchen allerdings nicht alle. Für geführte Rundgänge siehe www.comune.matera.it unter La Città.

Start ist in Potenza. Wir fahren über den gewundenen Abschnitt der Via Appia, vorbei an uralten Ortschaften bis zu den spektakulären Lukanischen Dolomiten und enden im antiken *Metapontum* am Ionischen Meer.

Beim Verlassen der Stadt meiden wir die Autobahn und stürzen uns sofort in die Kurven. Anders als in anderen Regionen sind hier die Statali stets schön und gut asphaltiert. Die Statale 7 Appia windet sich hier um die Berge herum und ist sehr angenehm zu fahren. Schön ist auch der kurze Abschnitt der SS92 von Corleto Perticara nach **Laurenzana** – nur Kurven und Serpentinen auf optimalem Asphalt. Hinter der Stadt tauchen wir sofort ein in eine faszinierende Natur mit dicht bewaldeten Bergen und die Straße verschluckende Wälder, die sie vor unermesslichen Landschaften wieder freigeben. An die Dolomiten lässt hier noch nichts denken. Das sehr alte **Vaglio della Basilicata** ist der erste Ort, den wir erreichen. Einen Großteil seiner Geschichte erzählen die im *Museum der antiken Einwohner Lucanias* ausgestellten Gegenstände. Auch den Erfindungen Leonardos ist eine Ausstellung gewidmet. **Tricarico** ist ebenfalls sehr alt. Ein Spaziergang durch seine Straßen ist wie ein Sprung in die Vergangenheit. Geschichtsträchtig sind die Apotheke und der Tabakladen. Randvoll mit verschiedenen Waren ist er zum Treffpunkt für die Frauen des Ortes geworden, während die Männer sich auf der prunkvollen Piazza vor dem *Herzoglichen Palast* unterhalten. In Grassano verlassen wir die riesige Serpentine der Appia, überqueren die Basentana und erreichen den **Naturpark der Lukanischen Dolomiten**. Die Spannung steigt. Man muss bis nach Accettura vordringen, bevor es endlich hinauf zu den großartigen Felsformationen geht. Das Gebiet von Accettura wird vom **Wald von Gallipoli Cognato** und vom **Städtischen Wald von Montepiano** umgeben, zwei Gebiete die von Hirschen, Damwild und weiteren Tieren bewohnt werden. Es geht bergauf durch das Dickicht der beiden Wälder

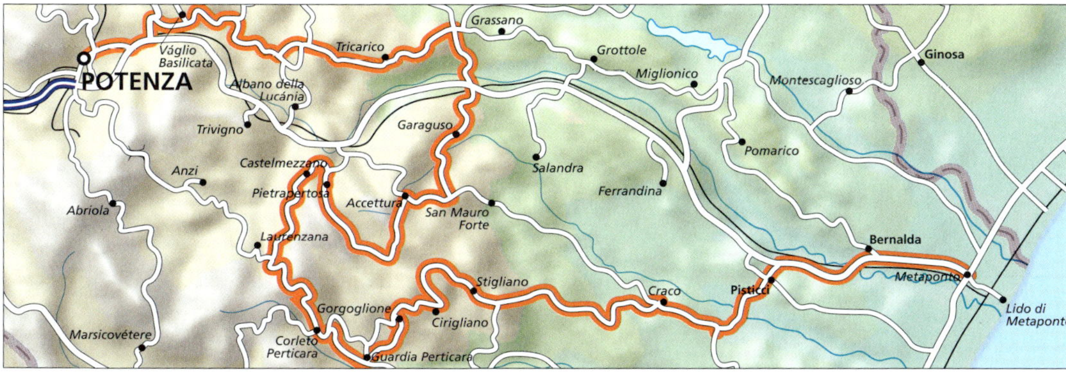

zu den Felsen. Eine dieser faszinierenden Felsformationen heißt Becco della Civetta (Eulenschnabel). Um die „Eule" auszumachen, muss man die Straße nachts fahren, wenn der Schnabel von einem starken Strahler angeleuchtet wird. Bei Sonnenuntergang vermittelt die Schönheit dieser Orte sich am besten. Die Lukanischen Dolomiten umarmen das malerische Castelmezzano. Dagegen scheint Pietrapertosa auf dem gegenüberliegenden Felssporn mit seinen steinfarbenen Häusern aus den Felsen herausgewachsen zu sein. Die beiden Gemeinden haben trotz hoher Besucherzahlen ihre uralte Identität bewahren können: Die Gassen und steilen Treppen des bunteren **Castelmezzano** sind so eng, dass hier keine Fahrzeuge verkehren können. In **Pietrapertosa** verraten leckere Düfte die gastronomische Tradition. Mit den Dolomiten im Rücken fahren wir auf einer bizarren Strecke hinab ans Meer, die uns an weiteren kleinen und entlegenen Ortschaften vorbeiführt: **Stigliano** mit seinen Gutshöfen; **Gorgoglione** über dem Agrital und die alte 1963 verlassene Geisterstadt **Craco**, die in ihrer Einsamkeit wunderschön ist. Schließlich das als Amphitheater auf dem Ionischen Meer bekannte **Pisticci** mit seinen auf drei Hügeln verteilten weißen Häusern mit roten Dächern. Ein Abschnitt der SS407 Basentana verbindet Pisticci mit **Metaponto**, einer uralten Stadt mit den Überresten des *Dorischen Heratempels* und dem *Archäologischen Museum*.

Linke Seite: Die Gemeinde Tricarico.

Der Regionalpark Gallipoli Cognato und die Lukanischen Dolomiten

Der kleine und schöne, nicht einmal 30000 ha große Naturpark liegt im Zentrum der Region und ist von biologischem wie ethno-anthropologischem Interesse. In diesem vollkommen unberührten Landstrich leben Wildschweine und zahlreiche Vogelarten (Rotmilan, Turm- und Wanderfalken). Er umfasst auch den **Wald von Gallipoli Cognato**, der eine Höhenlage von 200 m im Basento bis zu 1319 m am Monte Ipsio abdeckt, sowie den **Wald von Montepiano** mit seiner außergewöhnlichen Landschaft: Inmitten von beeindruckenden Zerreichen, Steineichen und mediterranen Pflanzen ragen die Sandfelsen der Lukanischen Dolomiten heraus, unterhalb derer die Ortschaften **Castelmezzano** und **Pietrapertosa** liegen. Im Wald von Montepiano kann man Wildpferden begegnen, die neugierig sind – und eitel: Sobald sie einen Fotoapparat erblicken, scheinen sie sich sofort in Pose zu werfen. Weitere Informationen unter: www.parcogallipolicognato.it

Profil und Höhenverhältnisse – Übersicht

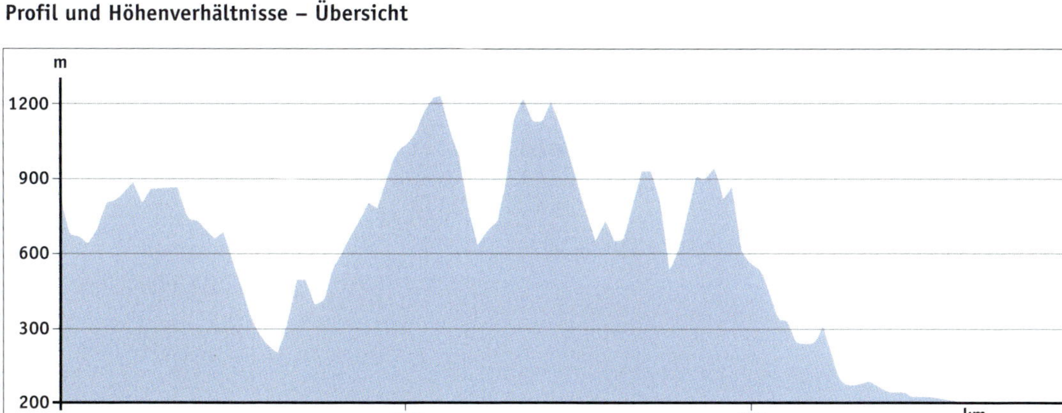

82 Basilikata
Auf zum Sirino-Massiv

Streckenlänge
113 km
Start- und Zielort
Maratea (PZ)
Streckenverlauf
Maratea – Castrocucco (11 km), Nemoli (35 km), Lago Laudemio (65,5 km), Lagonegro (82 km), Molingiuolo, Rivello (93 km), Trecchina (104 km) – Maratea.
Schwierigkeitsgrad
Leicht. Für alle Motorradtypen geeignet. Die Straßen sind jedoch eng und gewunden.
Wissenswertes
Am Lago Laudemio bieten die beiden Hütten Rifugio Conserva (Tel. 348/528 15 42) und Rifugio Italia (Tel. 338/352 59 28) Gästezimmer und organisieren sommerliche Events.

Sehenswürdigkeiten

Das 6 km vom historischen Ortskern Marateas entfernte Heiligtum am **Monte San Biagio** ist über eine spektakuläre „Achterbahn" übers Meer erreichbar. Im Rücken ist die 22 m hohe Statue des Erlösers aus großer Ferne sichtbar und wird größentechnisch nur von derjenigen Rio de Janeiros übertroffen. In der barocken Regia Cappella des Heiligtums befinden sich ein Fresko aus dem 15. Jh., einige marmorne Flachreliefs sowie die Reliquien San Biagios. Neben dem Heiligtum liegt auch die Grotta dell'Angelo, die manche für die ehemalige Wohnstatt eines Eremiten halten, auf deren Rückwand ein beschädigtes Fresko im byzantinischen Stil aus dem 11. Jh. zu sehen ist.
Eine außergewöhnliche Abwechslung bietet ein Ausflug vom Hafen von Maratea aus mit dem Gulet entlang der Küste von Cilento inkl. Mittagessen an Bord (www.caicchievelieri.com). Boots- und Schlauchbootausflüge werden direkt am Hafen angeboten wie auch geführte Tauchgänge. In allen Fraktionen Marateas, sowohl in denen an der Küste als auch denen in den Bergen, lohnt sich der Besuch. Maratea ist die Stadt der 44 Kirchen. Santa Maria Maggiore del Borgo ist ein wahrhaftiger Kunstschrein und reich an Marmor- und Holzarbeiten, Gemälden und Dekorationen.

Diese Bergtour beginnt am wundervollen Meer von Maratea und führt zu einem kleinen Gletscherrandsee. Die Strecke verläuft in völliger Einsamkeit durch die faszinierende Wildnis der Region.

Wir verlassen Maratea in Richtung **Castrocucco** auf der Straße ins Landesinnere, die an der Grenze zu Kalabrien verläuft. Und kaum haben wir die andere Hügelseite des Noce erreicht, verändert sich bereits das Klima – und die Vegetation, die nun reich an Eichen und Nussbäumen ist. Die Straßen leeren sich, die Wohngebiete entfernen sich immer mehr. Das lebhafte Lärmen der Küste weicht einer großen Stille. Auch deshalb freut man sich hier jedes Mal wieder, einen Ort zu erreichen, und bleibt gerne auf einen kleinen Spaziergang mit Kaffee auf der zentralen Piazza. In der Stadt **Nemoli** fallen einem die charakteristischen Engstellen zwischen den Häusern sowie die Portale und der Palazzo Filizzola im neapolitanischen Stil besonders ins Auge.
Mit auf das Sirino-Massiv gerichtetem Blick streifen wir einen kleinen See. Entlang der Autobahn zwischen Lagonegro und Lauria zieht seine fast perfekt runde Fläche an uns vorbei. Der **Lago Sirino**, der einst das gesamte Tal ausfüllte, wird von zwei Quellen gespeist. Nach einem kurzen Halt auf einer Parkbank begeben wir uns ans gegenüberliegende Ufer, wo die Straße mitten in einer Gruppe Sommerhäuser endet. Dann wieder weiter auf dem gewundenen Abschnitt der Statale 19, der bald die Serra Rotonda erreicht. Hier kommt endlich die Wende. Die inzwischen einsame und enge Straße schlängelt sich im **Naturschutzgebiet Lago Laudemio** die Hänge des Monte Papa hinauf – vorbei an

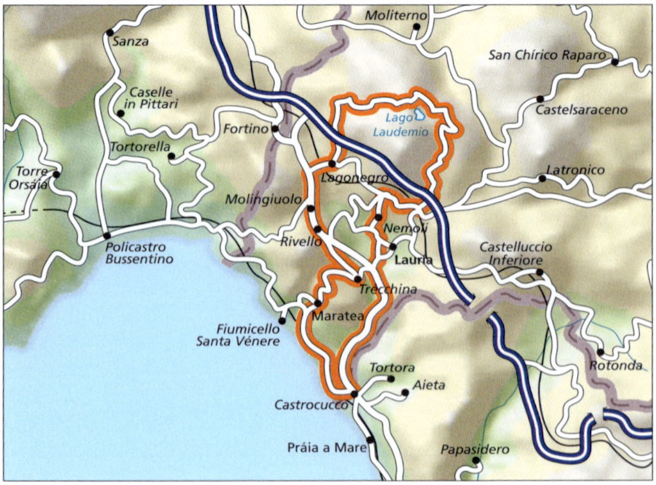

Profil und Höhenverhältnisse – Übersicht

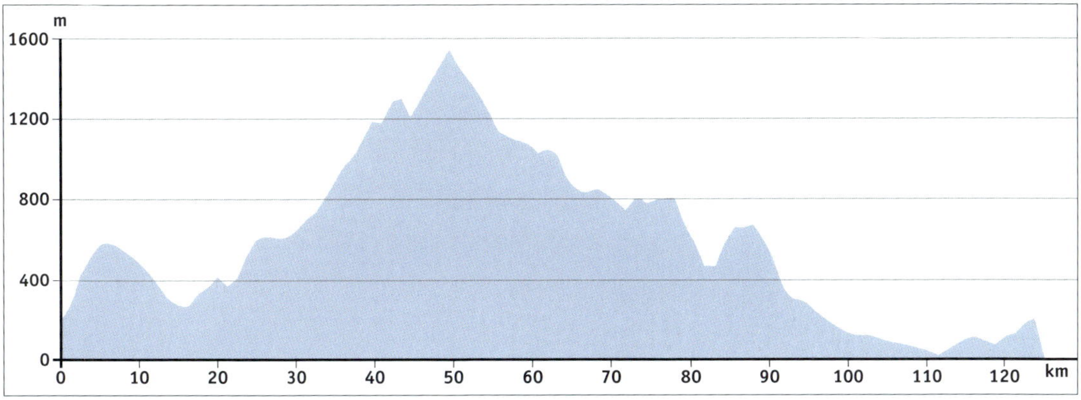

Ausschnitt der Küste von Maratea. Sie ist die einzige Stadt der Basilikata am Tyrrhenischen Meer und liegt zwischen Kalabrien und Kampanien.

weitläufigen kargen Wiesen, die im Frühling gelb vom blühenden Ginster sind und sich mit dichten Wäldern voller Buchen, Pappeln sowie Kastanien und Tannen abwechseln.

Mitten aus einem dieser Buchenwälder lugt plötzlich der Lago Laudemio hervor, der südlichste Gletschersee Italiens. Wie alle Bergseen ist er hübsch, wenn auch vielleicht nicht gerade im Spätsommer, wenn der Wasserstand sinkt und einen schlammigen Ring hinterlässt. Wir verlassen den See über die dem Sirino-Massiv gegenüberliegende Seite des Monte Gurmara. Die Landschaft ist nach wie vor wild und faszinierend, ein Wechsel aus Wäldern und Panorama. Etwas unerwartet werden wir in das Zentrum von **Lagonegro** katapultiert. Diese einzigartige Stadt ist voller Leben, Geschäfte, Menschen, Bars und Piazzen – nach so langer einsamer Fahrt also fast eine Metropole. Ein kurzer Tunnel markiert die Stadtgrenze. Dahinter folgt wieder Leere bis nach **Rivello**. Diese malerische Gemeinde liegt am Hang und ist voller Treppchen, auf denen man nur zu Fuß das *Kloster Sant'Antonio* erreicht, nachdem wir das Motorrad auf dem einzigen Parkplatz (mit Aussicht) abgestellt haben. Der alternative Abschnitt der Statale führt über Kurven und Serpentinen nach **Trecchina**. Kaum hinter dem Passo La Colla beginnen unter dem Blick der *Statue des Erlösers* die Serpentinen nach Maratea und zum Meer.

Die Strände von Maratea

Marateas sechs Stadtteile am Meer decken einen 33 km langen Küstenstreifen zwischen Kampanien und Kalabrien ab. Sie besitzen zauberhafte Strände, die sich fast alle voneinander unterscheiden: Einige haben bunte Kieselsteine, andere feinen Gold- oder gar dunklen Lavasand. Viele sind leicht zugänglich, andere mit etwas Aufwand zu erreichen, manchmal über eine steile Treppe, andere vom Festland aus gar nicht. Die meisten sind ausgestattet, andere vollkommen leer und bieten ein ruhiges Meer. Von Norden kommend erreichen wir zuerst die Strände von **Acquafredda**. Die Ortschaft hat ihren Namen von einer großen Süßwasserquelle vor dem Strand von **Marizza**, deren Wasser kälter ist als das des Meeres. Der größte und auch südlichste Strand ist die auf einer Seite vom Hafen, auf der anderen Seite vom Fluss Noce eingeschlossene **Spiaggia d'a Gnola** in Castrocucco. Um sie alle zu entdecken: www.maratea.info/spiagge.

83 Basilikata
Die Kurven des Lukanischen Pollino

Streckenlänge
178 km
Start- und Zielort
Lauria (PZ)
Streckenverlauf
Lauria – Ponte San Primo (24,5 km), Colle del Dragone, Colle d'Impiso, Mezzana Torre (76 km), San Severino Lucano (83 km), Castelluccio Superiore (126 km), Magnano, Latronico (150 km), Cogliandrino – Lauria.
Schwierigkeitsgrad
Die Strecke führt fast vollständig über enge und gewundene, jedoch verkehrsarme Gebirgsstraßen.
Wissenswertes
Der Colle del Dragone und der Colle d'Impiso sind im Winter bei Frost oder Schneefall gesperrt.

Sehenswürdigkeiten

Von Castelluccio Inferiore aus ist innerhalb von 11,5 km das 1982 infolge eines Erdbebens verlassene **Laino Castello** zu erreichen. Es befindet sich am Monte San Teodoro und ist Gegenstand von Wiederherstellungsarbeiten, um als Besucherzentrum für den Nationalpark dienen zu können.
Um von San Severino Lucano aus neue Straßen zu entdecken, fährt man nach **Terranova di Pollino** (54 km), vorbei an Francavilla in Sinni und San Costantino Albanese. Hierbei handelt es sich um eine Tour in der Tour, deren Protagonisten langsame Straßen, die Natur und die Landschaft sind.
In Terranova del Pollino werden für die Region typische beliebte Musikinstrumente hergestellt wie Zampogna, Schalmeien und Surduline (die kleinsten Zampogne Italiens). Im Ort beginnen Wanderpfade durch den gesamten Park. **San Costantino Albanese** wie auch das nahegelegene **San Paolo Albanese** sind Arbëresh-Siedlungen, in denen die albanische Sprache, die Traditionen, die Küche und die Feste gepflegt werden.

Eine Fahrt auf der lukanischen Seite des Nationalparks del Pollino, die Berge auf und ab mit Zwischenstopps in den Ortschaften. Die Kurven und Serpentinen beginnen unmittelbar auf den steilen und engen Straßen Laurias.

Das große, lebhafte Zentrum von **Lauria** besteht aus zwei Teilen: dem *Borgo*, d.h. dem Unteren Lauria mit den alten Häusern, die mit schmiedeeisernen Geländern aus dem 18. Jh. verziert sind, und dem *Castello*, dem Oberen Lauria, wo sich der Ausblick auf eine bizarre Geometrie roter Dächer bietet.
Die von Lauria herabkommende Statale nach Mormanno ist sicher keine moderne Schnellstraße, aber sie bietet Fahrspaß, wie sie sich ganz ohne Verkehr durch die Wälder windet. Ziel sind der **Colle del Dragone** und gleich darauf der **Colle d'Impiso**. Diese beiden Pässe gelten als das eigentliche Herz des Pollino, sind ein faszinierendes Ziel und derart weit ab vom Schuss, dass sie ganz eigenes Flair haben. Nach Ponte della Valle bieten die ersten Serpentinen ein immer weiteres Panorama. Über die angenehme SP28 durch Fichtenwälder hinauf erreichen wir die Coppola di Paola, worauf der Gebirgskamm folgt, der die Grenze zwischen Kalabrien und Basilikata markiert. Nachdem wir den Colle del Dragone überquert haben, geht es am Kamm der Serra del Prete bergab zum Piano di Ruggio und auf den Colle d'Impiso folgt ein kühler Kiefernwald. Die Abfahrt ist auf den ersten Kurven zwischen den Kiefern steil. Dann öffnet sich vor uns plötzlich eine unermessliche fast beckenförmige Talebene, die einzig von unserer engen Straße durchzogen wird. Die unglaubliche Aussicht reicht bis zu fernen Bergen und sogar bis zum Meer. Einzige Gesellschaft hier sind Pferde und Rinder.

Panorama von Lauria Superiore.
Die lebendige, fröhliche Stadt eignet sich perfekt als Ausgangspunkt für diese Tour, aber auch, um zu einer der nahegelegenen Touren zu wechseln.

Rechte Seite: Die Fahrt nach San Severino Lucano.

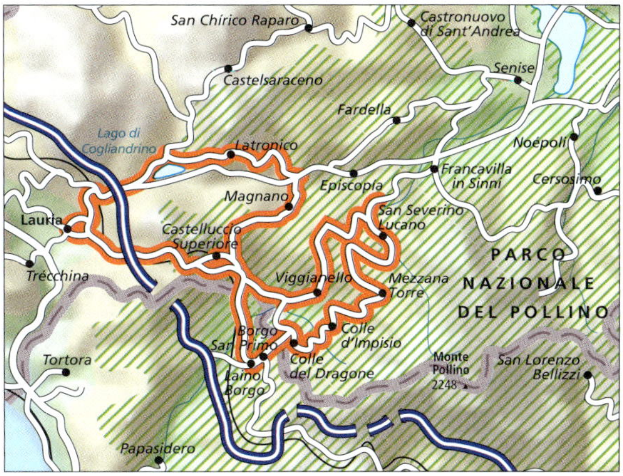

Danach treffen wir auf zahlreiche Städte und Traditionen. **San Severino Lucano** ist ein lebendiger Ort mit einem reichhaltigen Veranstaltungskalender für Events und Feste. Viggianello scheint unter dem Schloss zu kleben. Hier findet seit dem 17. Jh. am letzten Sonntag im August die *Sagra dell'Abete* statt, die ihren Ursprung in heidnischen Opferriten hat. Im für seine Stadttore bekannten **Rotonda** geben die Senioren, die sich auf der großen Piazza scharen, bei der Ankunft eines „Fremden" spontan Stadtführungen. Und beim Erkunden der gepflasterten Gassen von **Castelluccio Superiore** entdecken wir einen Steinbrunnen, aus dem seit 800 Jahren ohne Unterbrechung Wasser fließt. Dann verlassen wir den Park und fahren durch eine dennoch außergewöhnliche Landschaft. In **Latronico** überrascht die Schönheit und Ordnung der von einem luxuriösen Park angekündigten Thermalanlage, die in starkem Kontrast zur heiteren „Unordnung" der umgebenden Ortschaften steht. Hinter Latronico landen wir auf ein paar sanften Kurven oberhalb des Lago Cogliandrino. Das Wasser des malerischen künstlichen Sees ist spiegelglatt und fast vollständig von dichten Wäldern umgeben. Schließlich kehren wir wieder nach Lauria zurück und stellen das Rad am Borgo und am Castello ab, bevor wir die Stadt zu Fuß erkunden.

Der Nationalpark del Pollino in Zahlen

192 565 ha, aufgeteilt in zwei Regionen, die **Basilikata** (88 650 ha) und **Kalabrien** (103 915 ha), drei Provinzen, namentlich Cosenza, Matera und Potenza sowie 56 Städte. Sechs Besucherzentren: in Morano Calabro, Mormanno, Orsomarso, Acquaformosa, Belvedere Marittimo und Sant'Agata d'Esaro, allesamt in der Provinz von Cosenza, außerdem der Informationsschalter in Santa Domenica Talao (CS).
Fünf Gipfel überschreiten die 2000 m: die Serra Dolcedorme (2267 m), der Monte Pollino (2248 m), die Serra del Prete (2181 m), die Serra delle Ciavole (2127 m) und die Serra di Crispo (2053 m). Der großflächigste Nationalpark Italiens wurde 1988 gegründet. Hier wächst die in Italien sehr seltene Schlangenhaut-Kiefer, die Wahrzeichen der Gegend ist und nur hier wächst. Es gibt hier **vier Naturschutzgebiete**: Rubbio in der Basilikata; die Raganello-Schlucht, die Lao-Schlucht und das Argentinotal in Kalabrien (www.parcopollino.it).

Profil und Höhenverhältnisse – Übersicht

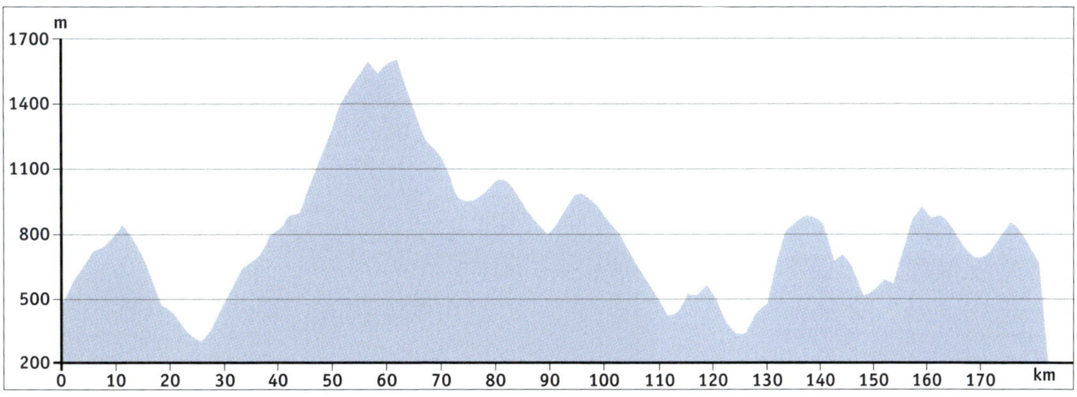

84 Basilikata
Agrital mit Blick aufs Meer

Streckenlänge
291 km
Start- und Zielort
Policoro (MT)
Streckenverlauf
Policoro – Tursi (22,5 km), Valsinni (48 km), San Giorgio Lucano (67,5 km), Senise (79,5 km), Chiaromonte (90 km), San Chirico Raparo (132 km), Spinoso (156 km), Sarconi (166 km), Montemurro (185 km), Armento (198 km), Missanello, Sant'Arcangelo (234 km), Montalbano Jonico (271 km) – Policoro.
Schwierigkeitsgrad
Mit Ausnahme der SS598 della Val d'Agri sind die Straßen kurvig und steil, aber verkehrsarm.
Wissenswertes
Informationen über Eintrittspreise in Grumentum: Tel. 0975/650 74 (täglich außer Montagvormittag). Der Pantano di Policoro ist auf der Seite www.oasiwwfpolicoro.net online.

Sehenswürdigkeiten

In **Viggiano**, 14 km von Grumento Nova entfernt, findet im August das Festival dell'Arpa Viggianese statt, ein fünf Tage dauernder musikalischer Jahrmarkt, der Künstler aus der ganzen Welt anzieht. In **Aliano**, 16 km von Missanello gelegen, verbrachte Carlo Levi die Jahre seiner Verbannung, in der er seinen berühmten Roman *Christus kam nur bis Eboli* schrieb. Die Gemeinde Aliano, im Roman Gagliano genannt wird, gedenkt seiner mit dem Literaturpark Carlo Levi, in dem regelmäßig Veranstaltungen stattfinden, um den Schriftsteller, Maler und Senator besser kennenzulernen. Gleiches gilt für das Carlo-Levi-Museum, in dem Briefe, Dokumente und Gemälde aus der Verbannungszeit aufbewahrt werden (www.aliano.it).
4,5 km von **Policoro** besuchen wir das Nationalmuseum der Siritide sowie gegenüberliegend den Archäologischen Park Heraclea mit den Überresten der antiken Stadt der Lukanischen Magna Grecia. Der Museumsrundgang führt durch fünf Abteilungen, in denen Funde und Zeugnisse aus den verschiedenen historischen Epochen aufbewahrt werden, von der Steinzeit bis zu den enotrischen und lukanischen Kulturen des Agritals (Tel. 0835/97 21 54).

Abfahrt am Ionischen Meer zur Erkundungsfahrt eines großartigen Teils der Basilikata, hin und her im Agrital, fast bis zur Grenze nach Kampanien und vorbei an den Ausläufern der Monti della Maddalena.

Nachdem wir Policoro verlassen, geht es an die Erkundung des Hinterlands, wie immer über die engen, gewundenen und abgeschiedenen Nebenstraßen. Diese führen einen nämlich zu den kleinen im Tal verstreuten Ortschaften und vorbei an uralten Häusern und neugierigen Menschen, die sich freuen, wenn jemand vorbeikommt. So fahren wir fröhlich auf verkehrsarmen Straßen und halten oft und gerne an der einzigen Piazza des Ortes.
Die uralte und würdevolle **Wallfahrtskirche Santa Maria d'Anglona** ist unser erster Halt. Ein wenig weiter spazieren wir durch die Rabatana, das alte arabische Stadtviertel von **Tursi**, das auf senkrechten Felsausläufern liegt, um die herum die Gemeinde sich mit ihren Kirchen und Gebäuden entwickelte. **Valsinni** offenbart um das Schloss herum einen malerischen historischen Kern, dessen höhergelegene Gassen nur zu Fuß erreichbar sind. Das Schloss war Wohnsitz der petrarkistischen Dichterin Isabella Morra, der im nach ihr benannten *Literarischen Park* gedacht wird. Wir überwinden die Serpentinen von San Giorgio Lucano und überqueren das Flusstal des Sarmento. Je näher wir dem **Lago di Monte Cotugno** mit dem größten Erdschüttdamm Europas kommen, öffnet sich die weite Aussicht über eine sonnige Hochebene. Im Sommer ist das Tal überwiegend rot gefärbt – von den *Peperoni*, die hier erst die Felder und später die Balkone und Bogengänge aller Häuser schmücken.
Über zahlreiche Serpentinen geht es weiter nach **Chiaromonte**. Eine einsame Straße in außergewöhnlich schöner Landschaft überquert die Serre, um nach einem kurvigen Auf und Ab die

Gemeinde **San Chirico Raparo** zu erreichen. Danach führt uns die Straße weiter über die Berge bis zum Lago di Pietra del Pertusillo. Auf der Ebene bis **Sarconi** sind ordentliche Reihen grüner Pflanzen angebaut – die berühmten *Bohnen*, das örtliche Aushängeschild. In der Nähe von **Grumento Nova** legen wir eine „archäologische" Pause ein und besuchen *Grumentum*, die Stadt aus dem 3. Jh. v. Chr., von der das Theater, das Amphitheater und das Forum übrig sind. Jenseits des Sees schauen wir von der Nebenstraße auf dem Berg über das vom Agri durchzogene Tal auf die archaische Basilikata. Dann breitet das Tal sich aus und mit ihm die Straße, die nun zu einer großen Hauptverkehrsader geworden ist. Sie ist angenehm zu fahren, nie stark ausgelastet und begleitet den Lauf des Agri bis zum Meer. Die Grabenlandschaft bei **Montalbano Jonico** unterbricht die bisherigen sanften Erhebungen. Der historische Ortskern dieser uralten, in normannische Stadtmauern eingeschlossenen Gemeinde ist reich an zerfallenden Häusern des 18. Jh. sowie an Winkeln, die zu den liebsten Aufenthaltsorten Carlo Levis gehörten. **Policoro** hat Züge einer Großstadt. Neben den *Ausgrabungsstätten von Heraclea* gibt es für Naturliebhaber den **Bosco Pantano di Policoro**, in dem der Sinni entspringt und der bis nach Rotondella reicht.

Bohnen und Rote Peperoni: alles IGP

Die Bewohner nennen sie Zafrani, manche sogar das Rote Gold von **Senise**.
Die Roten Peperoni sind, durch eine offizielle Herkunftsbezeichnung geschützt, die authentischste Spezialität der Gegend. Egal ob getrocknet oder zerstoßen sind sie die Basis der typischen Gerichte der Region. Alle Verarbeitungsprozesse von der Ernte über die Lese und bis zur Verpackung werden von Hand durchgeführt. Die Ernte findet zwischen Juli und September statt, dann werden sie in belüfteten Räumen wie auf Wäscheleinen in sogenannte Serte zum Trocknen aufgefädelt.
Die Bohnen aus **Sarconi** IGP sind in knapp 20 Varianten erhältlich, hergestellt aus seit Generationen weitergegebenen Sorten, die vor dem Aussterben bewahrt wurden. Jedes Jahr widmet die Stadt am 18. und 19. August seinem wichtigsten Produkt die Sagra del Fagiolo di Sarconi. Ein gastronomischer Rundgang durch die Straßen der Stadt, auf denen zahlreiche Gerichte rund um die berühmten Bohne angeboten werden, um ihre Vielfalt hervorzuheben.

Oben: Die Ausgrabungen von *Heraclea* bei Policoro.

Linke Seite: Der Lago di Monte Cotugno. Seit dem Bau des Damms endet die alte Straße im Wasser.

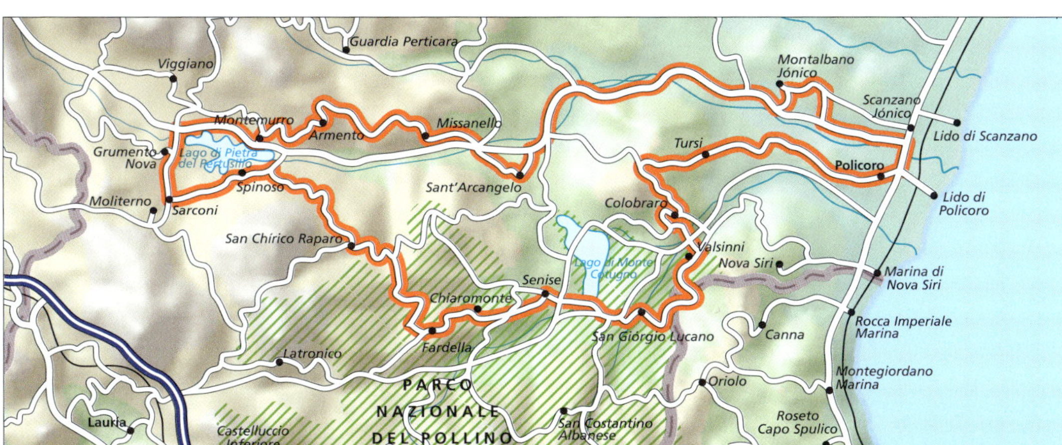

Kalabrien

85 Kalabrien
Sila Greca und Cratiebene

Streckenlänge
216 km
Start- und Zielort
Corigliano Calabro (CS)
Streckenverlauf
Corigliano – Rossano (16,5 km), Cropalati (42 km), Longobucco (60,5 km), Acri (109 km), Pagania Vallone Cupo, San Demetrio Corone (132 km), Tarsia (164 km), Spezzano Albanese (171 km), Sibari (194 km) – Corigliano Calabro.
Schwierigkeitsgrad
Die Fahrt ist anspruchsvoll und findet fast durchgehend auf gewundenen und oft engen Straßen statt. Dennoch für alle Motorradtypen geeignet.
Wissenswertes
Die Laghi di Sibari gehören zu einem privaten Dorf mit Wachpersonal, das Ortsfremden den Zugang verbietet. Wenn man sich ausweist, ist es außerhalb der Saison aber möglich, die malerische Küste zu erreichen.

Sehenswürdigkeiten

Das 14 km von Corigliano entfernt liegende **Kloster Santa Maria del Patire** erreicht man über eine durch Wälder führende Straße mit toller Aussicht. In der Kirche aus dem 11. Jh. sind großartige Böden mit Figuren im arabischen Stil erhalten.
Von Acri aus lohnt sich die kurze Fahrt zur **Zisterzienserabtei Sambucina**. Die Straße von Luzzi zur Abtei ist schön und Teil eines sommerlichen Bergrennens. Von hier aus geht es weiter in Richtung Varco San Mauro. Die Strecke ist technisch anspruchsvoll und beträgt von Acri bis Varco 40 km. Die gesamte Runde mit Rückfahrt nach Acri über Serricella ist 69 km lang. **Cerchiara di Calabria** liegt 21 km von Sibari entfernt und lohnt sich für sein im August stattfindendes *Brotfest* und für die **Wallfahrtskirche Santa Maria delle Armi** aus dem 5. Jh. mit einer sagenhaften Aussicht über die Ebene von Sibari und die Küste. Das Brot von Cerchiara ist berühmt für sein Gewicht (2 bis 3 kg) und weil es nur mit Buchen- oder Kastanienholz gebacken wird. Die *Stadt des Brotes* bietet auch ein kleines **Brotmuseum**, in dem historische Werkzeuge, Geräte, Mühlen und die verschiedenen Stadien der Brotherstellung gezeigt werden.

Diese Tour führt von den Fiumaren der Sila Greca durch den Nationalpark Sila auf den Hängen des Monte Altare bis zur längsten und wichtigsten Flussebene der Region.

Corigliano Calabro ist eine großartige Stadt auf einer Bergspitze. Ihre hellen Häuser und die Kuppel der *Kirche Sant'Antonio* sind schon aus der Ferne zu sehen. Vom höchsten Punkt aus beherrscht der *Herzogliche Palast* die Szenerie. Corigliano ist eines der Tore zur **Sila Greca** und liegt am Ionischen Meer, von hier führen Straßen zu den Fiumaren hinauf. Genau wie im Nebenort Rossano ist auch hier der historische Ortskern reich an herrschaftlichen Gebäuden und Kirchen mit Blick auf das Meer. Corigliano gilt mit Kirchen wie etwa der *Chiesa di San Marco Evangelista* oder der zeitgenössichen *Cattolica di Stilo* als eines der wichtigsten byzantinischen Zentren Kalabriens. An der Küste der Sila Greca stoßen wir auf **Paduli**. Die archäologische Ausgrabungsstätte in Castiglione auf der Spitze des Berges stellt mit ihren Verteidigungsmauern ein bedeutendes Zeugnis für die militärische Architektur der Magna Grecia dar. In **Longobucco** ist das Meer fern. Der mittelalterliche Ort überblickt vom Rand der felsigen Schlucht des Trionto die Landschaft. Beim Spaziergang durch das Zentrum entdecken wir die traditionellen Handwebereien der *Arbëresh*. Bei den letzten Häusern beginnt die bizarre Strecke hinauf zum Monte Altare auf über 1500 m Höhe. Sie streift dabei den **Bosco Gallopane**, einen wunderschönen Wald der Sila. Die Landschaft ist geprägt von Hainen und Lichtungen, die am **Lago di Cecita** ein atemberaubendes Panorama mit vielen Bergspitzen preisgeben. Um die nächste Siedlung zu erreichen, muss man eine ganze Weile durch diese unberührte Landschaft fahren, die man am liebsten nie wieder verlassen möchte. Die malerisch auf einem Berg gelegene Stadt **Acri** mit dem ehrwürdigen *Sanseverinischen Palast* wirkt danach fast wie eine kleine Metropole. Zeugnisse der *Arbëresh*-Kultur be-

Profil und Höhenverhältnisse – Übersicht

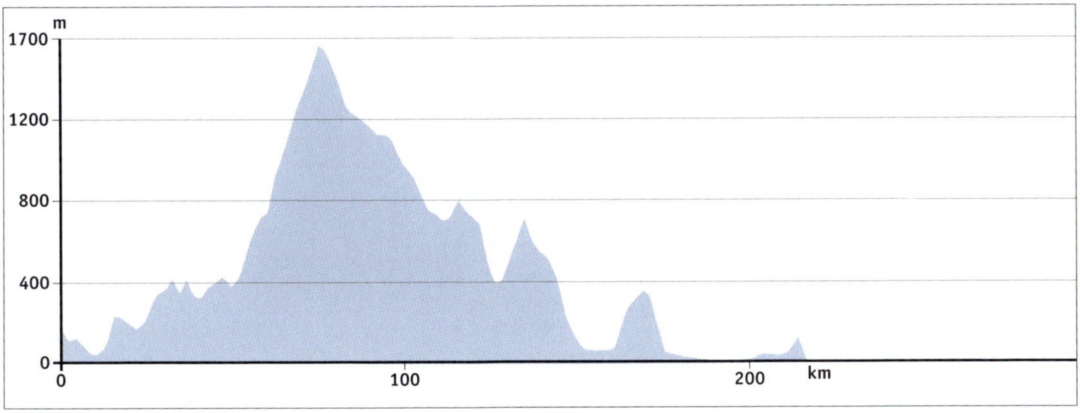

finden sich auch in **San Demetrio Corone**, einem wichtigen albanischen Zentrum in Kalabrien. In diesem zwischen den Ausläufern der Sila Greca und dem tiefliegenden Cratital gelegenen Ort pflegt man bereits seit dem 15. Jh. diese Kultur und Sprache, als zahlreiche Gruppen von Albanern auf der Flucht vor den anrückenden Türken hier Asyl fanden. Die Kultur der *Arbëresh* ist auch in **Santa Sofia d'Epiro** bemerkbar. Der *Italo-Albanesische Frühling* ist ein jährlich am zweiten Sonntag im Mai stattfindendes Fest. Der Ort offenbart ein typisch albanisches Stadtbild mit *gjitonie* und *sheshi*, d.h. Stadtvierteln und Zugängen.

Das weitläufige Cratital, durch das die Straße führt, verengt sich im wunderschönen **Naturschutzgebiet des Tarsiabeckens**. Dann weckt die archäologische Ausgrabungsstätte in **Sibari** mit den Ruinen der antiken griechischen Stadt Sybaris sowie das römischen *Copia* mit dem Theater und den Thermen unser Interesse. Die ältesten Überreste einer Siedlung aus der Zeit zwischen dem 1. und 3. Jh. befinden sich im Weißen Haus. Die Ausgrabungsfunde werden im *Archäologischen Museum Sibaritide* aufbewahrt, das wir besuchen, bevor wir auf der alten SS106 nach Corigliano zurückkehren.

Linke Seite: Die schönen Serpentinen zwischen Corigliano Calabro und Piana Caruso. Der Asphalt ist optimal und die Strecke scheint trotz der schönen Landschaft außer ein paar Bikern niemanden zu interessieren.

Lakritze

Rossano und **Corigliano Calabro** sind berühmt für Lakritze: Die Sorten *Glycyrrhiza Glabra* und *Chinata* wachsen wild und in großen Mengen in der Nähe von Stränden sowie in der Cratiebene. Der verwendete Teil der Pflanze ist die **Wurzel**, die vorzugsweise im Spätherbst geerntet wird, wenn sie am kräftigsten und die Pflanze trocken ist. Die Wurzel wird nicht nur zur Saft-, Süßigkeiten- und Pulverherstellung verwendet, sondern auch zu kosmetischen und pflanzenheilkundlichen Zwecken sowie zur Herstellung von Destillaten und zur Aromatisierung von Tabak. Neben dem Sitz des historischen Familienunternehmens *Amarelli* im gleichnamigen Stadtviertel befindet sich auch ein Laden sowie das **Lakritzmuseum**. Der Eintritt inkl. Führung ist kostenlos und dokumentiert den Produktionszyklus von der Wurzel bis zum Endprodukt (www.museodellaliquirizia.it).

86 Kalabrien
Nationalpark Sila

Streckenlänge
178 km
Start- und Zielort
Spezzano nella Sila (CS), San Giovanni in Fiore (CS)
Streckenverlauf
Spezzano nella Sila – Lorica (39 km), Pino Collito (55,5 km), Rovale (64,5 km), Silvana Mansio (72,6 km), Cagno (100 km), Caporosa (123 km), Poverella (134 km), Villaggio Palumbo (159 km) – San Giovanni in Fiore.
Schwierigkeitsgrad
Auch wenn die Tour auf Bergstraßen verläuft, ist sie für jeden Motorradtyp oder Motorroller geeignet. Bei den Abzweigungen hält man sich an die dort angegebenen Empfehlungen.
Wissenswertes
Für Informationen zum Zustand der Straßen: Besucherzentrum Spezzano in Cupone, Tel. 0984/767 60. Parkverwaltung, Verwaltungssitz Lorica, Tel. 0984/53 71 09.

Sehenswürdigkeiten

Cosenza ist 13 km von Spezzano nella Sila entfernt. Hier besuchen wir die Altstadt auf dem Colle San Pancrazio mit dem **Dom**, dem **Corso Telesio** und dem **Gran Caffè Renzelli**, eine 1803 gegründete Konditorei und eines der geschichtsträchtigsten Lokale Italiens. Von Silvana Mansio erreichen wir auf der SS107 nach 9 km **Croce di Magara**, wo man Quadtouren (www.novasila.it) und Reitausflüge unternehmen kann (www.camigliatellosilano.it, unter *In estate*). Wer dieser bereits ausgiebigen Route noch einige Kilometer hinzufügen möchte: Vom Lago Arvo ist es auf der SS169dir nach Taverna und dann auf der SS109 nach **Petilia Policastro** eine sehr schöne Fahrt von 85 km mit endlosen Kurven, die technisch anspruchsvoller sind als jene der hier vorgestellten Tour. Von San Giovanni erreichen wir nach 17 km bergauf **Savelli**, wo man ein schönes Panorama über die Kleine und Große Sila sowie das Marchesato genießen kann. Nach weiteren 17 km auf engen, gewundenen und aussichtsreichen Straßen erreichen wir **Verzino**.

Weitläufig, waldig und mit zwei Seen inmitten von Kiefern und Berggipfeln – der an zwei Meere grenzende Nationalpark Sila ist von den Küstenstädten aus in weniger als einer Stunde erreichbar.

Die weitläufige und aussichtsreiche Statale 107 verbindet das Meer von Crotone mit dem Silagebirge. Auf der anderen Seite, am Thyrrenischen Meer, braucht man bloß von Paola aus dieselbe Statale oder die Autobahn nach Cosenza zu nehmen, und bald schon befindet man sich in der spektakulären Berglandschaft des Nationalparks. Hier gibt es einige nette Dörfer, die sich um die beiden Seen sammeln, und ansonsten kaum menschliche Spuren. Die sich gewunden in den Park hineinschlängelnden Straßen bereiten großes Vergnügen, sie sind stets in gutem Zustand und verkehrsarm. Der Verkehr verteilt sich auf den beiden Hauptverkehrsadern: die Statale 179, die das südliche Ufer des **Lago Ampollino** streift, und die Statale 108bis, die sich am oberen Ufer des **Lago Arvo** entlangwindet. Auf den Straßen entgehen uns nicht die Holzschilder neben den Fichten. Sie weisen die *Giganten der Sila* aus, mächtige Exemplare des *Pino Laricio*, die in größerer Anzahl im gleichnamigen Naturschutzgebiet auf den Hängen des Monte Botte Donato zu finden sind.
Von **Spezzano della Sila** aus meiden wir die schöne Statale 107, obwohl sie hier ihren einzigen gewundenen Abschnitt hat, und folgen der alten Straße über den Valico di Montescuro und auf die Serra del Fiego. Die Straße verschwindet zunächst im Dickicht des **Naturreservats Tasso**, aber vom Pass aus bietet sich eine atemberaubende Aussicht. Noch großartiger ist es auf dem Monte Botte Donato, dem höchsten Gipfel der Sila, von dem die Aussicht bis zum Ätna, dem Pollino und zum lo-

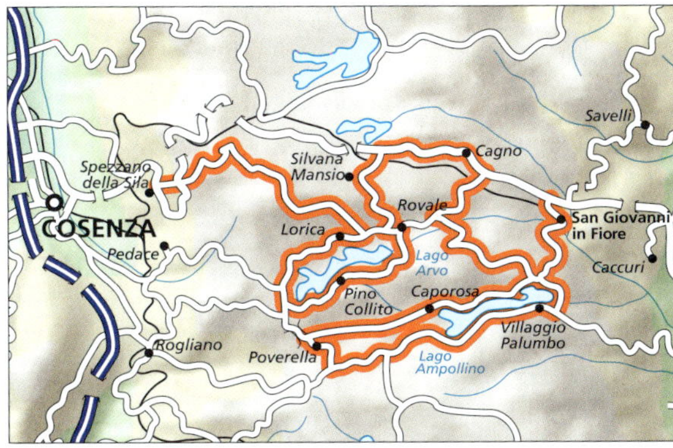

nischen Meer reicht. Auf einem faszinierenden Abschnitt mit engen Kurven geht es zum Lago Arvo. An diesem künstlichen See liegen die typischen Bergorte Lorica und Baracchella sowie das kleine landwirtschaftliche Dorf **Pino Collito** auf der anderen Uferseite. Nach der Umrundung des Sees verlässt man ihn in Rovale und peilt **San Nicola** an. Die alten Wagen der höchsten Schmalspureisenbahn Europas, die einst touristisch stark frequentiert wurde, sind heute zu ungewöhnlichen Restaurantwaggons umfunkioniert worden, in denen typisch silanische Speisen angeboten werden. Durch dichte Fichtenwälder geht es dann zum Lago Ampollino. Wir erreichen ihn an der Mündung des gleichnamigen Flusses, wo er wie ein malerischer Fjord aussieht. Die Straße umrundet den See hoch oberhalb. Nur zwei Ortschaften beleben den südöstlichen Rand des Beckens: **Trepidò** ist ein altes, von den Erbauern des Dammes gegründetes Dorf mit Holzhäusern. Das ins Grün getauchte **Villaggio Palumbo** ist ideal für Sommer- und Winterferien.

Am See beginnt ein gewundenes Auf und Ab, über das man sich die Hänge des Monte Zingomarro hinaufkämpft. Anschließend überquert man das enge Netotal und steigt wieder hinauf nach **San Giovanni in Fiore** mit der majestätischen *Abtei Florense*, die gegen Ende des 12. Jh. gegründet wurde und heute der Sitz des Internationalen Zentrums für Studien über Joachim von Fiore ist.

Der nicht mehr aktive Bahnhof von San Nicola mit den alten Restaurantwagen.

Linke Seite: Lago Ampollino.

Der Nationalpark in Zahlen

Der 1997 gegründete Nationalpark Sila hat eine Gesamtfläche 73 695 ha. 80% dieser Fläche ist von Wald bedeckt. Der mit 1929 m höchste Berg der Sila ist der Monte Botte Donato, doch es liegen zahlreiche Gipfel zwischen 1500 und 1800 m. Im Park liegen auch der **Lago Arvo** mit einer Gesamtfläche von 8 km² und der kleinere **Lago Ampollino** mit 5,59 km². Sechs Flüsse entstehen in den Bergen der Sila, darunter der 91 km lange Crati, der größte Fluss Kalabriens. Das Gebiet des Parks umfasst neun Naturschutzgebiete. Er erstreckt sich über drei Provinzen und 21 Städte, davon alleine elf in der Provinz Cosenza, sechs in der Provinz Catanzaro und vier in der Provinz Crotone. Es gibt drei **Besucherzentren**, eines davon am Lago Cecita (der jedoch nicht auf dem Gebiet des Parks liegt) in Cupone, einem Stadtteil von Spezzano della Sila (www.parcosila.it).

Profil und Höhenverhältnisse – Übersicht

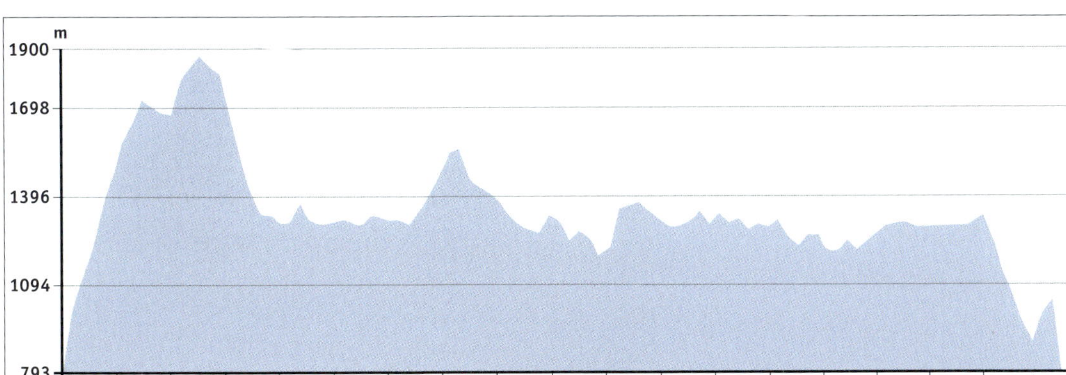

87 Kalabrien
Das kalabrische Marchesato

Streckenlänge
183 km
Start- und Zielort
Cirò (KR), Crotone
Streckenverlauf
Cirò – Umbriatico (24,5 km), Strongoli (58 km), Santa Severina (101 km), San Mauro Marchesato (109 km), Cutro (126 km), Rosito, Le Castella (145 km), Capo Colonna (170 km) – Crotone.
Schwierigkeitsgrad
Leicht, für alle Motorradtypen geeignet.
Wissenswertes
In Santa Severina ist im Sommer der Zugang für Fahrzeuge gesperrt. Dafür wird am Parkplatz unter dem Schloss Shuttleservice angeboten. Im Campo, d.h. an der zentralen Piazza, sind Fahrzeuge verboten und die Kontrollen streng. Der Zugang nach Le Castella wird ebenfalls reguliert.

Sehenswürdigkeiten

Im 26 km von Le Castella entfernten Ort **Feudo de Seta di Sellia Marina** kann man das **Lambretta-Museum** besuchen, eine Privatkollektion des Pfarrers von Soveria Simeri. Die Ausstellungsstücke sind sehr gut erhaltenen oder restauriert. Man kann Don Andrea täglich für eine kostenlose Führung kontaktieren (www.museolambretta.it). Das **Meeresschutzgebiet Capo Rizzuto** befindet sich am 40 km breiten Küstenabschnitt zwischen Capo Colonna und Le Castella. Das Wasser ist hier ungewöhnlich flach, aber dennoch reich an Flora und Fauna. Drei Unternehmen bieten Ausflüge auf Glasbodenschiffen oder -booten an, man kann sie auf der Website des Schutzgebiets einsehen. Wer kein Fan solcher Ausflüge ist, kann die Seeflora auch im **Aquarium** mit seinen 22 Becken und einem Multimediaraum entdecken (www.riservamarinacaporizzuto.it).

Entdeckungsreise durch einen Landstrich, der jahrhundertelang von Latifundien und Herzögen beherrscht wurde und der zum kristallklaren Wasser des Meeresschutzgebiets Capo Rizzuto hin abfällt. Die Ruinen alter Landgüter in den Bergen offenbaren den Blick auf die Küstenbefestigungen.

Das Tor zum Herzogtum ist **Cirò**. Charakteristisch sind sein dreieckiger Grundriss und die Altstadt mit den engen und gewundenen Gassen. Zunächst geht es vom Meer weg in Richtung **Umbriatico**. Etwa 10 km vor der Stadt begeben wir uns am Fluss Lipuda auf die malerische *Strette di Umbriatico* mit bis zu 40 m hohen Steilwänden. Ein Abschnitt führt durch kahle und raue Berge, auf denen zuweilen auch Gemüse angebaut wird. Die Strecke verläuft kurvenreich auf und ab bis nach **Strongoli**. Inmitten der Überreste des verlassenen Schlosses genießen wir eine wundervolle Aussicht auf einen langen Küstenabschnitt. Aber noch ist die Küste nicht der Protagonist der Rundfahrt. Das Herzogtum bietet eine außergewöhnliche Landschaft mit riesigen Anbaugebieten aus akkurat aufgereihten Plantagen, die vom Strand bis zu den Bergen reichen. Das

Gebiet zeigt noch die Auswirkungen der Landreform, welche die kleinen stets gleich aussehenden Häuser mit Olivenbäumen hinterlassen hat. Durch diese surreale Landschaft geht es nach **Santa Severina**, wo die Atmosphäre eine ganz andere ist. Die Lage des Schlosses vermittelt einem das Gefühl, mitten in den Bergen zu stehen. Interessant ist ein Zwischenstopp im *Campo*, wie die Einwohner die Piazza des Ortes nennen. Auf dessen ellipsenförmigem Boden ist eine von Planeten und alchemistischen Symbolen umgebene Kompassrose zu sehen. Eine Reihe steiler und enger Serpentinen führt im Schatten von riesigen jahrhundertealten Olivenbäumen, die von Zitronenplantagen gesäumt werden, bergab. Kurz darauf erscheint **San Mauro Marchesato**, eine alte Stadt mit einer zeitlosen Atmosphäre. Weiter bergab ist der Erdboden hart, spröde, von tiefen Rissen durchzogen und ohne jegliche Vegetation außer *wildem Fenchel*, der überall bis zum Straßenrand sprießt. Auch **Cutro** ist ein entlegener Ort, aber lebhaft. Cutro gilt als Stadt „des Schachs und des Brots" und erinnert am 12. August auf der zentralen Piazza an die große Tat des Schachmeisters Giovanni Leonardo da Cutri, auch „Il Puttino" genannt, am Hofe des spanischen Königs Philipp II. Und das Brot? Genauso berühmt wie lecker – es kandidiert für die Bezeichnung DOC.
Das nächste Ziel ist **Le Castella**. Die lange von Läden gesäumte Hauptstraße endet am Meer vor der beeindruckenden *Aragonesischen Festung*, die nur über eine schmale Verengung mit dem Festland verbunden ist, sodass sie auf dem Wasser zu stehen scheint. Der Küstenabschnitt des Vorgebirges von **Capo Rizzuto** kann auf kleinen, unscheinbaren Straßen erkundet werden. Als Bezugspunkt sollte man dabei **Capo Colonna** mit den Überresten des *Tempels der Hera Lacinia* im Auge behalten, dessen Säule ein Wahrzeichen Kalabriens ist. In **Crotone** ist die Altstadt mit ihrem *Schloss* und *La Pescheria*, ein Stadtviertel mit kleinen Gassen, die auf der Piazza Pitagora die Neustadt erreichen, einen Besuch wert.

Oben links: Die Straße hinauf nach San Mauro Marchesato führt durch eine fast surreale Wildnis.

Oben rechts: An der Statale 106 nach Crotone liegen die Ruinen eines alten Landgutes.

Der Cirò DOC

Cirò ist nicht von dem gleichnamigen Wein zu trennen, der auf den Tischen und Lokalen des Marchesato allgegenwärtig ist. Der Cirò ist der erste Wein der Region, der (1969) mit dem DOC-Siegel ausgezeichnet wurde. Er wird in der Gegend von **Cirò Marina**, **Cirò** und teilweise in den Gegenden von **Melissa** und **Crucoli** hergestellt. Es werden drei Arten unterschieden: der *Rosso* ist trocken und vollmundig und passt zu Fleischgerichten. Der trockene und harmonische *Rosato* wird zu Fleischeintöpfen, Schmorbraten, Würsten und Weichkäse serviert. Der trockene und lebendige *Bianco* ist ideal zum Grillen oder zu Fisch, insbesondere Thun- und Schwertfisch. Nur der *Cirò Classico* stammt aus Trauben der unmittelbaren Umgebung von Cirò und Cirò Marina, während der *Cirò Riserva* sich durch die mindestens dreijährige Lagerungszeit und einen Alkoholgehalt von 13,5 Vol.-% auszeichnet. Zur Herstellung verwendet man die Traubensorten Trebbiano Toscano und Greco Bianco, die in den Weißweinen im Verhältnis 10 zu 90 enthalten sind. In Rotweinen oder Rosés machen sie nur 5% aus, da diese zu 95% aus Gaglioppo bestehen.

88 Kalabrien
Von der Felsstadt Tropea zur Costa Viola

Streckenlänge
191 km
Start- und Zielort
Pizzo (VV), Reggio di Calabria
Streckenverlauf
Pizzo – Briatico (14,5 km), Parghelia (26,5 km), Zaccanopoli, Caria, Tropea (48,5 km), Joppolo (71,5 km), Laureana di Borrello (98 km), Taurianova (128 km), Palmi (143 km) – Reggio di Calabria.
Schwierigkeitsgrad
Leicht, für alle Motorradtypen und Scooter geeignet. Einige Straßen befinden sich in schlechtem Zustand: Vorsicht!
Wissenswertes
Im Abschnitt zwischen Bagnara und Scilla kann es bei starkem Regen zu Bergstürzen kommen.

Sehenswürdigkeiten

Bevor man die Tour beginnt, kann man von Pizzo aus einen kleinen Abstecher ins Landesinnere machen und den in einer geschützten Naturoase liegenden **Lago di Angitola** besichtigen. Das Ufer ist von Norden über eine Straße in schlechtem Zustand erreichbar. Die SS110 ab der **Costa degli Dei** in der Nähe des Sees ist ein angenehmes *Coast-to-Coast* auf einer anspruchsvollen Strecke mitten durch die Gipfel des Aspromonte, die über einige mehr als 1000 m hohe Pässe führt. Nach 88 km Kurven und Serpentinen kommen wir in **Monasterace Marina** heraus. Ein zweites *Coast-to-Coast* bietet die SS11 von **Gioia Tauro** nach **Locri** (wir kommen allerdings erst in Taurianova auf diese Straße). Die Strecke wird nach dem **Passo del Mercante** schöner und erstreckt sich über 53 km. Schließlich gibt es ein drittes *Coast-to-Coast*: die SS112 von Grimoldo nach Bovalino, die in einer Berglandschaft den **Valico di Piano Zillastro** in den Wäldern des Aspromonte passiert. Diese Strecke ist 87 km lang und sollte nur mit frisch aufgefülltem Tank und bei Tageslicht angepackt werden.

Das Eis von Pizzo, die Fischer von Cala Rocchetta, der Leuchtturm von Capo Vaticano, die Felsstadt Tropea und schließlich Scilla, die Costa Viola, die Fata Morgana und die berühmten Bronzestatuen – all dies in weniger als 200 km Küste.

Bevor wir Pizzo verlassen, sind die Tische der Eisdielen an der Piazza della Repubblica eine schöne Gelegenheit, um nicht nur das berühmte *tartufo* zu probieren, sondern auch in die lebendige Atmosphäre der Küstenstadt einzutauchen. Die Piazza liegt oberhalb des Schlosses aus dem 5. Jh., in dem Gioacchino Murat erschossen wurde, und besitzt eine Balkonade mit einer spektakulären Aussicht. Das **Vorgebirge von Tropea** ist wunderschön und beginnt am hübschen Strand *Cala Rocchetta*, wo man sich gerne eine Weile mit den Fischern unterhält, während sie mit ihren Netzen beschäftigt sind. Die einzige Verbindung zum Hinterland befindet sich in einer faszinierenden Landschaft, die die Fantasie beflügelt. Da ist etwa die weitläufige Hochebene unter der *Cresta di Zungri* mit den von Feigen- und Olivenbäumen umgebenen Häusern, oder die zum Meer hin abfallenden Weiden mit dem vom Wind zerzausten Gras auf der Klippe, bevor es nach *Coccorinello* geht. **Tropea** erreichen wir nach einigen Kurven, die ins Herz der oberen Stadt führen. Hier kann man großartig an Gebäuden aus dem 18. und 19. Jh. entlangspazieren, die auf dem sandigen Felsvorsprung eng aneinandergebaut sind. Darunter befindet sich einer der berühmtesten Strände der Welt. **Capo Vaticano** überragt das Vorgebirge von Tropea am **Golf von Gioia Tauro**. Man muss den Beschilderungen zum Leuchtturm folgen, dann das Motorrad abstellen und auf dem schwindelerregenden Fußweg entlang des Hanges vorbei an Palmen und riesigen Feigenbäumen weitergehen. Das **Panorama** ist spektakulär und verführt dazu, den Sonnenuntergang abzuwarten, der die Umris-

Linke Seite: Blick vom Leuchtturm in Capo Vaticano auf die Costa Viola – eine der schönsten Stationen auf diesem Abschnitt.

se der Äolischen Inseln in ein orangefarbenes Feuer taucht. Die Ebene von Gioia Tauro mit dem vielen Verkehr kann man übergehen und stattdessen nach **Laureana di Borrello** vordringen. Doch das Spektakel am Meer ist nicht zu Ende, im Gegenteil: In **Palmi** gibt es einen beliebten Küstenabschnitt, der berühmt für seine äußerst steilen Serpentinen hinab nach Marina di Palmi ist – sie werden aber leider gelegentlich von gefährlichen Bergstürzen heimgesucht. Und hier ist endlich die **Costa Viola**. Um die Küste zu erreichen, muss man jedoch nach **Bagnara Calabra** mit dem aragonesischen Turm. Das Violett ist keine Legende oder Fantasie, sondern die Farbe des Wasser, wenn die Sonne schräg darauf leuchtet. Legenden begegnen wir in **Scilla**, der wundervollen zweigeteilten Stadt mit dem legendären Felsen. Auf der einen Seite liegt **Marina Grande** mit den bunten Häusern am Strand, auf der anderen **Chianalea** mit den alten Fischerhäusern. Die *Legende von Skylla und Charybdis* – den beiden Meeresungeheuer der Straße von Messina – ist hier so lebendig, dass ihr Strände, Hotels und traditionelle Gerichte gewidmet sind. Die Meerenge unterbricht die Costa Viola. Die **Strandpromenade von Reggio di Calabria** ist das Ziel mit ihrer Via Garibaldi, der langen Fußgängerstraße mit Geschäften und Lokalen im Freien, der *Aragonesischen Festung* und dem Museum mit den *Bronzestatuen*.

Die Bronzen von Riace

Am 16. August 1972 entdeckte ein junger römischer Tourist beim Tauchen etwa 330 m vor der Küste von **Riace** in 8 m Tiefe die Bronzestatuen. Die heutigen Wahrzeichen von Reggio di Calabria wurden einer langen und komplexen Restaurationsphase unterzogen. Die zahlreichen Deutungsversuche zu den beiden Statuen wurden dabei aufgenommen, man spricht etwa von Tydeus und Amphiaraos, dem Held und dem Strategen, dem Jungen und dem Alten, Polyneikes und Eteokles und vielen anderen mehr. Auf jeden Fall sind sie sind die Hauptdarsteller im **Nationalmuseum der Magna Grecia** und befinden sich in einem eigenen Saal am Ende der Besichtigungsrunde durch die verschiedenen archäologischen Ausstellungsräume. Auf Tafeln werden die Bergungs- und Restaurationsphasen beschrieben. Am besten besucht man das Museum außerhalb der Spitzenzeiten und fernab von Gruppenführungen, um in Ruhe die beiden Bronzen, die auf großen antiken Podesten stehen, betrachten zu können (www.archeocalabria.beniculturali.it).

89 Kalabrien
Locride

Streckenlänge
205 km
Start- und Zielort
Locri (RC)
Streckenverlauf
Locri – Gerace (9 km), Passo del Mercante (21 km), Piano di Limina (36 km), Grotteria (59 km), Mongiana (93 km), Stilo (126 km), Monasterace (138 km), Monasterace Marina, Camini (155 km), Caulonia (174 km), Roccella Jonica (188 km) – Locri.
Schwierigkeitsgrad
Die Straßen am Berg machen den Großteil dieser Tour aus. Sie sind eng, gewunden und erfordern Aufmerksamkeit. Dennoch mit jedem Motorradtyp zu bewältigen.
Wissenswertes
Zwei wichtige Termine: In Caulonia findet in der letzten Augustwoche das *Tarantella Festival* statt (www.kauloniatarantellafestival.it).
In Roccella Jonica wird im August *Roccella Jazz* im Amphitheater am Fuße des Schlosses (www.roccellajazz.net) veranstaltet.

Sehenswürdigkeiten

In **Serra San Bruno**, 9 km von Mongiana entfernt, lohnt sich ein Spaziergang durch die lange und lebhafte Einkaufsstraße, die mit grauen Steinen gepflastert ist – denselben grauen Steinen, aus denen die Häuser mit den Eisenbalkonaden gebaut sind. Abends schaffen die gelb leuchtenden Laternen eine eindrückliche Atmosphäre.
Kurz vor der Stadt trifft man auf die **Kartäuserabtei** mit dem anliegenden **Museum der Kartause**. Hinter dem **Passo di Pietra Spada** stoßen wir nach ein paar Kilometern linker Hand auf die Abzweigung nach Ferdinandea. Dort speist der Stilaro die **Cascata del Marmarico**, mit 105 m und spektakulärer Hintergrundkulisse einer der imposantesten Wasserfälle Italiens. Kurz bevor wir den **Bosco di Stilo** erreichen – einen sehr dichten Wald mit Buchen und Weißtannen – offenbart sich die alte borbonische Eisenschmiede und Waffenfabrik als spannendes Beispiel industrieller Archäologie. Die Stätte gehört zum **Ökomuseum der Eisenschmieden Kalabriens** mit Sitz in Bivongi (www.ecomuseocalabria.it).

Rundfahrt durch die Locride und entlang der Küste der Magna Grecia. Hier erwacht die Vergangenheit wieder zum Leben, aber vor allem ist die Bergfahrt vorbei an hochgelegenen Ortschaften, Pässen und Fiumaren reizvoll.

In der Nähe von **Locri** begegnen wir in der nur teilweise erschlossenen und sich weiter ausdehnenden archäologischen Ausgrabungsstätte *Locri Epizefiri* erstmals der Magna Graecia. **Gerace** erreicht man, indem man der gleichnamigen Fiumara folgt. Um diesen Ort zu besuchen, fährt man beim Baglio hinauf, wo ein gepflastertes Gässchen zur Piazza der romanischen *Kathedrale* führt, die merkwürdigerweise dem Vorplatz nicht die Vorderseite, sondern die Apsiden zugewandt hat. Die Bögen in den Gassen bestehen aus verflochtenen Röhren, die mit Kalk bedeckt sind. Nach Gerace weist ein Schild darauf hin, dass man sich am **Passo Zima** unter den Hängen des **Monte San Iùnio** befindet. Hier beginnt eine Strecke mit steilen Kurven und Gegenkurven mitten durch die mediterrane Vegetation. Von einem kurzen Abschnitt im Landesinneren abgesehen, hat man das Meer immer vor Augen. Der Passo del Mercante in einem dichten Nadelwald ist die einzige lange Gerade seit Gerace. Hier durchquert man den nördlichsten Teil des **Nationalparks Aspromonte**. Die Straße vom Passo del Mercante zur Ebene von Limina gibt eine erste Kostprobe dieser unberührten Landschaft. Eine unendliche Reihe von Serpentinen bringt uns hinab zum hübschen Städtchen **Mammola**. In dem mittelalterlichen Ort findet im August die *Sagra dello Stocco* statt. Das **Kloster Santa Barbara** ist zu einem *Museumspark für moderne Kunst* umfunktioniert worden, das international zu den bedeutendsten gehört.

Profil und Höhenverhältnisse – Übersicht

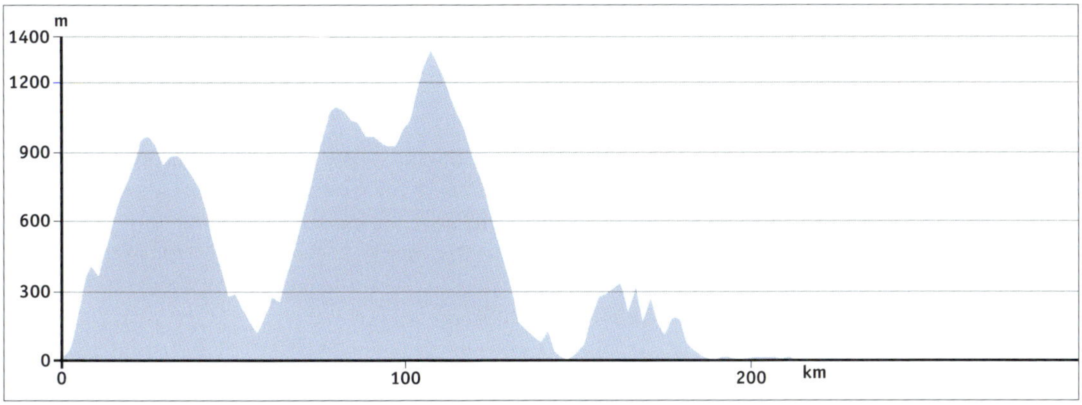

Grotteria ist das Eingangstor zu den **Serre Calabresi**, eine dichte Waldlandschaft, in der früher die Stahlindustrie florierte, denn es gab Eisen, Holz, Wasser und Speckstein, der zur Errichtung von Hochöfen nötig war. Je höher man kommt, desto stärker windet sich die Straße. Die Schutzvorrichtungen sind spärlich und auf der Talseite lösen sich Steine vom Fels, dafür erstreckt sich das Panorama kilometerweit über die Küste und die Bergspitzen hinweg. In einem Kiefernwald überquert man den **Passo di Croce Ferrata**. Hier endet der Blick aufs Meer! Es beginnt eine neue Reihe von Kurven und Serpentinen, die nach **Mongiana** führen. Die SS110 führt ans Meer, doch zuerst muss man den Pass bei **Pietra Spada** in 1335 m Höhe überwinden. Dann gibt ein Canyon den Weg nach **Stilo** vor, wo wir erst an der *Kirche Santa Maria di Stella* mit seiner tollen Aussicht von Capo Rizzuto bis nach Roccella Jonica halten, und dann in der berühmten *Cattolica*. Das mittelalterliche **Monasterace** besucht man idealerweise am letzten Sonntag im Juni, um dem *Fest der Maria Santissima di Portosalvo* beizuwohnen, der Beschützerin der Fischer. Am Vorabend wird ihr eine spektakuläre Prozession mit Krönungsritus gewidmet. Wir erreichen die Magna Graecia wieder an der Küste zwischen Punta Stilo und Monasterace Marina. In *Kaulònia,* das 205 n. Chr. von den Römern zerstört wurde, sind heute noch Mauerabschnitte sowie die Überreste eines dorischen Tempels zu sehen.

Unten: Kurven auf der Straße unterhalb von Gerace – auf niedriger Höhe scheint dieses Stück Kalabrien am Ionischen Meer keinen Winter zu kennen.

Die Cattolica von Stilo

Hier handelt es sich um einen kleinen byzantinischen Tempel aus dem 9. Jh. Der herrvorragend erhaltene Sakralbau liegt gut sichtbar über dem Tal des Stilaro. Während er äußerlich würfelförmig ist, teilen vier Säulen das Innere in neun gleich große Räume, die von fünf zylinderförmigen Kuppeln bedeckt werden. Die vier Säulen thronen auf Sockeln verschiedener Machart und bestehen aus älteren Ruinenteilen. Neben den arabischen Inschriften finden sich auf den Wänden mehrlagige Fresken, die in fünf Geschichtszyklen die Geschichte der Region von der byzantinischen und normannischen Herrschaft über die gotische bis zu derjenigen der Anjou darstellt. Im Inneren befindet sich auch die Glocke aus dem Jahre 1577, die das Relief einer *Madonna mit Kind* zeigt. Auch der Innenbereich der Cattolica kann gegen eine Spende besucht werden.

90 Kalabrien
Von der Jasminküste zum Aspromonte

Streckenlänge
208 km
Start- und Zielort
Bovalino Marina (RC)
Streckenverlauf
Bovalino Marina – Platì (19 km), Gambarie (74 km), Bagaladi (105 km), Roghudi (132 km), Bova (151 km) – Bovalino Marina.
Schwierigkeitsgrad
Die von der Küste in die Berge hinaufführenden Nebenstraßen sind eng, gewunden und in schlechtem Zustand.
Wissenswertes
Bei Aspromonte kann der sonst gute Asphaltbelag während der Fällzeiten bei Regen schmutzig sein.

Sehenswürdigkeiten

Im 11 km von Bovalino Marina entfernten Bombile steht die außergewöhnliche **Kirche Madonna della Grotta**, die malerisch in den Sandstein gehauen wurde. Von der Stadt aus genießt man eine großartige Aussicht über die **Fiumara von Condoianni,** Olivenhaine und Gemüsefelder. Das 19 km von Bova Marina entfernte verlassene **Pentedattilo** hat sich als symbolische Hauptstadt der Grekanischen Locride den Beinamen als „Geisterstadt" verdient, die jedoch im Sommer als Bühne für zahlreiche Events dient. Der Berg, auf dem es liegt, hatte vor dem Einsturz eine bizarre Form, die an fünf Finger erinnerte, woraus sich der Name Pentedattilo ableitet. Nach **Condofuri** und in seinen charakteristischen Ortsteil **Gallicianò**, der auch *Akropolis der Magna Graecia* genannt wird, sowie nach **Amendolea** nahe Roccaforte del Greco gelangt man über die SP23 nach wenigen Kilometern. Die faszinierenden Ruinen der seit über 60 Jahren verlassenen Stadt Amendolea Vecchia sind mit einem kurzen Spaziergang erreichbar.

Die Tour führt durch eine raue Bergwelt mit dichten Buchen- und Kiefernwäldern, doch außerhalb davon erwartet uns eine grandiose Aussicht auf die beiden Meere und den Ätna.

Die Erkundung des Aspromonte beginnt im befestigten Ortsteil **Bovalino Superiore**, der auf einem Felssporn liegt. Die Statale 112 folgt der Fiumara bis nach **Platì**, danach begegnet man kaum noch Spuren von Menschen. Die Fahrt durch Kurven und Serpentinen ist das Vorspiel zu einer langen Tour, auf der die Straße sich erst an der Küste wieder weitet. Die schwierige Strecke erfordert anfangs Aufmerksamkeit und man kommt nur schleppend voran, doch das Panorama ist unwiderstehlich. Die Serpentinen sind wenig befahren, man trifft höchstens dann und wann einen einsamen Rad- oder Motorradfahrer, sodass man guten Gewissens absteigen und Fotos schießen kann.
Am **Passo di Zillastro** beginnt die schöne und neu gebaute SP2 mit dem einzigen geraden Abschnitt der Tour, der flach durch die Nadelwälder verläuft. Einige Bäche kreuzen die Straße im Nationalpark Aspromonte mit seinen vielen Quellen. Dann fällt die Straße in einer Reihe von Serpentinen zur SS183 hin ab, um in den Wäldern anschließend wieder aufzusteigen.
Der *Cippo Garibaldi* befindet sich inmitten eines Waldes mit jahrhundertealten Fichten und Buchen. Er ist eine Hommage an den großen *Generale* an jenem Ort, an dem „der Held zweier Welten" in der Schlacht vom 29. August 1862 verwundet wurde.
Nach ein paar Kurven tauchen hinter den hohen Kiefern plötzlich die ersten Häuser von **Gambarie** auf. Dies ist der bekannteste Bergort Kalabriens und Ausgangspunkt für Ausflüge in den Parco dell'Aspromonte. Im Winter kann man hier das Motorrad abstellen und vorbeifahrende Skifahrer beobachten. Auf der Via Garibaldi – der Straße, auf der er nach seiner Landung in Melito seinen Marsch nach Rom begann – geht es weiter nach Bagaladi. Wir fahren den **Monte Basilicò** bergauf in Richtung

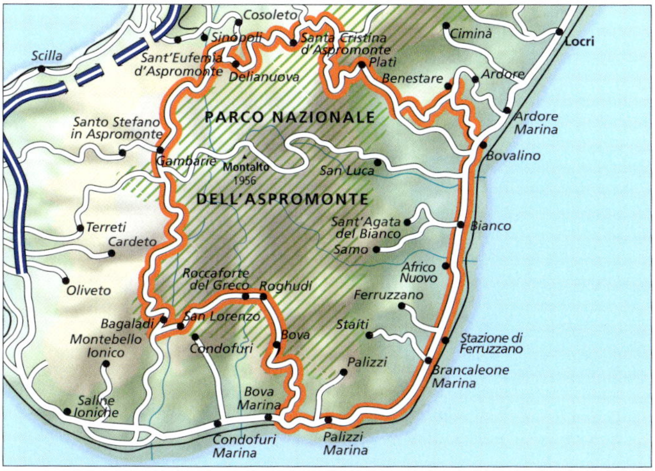

Sella Entrata. Hier verschlucken oft dichte Wolken die Straße, sie entstehen durch den Zusammenstoß von warmer Meerluft und frischer Bergluft. Man braucht aber bloß wieder die steile Straße nach Bagaladi hinabzufahren, schon hat man freie Sicht. Der letzte Gebirgsabschnitt verläuft über den südlichen Aspromonte. Kurz hinter **Bagaladi** öffnet sich linker Hand eine einsame Straße, die vorbei an verlassenen und mehr oder weniger aufgegebenen Ortschaften in die zerklüftete Bergwelt hineinführt. Einer dieser Orte ist **Roghudi Vecchio**, ein malerisches Dorf auf einem Grat inmitten der Fiumara Amendolea, aus dem ein großer Teil der Bevölkerung infolge einiger Überschwemmungen in den Siebzigerjahren abgewandert ist. Dem Meer begegnen wir in **Bova Marina**. Kurz darauf bietet die **Jasminküste** eine Wildnis voller Spuren der Magna Graecia inmitten von Gemüsefeldern. Diese Küste lieben insbesondere die *Unechten Karettschildkröten*, die hier ihre Eier ablegen. Die Tour endet in **Bianco** mit einem Besuch der Weinkeller, in denen neben dem *Zibibbo* und dem *Montonico* auch der *Greco di Bianco* hergestellt wird. Der Likörwein ist gemeinsam mit dem Moscato di Siracusa der älteste Wein Italiens.

Paleariza: Partytime!

Paleariza bedeutet im kalabrischen Jargon „Uralte Wurzel", es ist das ethnische Musik- und Kulturfestival des griechischen Kalabriens, das seit 1997 jährlich stattfindet. Das Festival wird 20 Tage lang in verschiedenen Städten gefeiert, darunter Africo, Bova, Bagaladi, Melito di Porto Salvo und Pentedattilo. Darüber hinaus nehmen auch kleinere entlegene Ortschaften daran teil, ebenso wie diverse ungewöhnliche Locations, die meist mühsam zu erreichen sind, aber eine besondere Kulisse für die Veranstaltungen bieten. Jedes Jahr ist das Fest einem anderen Thema gewidmet, das in der grekanischen Sprache im Titel aufgegriffen wird. Es ist vor allem ein Musikfest mit zahlreichen Künstlern und Bands, die sich jeden Abend auf den Bühnen abwechseln. Aber es ist auch ein Fest für Wanderer, bei dem man weniger bekannte Täler und Kulturen entdecken kann, die sich bis heute behauptet haben. Zudem ist es ein Kunstfestival, auf dem Kurzfilme und Volkstänze sowie die Musik des südlichen Aspromonte aufgeführt werden.

Linke Seite: Der aussichtsreiche Straßenabschnitt hinter dem Valico di Piano Zillastro, bevor man auf die SS183 fährt.

Profil und Höhenverhältnisse – Übersicht

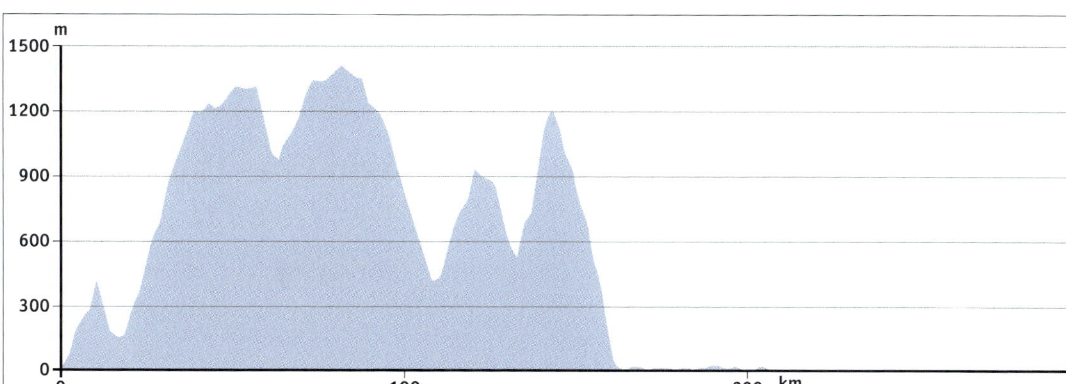

Sizilien

91 Sizilien
Trapani, Natur und Archäologie

Streckenlänge
207 km
Start- und Zielort
Trapani
Streckenverlauf
Trapani – Marsala (30 km), Borgo Fazio (56 km), Calatafimi Segesta (83 km), Bruca (96 km), Buseto Palizzolo (112 km), Castello di Inici (127 km), Castellammare del Golfo (141 km), Custonaci (174 km), Erice (192 km) – Trapani.
Schwierigkeitsgrad
Leicht. Der Asphalt auf den meist verkehrsfreien Nebenstraßen ist aber oft in äußerst schlechtem Zustand.
Wissenswertes
Monte Scorace, Monte Inici und Monte Sparagi bieten zahlreiche Offroad-Strecken für Enduros. Unter Einhaltung der am Streckenbeginn ausgeschilderten Richtlinien und Verbote dürfen sie befahren werden.

Sehenswürdigkeiten

Von Marsala aus in Richtung Mazara del Vallo erreicht man nach 30 km das **Naturschutzgebiet Lago Preola e Gorghi Tondi** (www.wwfpreola.it), das sich besonders im Frühling und Herbst lohnt, wenn sich hier verschiedene Vogelarten auf ihrer Wanderung niederlassen. Nach weiteren knapp 20 km erreicht man den archäologischen Park **Selinunte** mit der Akropolis und den Tempeln (Tel. 0924/ 46277).
Von Castellammare del Golfo aus fährt man an der Küste entlang und gelangt nach 12 km in das **Naturschutzgebiet Zingaro** auf dem Vorgebirge von San Vito Lo Capo. Gegen Eintritt kann man sich (zu Fuß) auch in den innersten Bereichen, in den Buchten und an den Stränden frei bewegen (www.riservazingaro.it). **San Vito lo Capo** ist 19,5 km von Custonaci entfernt. Hier findet im September ein buntes *Cous Cous-Fest* statt, bei dem Köche im Wettbewerb gegeneinander antreten. Der Nachtisch kommt in Form von Livemusik mit Künstlern aus mediterranen Ländern (www.couscousfest.it). Von Trapani aus bietet sich ein Abstecher nach **Favignana** an, egal ob mit oder ohne Motorrad. Die Insel ist bloß 12 km lang und man kann am Hafen Motorroller mieten. Tickets für die Fähre sind gegenüber der Anlegestelle erhältlich (www.siremar.it).

Auf der Fahrt von den blendend weißen Salzfeldern zum lebhaften Fischerdorf Castellammare del Golfo inmitten sonnenverbrannter Erde passieren wir parallel aufgereihte Weinstöcke und antike Tempel.

Diese Tour ist für alle, die zwar die wichtigsten Ziele erkunden möchten, sich gleichzeitig aber lieber auf abseitige Routen begeben, um die Landschaft aus einer ganz eigenen Perspektive zu entdecken. Unverzichtbar ist ein Besuch der *Salinen* von **Trapani**, gefolgt von einerm Abstecher nach Mozia. Die Insel San Pantaleo auf halbem Wege zwischen dem Festland und der Isola Grande beherbergt die Ruinen einer antiken phönizischen Stadt und gehört zum **Naturschutzgebiet Stagnone**. Die Lagune ist nicht nur aus naturwissenschaftlicher, sondern auch aus archäologischer Perspektive bedeutsam. Sobald man sich von Marsala aus dem Landesinneren zuwendet, offenbart sich vor unseren Augen eine Landschaft mit Hügeln, die sich in der Borromeo-Ebene verlieren, wo man unzählige Reihen des berühmten *Nero d'Avola* und des *Zibibbo* findet. Die SP8 durchquert ein großes Gebiet, das erst in der ersten Hälfte des vergangenen Jahrhunderts urbar gemacht wurde und in dem man höchstens dem einen oder anderen Hirten mit seiner Herde begegnet. **Borgo Fazio** sieht aus wie eine Fata Morgana in der Wüste, ist jedoch eine seit Jahrzehnten verlassene Geisterstadt. Surreal ist auch die Atmosphäre an den Ufern des Lago Rubino, an dem ebenfalls der Geist verfallener Orte spukt. Wenn wir uns auf die Statale nach **Calatafimi Segesta** mit der archäologischen Ausgrabungsstätte und dem abgelegensten Gebiet der Segestanischen Thermen einfädeln, wird die Landschaft lebendiger, doch gleich darauf dominiert schon wieder die Einsamkeit. Vom anmutigen Hirtenstadtteil Bruca aus beginnt die aussichtsreiche

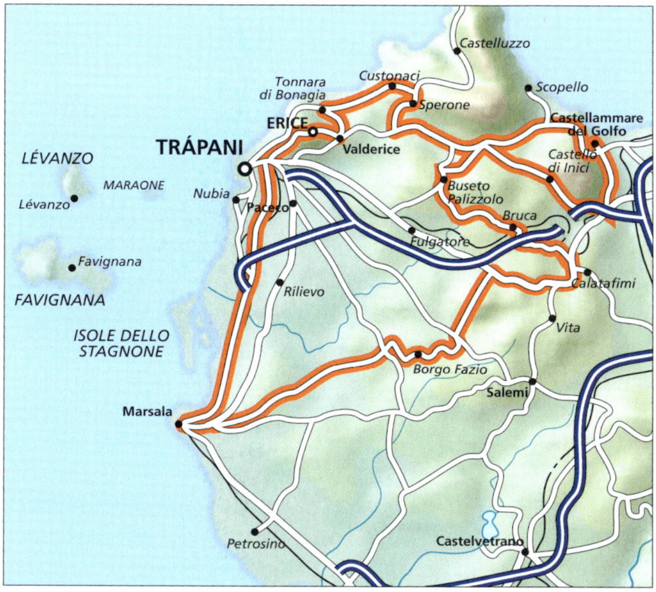

Die Salzfelder von Trapani

Im **Naturschutzgebiet Saline di Trapani e Paceco**, einer fast 1000 ha großen Fläche in einem der schönsten Feuchtgebiete Westsiziliens, wird überwiegend Salz abgebaut. Die Führungen durch das Naturschutzgebiet dauern einige Stunden und folgen verschiedenen faszinierenden Routen, die je nach Jahreszeit den Klimabedingungen angepasst werden. Von Juli bis September kann man der jahrhundertealten Tradition des Abbaus beiwohnen. Die besten Monate zur Beobachtung der Vogelwelt sind dagegen von Februar bis Mai und von September bis November, d.h. in den Migrationszeiten.
Den Abschluss des erkenntnisreichen Besuchs bildet das privat geführte **Salzmuseum** in **Nubia** (Besucherinfos: www.wwfsalineditrapani.it).

Straße, die sich an den Hängen des Monte Scorace entlangwindet. Im gleichnamigen Wald laden Grillplätze zum Picknick ein. Das *Schloss von Inici* erreichen wir über die Flanke des gleichnamigen Bergs mit dem kahlen roten Gestein und dem darunterliegenden Vegetationsring. Das in seinem Verfall reizvolle Schloss bildet ein interessantes Ziel, bevor wir uns in die äußerst lebhafte Stadt **Castellammare del Golfo** stürzen. Man begibt sich auf die Hauptverkehrsader und hält am Hafen, der das örtliche Leben, seine Regeln und Gewohnheiten widerspiegelt. Dann beginnt ein hübscher Abschnitt am Meer von Baia Bianca und Baia Guidaloca. Die Straße über den Grat des einsamen und kahlen Monte Sparagio zum Stadtteil Balata di Baida beschenkt uns mit atemberaubenden Ausblicken übers Meer. Das **Schloss von Baida** ist kein eigentliches Schloss, sondern ein malerischer Stadtteil, der die Überreste einer Burg umgibt. Bevor man nach Trapani zurückkehrt, steht noch das touristische, aber zauberhafte **Erice** an: Wundervoll sind die Winkel der mittelalterlichen Gassen, die Chiesa Matrice, das *Castello di Venere*, der *Balio*, die Aussicht, die Strände, die Keramiken und auch die Teppiche.

Oben: Die holperige Straße vorbei an den Ruinen des Schlosses von Inici lohnt sich, ist aber mit Vorsicht zu genießen.

Linke Seite: Castellammare del Golfo.

92 Sizilien
Von Palermo zum Corleoneser Alto Belice

Streckenlänge
195 km
Start- und Zielort
Palermo
Streckenverlauf
Palermo – Bocca di Falco, San Martino delle Scale, Monreale (23 km), Damiani, Altofonte (42,5 km), Piana degli Albanesi (54 km), San Cipirello (69,5 km), Camporeale (92 km), Corleone (131 km), Bivio Lupotto (147 km), Santa Cristina Gela (164 km), Belmonte Mezzagno (177 km), Ciaculli – Palermo.
Schwierigkeitsgrad
Leicht. Der Verkehr verschwindet mit zunehmender Entfernung von Palermo. Der Asphalt ist aber oft schlecht, also vorsichtig fahren.
Wissenswertes
Im Gebiet zwischen Corleone, Bivio Lupotto und Santa Cristina Gela sind Straßenschilder eine Seltenheit, sodass man bei Abzweigungen gut aufpassen muss, um sich richtig zu orientieren.

Sehenswürdigkeiten

Gibellina ist eine neu errichtete Stadt und eine Art Freilichtmuseum für zeitgenössische Kunst – sie entstand aus Verzweiflung über das tragische Erdbeben. Weltberühmte Künstler leisteten ihren Beitrag, was die Stadt zu einem einzigartigen, surrealen Ort macht. In der Nähe von Bivio Lupotto befindet sich die **Casina Reale di Caccia** von Ferdinando di Borbone, genau am Fuße des **Naturschutzgebiet Bosco della Ficuzza.** Die auch für Straßenmotorräder befahrbaren Naturstraßen sollte man sich aufgrund ihrer außergewöhnlichen Schönheit und Aussicht nicht entgehen lassen. Im Schutzgebiet begegnet man dem **Gorgo del Drago** und dem **Gorgo Lungo**, zwei Naturseen. Informationen: Tel. 091/846 40 62 (Forstverwaltung Ficuzza).
Bagheria, 15 km von Palermo entfernt, ist reich an Villen im spätbarocken Stil aus dem 17. und 18. Jh., von denen einige verfallen sind, andere jedoch besucht werden können. Zu Letzteren gehört die **Villa Palagonia**, die wegen ihrer in die Steine des Parks geschlagenen Tierskulpturen den Spitznamen *Villa dei Mostri* (dt. „Villa der Monster") erhalten hat (www.villapalagonia.it). Die **Villa Cattolica** beherbergt ein Renato Guttuso gewidmetes Stadtmuseum (www.citbagheria.it).

Vielleicht der am wenigsten bekannte Teil Siziliens, obwohl er nur wenige Kilometer von Palermo entfernt ist – man fährt durch ein abgelegenes Sizilien in einer malerischen und unberührten Naturlandschaft mit Canyons, Gebirgsausläufern und dichten Wäldern.

Diese Gegend abseits der üblichen Routen liegt fernab der Tempel, Barockstädte, der Straße von Messina, des Ätna und der Strände. Wir entdecken sie, indem wir der Hauptstadt den Rücken kehren, durch das Jatotal fahren und zu den Ortschaften des **Corleoneser Alto Belice** gelangen. Diese Region ist voller Kontraste, grün und zugleich kahl, mit sonnenverbranntem Boden und staubigen Straßen. Die hiesige Kultur vermengt archaische Geschichte und die modernen Impulse von Menschen, die ihr Land lieben – eine außerordentlich schöne Gegend!
Um von Palermo aus **Monreale** zu erreichen, nehmen wir die Straße nach Boccadifalco. So können wir die *Benediktinische Abtei San Martino delle Scale* besuchen. Der weitläufige beeindruckende Gebäudekomplex umfasst die Abteikirche, das Kloster und ist Sitz der Akademie der schönen Künste Abadir.
In Monreale halten wir, um den *Dom* zu bewundern, das bedeutendste Zeugnis normannischer Architektur in Sizilien. Er ist mit Mosaiken aus der arabischen Schule geschmückt und besitzt einen großartigen Kreuzgang. Hinter Altofonte geht es durch eine Naturlandschaft von großer Schönheit. Es scheint

unglaublich, dass man hier nur wenige Kilometer von Palermo mit seinem Lärm und Verkehr entfernt ist.

Hinter dem steilen Abhang erscheint plötzlich **Piana degli Albanesi**. Diese *Arbëresh*-Stadt liegt am gleichnamigen See, der von Bergen umgeben ist und aussieht, als bestünde er aus zahlreichen kleinen miteinander verbundenen Gewässern. Wir verlassen Piana über die *Portella della Ginestra*. Hier ermordete Salvatore Giulianos Bande 1947 Männer, Frauen und Kinder, die den 1. Mai feierten. In dieser spektakulären Naturlandschaft steht das *Memoriale*, ein Land-Art-Kunstwerk, das mit großen Menhir-ähnlichen Felsen das düstere Ereignis nachstellt. Kurz darauf stoßen wir auf das Jatotal. Das anfangs grüne Tal verengt sich zwischen den Felsen zu einem Canyon. Nur zwei Siedlungen beleben die Landschaft: San Giuseppe Jato und San Cipirello.

Dann passiert man in völliger Einsamkeit auf staubigen Feldwegen kahle Hügel und Täler, auf denen sich Weinstöcke ausbreiten. Auf den staubigen Naturstraßen stößt man auf kitschige Namensschilder der lokalen Weinkellereien. **Camporeale** ist eine Stadt des Holz- und Weinbaus. Mit den steilen Straßen sieht sie von oben aus, als wäre sie über die Seite des Hügels „gekämmt" worden. Lang und einsam ist die Fahrt nach **Corleone**. Die mittelalterlich anmutende Stadt liegt in einer traumhaften Landschaft, zu welcher der Wald *Bosco della Ficuzza*, der Canyon und die Cascata delle Due Rocche gehören. Außerdem stehen hier die *Faraglioni di Corleone*, also die Festungen Soprana und Sottana mit den Überresten einer sarazenischen Anlage. In dieser grünen Landschaft geht es schließlich auf steilen Abschnitten, die am Lago di Scanzano und am Lago di Piana vorbeiführen, über die Berge wieder nach Palermo.

Links: Die Straße vom Lago di Piana degli Albanesi; im Hintergrund die Portella della Ginestra zwischen den Bergen Pizzuta und Kumeta.

Rechts: Das Panorama des weitläufigen Jatotals.

Palermo

Vucciria und **Ballarò**, die Barockkirchen und der Normannenpalast, die **Zisa** und die **Cuba**, die Via Maqueda und die Via del Cassero. Und dann noch die Cassata und die Sardellen, das Straßenessen, das mit Street- oder Fastfood nicht das Geringste zu tun hat, die Palmen, die berühmte Universität, *Der Leopard* von Luchino Visconti und Giuseppe Tornatores *Baarìa* – diese wunderbare Stadt hat viele Wahrzeichen und man könnte (und sollte) ihr viel mehr Zeit für einen ausgiebigen Besuch widmen.

Ist die Zeit jedoch knapp, sollte man eine Liste der Dingen haben, die man tun oder sehen möchte. Vielleicht besucht man die täglichen Märkte, auf denen man den Menschenschlag der Stadt kennenlernt. Die Via Bara dell'Olivella ist abends sehr lebendig und erinnert an einen Suk. Tagsüber lockt der Strand in **Mondello** und abends ein Besuch der Cantieri della Zisa, wo kulturelle Veranstaltungen, Konzerte und Ausstellungen stattfinden.

Eine künstlerisch, architektonisch und kulturhistorisch unerschöpfliche Stadt.

Bei der Orientierung hilft: www.comune.palermo.it unter *Palermo Welcome*.

93 Sizilien
Madonien und die Straßen der Targa Florio

Streckenlänge
167 km
Start- und Zielort
Campofelice di Roccella (PA), Cefalù (PA)
Streckenverlauf
Campofelice di Roccella – Collesano (11,5 km), Polizzi Generosa (43 km), Scillato (60 km), Caltavuturo (68,5 km), Petralia Soprana (105 km), Geraci Siculo (118 km), Castelbuono (140 km), Isnello (150 km) – Cefalù.
Schwierigkeitsgrad
Von einigen kurzen Abschnitten auf Hauptstraßen abgesehen, führt die Tour über Nebenstraßen in schlechtem Zustand. Vorsicht ist geboten.
Wissenswertes
Im Abschnitt Collesano–Piano Zucchi findet am letzten Juliwochenende ein Bergrennen für historische Autos statt.

Sehenswürdigkeiten

Das archäologische Gebiet **Himera** liegt nur wenige Handvoll Kilometer von **Campofelice di Roccella** entfernt. Hierbei handelt es sich um die größte Nekropole Siziliens, sie enthält mitunter 25 Pferdegräber (täglich geöffnet, Eintritt kostenpflichtig, Tel. 091/814 01 28). Von Petralia Soprana erreicht man in 29 km **Sperlinga** mit seiner auf den Felsen errichteten Festung. Es ist berühmt für die Felshäuser, die auch besichtigt werden können. Eine lange und steile in Stein geschlagene Treppe führt zum Schloss hinauf, von wo aus man eine volle Rundumsicht über die Umgebung genießt: von den Madonien über die Nebroden bis zum Meer (www.castellodisperlinga.it).
Die Straße hinauf zur hübschen alten Stadt **Pollina** in 22 km Entfernung von Cefalù ist so beachtlich wie die Lage der Stadt selbst, denn sie kauert buchstäblich auf einem Grat. Auf 60 km gewundener Strecke auf der SS290 ab Petralia Soprana erreicht man den **Circuito di Pergusa** (www.autodromopergusa.gov.it).

Um das Herz des Naturparks der Madonien zu erreichen, braucht man sich bloß in die Straßen des legendären Wettrennens einzufädeln, ganz ohne Eile und mit Zwischenstopps in den seltenen Ortschaften auf der Tour.

Anders als die legendäre Targa Florio ist diese Tour kein Rennen, sondern benachteiligt Rennmaschinen sogar. Die im Gegensatz zur originalen Strecke zickzack verlaufenden Straßen werden heute wenig befahren – die Ortschaften haben sich geleert und der Verkehr konzentriert sich auf die Hauptadern – und befinden sich in keinem besonders guten Zustand. Die Tour durch weitläufige Hochebenen eignet sich perfekt, um mit einem Motorroller von einem Gipfel zum anderen zu tuckern.
Los geht es in **Campofelice**. Man fährt bergauf in Richtung Landesinneres und erreicht nach 12 km die entlegene und teils kahle, teils mit grünen Wiesen und gelben Ginsterfeldern bedeckte Wildnis des **Regionalen Naturparks der Madonien**. Ab hier warten nur noch Gipfel, Grate und kleine Ortschaften, die nur mit Mühe aus der Ferne zu identifizieren sind. Die Dörfer sind oft in die trotz blauen Himmels schnell aufziehenden Wolken getaucht, die aber genauso schnell wieder verschwinden. Der im Sommer frische und in anderen Jahreszeiten frostige Wind ist auf den Madonien allgegenwärtig und nicht zu unterschätzen, wenn man vom warmen **Cefalù** heraufkommt. Spuren uralter menschlicher Präsenz auf den Madonien befinden sich oft unscheinbar neben Klosterruinen oder an einem Grotteneingang. Einen Hirten zu treffen ist hier eine große Freude und die Ankunft in einer Ortschaft erwärmt das Herz. Nach **Polizzi Generosa** gelangt man von Collesano aus über Piano Zucchi, einen engen Pass in über 1100 m Höhe, der zwischen den Gipfeln des Monte dei Cervi und

Profil und Höhenverhältnisse – Übersicht

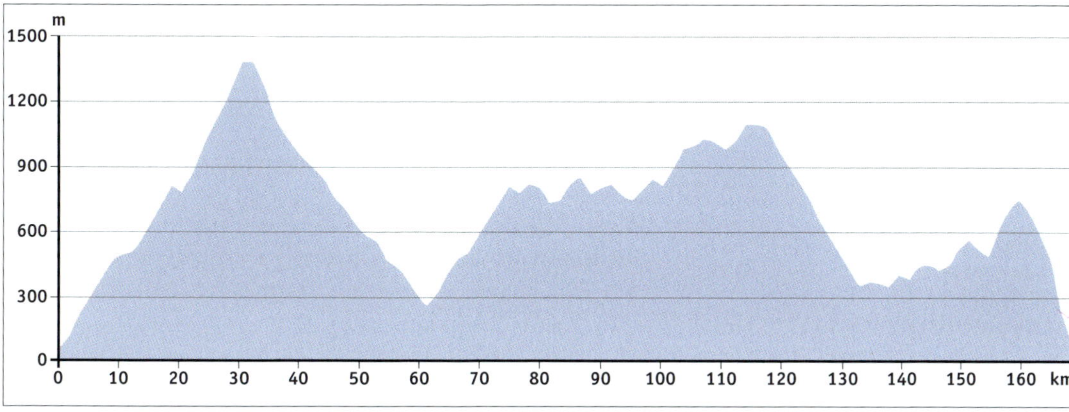

des Pizzo Carbonara hindurchführt. Von **Caltavuturo** aus verläuft die bizarre Strecke der Statale 120 zu einem der faszinierendsten Orte der Madonien: den *Petralien*. Dazu zählen Petralia Soprana, die mit 1147 m höchstgelegene Gemeinde, und Petralia Sottana, deren modernes Stadtbild mit den traditionellen ländlichen Festen wie dem *Ballo della Cordella* oder den Riten der *Heiligen Woche* kontrastiert. Die Fahrt von den Petralien nach Castelbuono kann einem sehr lang erscheinen. Hinter der Abzweigung nach Geraci wird die Straße eng und holperig, aber sie verläuft auf großer Höhe und man hat gute Sicht. **Geraci Siculo** ist ein entlegenes Städtchen am Berg, bei dessen Besuch man die Neugier der Einheimischen weckt, die am Brunnen zusammenkommen, um die Wasservorräte aufzustocken. In **Castelbuono** unter dem beeindruckenden Schloss zeigt sich, dass es das Manna offenbar wirklich gibt, man kann es hier nämlich in den Lebensmittelgeschäften kaufen und seine Geheimnisse und Kräfte entdecken. Das isolierte und stille **Isnello** ist berühmt für seine Grotten, von denen viele noch unentdeckt sind, sowie für die traditionelle Filet-Stickerei, die auch im *Museum Trame di Filo* thematisiert wird. Die Ankunft in **Cefalù** ändert die gesamte Wahrnehmung. Hier duftet nämlich alles nach Meer.

Linke Seite: Die Bastion von Capo Marchiafava gehört zur Stadtmauer von Cefalù. Hier ist der Glockenturm der Itria-Kirche zu sehen.

Die Targa Florio

Das von Vincenzo Florio veranstaltete Langstreckenrennen wurde zwischen 1906 und 1977 jährlich ausgetragen, unterbrochen nur von den beiden Weltkriegen. Das Rennen erstreckte sich über die Straßen der Madonien, auf denen im Laufe der Jahre drei verschiedene Streckenvarianten entstanden: Die ersten Rennen fanden auf dem 148 km langen *Grande Circuito delle Madonie* statt, der in Campofelice di Roccella begann. Der 108 km lange *Medio* startete und endete in Cerda und wurde bis 1930 benutzt. Der bloß 72 km lange *Piccolo* war Austragungsort der jüngsten Ausgaben des Rennens. Lediglich von 1937 bis 1940 fand die Targa fernab von den Madonien statt, nämlich auf dem *Circuito del Parco palermitano della Favorita* mit einer Rennstrecke von weniger als 6 km.
Im **Bibliotheksmuseum Vincenzo Florio** in Campofelice di Roccella sind kleine Schätze, Fotos, Zeugnisse, Ausrüstungsgegenstände und Bücher ausgestellt, die die Geschichte der Targa nacherzählen. www.comune.cerda.pa.it, unter *Targa Florio*.

94

Sizilien

Monti Peloritani und die Straße von Messina

Streckenlänge
282 km
Start- und Zielort
Messina
Streckenverlauf
Messina – Capo Peloro (15 km), Rometta (54 km), Capo Milazzo (84 km), Barcellona Pozzo di Gotto, Castroreale (110 km), Novara di Sicilia (135 km), Francavilla di Sicilia (165 km), Taormina (189 km), Limina (212 km), Casalvecchio Siculo (228 km), Alì Terme, Itala (259 km) – Messina.
Schwierigkeitsgrad
Leicht, ausgenommen den letzten Abschnitt nach Antennamare. Die Naturstraßen sind teilweise gut, teilweise mit Kies und größeren Steinen bedeckt.
Wissenswertes
Informationen zum Zustand der Naturstraßen bei Antennamare: Forstkorps, Tel. 090/36 09 79.

Sehenswürdigkeiten

Sehenswert ist die **Wallfahrtskirche Dinnamare** (Antennamare), das Herz der Tour über die Peloritanischen Berge – nicht so sehr wegen der Kirche an sich als für das großartige Panorama. Wir erreichen sie über die SP50bis ab Portella Rizzo, die den Spitznamen *Dorsale* oder *Panoramica dei Peloritani* trägt. Sie bietet eine fantastische Aussicht zum Ätna, zur Straße von Messina, über Kalabrien und überhaupt so weit das Auge reicht. Von der Kirche aus geht es nur auf Naturstraßen weiter (und nur mit Enduro!). Es gibt einige Gelegenheiten, zur Süd- oder Nordküste hinunterzufahren. Von **Francavilla di Sicilia** aus kann man die sehr schöne **Strada Mareneve** einschlagen, die die Hänge des Ätna hinaufsteigt. Bei **Piano Provenzana** fahren in der 1800 m hoch gelegenen Fraktion Linguaglossa Busse zu den Vulkankratern ab (Proloco Linguaglossa, Tel. 095/64 30 94).
Von den Küstenorten aus ist es eine Freude, die Straßen landeinwärts zu nehmen und die etwas andere Perspektive auf das Meer zu genießen und in die Landschaft der Peloritanischen Berge einzudringen. Die Städte bieten eine Menge schöner Überraschungen.

Der Ausflug über die Peloritanischen Berge beginnt in den Küstenorten. Es gibt nur Naturstraßen – keine asphaltierten Wege –, auf denen man die Berge von Norden nach Süden überquert. Vom Kap, von Divieto und von Messina aus kann man dagegen die Panoramica dei Peloritani einschlagen.

Der Landstrich um das Kap gehört zu den faszinierendsten dieser Tour, weil er an der Straße von Messina vorbeiführt, wo das Meer je nach Blickrichtung seine Farbe wechselt. Besonders reizvoll ist die Landschaft der Seen um Ganzirri. **Pantano Grande** und **Pantano Piccolo**, zwei malerische spiegelglatte Gewässer, sind für die dortige Muschelzucht bekannt und vom Leuchtturm in Torre Faro aus mit bloßem Auge zu sehen.
Hier beginnt ein sanfter Künstenabschnitt, von dem aus man im Meer die **Äolischen Inseln** und linker Hand die Hänge der Monti Peloritani sieht, welche bis an den Strand reichen und mit Mandel- und Olivenbäumen bewachsen sind. Nach Villafranca reihen sich kleine Wohngebiete mit alten Gebäuden und bunten Geschäften aneinander. Die Strecke bergauf nach **Rometta** erlaubt einen Blick über die Riviera di Levante di Milazzo, die in **Spadafora** beginnt. Das kleine Fischerdorf ist um den *Palazzo Baronale* aus dem 16. Jh. herum entstanden. Nach **Capo Milazzo** gelangt man nach 7 km über die Strada del Capo auf der ins Meer ragenden Landenge. Es folgt ein Spaziergang durch die Gassen von Baronia und Croce al Promontorio.
Der historische Ortskern von **Castroreale** ist ein Labyrinth aus steilen steingepflasterten Gassen, in dem die Häuser einen aragonesischen Turm umgeben. Dann kommen die Berge. Die Statale 185 führt von Küste zu Küste und markiert die Grenze zwischen den Monti Peloritani im Osten sowie den Monti Nebrodi und dem Ätna im Westen. Eine einsame Straße verläuft sanft, aber beständig aufwärts bis nach **Novara di Sicilia**. Was diesem

Städtchen einen Reiz verleiht, ist die charakteristische Atmosphäre: gepflasterte Straßen, Architektur aus Marmor und rotem Stein und die *Rocca Salvatesta,* an deren Fuß das antike *Tindari* liegt. Um **Francavilla di Sicilia** am Ionischen Meer zu erreichen, muss man große Höhen auf einer Strecke überwinden, die ab Portella Pertusa herausfordernd wird. Bergab geht es wieder ab Portella in 1125 m Höhe. Von Francavilla di Sicilia aus halten wir uns an den Schleichweg zu den **Gurne dell'Alcantara**. Kurz dahinter erreicht man in Motta Camastra den **Flusspark Alcantara** mit seinen spektakulären Schluchten. Zum Meer stößt man wieder in Giardini Naxos mit der schönen Bucht, die im Norden von Kap Taormina eingeschlossenen wird. Nicht verpassen darf man die Auffahrt nach **Castelmola**, eine malerische Gemeinde nahe Taormina. Die Piazza ist ein Belvedere mit Aussicht über die Küste bis nach Kalabrien. Castelmola ist die Stadt des Mandelweins: Er wird hier nach antiken griechischen Bräuchen mit Mandeln und Gewürzen aromatisiert. Wenn es Zwölf schlägt, wartet in **Messina** unter dem Glockenturm der Kathedrale ein Spektakel!

Die Faszination des „Stretto"

Die Straße von Messina heißt bei Seeleuten, Fischern und auch bei den Einwohnern einfach nur „lo Stretto". Das Meer ist ungewöhnlich, denn es ist immer unruhig, selbst wenn es sonst spiegelglatt scheint. Es wechselt seine Richtung oder Strömung, und zwar plötzlich und ohne Vorankündigung. Es ist heimtückisch, und die Seefahrer lieben und fürchten es zugleich. Natürlich steckt es auch voller Legenden: **Poseidon** selbst war es, der Gott des Meeres, der Sizilien mit seinem Dreizack von der Halbinsel trennte und so die Straße von Messina hervorbrachte, um dem König der Sikuler eine natürliche Grenze zu schaffen. Doch der Legende nach sind es die beiden Seeungeheuer Skylla und Charybdis, die den Seefahrern mit der unregelmäßigen Strömung des „Stretto" das Leben schwer machen. Bei diesen Ungeheuern handelt es sich um die beiden Strudel vor dem Strand von Torre Faro in Sizilien und vor der Küste von Punta Pizzo in Kalabrien. Und schließlich gibt es die bezaubernde Fata Morgana, die jeder selbst entdecken muss!

Oben: Panorama von der Straße zur Wallfahrtskirche Dinnamare.

Linke Seite: Ausblick auf den Strand westlich von Capo Milazzo.

95 Sizilien
Modica: rotes und schwarzes Gold

Streckenlänge
232 km
Start- und Zielort
Modica
Streckenverlauf
Modica – Balata di Modica (16,5 km), Giarratana (29 km), Palazzolo Acreide (47,5 km), Castelluccio (67 km), Testa dell'Acqua, Chiusa Cavallo, Avola (104 km), Noto (115 km), Portopalo di Capo Passero (147 km), Ispica (176 km), Casa Porello, Donnalucata (213 km), Scicli – Modica.
Schwierigkeitsgrad
Leicht, für alle Motorroller und Motorradtypen geeignet.
Wissenswertes
Von Juli bis Mitte September ist es glühend heiß. Die Kleidung sollte für diese Wetterbedingungen geeignet sein.

Sehenswürdigkeiten

Der Barock wird auch in **Ragusa** zelebiert, das erst kürzlich für sein außergewöhnliches künstlerisches und architektonisches Erbe zum Weltkulturerbe hinzugefügt wurde.
Im Altstadtviertel **Ibla** stammen viele der 50 Kirchen aus dem Spätbarock. Die Touristeninformation (www.comune.ragusa.gov.it) bietet hervorragende Reiseführer, um die Stadt zu erkunden, die 15 km von Modica entfernt liegt. Von Modica aus gelangt man auch ins 10 km entfernte **Cava d'Ispica**. In dieser spektakulären Talebene mit bizarren mediterran bewachsenen Felsformationen kann man Ruinen von Klöstern, Einsiedeleien, Nekropolen und Katakomben sowie Besiedelungsspuren von Urmenschen und Grotten entdecken (ausführlichere Beschreibung auf www.comune.ispica.rg.it unter *La città*). Von Palazzolo Acreide aus gelangt man in 23,5 km zum **Naturschutzgebiet Pantalica Valle dell'Anapo und Torrente Cava Grande**. Das archäologische Gebiet des antiken Pantalica mit den fünf Nekropolen ist nur zu Fuß zu besichtigen. Der Zugang befindet sich in der Ortschaft Ferla (Azienda Regionale Foreste Demaniali, Tel. 0931/674 50).

Am südlichsten Zipfel der Insel erkunden wir Barockstädte, Städte der Schokolade und der Kirschtomaten, die Schauplätze von Cammilleris Fernsehserie *Commissario Montalbano* sowie Thunfischfangstellen und Schildkrötenstrände.

Diese Tour ist so reich an Natur, Barockkirchen, Piazzen und typischen Düften, dass es schwerfällt, sie in wenigen Worten zu beschreiben oder eine konkrete Route vorzuschlagen.
Der Barock triumphiert in **Modica**, vermischt sich aber auf faszinierende Weise mit den Überresten der mittelalterlichen Stadt. Der pompöse *Dom San Giorgio* beherbergt eine großartige Orgel. Seine Fassade wartet am Ende einer Treppe mit 250 Stufen, die an übereinanderliegenden Gässchen vorbei zu einem Orangengarten führt. Doch der Höhepunkt der europäischen Barockkunst ist laut UNESCO **Noto**. Vorbei an Verkaufsständen, Geschäften und Weinläden steigen wir den Corso Vittorio Emanuele bis zur *Kirche San Francesco* mit ihrer spektakulären Fassade und der dreigeteilten Zugangstreppe hinauf. Die etwas dezentere *Kirche Santa Chiara* ist ein Ruheort. Die hohen Terrassen bieten einen Rundumblick über Stadt und Umgebung.

Links: Der Turm des Domes San Giorgio in Noto ist ein Symbol des sizilianischen Barock.

Rechts: Straße in der spröden und kahlen Kampagna bei Ispica.

Liebhaber der berühmten Romane Andrea Camilleris werden sich kaum einen Spaziergang auf der schönen Strandpromenade von Donnalucata entgehen lassen, das in der Fernsehserie Marina di Vigata genannt wird. **Scicli** leiht dem Komissar und der Polizei von Montelusa ihre wunderschönen Barockfassaden. Das Haus des Kommissars ist heute ein B&B in Punta Secca. Um die Bauernhöfe aus der Sendung zu entdecken, muss man das Innere von Marina di Ragusa aufsuchen. **Donnafugata** ist der Rückzugsort Balduccio Sinagras, der in den Büchern des Schriftstellers immer wieder auftaucht. Im Grunde kann man die Drehorte aber ohnehin nicht verpassen, da regelmäßig Schilder den Weg zu ihnen weisen. Ein weiterer Drehort, diesmal für die Kinofilme Gabriele Salvatores', ist die Piazza Regina Margherita in **Marzamemi**. Einsam gelegen und geprägt von Staub und der blendenden Sonne, spiegelt sie die südliche entlegene Landschaft treffend wieder. Gleich dahinter liegt Balata, das mit seinen Fischerhäusern aus einer anderen Welt zu stammen scheint. Der frisch gefangene Fisch verschwindet hier sofort in der Küche. **Pachino** steht dagegen für Kirschtomaten. Die runden, niedrigen Gewächshäuser in der Ferne erstrecken sich in einer einzigartigen Landschaft kilometerweit über die Hügel hinweg. Und dann der Wein: Auf den Spuren des *Nero d'Avola* kann eine Verkostung in Weingütern zu einer außergewöhnlichen Erfahrung werden. Und dann ist da noch die *Schokolade* von Modica. Ein Besuch in den Konditoreien gleicht der Erkundungsreise des Schriftstellers Jorge Amado in die Welt des brasilianischen Kakaos. Nicht versäumen sollte man die spektakuläre Natur in den Reservaten, in denen die Schildkröten leben. Man kann etwa die wundervolle **Oase von Vendicari** mit ihren Dünen am Meer besuchen. Der lange Strand endet in der alten Thunfischfangstelle. Eine zweite Fangstelle kann man nur über Laufstege erreichen, aber sie ist während der Fortpflanzungszeit nicht zugänglich.

Das schwarze Gold von Modica

Schokolade – und was für eine! Was sie so besonders macht, ist die seit Jahrhunderten unveränderte Herstellungsmethode. Sie geht zurück auf die Spanier, welche im 16. Jh. die aztekische Schokolade herbrachten.
Bei der Kalt- oder Rohverarbeitung bleiben die Zuckerkristalle intakt, sodass die Schokolade ihre besondere Körnigkeit bekommt und die Wärme die aromatisierenden Zutaten nicht zerstört. Zu den variierenden Zutaten gehören Chilischoten, Zitruspflanzen, Zimt, Johannisbrot und viele mehr. Wichtig für jeden, der im Sommer Schokolade auf dem Motorrad transportieren möchte: Wenn die Tafeln Schmelzerscheinungen aufweisen, braucht man sie nur auf die richtige Temperatur zu kühlen, denn die Schokolade stellt sich ohne Qualitätsverlust wieder her. Zwei große Namen sind: *Rizza* (www.anticadolceriarizza.it) und *Bonajuto* (www.bonajuto.it).

Sardinien

96 Sardinien
Die Farben der Gallura

Streckenlänge
308 km
Start- und Zielort
Olbia
Streckenverlauf
Olbia – Golfo Aranci (19,5 km), Porto Cervo (54,5 km), Mulino di Arzachena (72,5 km), Capo d'Orso (90,5 km), Palau (95 km), Capo Testa (123 km), Castelsardo (195 km), Sedini (223 km), Tempio Pausania (264 km), Calangianus (273 km) – Olbia.
Schwierigkeitsgrad
Leicht, für alle Motorroller und Motorradtypen geeignet.
Wissenswertes
Schifffahrtsgesellschaften: www.gnv.it, www.tirrenia.it, www.snav.it, www.moby.it, www.corsica-ferries.it. Tickets auch online erhältlich. Einige Unternehmen erlauben bei der Online-Reservierung nicht mehr als ein Motorrad pro Kabine. Vor Bestellbestägigung die Versicherungsinformationen für Schadensfälle bei der Überfahrt nachlesen.

Sehenswürdigkeiten

Der Nationalpark **Archipell della Maddalena** ist von Palau aus in 15 Minuten mit der Fähre der Linien *Maddalena* (www.maddalenalines.it) und *Delcomar* (www.delcomar.it) erreichbar, es sind aber nur wenige Motorradplätze verfügbar. Die Tickets sind auch an der Mole erhältlich. In **Caprera**, wo Giuseppe Garibaldi seinen Lebensabend verbrachte, stehen das **Garibaldi-Museum** und das **Museo del Mare e delle Tradizioni Marinaresche** (www.lamaddalenapark.it). Von Tempio Pausania aus gelangt man zur **Nuraghe Izzana** (13,5 km von Tempio, auf der SP4 nach Trinità d'Agultu abbiegen, der letzte Straßenabschnitt ist beschädigt) sowie zur **Nuraghe Majori** (1,5 km von Tempio, über die SS133 nach Palau). In der Nähe von Arzachena (über die SS125 nach Olbia) befindet sich die **Nuraghe Albucciu** auf einem Granithügel unweit eines Gigantengrabs mit punischen Gravierungen und eines Tempel von Malchittu. In der gesamten Landschaft sind weitere ausgeschilderte Nekropolen und Gigantengräber verstreut, darunter auch **Coddu Vecchju** mit über 4 m hohen Granitstelen.

Entdeckungsreise am Meer und im Landesinneren durch die berühmtesten Teile Sardiniens. Am besten kommt man in der Nebensaison und steuert die exklusiveren Buchten über abgelegene Nebenstraßen an.

Wenn man übers Meer kommt, ist die **Gallura** der erste Vorgeschmack auf Sardinien, auch wenn sie nur eine von vielen Facetten dieser Insel darstellt. Hier gibt es alles, was Sardinien ausmacht: die Düfte der Flora, Schafherden, eigentümlich geformte Felsen, Nuraghen, Firscherdörfer, Boote, Fangnetze und Fischer, das smaragdgrüne Meer an der berühmten Küste, Korkbäume, Esel und Inseln. All diese Schätze werden von gut präparierten Straßen verbunden, auf denen auch die kleinste Kurve, Schleife oder Erhebung Freude macht. Die Abstände zwischen den Siedlungen betragen meist 25 bis 30 km, fühlen sich aber an wie 100 km. Außerhalb der Saison bieten die Straßen an der Küste spektakuläre Aussichten über verborgene Buchten hinweg.

Dementsprechend wollen wir erst die Küste entdecken. **Porto Rotondo** ist für Hobbypaparazzi ein Muss und zugleich das Eingangstor zur **Costa Smeralda**, ein etwa 30 km langer Küstenabschnitt mit den schönsten Stränden, Buchten und Felsen Sardiniens. Ihren Abschluss bildet **Porto Cervo**, ein weiterer mondäner Urlaubsort. Unweit von Capo Ferro zeigen sich die außergewöhnlich schönen Inseln des **La Maddalena-**

Archipels. An der zerklüfteten Küste des Golfo di Arzachena entlangfahrend, verlieren wir sie nie aus den Augen. So erreichen wir noch vor Palau **Capo d'Orso** mit dem berühmten Granitfelsen, der aufgrund der Einwirkung von Wind und Meerwasser wie ein Bär aussieht. Auch in **Capo Caccia** erregen die außergewöhnlich geformten Granitfelsen unsere Aufmerksamkeit, bis wir die malerische Stadt **Santa Teresa Gallura** hinter uns gelassen haben. Nach Westen hin wird die Küste nun gerader. Die Straße entfernt sich allmählich vom Meer, um eine felsige, spärlich bewachsene Hügellandschaft hinaufzusteigen. Dies ist das Vorspiel zur Entdeckung des Hinterlandes. Vom mittelalterlichen **Castelsardo** am Golfo dell'Asinara in Richtung Inselinneres abzubiegen ist wie ein neues Kapitel aufzuschlagen. Das andere Sardinien – abseits vom Meer mit dem berühmten *Elefantenfelsen* – entwickelt hier eine archaische Faszination. Auch in Richtung Tempio Pausania meiden wir lieber die schnelle Statale 672 zugunsten der nach Oblia führenden SS127. So begegnen wir der agropastoralen Welt im Herzen der Gallura, wo die malerischen Dörfer an der Küste durch alte Siedlungen ersetzt werden. Hier liegen Kirchen aus dem 17. Jh. in der Landschaft verstreut, etwa die in **Calangianus**. Jahrhundertealte Traditionen sind noch immer lebendig – der *Karneval* in **Tempio Pausania**, der sogenannte *Carrasciali Timpiesu*, wird nur noch von der *Sartiglia* in Oristano übertroffen.

Olbia beschließt das gallurische *Coast-to-Coast*. Obwohl es meist auf seinen geschäftigen Hafen reduziert wird, besitzt die Stadt einen sehr hübschen historischen Ortskern mit charakteristischen Stadtvierteln und abgelegenen Stränden.

Linke Seite: Castelsardo ist der letzte Küstenort, bevor es ins Landesinnere geht, wo sich die Landschaft rasch verändert.

Carrasciali Timpiesu

Dieses Fest lädt dazu ein, Sardinien außerhalb der Sommerzeit von einer anderen Seite kennenzulernen. Die Riten des mehr als 170 Jahre alten *Carnevale Tempiese* wurden fast schon revolutioniert, aber dennoch hat das Fest seinen studentischen, surrealen und mysteriösen Charakter beibehalten. Vor allem hat man die Figur des **Jolgliu Puntogliu** am Leben erhalten, die heute König Giorgio heißt – die auf einem Thron sitzende ausgestopfte Puppe stellt die Macht in ihren vielfältigen Formen dar. Das Karnevalsprogramm ist dicht und findet zwischen Weiberfastnacht und Fastnachtsdienstag statt. Die Umzüge werden von Feuerwerk, Volkstänzen, Blaskapellen, Ausstellungen, Turnieren, Wettkämpfen und gastronomischen Ständen mit typischen Produkten begleitet.
Näheres zum Programm auf der offiziellen Webseite: www.carnevaletempiese.it.

97 Sardinien
Von der Korallenküste zum Sinis

Streckenlänge
271 km
Start- und Zielort
Alghero (SS)
Streckenverlauf
Alghero – Bosa (51,5 km), Cùglieri (73 km), Santu Lussurgiu (91,5 km), Bonarcado (99,5 km), Séneghe (104,5 km), Milis (109,5 km), San Vero Milis (116 km), Oristano (135 km), Cabras (143 km), San Giovanni in Sinis (155,5), Santa Caterina di Pittinuri (188,5 km), Cùglieri (203,5 km), Bosa (225,5 km) – Alghero.
Schwierigkeitsgrad
Leicht, für alle Motorradtypen geeignet. Im Sinis können die Straßen mit Sand oder Schotter verschmutzt sein.
Wissenswertes
Für Informationen zu Fährendiensten nach Sardinien siehe Tour 96. Vor der Reise empfohlen: www.sardegnaturismo.it

Sehenswürdigkeiten

Vor Alghero in Flughafennähe kann man in der **Nekropole Anghelu Ruju** die *Domus de Janas* und die **Nuraghe Palmavera** besuchen (beide täglich geöffnet von 9 bis 19 Uhr, im Winter bis 16 Uhr).
Im 25 km von Alghero entfernten Capo Caccia befinden sich die mit dem Boot erreichbaren **Grotte di Nettuno** (Boot-Shuttle mit regelmäßigen Fahrten inkl. Mittagessen an Bord: www.grottedinettuno.it). Alternativ gelangt man über eine lange Treppe mit 654 Stufen hinunter (ganzjährig geöffnet, von Ostern bis Oktober von 8 bis 20 Uhr). Auf dem Gebiet um **Paulilatino**, 12 km von Santu Lussurgiu entfernt, befinden sich zahlreiche *Domus de Janas* sowie Nuraghen und Gigantenhöhlen. Die bedeutendste archäologische Ausgrabungsstätte ist das **Nuraghische Heiligtum Santa Cristina** mit der berühmten **Heiligen Quelle** und einer perfekt erhaltenen Nuraghe (www.archeotour.net). Besondere Erwähnung verdient die *Sartiglia di Oristano*, eine historische Veranstaltung, bei der uralte Riten nachgestellt werden. Sie findet am Faschingssonntag und -dienstag statt (www.sartiglia.info).

Diese Tour zwischen Meer und Bergen ist eine Entdeckungsreise zu den Ortschaften im Landesinneren. Man taucht ein in die magische Halbinsel Sinis, wo die Teiche mit den Fischerhütten an eine vergangene Zeit erinnern.

Alghero, wo Sardinien katalanische ist. Alghero, die Wiege der roten Koralle – diese anmutige Stadt sollte man nicht verpassen. Die Route kehrt am Ende wieder hierher zurück, um die vielfältigen Aspekte vom *Kleinen Barcelona Italiens* genießen zu können. Zunächst jedoch verlässt man die Stadt in Richtung Süden. Die Alternative zur Straße entlang der Küste ist eine Strecke, die sich die Hänge des **Monte Pettenadu** hinaufwindet. Die Fahrt nach oben verläuft langsam, doch die Kurven bieten ein immer weiteres Panorama, je höher man sich befindet. Der Lärm der Stadt und ihr lebhaftes Chaos sind bereits nach wenigen Kilometern vergessen. Auf der Statale 292 geht es über Villanova Monteleone nach Bosa und dabei tief in eine unberührte Wildnis, die nach Myrten, Rosmarin, Ginster und Eukalyptus duftet. In **Villanova Monteleone** beginnt ein Abschnitt mit Höhen zwischen 530 und 600 m. Man hat einen schönen Blick auf den **Lago di Temo** und begegnet außer einigen Herden keiner Seele. Auf den letzten 15 km vor Borsa weckt der gute Asphalt der aussichtsreichen Straße große Lust, das Gas aufzudrehen, doch die Schönheit der Szenerie dämpft unser Verlangen – lieber halten wir an und schießen einige Fotos. **Bosa** bringt uns zurück in die Wirklichkeit einer geschäftigen Stadt. Man muss aber nur die Straße in Richtung **Cùglieri** einschlagen, um die Stimmung der vorherigen Fahrt wieder aufzugreifen. Das Gebiet um **Tresnuraghes** ist reich an **Nuraghen** – wie der Name bereits andeutet – und bietet die klassische Landschaft Sardiniens: Nuraghen und Kork. In **Tinnura** sind mehr Menschen auf den schönen *murales* zu sehen als auf der Straße. Die Strecke nach **Santu Lussurgiu** erreicht in der Umgebung des **Monte Ferru** mit 900 m die höchste Stelle der Insel. Die in steiler Neigung errichtete bunte Stadt ist eine echte Offenbarung. In den engen und gewundenen Gässchen tummeln sich kleine Handwerksläden, in denen traditionelle Berufe ausgeübt werden. Nach **Bonarcado** gelangt man auf geraden ebenen Straßen, die auf die **Sinis-Halbinsel** führen. Die hiesige Landschaft bildet einen starken Kontrast zur Gebirgslandschaft. Hier gibt es Teiche, das Meer, einsame Strände mit weißem Quarzsand und kleine Felsriffe, die vom Wasser zu bizarren Formen geschliffen wurden. Große Einsamkeit und unermesslicher Frieden charakterisieren diesen entlegenen Ort, von dem aus lediglich die Umrisse des kleinen Städtchens **Cabras** zu sehen sind, das sich um eine barocke Kirche herum entwickelt hat. Auf Sinis lohnt es sich, jedes Seitengässchen zu erkunden und in die Atmosphäre dieser alten Fischergegend einzutauchen. Um nach Alghero zurückzukehren, passiert man auf der Küstenstraße **Santa Caterina di Pittinuri** den berühmten **Archittu** und die unberührten Buchten Westsardiniens in der Nähe von Bosa.

Die Bottarga

Cabras ist ein Paradies für diese Köstlichkeit, die aus dem Rogen der Großkopfmeeräsche besteht und noch beliebter als Thunfisch ist. Sie wird in begrenzten Mengen – je nach Fischbestand – in den Teichen des Sinis gewonnen. Die Fische werden seit jeher in den Teichen von einer handgeflochtenen Barriere aufgefangen.
Die *bottarga* wird 60 bis 90 Tage in der eigenen Eihaut getrocknet und in Blöcken verkauft oder zu feinstem Pulver gemahlen. Die Blöcke werden entweder scheibenweise verzehrt, etwa als Vorspeise (mit dünngeschnittenen Artischocken), oder auf Gerichte gerieben, während das Pulver sich vorzüglich als Gewürz für Fischgerichte eignet.
Um *bottarga* online zu kaufen oder auch der Herstellung beizuwohnen: Cooperativa pescatori e molluschicoltori di Cabras (www.orodicabras.it).

Unten: Zum Trocknen ausgelegte *bottarga* in Cabras.

Linke Seite: Die spektakuläre Landschaft des Teiches von Mistras im Sinis.

98 Sardinien
Rundfahrt um den Gennargentu

Streckenlänge
263 km
Start- und Zielort
Nuoro, Lanusei (OG)
Streckenverlauf
Nuoro – Giro del Monte Ortobene, Oliena (26,5 km), Orgosolo (42,5 km), Mamoiada (52,5 km), Fonni (69 km), Ovodda (85,5 km), Tonara (102 km), Aritzo (116 km), Laconi (143 km), Nurallao (153 km), Isili, Seui (212 km), Gairo (250 km) – Lanusei.
Schwierigkeitsgrad
Der Fahr-Rhythmus kann auf einigen Straßen anstrengend sein. Die Fahrtzeiten werden wegen der gewundenen Straßen oft unterschätzt.
Wissenswertes
Auf dem Monte Ortobene nahe Nuoro befindet sich die ländliche Kirche Nostra Signora del Monte. Eine Gesamtrundfahrt bietet eine spektakuläre Sicht auf einen Großteil der Region vom Gennargentu bis zum Meer.

Sehenswürdigkeiten

16,5 km von Nurallao entfernt liegt Barumini mit der Groß-Nuraghe **Su Nuraxi**, die vielleicht berühmteste der Region und ein Weltkulturerbe. Das Gebäude besteht aus der zentralen Bastion und dem Dorf, das sich außenrum entwickelt hat (einen Kilometer von Barumini entfernt in Richtung Tulli, im Eintritt ist eine Führung inbegriffen). Das nahegelegene *Sa Jara Manna,* auch bekannt als *Große Giara* oder **Giara di Gesturi**, ist eine mit Korkeichen bedeckte Hochebene. In diesem Naturschutzgebiet leben die halbwilden **Giara-Pferde**. Informationen zu den ganzjährig stattfindenden Führungen: www.parcodellagiara.it. Die Höhle **Su Marmuri** (geöffnet von Ostern bis Oktober) erreicht man von Gairo aus in 10 km in Richtung Ulassai. Man muss 200 Stufen absteigen, um in die spektakuläre einen Kilometer lange unterirdische Landschaft einzudringen. Hier warten dann der Große Saal, der Kaktussaal und der Orgelsaal. Die Höhle lebt und tröpfelt noch, sodass die wunderbaren Figuren weiterhin Veränderungen unterliegen.
Die Führung dauert etwa eine Stunde, Tel. 0782/798 59.

Erst eine Kostprobe Supramonte zwischen Oliena und Orgosolo, dann die Barbagien Ollolai, Belvì und Seulo – die Reise führt an den Hängen des beeindruckenden Massivs durch das authentische Sardininen fernab des Meeres.

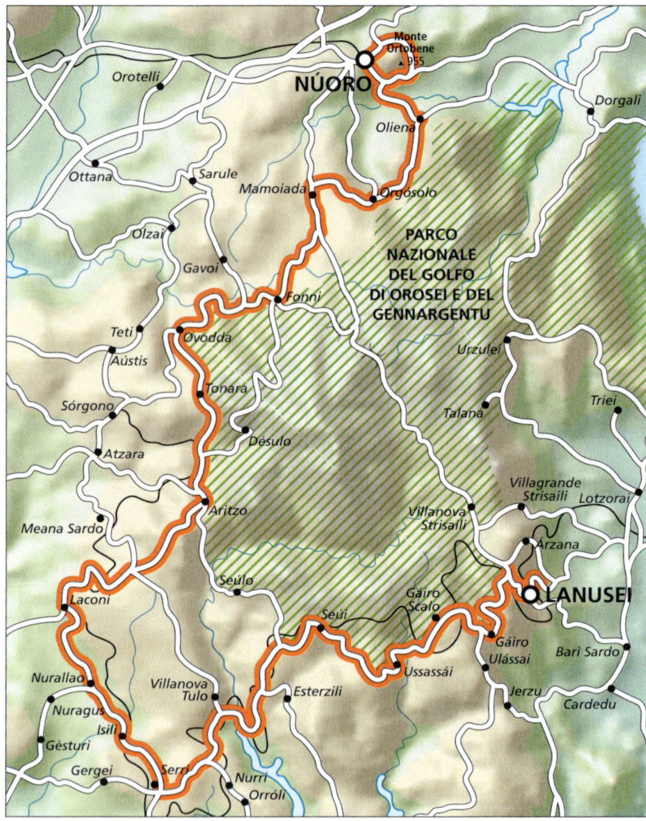

Oliena, Orgosolo, die Barbagien: Diese Namen sind vielleicht noch klangvoller als die der berühmten Küsten und Jetset-Locations am Meer. Die Umgebung des **Gennargentu** ist das ursprüngliche Sardinien der Hirten und Briganten, der *mamuthones* von Mamoiada und der Kuhglocken von Tonara. Hier ist die **Barbagia**, eine entlegene, unergründliche, grüne und zugleich kahle Landschaft. Die Barbagia besteht aus drei Teilen, die sich um den Gennargentu drängen – die **Barbagia di Ollolai** schließt ihn im Norden ein, die von **Seulo** im Süden, die von **Belvì** im Südwesten. Auf der nordwestlichen Seite liegt das **Mandrolisai**. Die hier vorgeschlagene Route verläuft durch diese faszinierende Landschaft. Das menschliche Leben findet in alpin geprägten Orten statt, die reich sind an Bräuchen, Folklore, Festen und Traditionen. Umgeben werden sie von wilder Vegetation, in der Herden wilder Pferde grasen. In **Orgosolo**, der symbolischen Hauptstadt der barbaricinischen Welt, besucht man die steilen und gewundenen Gassen zwischen den flachen Steinhäusern mit den berühmten *murales*. Wahrzeichen der Stadt ist die *Antalena*, die noch heute von den Frauen getragene reich verzierte Schürze.

Im südlich der Stadt gelegenen **Wald von Montes** leben *Mufflonherden*, die in den wildesten Landstrichen zu Hause sind. **Mamoiada** ist die Stadt, in der man Handwerkern bei der Holzverarbeitung, beim Gerben von Schafhäuten und bei der Herstellung der mysteriösen schwarzen Masken zum *Karneval der Mamuthones* zusieht.

Fonni liegt mitten im Herzen der Barbagia Ollolai und ist mit 1000 m die höchstgelegene Stadt der Insel. Die Straße fällt dann zu den von Eichenwäldern gesäumten Ufern des **Lago di Gusana** ab. **Tonara** mit seinen rauchenden Kaminen ist berühmt für die Süßigkeit *torrone*, der zu Ostern ein Stadtfest gewidmet ist. Zugleich findet dabei der *Campanaccio d'Oro* statt, ein handwerklicher Wettbewerb, bei dem Kuhglocken hergestellt werden.

Im kleinen Sommerort **Aritzo** kann man den Schreinern bei der Herstellung von Hochzeitstruhen zusehen. **Laconi** ist die Stadt der *menhire*, die vor allem im **Valle dei Menhir** bei Perda Iddocca zu sehen sind. Außerdem steht die Stadt für *Orchideen* – verschiedene sardische Arten wachsen auf dem gesamten Gebiet – und für Sant'Ignazio, dessen Geburtshaus sowie die nach ihm benannte Pfarrei aus dem 15. Jh. hier steht.

Wir erreichen das **Sarcidano**, eine mit Nuraghen übersäte Hochebene, bevor wir uns der Barbagia von Seulo nähern und eine neue Landschaft entdecken. Von Seui nach Gairo durchqueren wir das außergewöhnliche Gebiet der **Tacchi**. Diese Felstürme mit steilen Wänden bilden etwa im Abschnitt bis Ussassai einen Gürtel um die Berge des Gennargentu. Erst nach einer Reihe von Kurven nehmen wir in **Lanusei** allmählich wieder den Duft des Meeres wahr.

Die Murales von Orgosolo

Zahllose Geschichten haben die Wände von Orgosolo zu erzählen, und das bereits seit über 40 Jahren: Sie berichten von **Briganterie**, Überfällen, Gewalt, dem Wunsch nach Frieden, politischen Schlachten, gesellschaftlichen Errungenschaften und natürlich von der Liebe. Sie schildern diese Geschichten tausendfarbig und mit wenigen Worten. Das tun sie nicht nur auf den Wänden, sondern auch auf Steinen, Portalen, Rollläden und Fensterläden – jede freie Fläche ist bedeckt. Das erste erschien 1969 in Orgosolo und war das Werk einer Mailänder Anarchistengruppe. Doch erst nach 1975 begann diese aus gesellschaftlicher Not heraus entstandene Kunstform, sich auf den Häuserwänden zu verbreiten und den Lauf der Dinge zu verändern. Damals feierte der Sieneser Lehrer Francesco Del Casino gemeinsam mit seinen Schülern den dreißigsten Jahrestag der Befreiung Italiens. Ein Großteil der *murales* von Orgosolo, die so viele Besucher aus allen Teilen der Welt anziehen, stammen aus seiner Hand.

Entlang der ehemaligen Eisenbahnstrecke Desulo Tonara.

Profil und Höhenverhältnisse – Übersicht

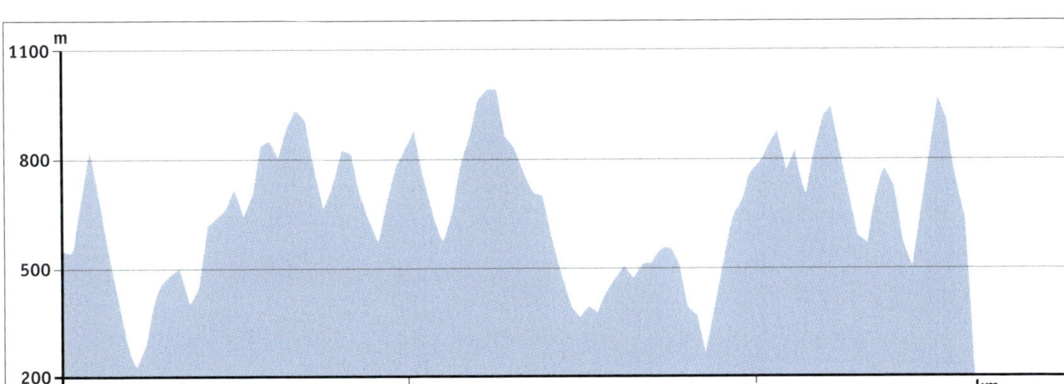

99 Sardinien
An der Ostküste

Streckenlänge
277 km
Start- und Zielort
Olbia, Muravera (CA)
Streckenverlauf
Olbia – San Teodoro (29 km), Budoni (39 km), Posada (51,5 km), La Caletta, Orosei, Dorgali (112 km), Cala Gonone (121 km), Santa Maria Navarrese (182 km), Arbatax (196 km), Bari Sardo (216 km) – Muravera.
Schwierigkeitsgrad
Leicht, für alle Motorroller und Motorradtypen geeignet.
Wissenswertes
Nach der Modernisierung der Statale 125 Orientale Sarda wurde die alte Strecke aufgegeben. Diese ist aber faszinierender, weswegen sie dort, wo sie noch befahrbar ist, Teil der Tour ist.

Sehenswürdigkeiten

In Cala Gonone muss man die lange am Meer klebende Straße nach **Cala Luna** suchen. Sie bringt einen nicht an den zauberhaft-weißen Strand, man muss also das Motorrad abstellen und zu Fuß hingehen. Er wird von hohen Felswänden flankiert, die sich zum Klettern eignen. Etwas weiter südlich besuchen wir die 15 km lange **Grotte del Bue Marino** (nur per Boot erreichtbar). Sie teilt sich in zwei Abschnitte und überrascht mit der außerordentlichen Höhe einiger Räume. Ihren Namen (dt. Wasserbüffel-Höhle) hat sie von der einst hier lebenden Mittelmeer-Mönchsrobbe, die auf Sardisch *Wasserbüffel* genannt wird (Schiffe fahren ab Cala Gonone und von allen Ortschaften von Orosei bis Arbatax, einige bieten Strandaufenthalte an). Von **Dorgali** aus gelangt man über eine enge gewundene Straße an die schönen **Strände von Osalla und Carloe** (Ausschilderungen zur Grotta di Ispinigoli). Man muss immer weiterfahren, auch wenn die Straße sich vom Meer zu entfernen scheint. In der **Höhle von Ispinigoli** (April bis Oktober geöffnet) betritt man zu Beginn eine Halle mit einem 38 m hohen Stalagmiten.

Spazierfahrt auf der SS125 Orientale Sarda von der Hafenstadt zur Mündung des Flumendosa. Man passiert den Golf von Orosei, gelangt zur malerischen Cala Luna und bestaunt die berühmten roten Felsen von Arbatax.

Die Statale 125 Orientale Sarda, die Palau mit Cagliari verbindet, ist die einfachste, interessanteste und unterhaltsamste Möglichkeit, um die gesamte Ostküste abzuhaken. Auf der einfachen Route ziehen wir die alte Strecke der neuen geraderen vor, da sie kurze Abstecher in kleine entlegene Orte erlaubt. Außerhalb der Sommermonate bietet der Abschnitt zwischen Olbia und Posada eine wundervolle einsame Spazierfahrt, und die Ortschaften am Meer wie Porto San Paolo, San Teodoro oder Budoni wirken ohne die Urlaubermassen noch einladender. Die Buchten und Häfen sowie die langen Korallenstrände sind endlich zugänglich, ebenso wie die schattigen Straßen. Jenseits des Capo Comino betreten wir die **Baronia**, das Eingangstor zum Golf on Orosei. Hier löst sich die Statale vom Meer und begibt sich mit einem faszinierenden gewundenen Verlauf zum **Nationalpark Golf von Orosei**.
In **Dorgali** beachten wir die Ausschilderungen, um über eine traumhafte Landschaft **Cala Gonone** zu erreichen. Von der Umgehungsstraße zum Berg biegen wir nach links in Richtung **Spiaggia Osalla** ab, dann geht es nach Cala Gonone. Erst fährt man auf einer schmalen Straße mitten durch den Wald, dann bergab mit Aussicht aufs Meer und schließlich auf sehr steilen Serpentinen vorbei an riesigen Felsen. Ein gutes Dutzend aussichtsreicher Serpentinen bringt uns wieder auf die Statale. Jetzt geht es hoch auf rund 1000 m Höhe, wo wir uns – mal

Straße am Meer in Richtung Orosei.

Rechte Seite: Die Serpentinen auf dem Monte Irveri über Cala Gonone.

etwas höher, mal etwas tiefer – einige Zeit aufhalten. Der kahle Berg geht in tiefe, spektakuläre Schluchten wie die **Gola di Gorropu** über. Das Meer ist hier nur eine vage Erinnerung, und um es zu erreichen, muss man erst eine Abfolge von Pässen überwinden: **Genna Silana**, der höchste Punkt, **Genna Croce**, wo die Straße sich durch eine lange Reihe von Kurven windet, und schließlich **Genna Arramene**, der letzte Pass vor **Baunei**. Und da wir nun wieder Lust auf Meer haben, nehmen wir die kleine Nebenstraße nach **Santa Maria Navarrese** und nach **Arbatax** mit den berühmten Felsen aus rotem Porphyr. Nach dem Golf von Orosei ist man in **Ogliastra**. Noch immer geht es am Meer entlang, bis man zum *aragonesischen Turm* in **Bari Sardo** gelangt und schließlich nach **Marina di Gairo** abbiegt. Die Statale ist hier wieder weit von der Küste entfernt und verläuft hoch über dem Tal des Rio Quirra auf der Innenseite der Berge Ferru, Siddu und Punta S'Accettori. Jetzt hat man kaum noch Möglichkeiten, zum Meer abzubiegen, und auch Wege ins Landesinnere sind selten. Das weitläufige Mündungsgebiet des Flumendosa kündigt unsere Ankunft in **Muravera** an. Die Stadt liegt an einem interessanten Feuchtgebiet mit einem langen geraden Strandgürtel, der den schmalen Fluss stoppt und Teiche hervorbringt, die zahlreichen Vogelarten als Habitat dienen.

100 Sardinien
Südküste, Strände und Olivenbäume

Streckenlänge
252 km
Start- und Zielort
Muravera (CA), Carloforte (CI)
Streckenverlauf
Muravera – Villasimius (55 km), Capo Carbonara (60,5 km), Cagliari (115 km), Pula (150 km), Santa Margherita, Sant'Anna Arresi (204 km), Sant'Antioco (234 km) – Carloforte.
Schwierigkeitsgrad
Leicht, für alle Motorroller und Motorradtypen geeignet.
Wissenswertes
Carloforte erreicht man mit den Fähren des Unternehmens *Delcomar* von Calasetta aus (www.delcomar.it). Auch wenn die Einschiffung mit Motorrad in der Regel kein Problem ist, empfiehlt es sich, im Voraus zu reservieren, da eine gewisse Anzahl von Stellplätzen für die Einwohner reserviert ist. Tickets sind auch online erhältlich.

Sehenswürdigkeiten

Das 20 km von Cagliari entfernte **Naturschutzgebiet Monte Arcosu** (die letzten 2 km verlaufen auf Naturstraßen) ist ein riesiges Areal und Heimat des Sardischen Hirschs, dessen Schutz das Primärziel ist. Man kann das Schutzgebiet im August mit einem Führer besuchen. Im August und September werden auch Nachtwanderungen mit Hirschbeobachtung angeboten (www.ilcaprifo glio.it). In Carbonia (16 km von Sant'Antioco) befindet sich bei der Großen Mine das **Kohlemuseum** (Zutritt nur mit Führung, Dauer 45 Minuten; www.museodelcarbone.it). Von Cagliari aus erreicht man nach 22 km Serdiana und von dort aus die außerordentliche Stille der **Romanischen Kirche Santa Maria Sibiola,** die von Olivenbäumen und Weinreben umgeben ist und sich unweit des Teiches von Serdiana befindet. In Dolianova steht auch die malerische romanische Kathedrale **San Pantaleo.** In beiden Ortschaften öffnen Weinkellereien ihre Tore für Besichtigungen, Verkostung und Verkauf.

Diese Tour entlang der entferntesten Küste Sardiniens führt über Villasimius und vorbei an Teichen nach Cagliari. Es geht durch den Kiefernwald bei Chia und man passiert die Reliefs von Teulada sowie die Inseln Sant'Antioco und San Pietro.

Die Strecke entlang der Südküste ab **Muravera** wird von faszinierenden Teichen und Salzfeldern begleitet. Die von Gemüseplantagen umgebene Stadt scheint über dem Wasser des Stausees zu schweben, der an der Mündung des Flumendosa durch einen Sanddamm entstanden ist. Ein kurzer Abstecher führt zum *Salinenteich* sowie zu den größeren *Colostrai* und *Feraxi*, die von hellen Stränden mit feinem Sand umgeben sind. Dann muss man den Monte Liuru umrunden, um **Costa Rei** zu erreichen. Der 10 km lange Strand am kristallklaren Meer wird von den sanften Erhebungen des Monte Nai geschützt. Dann steigt die Straße hinauf zum Monte Macioni. Hier beginnt der schönste und spaßigste Küstenabschnitt, auf dem man sich in die Kurven stürzen kann und eine tolle Aussicht auf das Vorgebirge von **Villasimius** und Capo Carbonara sowie auf von Kiefernwäldern gesäumte Buchten wie die Cala della Regina genießt. Die oft sandigen und nicht asphaltierten Straßen sind im Sommer gesperrt, bringen uns im Winter aber bis zum Meer. **Cagliari** ist die nächste Station nach dem *Quartu-Teich*, wobei man auf dem Weg dorthin linker Hand den langen Strand und rechter Hand rosafarbene Flamingos

Die Kirche San Pantaleo.

Rechte Seite: Unterwegs nach Villasimius.

sieht. Um das Meer und die Teiche zu überblicken, steigt man auf den *Elefantenturm*. Einen Rundumblick über die Stadt hat man von der *Torre di San Pancrazio*. Dann passiert man den Hafen und die weitläufige Ebene des *Teiches von Cagliari*, der fast ein kleines Meer am Meer ist, und dringt zur südlichen Küste vor. Der erste Abschnitt scheint zunächst wenig interessant, doch auch die Sumpflandschaft von Pula hat ihren Reiz – geometrisch angelegte Felder, jahrhundertealte Olivenbäume, Korkeichen und Mandelbäume. Hinter dem Strand von Santa Margherita geht es vorbei am *Kiefernwald* und an den *Dünen* von Chia, dann gelangt man über einen engen gewundenen Abschnitt nach Capo Spartivento. Die hoch gelegene und zerklüftete **Küste von Teulada** mit ihren unzähligen kleinen Buchten offenbart ein Meer voller Felsen, Klippen und kleinen Inseln. Ab dem Hafen von Teulada muss das schöne, wegen der wenigen Wege und des militärischen Sperrgebiets aber schwer zugängliche Vorgebirge des Kaps überwunden werden. Die Strände, zu denen auch die Dünen von **Is Arenas** zählen, sind nur zu gewissen Zeiten übers Meer oder über öffentliche Straßen erreichbar.

Auch am Meer jenseits des **Monte Arbus** begegnen uns viele Teiche. Jene von *Is Brebeis* und *Maestrale* bilden das Feuchtgebiet von **Porto Pino**, welches mit den Teichen von *Porto Batte* und *Baiocca* das spektakuläre „Puzzle" der **Sulcisküste** komplettiert. Schließlich ist man bei den Inseln: **Sant'Antioco** liegt jenseits einer langen künstlichen Landenge im Meer, die den *Teich von Santa Caterina* einschließt. Wir nehmen die Verlängerung der Statale 126 und die kleinen Seitenstraßen, bis wir uns nach eigenem Gusto an einem der malerischen Strände niederlassen. Die kleinere **Insel San Pietro** kann man von der Straße zum Leuchtturm von Capo Sandalo aus bewundern.

Casteddu

So nennen die Sarden das in vier sehr unterschiedliche historische Stadtteile unterteilte Cagliari. **Castello** ist das Viertel oben auf dem Hügel. Darunter liegt das alte Viertel **Stampace. Marina** drängt sich um den Hafen und besteht aus einem Labyrinth aus Gassen, in dem die Wohnhäuser nach einem Restaurierungsprogramm wieder in ihrem alten Glanz erstrahlen. Das Viertel ist besonders charakteristisch und bietet Lokale, Weinstuben, Geschäfte, Kunstgalerien und regelrechte Salons. **Villanova** ist das jüngste Viertel und steht ein bisschen für sich.
Die Spuren der langen Geschichte Cagliaris sind in den Straßen, zwischen den Häusern und in den großartigen Kirchen sichtbar und greifbar. Etwas außerhalb der Stadt wartet eine Landschaft mit Teichen, an denen man abends Kolonien rosafarbener Flamingos beobachten kann.

Anhang

Anhang
Tourenverzeichnis

Abfahrt	Strecke	Region	km	Schwierigkeit	Sperrungen	Nr.
Acquapendente	Bolsenasee und Etrurien	Latium	197	leicht	keine	56
Albenga	Die Kurven im Savonese	Ligurien/Piemont	179	mittel	keine	12
Alghero	Von der Korallenküste zum Sinis	Sardinien	271	leicht	keine	97
Ancona	In niedrigem Tempo vom Conero zu den Colli Esini	Marken	211	leicht	keine	50
Ansedonia	Lagune von Orbetello	Toskana	85	mittel	im Sommer von der Panoramica di Porto Ercole bis nach La Ciana	47
Aosta	Kleiner St. Bernhard und südliche Täler	Aostatal	255	mittel	Nov.–Apr.	01
Aosta	Valtournenche und Col de Joux	Aostatal	155	leicht	keine	02
Atri	Von den Gräben von Atri zur Trabocchiküste	Abruzzen	188	leicht	keine	63
Avellino	Auf den Straßen der Irpinia	Kampanien	205	leicht	keine	71
Bovalino Marina	Von der Jasminküste zum Aspromonte	Kalabrien	208	mittel	keine	90
Bozen	Penser Joch und Jaufenpass	Trentino-Südtirol	255	mittel/schwer	Mitte Nov.–Mitte Mai: Penser Joch; im Winter abends: Passo di Monte Giovo	23
Bozen	Gampen- und Mendelpass	Trentino-Südtirol	181	leicht	keine	25
Brescia	Vom Maniva-Pass zum Gardasee	Lombardei	178	schwer	Mitte Nov.–Mitte März	18
Brunico	Enneberger und Lüsner Tal	Trentino-Südtirol	142	schwer	Okt.–Apr.: Passo delle Erbe und Pass nach Lüsen	24
Campobasso	Auf zu den Monti del Sannio	Molise	259	mittel	keine	69
Campofelice di Roccella	Madonien und die Straßen der Targa Florio	Sizilien	167	mittel	keine	93
Canazei	Sellaronda und Marmolata	Trentino-Südtirol/Venetien	182	schwer	keine	26
Caserta	Von Caserta zu den Mateser Bergen	Kampanien	224	leicht	keine	70
Casteggio	In den Weinbergen des Oltrepò Pavese	Lombardei	107	leicht	bei Regen	21
Castellammare di Stabia	Sorrent und die Amalfiküste	Kampanien	109	leicht	keine	73
Castiglione del Lago	Vom Trasimenischen See zum Monte Subasio	Umbrien	234	leicht	keine	53
Cesenatico	Jenseits der Riviera Romagnola	Emilia-Romagna	203	mittel	keine	40
Chiavari	Drei Bergpässe in der Riviera di Levante	Ligurien	115	leicht/mittel	keine	14
Chivasso	Canavese: von den Seen bis zur Serra	Piemont	126	leicht	keine	05
Cirò	Das kalabrische Marchesato	Kalabrien	183	leicht	keine	87
Civitavecchia	Vico- und Braccianosee	Latium	154	mittel	keine	58
Como	Comer See	Lombardia	183	leicht	keine	16
Corigliano Calabro	Sila Greca und Cratiebene	Kalabrien	216	schwer	keine	85
Crema	Wasserwege zwischen Cremona und Mantua	Lombardei	271	leicht	keine	20
Cuneo	Auf dem Monviso, an der Quelle des Po	Piemont	125	leicht/mittel	Mitte Sept.–Juni	06
Cuneo	Colle della Maddalena und Colle della Lombarda	Piemont	179	mittel	Okt.–Apr.	10
Fiuggi	Monti Ernici und Monti Simbruini	Latium/Abruzzen	230	mittel	bei Schneefall von der Serra Sant'Antonio bis Capistrello	59
Gallipoli	Von Gallipoli nach Otranto: der Stiefelabsatz Italiens	Apulien	104	leicht	keine	80
Genua	Blick auf den Golf von Genua	Ligurien	160	mittel	keine	13
Grosseto	Auf den Hügeln der Maremma	Toskana	296	leicht	keine	45
Ischia Porto	Ischia: Düfte und Farben	Kampanien	47	leicht	Apr.–Sept. für Bewohner Kampaniens	72
Isernia	Das Alto Molise, ein Hauch von Antike	Molise	220	schwer	keine	67
L'Aquila	Campo Imperatore, Wildnis und Berge	Abruzzen	119	mittel	bei Schneefall: Passo delle Capannelle und ein Abschnitt der SP7	64
La Spezia	Die spektakulären Cinque Terre	Ligurien	122	mittel	keine	15
Lauria	Die Kurven des Lukanischen Pollino	Basilikata/Kalabrien	178	mittel	im Winter wegen Glatteis	83
Lesina	Im Nationalpark Gargano	Apulien	210	mittel	keine	76
Locri	Locride	Kalabrien	205	mittel	keine	89
Lucca	Quer durch die Garfagnana	Toskana	212	mittel	keine	43
Lucera	Monti Dauni, Natur und Traditionen	Apulien	314	leicht	keine	77
Maratea	Auf zum Sirino-Massiv	Basilikata	113	leicht	keine	82
Matelica	Im Regionalen Naturpark Gola della Rossa und Frasassi	Marken	131	leicht	keine	49
Messina	Monti Peloritani und die Straße von Messina	Sizilien	282	mittel	keine	94
Modena	Motoren und Düfte	Emilia-Romagna	299	mittel	keine	39

Abfahrt	Strecke	Region	km	Schwierigkeit	Sperrungen	Nr.
Modica	Modica: rotes und schwarzes Gold	Sizilien	232	leicht	keine	95
Muravera	Südküste, Strände und Olivenbäume	Sardinien	252	leicht	keine	100
Norcia	Zwischen Norcia und den Forken	Umbrien/Latium	162	mittel	keine	55
Novi Ligure	Capanne di Marcarolo: mit dem Motorrad in den Naturpark	Piemont/Ligurien	99,5	leicht	bei Hochwasser	08
Nuoro	Rundfahrt um den Gennargentu	Sardinien	263	mittel	keine	98
Olbia	Die Farben der Gallura	Sardinien	308	leicht	keine	96
Olbia	An der Ostküste	Sardinien	277	leicht	keine	99
Orvieto	Unter dem Himmel der Monti Martani	Umbrien	281	leicht	keine	54
Ostuni	Mitten im Tavoliere di Lecce	Apulien	203	leicht	keine	79
Ovada	Auf den Straßen des Hohen Monferrato	Piemont/Ligurien	164	leicht	keine	07
Palermo	Von Palermo zum Corleoneser Alto Belice	Sizilien	195	mittel	keine	92
Parma	Statale della Cisa und Tarotal	Emilia-Romagna/Toskana	260	mittel	keine	37
Pedaso	Die Fermomark	Marken	196	leicht	keine	51
Pesaro	Panoramica di Pesaro und Monti della Cesana	Marken	209	leicht	keine	48
Peschiera del Garda	Monte Baldo und das östliche Gardaufer	Venetien/Trentino-Südtirol	177	mittel	keine	28
Piacenza	Nuretal und Trebbiatal	Emilia-Romagna	282	mittel	bei Schneefall	36
Pinerolo	Sestriere und die Strada dell'Assietta	Piemont	134	schwer	Nov.-Mai	04
Pisa	Anello Pisano	Toskana	193	leicht	keine	44
Pizzo	Von der Felsstadt Tropea zur Costa Viola	Kalabrien	191	leicht	bei Bergsturz	88
Policoro	Agrital mit Blick aufs Meer	Basilikata/Kalabrien	291	mittel	keine	84
Polla	Vallo di Diano	Kampanien/Basilikata	169	leicht	bei Schneefall	75
Pont-Saint-Martin	Lystal und Champorchertal	Aostatal	120	leicht	keine	03
Pordenone	Friauler Dolomiten	Friaul-Julisch Venetien/ Venetien	240	mittel	keine	34
Porto d'Ascoli	Vom Meer zu den Sibillinischen Bergen	Marken/Umbrien	137	mittel	im Winter: Passo di Gualdo	52
Potenza	Lukanische Dolomiten, Siedlungen und Granite	Basilikata	258	mittel	keine	81
Ravenna	Von Ravenna nach Bologna: die Täler von Comacchio	Emilia-Romagna	186	leicht	keine	41
Reggio nell'Emilia	Von den Landpfarreien von Mathilde zum Apennin	Emilia-Romagna/Toskana	222	mittel	bei Schneefall: Passo del Lagastrello	38
Rieti	Rieti und Monti Reatini	Latium	135	mittel	keine	57
Sabaudia	Von Sabaudia zu den Monti Lepini	Latium	211	mittel	keine	61
Sanremo	Das Hinterland zwischen Sanremo und Imperia	Ligurien	160	mittel	keine	11
Santa Fiora	Rund um den Monte Amiata	Toskana	145	leicht	keine	46
Sapri	Cilento an Land und am Meer	Kampanien	267	schwer	keine	74
Sarnico	Franciacorta und Iseosee	Lombardei	134	leicht	keine	19
Sondrio	San-Marco-Pass und Bergamasker Alpen	Lombardei	287	mittel/schwer	bei Schneefall	17
Spezzano nella Sila	Nationalpark Sila	Kalabrien	178	mittel	keine	86
Sulmona	Nationalpark Majella	Abruzzen	203	mittel	keine	65
Tarent	Die malerischen Panoramen der Murge	Apulien	164	leicht	keine	78
Teramo	Im Reich des Bären: von Teramo nach Popoli	Abruzzen	144	mittel	keine	62
Termoli	Jenseits des Meeres von Termoli	Molise	206	leicht	keine	68
Thiene	Die Hochebene der Sieben Gemeinden	Venetien/Trentino-Südtirol	233	leicht	einzelne Straßen	30
Tolmezzo	Überraschende Panoramen in Carnia	Friaul-Julisch Venetien	141	schwer	keine	33
Tortona	Die Täler Curone, Grue, Borbera	Piemont	115	leicht	keine	09
Trapani	Trapani, Natur und Archäologie	Sizilien	207	leicht	keine	91
Trient	Trient und seine Seen	Trentino-Südtirol	253	mittel	keine	27
Treviso	In den Marken	Venetien	196	leicht	keine	32
Triest	Das Tor nach Slowenien	Friaul-Julisch Venetien	199	leicht	keine	35
Vasto	Die Ländereien der Frentaner	Abruzzen	202	mittel	keine	66
Velletri	Der Naturpark der Castelli Romani	Latium	109	leicht	keine	60
Verona	Im Regionalen Naturpark der Lessinia	Venetien	211	schwer	keine	29
Viareggio	Im Schatten der Apuanischen Alpen	Toskana	137	mittel	keine	42
Vicenza	Von den Colli Berici zu den Euganeischen Hügeln	Venetien	140	leicht	keine	31
Voghera	Die Pässe del Penice und del Brallo	Lombardei/Emilia-Romagna	166	leicht	keine	22

Anhang
Ortsverzeichnis

R

S

Anhang
Impressum

Verantwortlich: Claudia Hohdorf
Gesamtproducing: Julia Rietsch, Kai Wieland; Verlagsbüro Wais & Partner
Deutsche Übersetzung: Andrea Graziano di Benedetto
Kartografie: Sole di Vetro srl
Herstellung: Anna Katavic
Printed in Slovenia by Florjancic

★★★★★

Sind Sie mit diesem Titel zufrieden? Dann würden wir uns über Ihre Weiterempfehlung freuen. Erzählen Sie es im Freundeskreis, berichten Sie Ihrem Buchhändler, oder bewerten Sie bei Onlinekauf. Und wenn Sie Kritik, Korrekturen oder Aktualisierungen haben, freuen wir uns über Ihre Nachricht an Bruckmann Verlag, Postfach 40 02 09, D-80702 München oder per E-Mail an lektorat@verlagshaus.de.

Unser komplettes Buchprogramm finden Sie unter www.bruckmann.de

Titel der Originalausgabe: 100 STRADE DA MOTO IN ITALIA

Alle Angaben dieses Werkes wurden von der Autorin sorgfältig recherchiert und auf den neuesten Stand gebracht sowie vom Verlag geprüft. Für die Richtigkeit der Angaben kann jedoch keine Haftung übernommen werden, weshalb die Nutzung auf eigene Gefahr erfolgt. Insbesondere bei GPS-Daten können Abweichungen nicht ausgeschlossen werden. Sollte Dieses Werk Links auf Webseiten Dritter enthalten, so machen wir uns die Inhalte nicht zu eigen und übernehmen für die Inhalte keine Haftung.

Bildnachweis: alle Bilder im Innenteil sind von Roberto Mele mit folgenden Ausnahmen: S. 68, © Archivio Consorzio Turistico Valle Isarco; S. 131 o. l., © Piero Principi; S. 215, © Sole di Vetro

S. 2–3: Salentinische Küste südlich von Otranto; S. 14: Tal unter dem Kleinen Sankt Bernhard; S. 22: In der Nähe von Pian del Re auf dem Monte Viso; S. 38: Passo del Maro hinter Imperia; S. 50: Weinberge unter Calvignano im Oltrepò Pavese; S. 66: Straße vom Würzjoch zum Villnößtal; S. 78: Gardasee, Aussicht von der Bocca di Navene auf dem Monte Baldo; S. 90: Vajont im Erto- und Cassotal; S. 98: Val Trebbia zwischen Bobbio und Corte Brugnatella; S. 112: Serpentinen in den Apuanischen Bergen; S. 126: Asotal; S. 138: Pass von Colfiorito; S. 146: Naturpark der Monti Simbruini; S. 160: Sulmonas mittelalterlicher Aquädukt; S. 172: Die archäologische Ausgrabungsstätte des italischen Tempels von Vastogirardi; S. 180: An der Spitze der sorrentinischen Halbinsel; S. 194: An den Alimini-Seen; S. 206: Castelmezzano auf den Lukanischen Dolomiten; S. 216: Schöner Abschnitt im Hinterland von Locri; S. 230: In der Nähe von Marza; S. 242: Felsen und Meer bei Capo Testa; S. 254: Auf den Monti Dauni

Die Deutsche Nationalbibliothek verzeichnet diese Publikation in der Deutschen Nationalbibliografie; detaillierte bibliografische Daten sind im Internet über http://dnb.d-nb.de abrufbar.

ISBN 978-3-7343-1290-8